Dietrich Fischer-Dieskau:
Nachklang
Ansichten und Erinnerungen

W0058472

Deutscher
Taschenbuch
Verlag

Bärenreiter
Verlag

Von Dietrich Fischer-Dieskau
sind im Deutschen Taschenbuch Verlag erschienen:
Robert Schumann (dtv 10423; Bärenreiter BVK 755)
Texte deutscher Lieder (Hrsg.; dtv 3091;
Bärenreiter BVK 207)

Ungekürzte Ausgabe
1. Auflage April 1990
Deutscher Taschenbuch Verlag GmbH & Co. KG,
München
© 1987 Deutsche Verlags-Anstalt GmbH, Stuttgart
ISBN 3-421-06368-0
Umschlaggestaltung: Celestino Piatti
Gesamtherstellung: C. H. Beck'sche Buchdruckerei,
Nördlingen
Printed in Germany · ISBN 3-423-11257-3 (dtv)
ISBN 3-7618-0987-5 (Bärenreiter)
1 2 3 4 5 6 · 95 94 93 92 91 90

Das Buch

»Nachklang« hat Dietrich Fischer-Dieskau seine autobiographischen Aufzeichnungen genannt, die denn auch weniger eine bloße Nacherzählung seines Lebens als vielmehr eine kammermusikalische Sammlung von Betrachtungen und Reflexionen über Musik, Musikinterpretation und Musiker sind. Den Kontrapunkt bildet sein eigenes Werden, bescheiden, beinah scheu gibt er seine Lebensdaten- und -umstände preis, räumt aber all den Menschen und Begebenheiten breiten Raum ein, die für seine musikalische Entwicklung und sein Musikverständnis wichtig waren. Er musizierte mit Furtwängler, Walter und Böhm, mit Karajan, Bernstein und Barenboim, mit Fricsay und Wieland Wagner und weiß viel Charakteristisches, auch Anekdotisches, über den musikalischen Olymp zu berichten. Fischer-Dieskau hat so einen Strauß von »Memorabilien« zusammengebunden, von Erinnerns- und Bedenkenswertem aus seinem Leben und aus der Welt der Musik, in der er als Sänger und Musiker Maßstäbe setzte.

Der Autor

Dietrich Fischer-Dieskau, am 28. Mai 1925 in Berlin geboren, debütierte nach sängerischer Ausbildung bei Hermann Weißenborn 1948 an der Städtischen Oper in Berlin. Seitdem ist er in Opernhäusern und Konzertsälen der ganzen Welt aufgetreten und wurde zu einem der bedeutendsten Sänger unserer Zeit. Seit 1983 ist Dietrich Fischer-Dieskau Professor an der Hochschule der Künste Berlin. Er wurde zum Ehrendoktor mehrerer Universitäten promoviert und ist Mitglied des Ordens »Pour le mérite«. Weitere Buchveröffentlichungen: Texte deutscher Lieder (Hrsg.; 1968), Auf den Spuren der Schubert-Lieder (1971), Wagner und Nietzsche (1974), Robert Schumann. Das Vokalwerk (1981), Töne sprechen, Worte klingen (1985).

Inhalt

Für Julia

Präludium

Wer Memoiren schreibt, ist dazu verurteilt, Fragmentarisches niederzulegen. Dagegen kann ein Liedersänger wenig einzuwenden haben, denn er lebt von der Liebe zu kleinen Formen. Und ihm wird es auch nachgesehen werden, wenn er zur Einstimmung eines jeden Abschnitts Zeilen aus Schubert-Liedern wählte, die er viel gesungen hat. Die beste Art, das Meer von Entfallenem auf der Suche nach dem Bedeutenden zu durchqueren, bleibt, daran zu glauben: was einmal war, das ist. Was einmal war, ist zugleich ewig, als aus der Zeit genommen, in die wir vor der Geburt eintreten und die wir mit dem Tode wieder verlassen.

Mir stellt sich die Vergangenheit als beziehungsvoll zum Jetzt dar, denn in der Erinnerung leben Gegenwart und Zukunft. Wir nehmen alles nach innen, indem wir es er-innern. Dies Buch versucht, Schattenhaftem Farbe zu geben, frühe Begegnungen und Erfahrungen in die Gegenwart zu holen. Spätere Annäherungen fügen sich an, ein Reigen von Gesichtern, Skizzen zu Porträts, deren Versammlung nicht vollständig sein will und kann.

*

Berlin ist meine Geburtsstadt. Ich bin in ihr aufgewachsen und ihr bis heute treu geblieben: ein seltener Fall. Ein Berliner, der sich vor den Spiegel stellt, sieht nicht gleich, was ihn von Bewohnern anderer Städte unterscheidet. In Berlin bin ich nacheinander Schulkind, Student, Rekrut, Opernsänger und Hochschulprofessor gewesen. In meinen zweiundsechzig Berliner Jahren habe ich die Stadt bei Tag und Nacht und in allen Jahreszeiten gesehen, ihre Seen umwandert und Flüsse abgefahren und – ihre

Podien durchgestanden. Die privaten Erinnerungen wispern vorlaut: Da im Olympia-Stadion hast du bei Berlins letzter runder Geburtstagsfeier ein Kind in der Volksmasse gemimt, unter der Regie des Reichsspielleiters Niedecken-Gebhard, dort in der Vitrine des Zeughauses hast du die unglaublich winzige Uniform des großen Friedrich angestaunt, in jenem Zimmer des Admiralspalastes hast du Ernst Legal gegenübergesessen und ihm klarzumachen versucht, das Angebot von der Städtischen Oper sei für dich lohnender als das, im Studio der Staatsoper anzufangen. Und wenn einer die Luft der S-Bahnhöfe noch vom Schulweg her in Erinnerung hat, dann fällt es ihm nicht leichter als einem Fremden, zum Schicksal dieser Stadt etwas zu schreiben.

Was Berlin in glanzvolleren Zeiten nie gelang, das schaffte es, als es zerstört war. Es wurde seines Mutes und seiner Wehrlosigkeit wegen geliebt, es saß im Gemüt der Weggezogenen und hatte fast so eine Nostalgie um sich wie das alte Wien. Das änderte sich mit den Jahren, und heute beginnen viele, Berlins Reize (nicht nur die steuerlichen) mit ganz anderen Augen zu sehen. Sie flüstern sich zu, geistig sei es ja nun doch wieder die lebendigste Stadt im Lande. Nach all den Wehen der Studentenunruhen ist freilich das »Tempo-Tempo« von einst ein wenig weiser und bedächtiger geworden, so daß auch die breiten Straßen und das dichtlaubige Grün in ihnen zu neuer Geltung kommen, mit keiner anderen Stadt dieser Größenordnung vergleichbar. Die Luft hat zwar mitunter schlechte Laune der Abgase wegen, aber bei Wind und wenn die Sonne scheint, riecht es hier noch immer so angenehm nach nichts wie früher, was die Gehirnzellen animiert, die Energie stärkt.

Berlins Energie wurde im Frieden von Wellen des Mutwillens, im Krieg von Bomben zerstört. Beides erlebte ich aus der Nähe. Die Denkmals- und Monumentenwut aus der Zeit vor dem Ersten Weltkrieg erlaubt immerhin nostalgische Anwandlungen, und heute regt man sich schon wieder auf, wenn jugendliche Spötter Brunnen und Statuen beschmieren. Aufgewachsen bin ich in jenen westlichen Vororten, in denen 1933 gegen die Häßlichkeit angekämpft wurde und von denen ausgehend sich Berlin wieder zu einer anziehenden, erregenden Stadt entwickelte. Dann freilich durchquerte Hitler sie mit seinen Bauberatern, und wir Heranwachsenden lebten zwischen deren besserwisserischen Monstrositäten, die noch immer nicht ganz verschwunden sind, die den Auftakt zur großen Zerbombung bildeten und denen eine Durstzeit hilflosen Tastens folgte.

Ich habe die »Linden« noch unversehrt gesehen. Diese Straße zog mich an, weil sie der vollkommene Ausdruck dessen war, was »preußischer Stil« genannt werden kann. Die letzte große Schöpfung dieses Stils war das Denkmal Friedrichs des Großen von Christian Rauch, enthüllt im Jahre 1851. Ich konnte nie daran vorbei, ohne mir meinen Vorfahren, den Artilleriegeneral von Dieskau, zu betrachten, der sein Gesicht zwischen anderen Militärs blicken läßt. Er durfte hier figurieren, da er seinem königlichen Freunde durch ballistische Neuerungen Schlachten schlagen half. Dankbar folgte der barhäuptige König seinem Sarg in die Alte Garnisonkirche.

Natürlich war auch die Ordnung der »Linden« seit 1900 in Frage gestellt. Polizei und Banken drängten sich vor, und Wilhelms des Zweiten Baumeister verschandelten sie durch Aufstockungen. Natürlich ist das Wort »preußischer Stil« eine Verlegenheitslösung, denn zwischen Schloßbrücke und Brandenburger Tor betrachtete der Flaneur ein Erzeugnis europäischer Herkunft, dessen Grundelemente französisch, italienisch und deutsch waren. Es wurde nicht nur von seinen Künstlern, sondern auch von seinen Bauherren geschaffen. Mit Ausnahme Friedrich Wilhelms I. waren alle Hohenzollern musisch angehaucht.

Nun, gleich neben dem unsinnig vernichteten Schloß errichteten die Diktatoren des anderen Systems die Staatsoper wieder ganz im Sinne des Fridericus. Die Wiederherstellung der rhythmischen Markzeichen steht für eine Wiedergewinnung des Atems der Straße. Auch was an unpreußischem, aber sehr berlinischem Kultur-, besonders Literaturbetrieb nach der Zerstörung durch den Nationalsozialismus vermißt werden mußte, fängt wieder an, vorhanden zu sein. Wenn auch ein Literaturcafé noch keine Literaturstadt macht, so gibt es doch auch eine immer wieder einmal – besonders im literarischen Bereich – gesunde kontroverse Akademie der Künste und eine Reihe mit ihr kommunizierender Institutionen.

Berlin verdanke ich meine ersten wichtigen Musikeindrücke, vor allem natürlich die Opern- und Konzerterlebnisse, aus denen die Berufswahl resultierte. Das Singen ist eine elementare Lebensäußerung des Berliners. Die Lust dazu widerspricht seltsamerweise nicht seiner Ironie und seinem feinen Gefühl für Komik. So blieben die Berliner auch ganz ernst, als aus ihrer Mitte plötzlich hundert Männer aufstanden, um gemeinsam ein pathetisches Lied zu singen. Die Männerchöre sind dank Carl Friedrich Zelter und seiner »Liedertafel« eine Erfindung aus Berlin. Abgesehen von den großen Laienchören und -orchestern gab es unzählige Musikvereine, in denen sich Weltanschauung und Musikleidenschaft paarten.

Alle diese zusammen ergaben den Humus für diese Musikstadt, ein Riesenpublikum von Konzertbesuchern, die auch mir zu konzertieren helfen. Ich habe noch in der alten Singakademie (übrigens nicht von Schinkel, sondern von einem Schüler erbaut) im Chor mitgesungen. In der architektonischen Stimmung grundverschieden dazu die alte, im Krieg zerbombte Philharmonie, ursprünglich als Rollschuhbahn gebaut und gegen Ende der achtziger Jahre zum Konzertsaal umgestaltet. Unter der großen Orgel an der Stirnwand saß ich oft hinter dem Orchester und hatte Schlüsselerlebnisse der Werke, der Orchestration oder des Dirigierens. In Scharouns neuem Philharmonie-Bau fühlt sich der Hörer wohl und hört auf den meisten Plätzen angemessen. Der Solist freilich mit seiner Stoßkraft in nur eine Richtung hat es schwer, alle die zu erreichen, die um ihn herum sitzen. Herb wie das ganze geliebte Berlin gibt sich die Deutsche Oper mit ihrem keineswegs nostalgisch gewordenen Stil der fünfziger Jahre. Dafür hat sie viel anderes zu bieten: ein zuverlässiges Personal in allen Sparten, einen gutmütig-herzhaften Geist der Team-Arbeit und hervorragende musikalische Leistungen.

Ein tiefer Schrecken ist meine früheste Erinnerung. (Wenn ich von dem Nachgefühl des wonnevollen Babyschreiens einmal absehe, das sich im Singen ähnlich durchblutend fortsetzte.) Als Zweijähriger saß ich im Gras neben meinem wunderschönen Beagle-Hund aus Stoff, dem ein Schnullerring vom Halse hing, als ein atemberaubender Donner die Luft erschütterte. Ich schaute blinzelnd nach oben und sah bedrohlich tief ein metallenes Ungeheuer die Sonne verdunkeln. Es handelte sich wahrscheinlich um eines jener frühen Flugzeuge, die damals noch selten in Erscheinung traten. Natürlich schrie ich aus Leibeskräften. Unser Mädchen Else rannte herbei und verpflanzte mich in den blauen Spazierwagen, einen Stuhl auf vier Rädern, um mich auf einem Rundgang abzulenken. Ich liebte dieses Fahrzeug, dessen Holzbarriere in Blickrichtung ausscherte und auf die ich, war sie geschlossen, meine Ärmchen während der Fahrt stützte. Else kümmerte sich nicht nur um uns Geschwister, sie fungierte als Mädchen für alles. Hellwach, ansehnlich und bei der Arbeit geröteten Gesichtes, genoß die Schlesierin von etwa fünfundzwanzig Jahren die Liebe des ganzen Hauses. Sie betreute uns drei Buben, sie wusch, bügelte, kochte und säuberte. Wenn sie ausging, stülpte sie einen modernen Haubenhut über und sah ganz plötzlich mondän aus. Ein Freund mit Schiebermütze namens Bruno, wie aus einem Roman Falladas entstiegen, ließ sich ab und zu blicken. Else mochte ihn aber nicht so recht, und als sie eines Tages ablehnte, ihm zu folgen, zückte er eine Pistole und zwang sie, mit ihm zu gehen. Danach sahen wir den bedrohlichen Kavalier nie wieder. Zum Glück kam Else zurück.

Mit vier, als die Eltern ohne uns drei Brüder zu einem kurzen

Urlaub aufgebrochen waren, bekam ich schreckliche Schmerzen und schrie drei Tage lang, bis Else auf die kluge Idee kam, mich in einer nahegelegenen Klinik abzuliefern, wo man mir den Blinddarm in letzter Minute entfernte. Aus dem Krankenhaus zurück, genoß ich gierig die besondere Verwöhnung und Erfüllung von sonst unerhörten Wünschen wie dem nach einem vollständigen, holzgeschnitzten Zoo. Als ich zehn wurde, heiratete Else und besuchte uns nur noch gelegentlich, bis sie ganz fortblieb. Traurig sah ich sie ziehen.

*

Als ich zur Welt kam, ging es meinen Eltern gut, und die Familie, in der ich aufwuchs, würde heute unschön als »gehobener Mittelstand« bezeichnet. Meinen Vater erfüllte die Musik; sie war seine unglückliche Liebe. Als erster in der väterlichen Linie konnte er sich musikalisch ausdrücken, sogar als Komponist. Der Vater meiner Mutter, ein wilhelminischer Kasernen-Architekt, hatte als Laientenor gesungen. Seine jung verstorbene erste Frau spielte (nach dem Zeugnis meiner Mutter) hervorragend Klavier. Mein Vater brachte es fertig, Musikverständnis zu fördern, er entfaltete Initiative und organisatorische Kräfte. Als Direktor des Gymnasiums zu Berlin-Zehlendorf und Geheimer Oberstudienrat (also mit beratendem Wort bei der Schulbehörde) Dr. Albert Fischer veranstaltete er während des Ersten Weltkrieges sogenannte Anleihekonzerte. Das war noch, bevor er seinem Namen den Mädchennamen seiner Mutter – von Dieskau – anfügen ließ. Diese Konzerte fanden in der Aula einer der drei höheren Schulen statt, die er diesem Ort entrungen hatte. Immer wieder wühlte ich in den alten Programmen für diese Konzerte, die bedeutende Mitwirkende auswiesen, etwa Pauline de Ahna mit Ehemann Richard Strauss am Flügel, Staatsopernstar Emmy Destinn, Francisco d'Andrade, Claire Dux oder Kirchenmusikdirektor Hugo Rüdel. Aber nicht nur als Konzertmäzen, auch als Schriftsteller oder Theaterleiter griff mein Vater weit über seinen angestammten Beruf hinaus, ohne dabei jedoch, wie er es selbst nannte, »über sechs zu würfeln«. Einst hatte er Musiker werden wollen, was ihm aber der Großvater streng verwehrte, da dieser Beruf nun einmal »brotlos« sei.

Alle acht Geschwister meines Vaters waren musikalisch, nichtsdestoweniger auch immer zu Streichen aufgelegt. Meine Großeltern habe ich Spätankömmling alle nicht mehr erlebt. Aber ich höre immer noch meinen Vater erzählen, wie er als Kind mit den Brüdern die Turmuhr auf der Kirche des Kleinstädtchens Ziesar bei Magdeburg Dreizehn schlagen ließ, oder wie sie ihre Federhalter an den Gardinen abwischten und die gütige Mutter nur so zu rügen die Kraft hatte:

»Aber das sieht doch Väterchen nicht gern...«

Vom Komponieren wollte mein Vater gegen alle Verbote nicht lassen, und ich sehe ihn immer wieder über die Partitur seines Singspiels »Sesenheim« gebeugt, das zwar Ende der zwanziger Jahre im Theater des Westens eine Serie von Aufführungen erlebt hatte, aber bis zu seinem Tode immer wieder umgearbeitet und verbessert wurde. »Ihre Werke folgen ihnen nach«, nicht aber dieses, denn Franz Lehár kam schon 1927 mit seiner »Friederike« heraus und hatte als »Goethe« einen Richard Tauber, dessen Erfolg letzte Hoffnungsspuren hinwegfegte. Und so wurde denn all das auch in nächtlicher Arbeit beschriebene schöne Notenpapier zum gilbenden Familienhort.

Jeden Sonntagmorgen ließ mein Vater seine Finger über die Tasten des Flügels gleiten, bis sie sich dazu entschlossen, feste Akkorde zu alten protestantischen Chorälen zu greifen. Da kam Ererbtes vom Großvater zum Vorschein, der als evangelischer Pastor eine grundlegende Arbeit über das Kirchenlied veröffentlicht hatte (um 1870), ein Wälzer, der auch heute noch als »Standardwerk« nachgedruckt wird.

Wie ein Tier unter dem Flügel zu liegen und in die unheimlich nahen, lauten Klaviertöne hineinzuhorchen, die der Vater hervorzauberte, war meine allergrößte Wonne. Mit vier hörte ich im Radio Musik aus dem »Lohengrin« (so sagte mir später mein Vater) und geriet völlig in den Bann dieses ersten, erlebten Opernausschnitts. Tagelang lief ich wie im Fieber herum.

In dem Berlin nach 1925 war mein Vater auch der Mit-Initiator des sogenannten »Theaters der höheren Schulen«, in dem leider nur den bemittelten Schülern Gelegenheit gegeben wurde, klassisches Schauspiel, Oper und Konzerte bei kleinen Preisen zu erleben. Was ich da sah, wollte ich sofort verarbeiten, selbst gestalten: ich rezitierte leidenschaftlich, oft ohne zu verstehen, was ich las. Ich deklamierte dem Mädchen in der Küche so lange im Fortissimo vor, bis sie die Flucht ergriff und kündigte. »Prometheus«, »An Schwager Kronos« oder »An eine Äolsharfe« waren ebenso dabei wie längere Balladen, »Die Glocke«, »Die Bürgschaft«, »Die Füße im Feuer« – Werke, die ich später in Gefangenschaft den Mitgefangenen vortrug. Die Gedichte holten mich früh ein. Ich bin ihnen ein Leben lang verfallen, aus Pflicht und Lust und allmählichem Verstehen. Ich »dichtete« auch selbst – und blieb in Ansätzen stecken. Viele der blauen Schulhefte füllten sich mit kindlichen »Roman«-Versuchen oder Versdramen, die nicht über solche Anfangszeilen hinauswuchsen wie: »Ich ging in einen Garten...« oder »Burg Adlersfried lag ruhig da...«.

Bedeutende Musikwerke aber kannte ich mit dreizehn ganz genau – besonders durch die Schallplatte. Schon Mitte der dreißiger Jahre bot sie ausgezeichnete Wiedergaben, die auch heute noch immer wieder für die Langspielplatte genutzt werden. Ich machte den Plattenteller meinem Mitteilungsbedürfnis dienstbar. Kam eine Freundin meiner Mutter von auswärts angereist, überfiel ich sie vorlaut:

»Ich habe ein schönes Programm für dich zusammengestellt, das mußt du hören!«

In dieser Zeit besuchte ich bereits das Zehlendorfer Gymnasium, dieses überdimensionale, der Renaissance nachempfundene Gebäude, das geeignet war, einem Kind mehr Schrecken als Zutrauen einzuflößen. Nicht viel traulicher hatte zuvor die Grundschule gewirkt. Für meinen ersten Lehrer freilich schwärmte ich. Nicht weil ich sehr viel von ihm gelernt hätte. Aber er hörte mich gerne singen. Er klärte meine erstaunte Mutter darüber auf, ich hätte die »Stimme eines Engels«. Und Herr Tapper war meine Zuflucht, wenn ich – um ein Jahr zu früh Eingeschulter – Hohn und Spott auf mich versammelte. Dabei begriff ich gar nicht, warum. Warum lachten sie über meine

Haare (die meine Mutter gern als Tituskopf sah), warum probierten sie ihre Kräfte an mir aus? Dünnhäutig und wie in die Wüste getrieben, stand ich stockstill oder ging einmal sogar den gröbsten Ältesten mit Fäusten an, als er im Schulhof auf mich zukam. Ich duckte mich und trommelte blindwütig auf ihn ein, ohne auch nur den geringsten Effekt zu erzielen, außer daß ich hinterher blutig dalag. Da hatte Herr Tapper eine gute Idee: er ließ den Groben über mich wachen, damit niemand sonst über mich herfalle, und schon gab es himmlische Ruhe.

Damals war mein Vater gerade in den Ruhestand versetzt, aber ich genoß in seinem Zehlendorfer Gymnasium die mannigfachen Vorteile meiner Geburt: so ziemlich jeder Lehrer hatte einmal seine Güte und Gerechtigkeit erfahren und dankte es ihm nachträglich, indem er mich schonungsvoll behandelte.

Wie alle Bourgeois der Jahrhundertwende vergaß mein Vater niemals seinen eigenen ersten Theaterabend und ließ nun seine Kinder erleben, was die Schriftsteller von ehedem zu berichten hatten. Wenn der Vorhang aufging, glaubte ich, bei Hofe zu sein. Gold und Purpur, Lampen und Schminke, jener undefinierbare Geruch von der Bühne her, der mit dem Wehen des sich öffnenden Vorhangs die Nase umspielte, all dies hatte es uns angetan. Pathos und Künstlichkeit erfüllte uns. Wir kamen von den Nachmittagsvorstellungen (»Faust«, »Tell«, »Die Karlsschüler«, »Wallenstein« oder »Der Raub der Sabinerinnen«) – Darbietungen zum Teil gewiß mittlerer Güte (in denen aber doch Heinrich George, Eugen Klöpfer, Gerda Maria Terno, Paul Wegener und andere Berühmtheiten mitwirkten) – wie benommen wieder nach Hause. Wir waren verblüfft, geschwächt und heimlich etwas weiter präpariert für eine offizielle Lebens-Laufbahn.

Aber natürlich gab es auch noch das Kino, in das es mich zunächst mit Klassenkameraden, dann in Kriegstagen mit meiner Mutter zog. In diesen Filmen tappten wir blindlings und doch sehend in unserem Jahrhundert ohne Tradition herum, das sich von den früheren durch schlechte Manieren unterscheidet, die im Rückblick jedoch zaghaft aussehen, vergleicht man es mit heute. Damals hatte die Kunst für den Pöbel gerade ihr Haupt erhoben und nahm an Barbarei etwas von dem vorweg, was wir heute als Soap Opera im TV oder auch als Video-Terror für Jugendliche erleben.

Das Kino im Krieg war mehr eine Vergnügungsstätte für Frauen und Kinder. Wir liebten es sehr, meine Mutter und ich, aber wir dachten kaum darüber nach; wenn ich auch die Stimmen und Gesichter aller Darsteller kannte. Selten sprachen wir über die Filme, so wenig wie über das Essen. Als mir endlich die genaue Existenz, der kulturelle Ort des Films – über die Namen und Stimmen der Schauspieler hinaus – klar wurde, bildete das Kino via Television für mich schon ein Bedürfnis fragwürdiger Art.

Hatte das Spektakel in den »Hindenburg-Lichtspielen« bereits angefangen, wie es oft der Fall war, dann folgten wir tappend der Platzanweiserin. Ich fühlte mich wie ein noch nicht Dazugehöriger. Über unseren Köpfen durchschoß ein weißes Lichtbündel den Saal, man sah den Staub tanzen. Farbige Glühbirnen leuchteten an der Wand, und der durchdringende Geruch eines Desinfektionsmittels schnürte mir die Kehle zu. Meine Beine strichen an Knien vorbei. Endlich schaute ich auf die Leinwand und entdeckte zwinkernde Landschaften, die von schlechtem Wetter gestreift zu sein schienen. Denn es regnete immer, auch wenn die Sonne schien, sogar in den Wohnungen. Und flog ein flammender Blitz durch den Salon, schien sich niemand darüber zu wundern. War die Spannung am Ende des Films vorüber und das Licht wieder angegangen, so war mir's wie eine plötzliche Entziehung: die häßlichen Klappsitze, die hellgetünchten Wände, ein Fußboden, der mit Spuckresten und Papierabfall bedeckt war. Wenn wir an der geöffneten Vorführkabine vorbeikamen, deren Tür auf die Straße ging, bettelte ich um ein Stück Filmabfall, um es dem ungeheuren Durcheinander anzukleben, das zu Hause mit dem handgekurbelten kleinen Vorführapparat wonneschauernd betrachtet werden konnte. Auch in der Straßenbahn verstand ich mich aufs Betteln: erst legte ich einen Groschen und einen Fünfer in die Hand des Schaffners und sagte »fünfzehn«. Der Schaffner stieß mir den Fahrschein in die Hand und wiederholte »fünfzehn« mit seinem automatenmäßig ansteigenden, abgebrauchten Tonfall. Dann konnte ich fragen:

»Haben Sie 'nen Abgeriß'nen?«

Und der Leidgeprüfte – war ich doch nicht der einzige Quälgeist – stieß mir zwei oder drei Abreiß-Blockstümpfe entgegen, die sich so fabelhaft für Strichmännchen und bewegte Bildgeschichten eigneten, die dadurch entstanden, daß man die Blätter am Daumen vorbeigleiten ließ.

Längst hätte gesagt sein sollen, daß die braune Welle über uns hereinbrach, als ich gerade acht Jahre alt war, und der Lehraufbau in den Schulen meines Vaters umschloß nicht mehr dieselbe Welt wie einst. Sicher ist, daß diese »Lehr-Zeit« ohne wesentlichen Eindruck an mir Musiknarren abgeglitten ist.

Als am 30. Januar 1933 triumphierende Märsche aus dem Radio schollen und sich die Stimmen der Reporter vor Entzükken überschlugen, als die »Heil«-Rufe durch die Massen brausten, da mag es nur für Leute mit Weitsicht, für die politisch Wissenden möglich gewesen sein, sofort zu ahnen, wohin das führen mußte. Ich Achtjähriger baute meine Soldaten-Musikkapelle vor dem Lautsprecher auf und stellte mir vor, all diese fabelhaften Marschrhythmen kämen von ihr.

Schon vor längerer Zeit hatte mein Vater das von ihm prächtig erbaute Direktoren-Domizil pensioniert verlassen müssen und lebte mit uns in einer Etagen-Wohnung in der Lichterfelder Holbeinstraße. Fern, am anderen Ende der Stadt, verdiente er etwas Geld dazu mit Unterricht in einer Privatschule. Herr Jarow, ein alter Kapellmeister, wohnte nicht weit von uns in der Gegend der fast ländlichen Dürerstraße, wo Pferdewagen über katzenköpfiges Pflaster anschaukelten, zwischen verregneten Fuhrwerken hindurch. Auf dem Weg zum Unterricht beschäftigte mich das Spiel mit den vorbeigleitenden Zaunlatten und Gittern mehr als die bevorstehende Stunde. Herr Jarow war mein erster Klavierlehrer, und mein Vater hatte ihn häufig aufgesucht, um die Partitur von »Sesenheim« in immer professionellere Form zu bringen. Herrn Jarows Interesse an meinem unsäglichen Klimpern existierte nicht, und er begrüßte mich gleich:

»Möchtest du ein Stück Kuchen?«

oder

»Soll ich dir meine Münzensammlung zeigen?«

In der Dürerstraße nebenan schaute ich auch manchmal zu einem philosophierenden Schuster, Adolf Drescher, in den Laden hinein. Der sah trübsinnig vor sich hin, wenn er mal in der Arbeit pausierte, und machte sich so seine Gedanken über den Wahnsinn der Zeit. Dann setzte er zu einer Bemerkung an, um sie gleich wieder zu verschlucken, denn er sah einen Steppke neben sich, der ja doch nichts verstehen würde. Immer wieder kam ich. Sobald die Ladenschwelle betreten war, legte sich mir der Geruch von Leder und Tabak auf die Kehle. Faden wurden mit Pech bestrichen, Löcher gestochen, Sohlen angenagelt, Absätze gemacht, und immer wieder surrten die Drehbürsten und -feilen. Wenn ich als Sachs im 2. Akt der »Meistersinger« auf der Bühne so zu tun hatte, als machte ich einen Schuh, kamen mir diese frühen Tage wieder in den Sinn.

Mit einem langen Einkaufszettel zum Kolonialwarenhändler Herden zu gehen, mußte ich erst allmählich lernen, so groß war meine Scheu. Der gute Mann in dem altmodischen Laden verlockte mich dazu, indem er mir die ersten Male ein Tütchen mit Schokoladenplätzchen zusteckte. Verwöhnt wurde ich nicht; ich mußte Geschirr waschen oder andere Hausarbeit tun, sehr oft drei Treppen hinauf Kohlen aus dem Keller schleppen. Die wanderten dann in die reich verschnörkelten Kachelöfen, auf denen im Winter Äpfel gutriechend schmorten.

Eher stumpf gegenüber der Wirklichkeit, lebte ich in einer Welt, die ich mir selbst ausgedacht hatte. Und wenn sie auch nicht so beschaffen war wie Mörikes Orplid, hatte ich sie doch ganz alleine gebaut. Freunde konnte ich an der Hälfte meiner Hand abzählen. Mein zweiter Klavierlehrer hieß Joachim Seyer-Stephan, einst Wunderknabe und Protegé von Busoni, nun aber als Lehrer von kleinen Nichtskönnern und älteren Damen dahinkümmernd. Obwohl ich es bei ihm immerhin bis zur vagen Übersicht der Salonstückchen von Walter Niemann brachte, interessierte mich an den Stunden viel mehr die Umgebung in der hochgelegenen Wohnung in der Zehlendorfer Forststraße. Dort malte nämlich sein Vater, Friedrich Seyer, in phantastischer Manier prae-raffaelitische, buddhistisch angehauchte Bilder, wenn er nicht gerade Botticelli kopierte, den er besonders liebte.

Ein erster Einbruch geschah in meinem Bewußtsein – ich wurde von den Linien und Farben eingeholt. Wie konnte man denn so genau Bilder verdoppeln, wie kamen einem Ideen so skurriler Art wie die auf den Aquarellen Seyers? Stundenlang hockte ich neben dem arbeitenden Maler, nahm wohl auch manchmal einen Stift, um selbst etwas zu produzieren. Nachdem ich einmal Seyer-Stephan mit Bleistift porträtiert hatte (ich war elf), meinte mein geduldiger Gastgeber:

»Du könntest sehr wohl Maler werden.«

Das habe ich dann, auch durch die Schuld des äußerst stupiden Zeichenunterrichts in der Schule (zwei Jahre lang den Kopf des Bamberger Reiters nachstricheln bedeutet eine Folter), eine Zeitlang vergessen, um mich später daran zu erinnern.

Mein Schulweg führte mich täglich zum S-Bahnhof Botanischer Garten, auf dessen Brücke ich lange wartete, um den süßen Dampf einzuatmen, den die vorbeischnaubenden Lokomotiven der Güterzüge in die Nase schickten. An einem Tag des Jahres 1938 ging ich mit einem Freund nichtsahnend die Straße zur Brücke hinauf, als grelle weiße Bemalungen, Pfeile in Richtung auf Geschäfte, Schimpfworte, Obszönes auf dem Pflaster die Füße stocken ließen; nicht lange danach die Herzen. Die Tür zum Herrenschneider Friedländer stand weit offen, der Möbelladen daneben war zur Hälfte leer, die Schaufensterscheiben ringsum waren beschmiert. Die Menschen passierten mit erfrorenen Mienen. Zum zweiten Mal kamen mir hier Verbrechen und Gewalttat direkt vor die Augen. Zuerst hatte ich das erlebt, als bei einer »Fahrt« unserer »Pimpf«-Gruppe plötzlich alle Zehn- und Zwölfjährigen von den Älteren angestachelt wurden, eine »feindliche« Gruppe anzugreifen, und sich ein blutiges Handgemenge entwickelte, das mich für lange in eine Art Schock versetzte, nicht unähnlich dem, der uns beim Anblick der Sudeleien jetzt die Zunge lähmte, so daß wir ohne ein weiteres Wort den langen Schulweg bis nach Zehlendorf zurücklegten. Einer mußte sich damals schon einlassen mit verlogenem, heimlichem Benehmen, das uns auch unredlich vorkommen konnte und später eher lächerlich. Unser Dasein überstand nur so: es hatte kein Mensch Gewalt über sein eigenes Leben, und er mußte aufkommen für etwas, das er nicht angefangen hatte, zwischen Schule und Wohnung nach Regeln und Gewohnheiten. Manchmal wunderte ich mich, daß dies so im menschlichen Vermögen liegt. Immerhin: wollten wir Schüler den Latein-Unterricht ausfallen lassen, so mußten wir nur den Klassenbesten Schmidt beauftragen, die Stunde möglichst bald zu unterbrechen. Der eingefleischte Nazi hinter dem Katheder bekam die Frage zu hören:

»Was sagen Sie denn, Herr Studienrat, zu den Lügen, die der Herr Propaganda-Minister heute morgen im ›Völkischen Beobachter‹ von sich gegeben hat?«

Rotgesichtige Empörung in den stupiden Zügen des Lehrers:

»Aber hören Sie mal...«

Und dann folgte eine zeitraubende Diskussion, bei der es seltsamerweise nicht auffiel, daß sich die Meinung der ganzen Klasse gegen einen Mann stellte. Wen kann es wundern, daß ich nicht viel Latein aus der Schule mitnahm, und damit auch nicht die heute geahnte Freude an den Sprachschönheiten von Tacitus oder Cicero. Wohl am meisten bedaure ich, den Vergil nicht im Original lesen zu können. Denn sobald ich zu singen angefangen hatte, bekam das sorgfältige Studium des Französischen, Englischen oder Italienischen absoluten Vorrang. Neben den waschechten Nazis gab es auch den Klassenlehrer Dr. Meyer, der sich den vorgeschriebenen »deutschen Gruß« ersparte, indem er den linken Arm mit der Aktentasche in der Hand hob und »Heitler« brummte.

Wer waren übrigens die Feinde des Bürgers von damals? Die Sozis, die Kommune, bei vielen die Juden – das aber ganz sicher nicht in unserer Familie. Freilich konnte die Haltung auch des einsichtigsten Menschen nicht verhindern, daß mit dem versinkenden Teil des europäischen Judentums zugleich ein Teil des Abendlandes unterging. Für einen Zehnjährigen galt Dabeisein alles, eine Uniform tragen, seine Talente entwickeln. Schnell folgte die Ernüchterung. Mein Naturell sträubte sich gegen die »Fahrten«, die Raufereien mit blutigem Ende, die »abhärtenden« Strapazen, die pathetischen »Heimabende«, das Anhalten zum allgemeinen Wasserlassen bei Wanderungen, jeweils vom

Zugführer persönlich eingeleitet, das Singen so erbärmlicher Lieder wie »Volk ans Gewehr« oder »Unsre Fahne flattert uns voran«, oder »Heilig Flamme«, zu denen ich als Längster und »Flügelmann« auch noch den Ton angeben mußte. Als Symbol des Blutrünstigen hing uns ein Messer am Gürtelriemen, auf dem »Blut und Ehre« eingraviert stand, Sinnbild eines nationalen Paroxysmus, der sich anschickte, die Welt in ein Blutbad zu verwandeln. Der Mensch weiß nicht, wessen er fähig ist. Er erlebte sich als Nazi, erschrak heftig, erholte sich aber bald von dem Schock und hielt sich bereits wieder für einen Menschen. Seine Vergangenheit konnte ihn nicht bewältigen. Und als ich einmal achtjährig, nach der Rückkehr von solcher Fahrt mit Schlaf am Zeltrand, hochfiebernd für ein paar Tage im Bett gelegen hatte, saß ich besonders aufmerksam als Zaungast dabei, um dem Onkel Werner Ludewig zuzuhören, der sich wieder einmal mit meinem Vater streitbar unterhielt. Da wurden die Bonzen des Regimes »Hampelmänner« genannt.

Zweimal sah ich welche von ihnen. Das eine Mal sammelten wir uns schon am Morgen, um abends im Olympia-Stadion eine Jugendkundgebung mitzumachen. Nach endlosem Warten, für das ich nichts Eßbares mitbekommen hatte, gab es ein Wassersüppchen. Uns wurden Pechfackeln in die Hand gedrückt, und los ging ein Marsch durch ganz Berlin. Halb ohnmächtig standen wir dann endlich im Mitteloval des Stadions, vom Fackel-Gestank benebelt, Kolonne an Kolonne, und hörten die Worte des schreienden Propagandaministers Goebbels:

»Die Jugend hat gegenüber dem Alter immer recht!«

Womit er eine revolutionäre Meinung doppeldeutig mit Verführung verband. Das ging mir aber damals nicht auf. Das andere Mal gab es eine Autofahrt des »Führers« durch das Stadtzentrum, vorbei am Arbeitsministerium, und mein Halbbruder Achim reservierte dort einen Fensterplatz für uns Brüder, auf daß wir doch »einmal dabei« seien. Nach etwa einer Stunde Wartezeit schwoll von fern das Gerufe von den Straßenrändern: »Führer befiel, wir folgen dir«, und dann sahen wir ihn im offenen Wagen stehen. Will sagen, von unserem hohen Stockwerk aus nur die hellbraune Scheibe seiner Schirmmütze und den sich automatenhaft zum »deutschen Gruß« erhebenden rechten Arm, dessen gestreckte Finger jedes Mal zur linken Schulter strebten und sich zur Faust ballten, wie um die soeben Gegrüßten in ihr zu zerdrücken. Die letztere Beobachtung kommt mir erst aus der Erinnerung heraus, aber schon damals empfand ich merkwürdig klar eine absurde Schauspielerei, die sich aufdrängte, auch wenn man das Gesicht des Diktators nicht sah.

Mein Vater hatte es weit gebracht mit seinen Plänen, die höhere Schule zu reformieren, hatte gleich drei davon in Zehlendorf gegründet und den Typ der »Deutschen Oberschule« gemeinsam mit Kollegen entwickelt. Das brachte ihm schon vom Programm her die Gunst der Machthabenden ein, und um ein Haar hätte ihn Hitler zu seinem Unterrichts-Verantwortlichen gemacht. Alter und Krankheit schützten meinen Vater vor seinen eigenen, im Grunde naiven Vorstellungen, und er war zum fraglichen Zeitpunkt aus dem Gespräch.

Besagter Onkel aus der Familie meiner Mutter mischte seinen Pfeifendampf gern mit dem Zigarrennebel des Vaters. Und es ging manchmal hoch her für und gegen die Nazis. Da hatte ich frühzeitig meinen Vergleichsmaßstab. Aber die bessere Einsicht, wie ich sie gar nicht so selten beobachtete, zeitigte bei den Menschen kaum frühe Auflehnung. Mein älterer Halbbruder Achim besuchte die Wohnung in Lichterfelde nie, ohne sofort ein Kissen über das Telefon zu stülpen. Dann aber sprach er in der Hauptsache von kleinen Querelen und Lästigkeiten an seinem Platz im Arbeitsministerium, selten aber von schwerwiegenderen Dingen. In der Wochenschau schreckten erste, andeutende Berichte von Konzentrationslagern. Niemand konnte damals mehr sagen, er wisse nichts davon. Aber die Köpfe duckten sich und zogen die vermeintliche Sicherheit des Augenblicks vor. Waren nun damit die Passiven mitschuldig? Wir Schuljungen auf dem Weg über die Schmierereien? Jeder wußte Bescheid, aber in der Schule wagte man gerade darüber nicht zu sprechen. Natürlich konnte wahrnehmen und begreifen, wer sich die Mühe des Nachdenkens machte. Dazu aber besaßen die Massen nicht genug Wissen. Die breite Schicht des Mittelstandes vielleicht noch weniger als die durch die SPD und die Gewerkschaften geschulten Arbeiter. Aber der tägliche Anschauungsunterricht hätte doch mehr Menschen stutzig machen müssen.

Den Schneider Rosenfeld, gleich neben dem S-Bahnhof, gab es plötzlich nicht mehr. Unter uns wohnte eine oberschlesische Familie mit einer wunderbaren Großmutter, die Geschichten erzählen konnte, wie ich es von niemandem sonst gehört habe. Eines Tages fuhr ein Lastwagen vor, und die ganze Familie wurde da hinaufgestoßen. Wenige Habseligkeiten gingen mit, auch die von mir sehr geliebte hölzerne Straßenbahn des ältesten Sohnes. Viele Nachbarn sahen unbewegt zu, als die Oma sich ihrer geschwollenen Füße wegen auf die Enkelkinder stützte. Niemand regte sich; solche Szenen waren wohl schon zur Gewohnheit geworden. Wahrscheinlich sprachen die Passanten kurz ein wenig intensiver miteinander, rauchten eine Zigarette und gingen ihrer Wege.

Die Familie in der Wohnung unter uns wurde von einer alten Dame abgelöst. Sie regte sich über jede musikalische Verlautbarung von oben auf, und es gab bei uns doch vier Menschen, die täglich wenigstens etwas Musik von sich gaben. Machte meine Mutter etwa »schschsch« – so ergab sich fast zwangsläufig die Antwort:

»Jaja, Frau Hermanns ringt die Hände.«

In der Schule fingen sie an, uns zu Spitzeln zu erziehen.

»Kinder, wenn ihr gute Jungen seid, dann sperrt ihr eure Augen und Ohren weit auf... Werner Nelke, hörst du auch zu? Der Volksfeind ist überall!«

Und prompt verkündete nach wenigen Tagen eine Flüsternachricht, Werners Vater sei verhaftet worden. In den Zeitungen (sogar hier) las man Andeutungen, daß mit den Juden »abgerechnet« werde. Glaubten wir etwa nicht daran? Aber sicher doch. Allgemein flohen die Menschen in Zynismus. Schulkinder imitierten die Stimmen der »großen« Redner. Nachbarn klagten den Nachbarn über die dumpf empfundenen, stetig wachsenden Gefahren von Verbrechen und Krieg. Mein bärtiger Onkel, der Senatspräsident a. D. mit der glatten Stirn und der langen Pfeife, sagte immer, was er dachte und sparte nicht mit erbitterter Verurteilung der Nazis. Mein Vater war nicht unter den Judenschlächtern und Buchverbrennern. Aber mir ist, als ob sie zum Beispiel auch mich hätten zwingen können, ihrer Ideologie zu folgen. Wenn einer auf eine sehr private Weise heute etwas gegen das »System« hat, dann sollte er sich nichts darauf einbilden, denn er darf sich frei äußern. Hitler machte es Stalin nach und ließ unsere Gehirne waschen, bis wir es glaubten:

»Ohne Hitler müssen wir sofort tot umfallen.«

*

Einmal im Jahr – wenn es vorweihnachtlich wurde – stiegen meine Mutter und ich am Leipziger Platz aus der Straßenbahn aus und betraten den Tempel des Warenhauses Wertheim. Mir schien das Traumschloß vollkommen, und seine Schönheit wurde in der Tat von keinem anderen Kaufhaus in der Welt erreicht. Später wetteiferte das KaDeWe mit ihm, es war vielleicht auch spritziger, blieb aber doch vergleichbarer mit den Warenhäusern anderer Weltstädte. In der Erinnerung schwingen sich noch immer Wertheims glitzernde Girlanden von Glühbirnen durch die Eingangshalle, schweifen die Blicke über Brunnenhof, Teppichsaal oder Wände aus Halbedelstein, was doch alles neben den Wonnen der Weihnachtsdekoration für Kinder nur als Zugabe fungierte.

Wie gut, wenn eine mittelständische Familie mit drei Kindern, die des Alters der Eltern wegen nicht mehr über viel Einkommen verfügt, auf einen verwitweten Onkel wie den erwähnten Onkel Werner zurückgreifen kann! Freilich war von einer wirklichen Kinderliebe bei dem grantigen alten Herrn nicht viel zu spüren. Er hatte bei seinen eigenen zwei Sprößlingen viel Unliebsames erleiden müssen. Zu meinem Vater kam er gern. Dessen Umgang war nach der Pensionierung schmal geworden. Für fast alles, was zwischen den beiden gesprochen wurde, war ich viel zu dumm und klein. Aber die Rauchwölkchen aus Zigarre oder langer Hängepfeife hatten es mir angetan. Wieder einmal ergab sich eine Möglichkeit, in Gedanken etwas nachzuspielen: schnelle oder langsame Dampfstöße als Tempoangaben für die imaginierte Lokomotive ...

Zu Ostern regnete es Zucker- und Schokoladeneier aus Onkel Werners Geschenk-Topf, und zu Weihnachten gab es zunächst die Erfüllung martialischster Wünsche, wie dem nach Helm und Säbel, und Luftgewehr, und Elastolin-Soldaten, und ähnlichem. Mit acht soll ich aber gesagt haben:

»Soldat sein ist zu schwer. Ich will lieber Dichter werden.«

Zum Geburtstag stahlen sich andere Schätze auf den Gabentisch. Schon als ich fünf wurde, standen da zwei veritable Puppentheater, geöffneten Vorhangs und mit aufgebauter Dekoration. Alles – auch die Puppen – stammte aus auf Pappe gezogenen, handkolorierten Drucken und gab der kindlichen Phantasie reichlich Nahrung. Was mag wohl den guten Propheten dazu bewogen haben, mir gerade den zweiten Akt des »Tannhäuser«, den Sängerkrieg auf der Wartburg aufzubauen? Von jetzt an füllte das Spielen mit diesem verführerischen Guckkasten einen guten Teil meiner Zeit. Ich las aus Reclam-Heftchen und schob gleichzeitig meine Figuren auf und ab. Wie angenehm gegenüber der Lektüre von Romanen: die handelnden Personen mit Namen und Angabe des Verwandtschaftsgrades erleichterten die Orientierung ungemein. Kaum ein Klassiker widerstand meiner Lust, mit verschiedenen Stimmen verschiedene Charaktere zu zeichnen, ohne daß ich etwa alles verstand, was ich von mir gab. Von Schiller bis zu Wildenbruch reichte das Repertoire. Im »Wallenstein« allerdings trotzte das allzu große Personenregister meinen Bemühungen rhetorischer und inszenatorischer Art. Das Publikum stellten Kindergäste bei Geburtstagen, Mitschüler oder mein armer, leidender Bruder, der durch einen Unfall vor der Geburt körperlich und geistig behindert war. All die Jahre teilte ich mit Martin das Zimmer und wuchs mit seinem Leiden zusammen. Sein Wesen, das durch den unzureichenden Körper immer wieder in einem Blick, einem Seufzer deutlich wurde, dieses Stillhalten formte mich mit.

Des Onkels theatralische Botschaft mindestens ebenso. Seine Mitfreude an meiner neuen Spielerfahrung war nur schwer aus dem würdigen Gesicht abzulesen. Hätte er doch etwas von meiner Begeisterung wahrgenommen! Von jetzt an wurden mir alle möglichen Plätze zum Theaterschauplatz, so, wenn ich im Erker

des Eßzimmers auf einer der von meinem Vater eigenhändig ent-
worfenen spätspätromanischen Bänke saß und gleich daneben
mein ältester Bruder Klaus Klavier übte. Ich zog an der Gardi-
nenschnur, die die Stores bewegte, und schon öffnete sich eine
Bühne, auf der die pferdegezogenen Lastwagen vorbeirasselten
oder mitten auf dem Fahrdamm ein kleiner Junge mit Stentor-
stimme »Das Wandern ist des Müllers Lust« sang, der Lumpen-
einkäufer brüllte oder hastige Passanten vorübereilten. Selbst in
der Sonne tanzende Stäubchen konnten zu Darstellern werden.
Und ging der Chopin oder Brahms am Klavier zuende, zog ich
feierlich langsam den Vorhang wieder zu. Ich hatte nicht versäumt nachzuzählen, wie viele Personen draußen in etwa zehn
Minuten vorbeigegangen waren. Sie symbolisierten die Zuspät-
kommenden. Mit neun ging ich schon so weit (ohne jede reale
Berechtigung dazu), diese Zählungen auf ein künftiges Publikum für »mein« Konzert anzuwenden, und wußte doch
eigentlich nicht, was ich denn so begabt dereinst den Menschen
bieten könnte. Achtzig Besucher in zehn Minuten stellten den
Rekord dar. Später staunte ich, daß in der kurzen Zeitdauer von
etwa sechs Minuten sich so viel mehr Menschen in ein Konzert
drängen konnten.

Dem Puppentheater war ein Album mit Freischütz-Platten
beigelegt. Damit tat der besagte Onkel Gutes. Er schob mich
aber auch, wenn wir zu ihm in die oberste Etage eines Miethau-
ses gegenüber dem S-Bahnhof Zehlendorf-West eingeladen
waren, in den Wintergarten hinterm Schlafzimmer ab, stellte
neben mir eine kleine alte Spieluhr auf, legte viele Metallplätt-
chen zum Auswechseln daneben und überließ mich für lange
meinem Schicksal. Ich sollte mich nicht langweilen, aber auch
nicht stören, während die Alten plauderten. Einzig, wenn der
Onkel beim Abendessen einen Laib Brot kurz unter dem Voll-
bart gegen die Brust drückte, um persönlich die Scheiben für die
Gäste abzuschneiden, fühlte ich mich etwas unbehaglich. Vor
dem Essen betastete ich die Schnitzereien der massigen Anrichte,
glänzend vom vielen Gebrauch. Derlei Renaissance und alle
Varianten von Muschelaufsätzen zogen mich unwiderstehlich
an, weil sie so schön labyrinthisch waren. Die lebensgroßen Pho-

tos der verstorbenen Tante Gertrud flößten mir mitunter Angst
ein, sie prangten auf all jenen Stühlen, wo sie gewöhnlich gesessen hatte. Der Onkel, ein leidenschaftlicher Photograph, verbrachte auch Stunden damit, alle Familienmitglieder zu konterfeien, wobei es nach anstrengenden Wartezeiten geschehen
konnte, daß der langersehnte »erste Schuß« ins Nichts zielte, da
die Platte im Apparat vergessen worden war. Später pilgerte ich
oft nach Zehlendorf-West, weil es meine Mutter für geraten
hielt, daß ich beim Onkel lateinischen Nachhilfeunterricht
genösse. Da nahm er denn, sobald ich neben ihm am Schreibtisch saß, eine Pfeife nach der anderen von der Wand, um sie zu
putzen. Meine schon damals überempfindlichen Geruchsnerven
machten es mir schwer, mich auf den zu übersetzenden Stoff zu
konzentrieren. Das ließ den Hochbetagten tonlos kichern.

Nachdem er mit seiner Haushälterin die Kriegswirren überstanden hatte, wurde er noch ein spätes Opfer der Willkür: als
der Achtzigjährige, die Anstrengung verachtend, mit dem Mülleimer die vier Treppen zum Hof hinabgestiegen war, stellte ihn
ein russischer Soldat:

»Du Waffen?«

Der leidenschaftliche Bastler trug ein Taschenmesser in der
Hose. Dessen Entdeckung kostete den alten Wohltäter ohne
Umstände durch einen Kopfschuß das Leben.

*

Wie weit bin ich schon von denen entfernt, die nicht mehr sind?
Die Gestorbenen haben viel zu sagen, »ein Liebeswort zu lallen«, und sie sagen doch nur wenig. Sie sind nicht auf eine kleine
Geschichte zu verengen, wie dies in Erinnerungen zwangsläufig
geschieht. Sie können nicht bloß von einem Blickpunkt her gesehen werden. Und doch halten sie das Interesse wach, könnte
doch über das Schicksal eines jeden ein ganzes Buch geschrieben
werden. Dem stellt sich aber ein geheimes Verbot, fast ein Fluch
entgegen. Was ist ein Menschenleben anderes als eine Kette von
Erschütterungen, deren vorletzte das Alter ausmacht und deren
letzte der Tod ist? Im Irrgarten meiner Phantasie orientiere ich

mich auch an den Stimmen. Sie haben nichts von ihrer Frische eingebüßt, und das hat mit meinem professionell ausgebildeten Gehörsinn zu tun. Es braucht auch keiner verblichenen Bilder und Albumblätter zu Weihnachten oder Allerseelen. Die Toten eines langen Lebens müssen nicht als Abbilder hervorgeholt werden, gar mit Kerzen davor. Es sollte versucht werden, ihre in der Erinnerung nur noch schemenhaften Existenzen auf andere Weise zu beschwören. Denn mir wurde gewiß, daß uns die Kraft aus dem weiterbringt, was uns von den Toten kommt.

*

In dem irrealen Theater hinter den Stores und zwischen den Pappkulissen aus dem Neuruppiner Bilderbogen hat sich mein Schicksal geformt. Auch unter Goethe- und Schillerbänden oberhalb von Wieland, Heine oder Lenau. Meines Vaters Bücher waren aus Platzmangel teils auf dem Korridor in unscheinbarem Wandregal, teils aber in einem sehr hohen, geschmacklos verzierten Schrank untergebracht. In der Mitte Meyers Großes Konversationslexikon in 24 Bänden, aus denen ich einen Teil voreiligen Wissens bezog. Die Klassiker, Folianten in dick vergoldeten Einbänden, waren reichlich mit Figuren und Porträts inkrustiert, den Fingern spürbar. Im Text die üblichen Illustrationen in schlechtem Gründerzeit-Geschmack. Daneben die guten, mit Schmuck zurückhaltenden, frühen Cotta-Ausgaben deutscher Dichter, die sämtlich im Brandbomben-Feuer verglommen.

Solange mein Vater lebte, bekam ich nur begrenzten oder heimlichen Zugang zu den Büchern mit den unzähligen Bleistift-Randbemerkungen. Dafür schaute ich mich derart oft in Woermanns Kunstgeschichte um, daß ich alle Bildunterschriften ohne hinzusehen auswendig wußte, was meinen Vater, der mich einmal testete, in Staunen versetzte.

Es hätte mir sicher gut getan, wenn Vater oder Mutter, oder eine der vielen Tanten zum Vorlesen geneigt gewesen wären. Aber kaum je fand ein solches Gnadengeschenk statt, wohl weil ich selbst viel zu sehr mit Vorlesen okkupiert war. Ich sehnte mich danach, die eigene Stimme zu betätigen. Dabei kann ich mir heute nichts Förderlicheres für ein Kind vorstellen, als gute Literatur vorgelesen zu hören. In der Schule ergab sich, etwa ab der Quinta, dank dem rührigen Deutsch-Lehrer Meyer das Lesen (leider nicht das Spielen) großer Dramatik mit verteilten Rollen. Es brauchte nicht allzu lange, bis herausgefunden wurde, daß ich unter den reichlich stammelnden, jede Illusion raubenden Mitkläßlern durch zutreffende Betonung auffiel und so den jeweiligen Haupthelden lesen durfte.

Aber auch an den guten Büchern oder einer Empfehlung dazu fehlte es zunächst. Mein Vater starb, als ich gerade anfing, mich für einigermaßen Gehaltvolles zu interessieren. Meine Mutter hielt sich mit Ratschlägen zurück. Mich fesselte das Verlorensein und die Selbstvergessenheit über den »Buddenbrooks« von Thomas Mann, nachdem bereits Felix Dahn, Gustav Freytag oder Sienkiewicz verschlungen worden waren, ohne nachhaltig zu wirken. Als ich Gottfried Kellers »Leute von Seldwyla« zur Seite legte, folgte eine Zeit seichter Unterhaltungsromane, die mich nicht gerade weiterbrachten. Ich habe die Namen der sicher gut bezahlten Erfolgsautoren nicht behalten können.

Jetzt, da ich diese Zeilen hinschreibe, stelle ich mir ohne viel Fröhlichkeit das Alter vor, das sich ankündigt, auch meine künftige Gebrechlichkeit. Ich denke an den Tod der Menschen, die mir lieb waren und sind. Nur meinen eigenen Tod vermag ich mir nicht vorzustellen, denn ich richtete mich von Anfang an auf eine unseriöse Wiedergeburt ein. Um wiedergeboren zu werden, kann man zum Beispiel Schallplatten besingen, wozu Stimme, Augen und Atemapparat notwendig sind. Ist eine solche Arbeit beendet, fallen diese Organe in sich zusammen, um dann später wie die Schwalben in Plattenformat davonzuflattern und sich auf vielen Regalen niederzulassen. Ein paar hundert Platten, doppelt so viele Plattenseiten, auf der Hülle das Bildnis des Interpreten, so werde ich zum praktikablen, auch schrecklichen Fetisch. Und so dachte ich mir als ganz junger Mensch den Ruhm. Nur, daß ich den Tod darüber nicht beachtete, der doch mit dem Ruhm eine Einheit bildet. Ich legte mir eine Form der Unsterblichkeit zurecht, die nur leider die Kataloge nicht berücksichtigte, aus denen ein jeder Titel ebenso schnell wieder verschwindet, wie er hineingeraten ist. Aber diese Einsicht und gleichzeitig das Zusammenfallen der pathetischen Gebärde kam erst dann, als ich wirklich Aufnahmen machte.

Der erste Dirigent, den ich traf und den ich allsogleich in Schrecken versetzte, hieß Walther Schartner. Ich war ganze elf Jahre alt und mit meinen Eltern in dem Radiumbad Flinsberg am Isergebirge, wo mein Vater sich einer Kur unterzog; sie erwies sich als vergeblich. Er starb bereits ein Jahr darauf. Aus dem obligaten Muschelgehäuse im Kurpark tönten nachmittags und abends Orchesterklänge, auch solche entsetzlich hochgeschraubten Anspruchs. Denn es spielte dort eine nur wenig verkleinerte Ausgabe des Stadttheaterorchesters aus Görlitz, der Provinzstadt in Schlesien, die sich auf ihre Weise nach der Kultur streckte. Meine Wenigkeit in kurzen Hosen hatte schon oft hinter Herrn Schartner gestanden und – meiner sonstigen Scheu entgegen – kräftig mittaktiert. Als nun eines Abends Anschläge an den Mitteilungskästen der Kurverwaltung zu lesen waren, die ein »Wettdirigieren« der Kurgäste verhießen, ließ es mich Vorführwütigen nicht ruhen. Ich bearbeitete die Nerven meines würdigen Geheimrat-Vaters. (Er war zweiundsiebzig. Mein Großvater wurde geboren, als Schubert noch lebte.) Schließlich nahm er mich etwas ungläubig und eines abschlägigen Bescheides sicher zum Kurbüro mit. Schartner hob ein wenig die buschigen Brauen, um aber dann mit beiden Händen zuzugreifen. Der Schock für ihn kam erst, als ich, nach einem geeigneten Stück befragt, hervorsprudelte:

»Die ›Freischütz‹-Ouvertüre!!«

Begreiflich das Entsetzen des Orchesterchefs; er konnte nicht ahnen, daß just dieses Werk dem Jüngelchen mit Titus-Kopf vom Puppentheater her am geläufigsten war. Worauf wir uns dann einigten? Zunächst auf den damals ach so beliebten und für den Dirigenten ungefährlichen »Badenweiler-Marsch«, dann – schon etwas gewagter – auf den Walzer »An der schönen, blauen Donau«. Leichtsinnig wollte ich mich auf Noten nicht einlassen und dirigierte »auswendig«, will sagen nach Gusto. Ich ahnte nicht, daß es eine gefährliche Generalpause in diesem

Stück gibt, so gegen Schluß. Bevor die Klippe herannahte, machte mir der freundliche erste Hornist – während er blies – verzweifelte Zeichen mit der linken Augenbraue, die ich mir aber, ahnungslos, wie ich war, nicht zu deuten wußte. Prompt schlug ich mit Vehemenz in das Luftloch hinein, und die Blamage schien mir gewaltig. Wahrscheinlich hatte kaum einer im Publikum davon Notiz genommen, und der Beifall für den »entzückenden Kleinen« nahm laute Formen an. Ich selber verbrauchte viel Energie dabei, mich wegen meines Matrosenanzugs mit der Schleife vor der Brust zu genieren, zu dem mich meine Mutter gezwungen hatte, der aber doch nicht gerade schicklich für einen Dirigenten war. Eltern und Bekannte brauchten noch tagelang alle Kräfte, um mich über den Kummer der »Blamage« vor mir selbst hinwegzutrösten. Das gelang allerdings erst meiner bereits zweiten kleinen Freundin Susanne vollständig, die ich mir in Flinsberg angelacht hatte.

Wie mein Vater reagierte, das weiß ich nicht mehr. Auch sonst blieb nur wenig im Gedächtnis haften, was ihn anbetraf. Immer wenn er mich in frühen Kindertagen zu seltenem Gang an die Hand nahm, hatte das Folgen: strebten wir zur Dampferhaltestelle in Wannsee, vorbei an dem Huhn, das Metalleier legte, so wollte ich unbedingt Kapitän werden. Der erste Anblick von schmauchenden Zugungeheuern löste den Ruf aus:

»Ich will Lokomotivführer werden.«

Einmal standen wir – es war etwa zwei Jahre vor Hitlers Gewaltherrschaft – gegenüber dem Palais des Reichspräsidenten von Hindenburg. Das herrschaftliche Haus, die behelmten Wachen davor, das schön geschwungene Eisentor, all dies mündete in meinen Wunsch, Reichspräsident zu werden. Genau weiß ich es nicht mehr, aber ich soll in einem »Aufsatz« das Bonmot geliefert haben:

»Hindenburg ist ein Generalfeldmarschall, dem die Haare zu Berge stehen.«

Daß ich mit dem siebzigjährigen Vater herumtollte und mich an seiner Uhrkette festhielt, daß ich dabei den Zigarrengeruch spürte und das leise Rasseln seiner Bronchien vernahm, ist mir undeutlich wach. Von Zeit zu Zeit belästigte ich ihn bei seiner

Nachtisch-Patience und erbat mir die Zeichnung einer neuen Figur fürs Puppentheater:

»Vati, mal mir mal 'n Prinzen!«

wurde zum geflügelten Wort für ungebetene Störung.

Einmal kehrte mein Vater an den Ort seiner Lebensbewährung zurück, um als Gast ein paar Worte an scheidende Abiturienten zu richten. Ich sehe ihn noch, wie er geflissentlich das Rednerpult links liegen ließ und zu legerer Rede daneben stand, um sich nur gelegentlich auf dessen seitliche Kante zu lehnen. Auch zog er sein Schlüsselbund aus der Tasche, um es beim Denken geräuschlos durch die Finger gleiten zu lassen. Daß er allerdings zusätzlich noch recht leise sprach, um die Pathosferne seiner Ausführungen zu unterstreichen, berührte mich eher peinlich, denn bereits in der sechsten Reihe waren seine Worte schwer zu verstehen. Aber welch ein negativer Kontrast ergab sich, als sein Nachfolger im Amt, Herr Wicht, mit tönendem Organ den formellen Schluß machte, um dann die Schüler mit stereotyper Geste zweier Finger, die ganz nahe bei dem »deutschen Gruß« lagen, aus der Aula zu entlassen.

Durch ein glänzendes Hervortreten in der Art meines Vaters wollte ich mich auszeichnen. Das Verlangen danach war deshalb besonders stark in mir, weil ich davon überzeugt war, auf jeden Menschen abstoßend zu wirken. Mit neun, zehn Jahren hatte ich immer noch die gleiche platte Nase und Augen, die tief in ihren Höhlen lagen. Zwar freuten mich die Entzückensrufe gewisser Tanten, wenn sie mich sahen, aber glauben konnte ich ihnen nicht. Sobald ich in Ottobeuren während der Ferien mit Irma spielte, der Tochter des Brauereibesitzers, die ein Jahr jünger war als ich, wurde das Gefühl, häßlich zu sein, noch bedrückender. Das neunjährige Mädchen hatte seidiges blondes Haar und grüne Augen. Sie sang die Koloraturen der Königin der Nacht ohne Schwierigkeiten und tanzte auf ihren niedlichen Zehenspitzen. Ich war schüchtern und wagte ihr nicht zu sagen, daß ich sie bewunderte. Sie aber brauchte solche Versicherungen nicht, sondern neckte und stichelte, und meine Verwirrung stieg weiter. Meine nächste Verliebtheit galt einem Jungen aus meiner Klasse, der nicht nur mit guten Leistungen glänzte, sondern auch täglich seinen Schäferhund vorführte, um ihn für die Dauer des Unterrichts bei einem Nachbarn in Obhut zu geben. Er fing gerade damit an, im Keller seines Hauses chemische Versuche zu machen, und eines Tages erschütterte mich zuerst sein Fehlen, dann die Nachricht, er sei mitsamt dem Hause explodiert und dabei umgekommen. Zwei Jahre später verliebte ich mich mit gleicher Leidenschaft in die bereits erwähnte Susanne – einen Flinsberger Sommer lang – bis ich in Berlin auf der Eisbahn Carola sah und liebte. Der Eisplatz, auf den mich meine sportbewußte Mutter geradezu zerren mußte, glich für mich eher einem Ort des Schreckens. Ich war es leid, ständig zu fallen und konnte mich überhaupt auf meine zu langen Beine nie so recht verlassen. Bis ich es endlich so weit brachte, mich wenigstens mit knappen Stößen aus durchgeknickten Fesseln vom Fleck zu bewegen, dauerte es eine Ewigkeit. Entsprechend fiel der abschätzige Blick aus und die Ablehnung meiner Angebeteten, sich auch nur eine kleine Weile neben mir aufzuhalten. Ich erzählte meinem Vater von meinem Unglück, sobald ich wieder zu Hause war – einer der ganz seltenen Fälle, in denen ich mich mit ihm »unterhielt«; er neigte sonst eher zu Scherzen und großväterlichen Gefühlen als zu ernsthaftem Gespräch mit mir.

Nach einer schweren Lungenentzündung, die er sich geholt hatte, als er meiner Mutter in kalter Nacht die Sterne erklärte, bedurfte er behutsamer Pflege, die ich mit großem Stolz übernahm, was die Treppen hinauf und hinunter und den kurzen Aufenthalt im Garten betraf. Ich praktizierte einen Stuhl ins Treppenhaus, für die Rast auf halber Höhe, und war beglückt, ihm beim Steigen unter die Schulter greifen zu dürfen. Dann brachten sie ihn ins Krankenhaus, und ich wurde zur Entlastung meiner Mutter in die Familie meines Halbbruders Achim in das Zehlendorfer Fischtal gegeben.

Achim, aus der ersten Ehe meines Vaters, war um zwei Jahrzehnte älter als ich. Er hat mich das längste Stück meines Lebens oft aus der Ferne, aber immer liebevoll begleitet. Unter den zahlreichen Verwandten-Figuren näherer und fernerer Linien stand er mir weitaus am nächsten, weil er dem so früh entbehrten Vater in Aussehen und Wesen sehr ähnelte und seiner auch immer besonders warmherzig und verehrend gedachte. Achim sollte mir den Vater ersetzen. Ihm konnte ich berichten, gestehen, etwas vorklagen, nie ohne seine liebevolle Resonanz. Achim machte sein Leben zum Kunstwerk der Einfühlung, was Fernerstehende sich unterstanden, als »verbindlich« zu bezeichnen. Aber das eben machte seine Vernunft aus, der kein Revolutionär, kein Bilderstürmer, auch nicht ein künstlerisch hochfliegender Mensch war. Er hatte unaufdringliche Autorität und half damit der ganzen auseinanderstrebenden Sippe. Julia betrauert in ihm denjenigen, der sie sofort und uneingeschränkt ins Herz schloß. Als überhaupt Erster in unserer Bekanntschaft fuhr er ein Auto, einen DKW in all seiner Klapprigkeit, und das sehr vorsichtig. Unvergeßlich die schneckenhafte Fahrt zum Familientreffen in Ziesar, in dem ich die ersten Kühe und Schweine meines Lebens voller Entzücken betrachtete. Unter den zusammengekommenen Spießbürgern nahm sich Achim, der Herr im Zweireiher, seine elegante Frau zur Seite, wie ein Fremder aus. Er stellte etwas dar, das in der weiteren Runde zwar erstrebt, aber nie erreicht worden war und das man nicht ohne Mißgunst betrachtete. Auf der Rückfahrt nach Berlin – es war um die Zeit der Olympiade 1936 – gerieten wir auf dem sogenannten »Kilometerberg«, einer ansteigenden Strecke vor Potsdam, in eine endlose Autoschlange, die unsere Ankunft um drei Stunden verzögerte.

Achims Liebesgeschichte mit Annie blieb eine glückliche Romanze bis zu seinem Ende, denn beide ergänzten sich geradezu ideal. Etwas zögernd, im Urteil abwägend, fand er in ihrer lebhaften, spontanen Art Befeuerung und sicher auch geschmackliche Ausrichtung. Durch ihn erfuhr ich, wie die Begeisterung für alte Möbel anregend und das Wissen erweiternd wirkt.

»Ich habe mir schon wieder eine köstliche, alte Kommode gekauft, weiß aber gar nicht, wo ich sie hinstellen soll.«

So oder ähnlich hörte ich es oft von ihm, auch bereits, als ich während der letzten Krankheit des Vaters ins Fischtal ausquartiert wurde, um meine Mutter ganz für die Pflege des Patienten frei zu machen.

Einige Wochen, nachdem mein Vater zu Grabe getragen war, flitzte ich begeistert und wie ein Wiesel, um den Abendtisch für einige Gäste decken zu helfen. Dabei konnte ich nicht genug vor einzelnen Handreichungen bei meiner ganz trauerverhangenen Mutter nachfragen, was richtig sei oder nicht, woher und wohin etwas zu nehmen und zu legen war. Plötzlich hatte mir der zu früh erschienene Achim eine schallende Ohrfeige verabreicht, und mein ganzer Stolz des Helfens und Tüchtigseins war mit diesem Schlage dahin. Es dauerte eine Weile, bis mir klar wurde, um welche Reaktion des fürsorglichen Stiefsohnes es sich wohl gehandelt haben könnte.

Im Fischtal lockten weiche Wiesenabhänge zum Spielen, die ich sogleich für theatralische Zwecke nutzte. Als ein gewisser Peter Steiger in der Klasse dazu ausersehen wurde, in irgendeinem Nazi-Spielfilm eine kleine Rolle zu übernehmen, wurde mir der Junge ungeheuer interessant. Ich brachte ihn ins Fischtal, und wir spielten in höchster Verzückung »Fallen« und »Sterben«, indem wir uns die schrägen Hänge hinunterkollern ließen. Sterbeszenen bevorzugte ich ganz allgemein, wenn sich im Spiel dazu eine Gelegenheit fand. So mimte Freund Hansi Wunschel sehr gerne einen Kadi, und wenn er es nach spannungsvoller Verhandlung unterließ, mich zum Tode zu verurteilen, war ich beleidigt. Dieser Junge war wohl deshalb unser Wortführer, weil er so fabelhaft hochdeutsch sprach. Oft klingelte er an unserer Wohnungstür, und meine Mutter freute sich unbändig über den wohlgesetzten Sechsjährigen:

»Gnädige Frau, würden Sie wohl einmal nachsehen, ob Dieter da ist? Wir haben nämlich die Absicht, mit ihm zu spielen.«

Wie mein Vater auf diesen Freund und seinen ebenso wohlgesetzt sprechenden, noch kleineren Bruder reagierte, hätte ich wohl gerne gewußt. Damals wurde mein Vater schwer krank, und dann kam der Tod unverhüllt und grausam ins Haus. Als die Verwandten sich still im Wohnzimmer versammelten, begriff ich erst allmählich, was all die weinenden Frauengesichter bedeuteten.

Es erfüllte mich mit Trauer und Entsetzen, vom Tode meines Vaters zu erfahren. Vor der Friedhofskirche, im Angesicht des endlosen Spaliers von Schülern »seiner« Schulen, als so viele vor uns vorbeidefilierten, um die Hand zu drücken, mischte sich in meinen Kummer, den eines Zwölfjährigen, das Gefühl, in meiner HJ-Uniform unpassend angezogen zu sein, aber auch Stolz, daß alle mich, den Vaterlosen, bemitleideten. Heimlich hoffte ich, da ich den Tod meines Vaters nicht miterlebt hatte, ihn wiederzusehen. Jeden Augenblick glaubte ich, ihn unter den Passanten auf der Straße zu erkennen. Sobald ich einen untersetzten Herrn mit gerötetem Gesicht in kleinen Schritten gehen sah, wurde mir warm ums Herz. Ich liebte meinen Vater, aber ich wußte bis zu seinem Tode nicht, wie stark diese Liebe war.

Immer weniger interessierten mich die Schulfächer. Einzig die Musik fand mich immer neugierig. Unser »Gesang«-Lehrer, Wilhelm Forck, der einen ansprechenden Tenor hatte, leitete den Schulchor. Eines Tages setzte er einen Stuhl vor die Sänger und rief mich:

»Dieter, da steigst du jetzt drauf und dirigierst!«

Schuberts Sanctus aus der G-Dur-Messe war gerade an der Reihe. Ich zeigte so wenig Scheu wie Unvermögen, so daß noch eine weitere Programm-Nummer von mir taktiert werden durfte, der »Deutsche Rhein« von Schumann.

*

Nicht lange, nachdem mein Vater gestorben war, luden mich die Eltern meines Schulfreundes Hansi Wunschel zur ersten, allein zu bewältigenden Reise ein. Vater Wunschel war aus Berlin nach Traunstein gezogen und zum Präsidenten des dortigen Finanzamtes befördert worden. Irgendwie muß der Gestrenge, der gerne in barschem Ton an mir herumerzog, doch Gefallen an seinem Erziehungsobjekt gefunden haben, und die kurzen Sommerwochen füllten sich mit aufregenden Erlebnissen. So ließen wir uns, die vier Wunschels und ich, zu Rad bequem die Straßen von Traunstein bis Salzburg abwärtsgleiten, um dort einen Blick hinter den Festspielrummel zu wagen. Gerade bauten sie im Festspielhaus den Fidelio auf, und die Türen des Bühnenportals standen weit offen, so daß meine gierigen Augen in das geheimnisvolle Halbdunkel starren konnten. Daheim im Traunsteiner Dienstdomizil bekam ich zu spüren, daß ich nie eine Erziehung in guten Manieren beim Essen erfahren hatte. Neben der Mutter Wunschel sitzend, tat ich mir selbst auf, ohne ihr zuvor die Schüssel zuzureichen.

»Das gehört sich nicht, man gibt doch der Dame zuerst etwas!«

hörte ich den Vater rügen.

Ilse Wunschels Versuche, mich zu entschuldigen, blieben im Ansatz und in Respektstille stecken. Auch stiegen wir auf Berge, und ich fügte meinem Ansehen kein Ruhmesblatt hinzu, als ich wenige Schritte unter dem Gipfel des Dirnbachhorns schlappmachte und alleine sitzen blieb. Auf schwer erreichbarem Weg gelangten wir später zu einer Skihütte. Obwohl es Sommer war, genügten meine städtischen Schuhe nicht im geringsten den Anforderungen einer solchen Tour. Es hatte geregnet, und meine Socken waren unter den zu dünnen Schuhen durchnäßt. Ich hielt sie dem rasch angezündeten Feuer entgegen. Hinter uns warteten die Etagenbetten, und wie später in der Gefangenschaft, fiel mir ungeschicktem Kletterer ein Liegeplatz oben zu, Grund genug für erneute Peinlichkeit. Ob ich beim Abschied am Ende dieser Ferien auch nur halbwegs vernünftige Dankesworte über die scheuen Lippen brachte, ist mir nicht in Erinnerung.

Wenn ich Hansi heute sehe, so meine ich jedesmal, es sei seit dem letzten Treffen überhaupt keine Zeit verstrichen.

*

Anstatt Rechnen, Geschichte und Geographie zu pauken, prüfte ich mit einer für einen Zwölfjährigen befremdlichen Strenge mein Gewissen. Ich meditierte über meinen Charakter, über das Schicksal der Menschen, den Verfall der Materie, die Unsterblichkeit der Seele. Max, ein Schulfreund, mußte mir dabei oft zuhören. Mit ihm konnte ich erstmalig so etwas wie Kammermusik betreiben, da er Klarinette spielte. Gemeinsam standen wir auch mit Bettelschildchen vor der Philharmonie oder der Staatsoper und erstanden so Billetts, oft für das Podium. Nun sahen wir Willem Mengelberg und Oswald Kabasta ins Gesicht, wenn sie dirigierten, und sprachen danach selig von den »Rieselmännern«, die uns an den Höhepunkten mit Trompete, Posaune oder Pauken erschauern ließen. Daß es sich lediglich um einen Ausschnitt der möglichen Musikgenüsse handelte, wurde uns wohl nur undeutlich klar. Musiker wie Mendelssohn oder Mahler, später auch Tschaikowsky oder Debussy, durften besser nicht wahrgenommen werden. Und Namen wie Schönberg, Berg oder Webern hatten in unseren Ohren keinen Klang. Daß junge Menschen nichts von Sigmund Freud erfuhren, kann man sich heute nicht mehr vorstellen. So hatte auch ich noch nicht von dem Manne gehört, der neue Kontinente der Seele ankündigte, die es heute noch immer zu erforschen gilt.

Hatten wir genug von den »Rieselmännern« geschwärmt, wandte sich unser Gespräch zu den Mächtigen der Erde, und wir einigten uns über die Unvernunft in ihren Ratschlägen. Von den vergeistigten Getränken im »Delphi« nachmittags benebelt, saßen wir inmitten unbesetzter Tischtelephone bei der Jazzmusik des Belgiers Jean Omer, des schon halb Verbotenen, und Max übernahm das Reden, erhobenen Gemüts und bestärkt in der Geduld gegen die Dinge, die da kommen sollten. Für ihn kamen sie nur allzu schnell und grausam. Ein paarmal noch durften wir irgendwo in der Kantstraße sitzen, die Mädchen ansehen und auch wieder über das Heiraten reden, in gewohnt hochmütiger, lachhafter Art. Über der Musik vernachlässigte ich meine Schularbeiten immer mehr, blätterte auch in leichten Romanen à la Rudolf Herzog oder Friedrich Gerstäcker und aß Pfefferkuchen, bis mir übel wurde. Die beständige Selbstanalyse entwickelte vielleicht meine Intelligenz, schadete aber meinen Nerven. Ich fragte wohl:

»An was denke ich?«

und eine Flut von Fragen und Antworten kam auf. Die philosophischen Entdeckungen, die ich auch zusammen mit Max zu machen glaubte, schmeichelten unserer Eigenliebe ungeheuer. Oft stellte ich mir vor, ein bedeutender Mann zu sein, der dabei ist, zum Wohl der Menschheit neue Wahrheiten zu enthüllen. Die anderen Sterblichen betrachtete ich mit dem stolzen

Bewußtsein meiner großen Leistung. Prallte ich aber mit diesen Sterblichen zusammen, so verlor ich vor dem Geringsten unter ihnen die Haltung, und je bedeutender ich mir vorkam, desto weniger war ich fähig, das Gefühl meiner Überlegenheit auch zu zeigen, ja, ich schämte mich des harmlosesten meiner Worte. Inmitten solcher Zweifel träumte ich von irdischen Erfolgen, bestärkt von Max.

Die Tanzstunde animierte uns beide, und ich hätte nichts davon versäumen mögen. Dennoch lähmte mich, sobald ich mich im Gedränge befand, eine krankhafte Schüchternheit. »Schwarzer Panther«, »Bei dir war es immer so schön«, »Sie will nicht Blumen und nicht Schokolade« und ähnliches scholl durch den Raum. Betäubt von der lauten Plattenmusik, geblendet von den Blicken junger Mädchen, erregt von tausend zarten Düften, die den Kleidern der »Damen« entströmten, verlor ich jede Selbstsicherheit, wagte kaum, den Mund aufzutun, und forderte immer wieder ein recht unscheinbares Mädchen zum Tanz auf. Sicher wurde ich als »langweilig« eingestuft. Aus dem Lautsprecher erscholl einmal zu meinem höchsten Entsetzen, Herr Fischer-Dieskau solle doch nicht immer wieder das Fräulein Soundso auffordern!

Mit dem sanften Max stimmte ich in langen Gesprächen darin überein, es sei den Menschen aufgegeben, nach moralischer Vollkommenheit zu streben. Jeder habe in seiner bescheidenen Sphäre die Pflicht, das Laster mit dem Beispiel der Tugend zu entmutigen. Gelegentlich stiegen wir auch von solchen Höhen herunter, um von unserer Zukunft zu sprechen, dem Militärdienst, der Kunst, der Ehe, der Erziehung der Kinder.

Bald kam der Konfirmandenunterricht, eine Lächerlichkeit, wie mir vorkam, denn ich stammte aus alter Pastorenfamilie und wußte um die abzuhandelnden Dinge besser Bescheid als die anderen. Daß wir in einer absonderlichen Zeit lebten, führte uns Pastor Petersen, der Streitbare, vor. An jedem Sonntag wetterte er von der Kanzel gegen den braunen Unsinn, und dann gab es Wochen und Monate, während derer er verschwunden war. Aber immer wieder – wohl weil er die fragliche Altersgrenze längst überschritten hatte – kam er zurück und schüttelte seinen

Spitzbart und dröhnte durch die Lichterfelder Paulus-Kirche. Pastor Martin Niemöller hielt es nicht anders, nur daß er von den Konfirmandenstunden, an denen mein Bruder Klaus teilnahm, für noch längere Zeit fernblieb. Aber dann saß ich in der Jesus-Christus-Kirche in Dahlem und verschlang die Zeremonie mit den Augen – und ahnte nicht, daß dieser Kirchenraum einmal zu einem wesentlichen Teil meiner künstlerischen Heimat werden sollte. Denn nach dem Krieg zogen die Berliner Sender und Plattenfirmen als Gäste dort ein und brachten der Gemeinde Geld mit Aufnahmen. Zahllos die Werke, die Dirigenten, die Mitsänger, denen ich hier über den Weg lief. Dies ist auch heute noch so. Es entstand eine heimatliche Verbindung zu dem hellen, leider flugzeugüberlärmten Raum, der damals mitten in der Kernzone der »bekennenden Kirche« stand, die den »Deutschen Christen« als einer opportunistischen, staatsgenehmen Einrichtung die Stirn boten. Auch Hellmut Gollwitzer hörte ich in der Jesus-Christus-Kirche predigen, von dem die Fama wissen wollte, er spräche so gelehrt, daß niemand seinen Gedankengängen folgen könne. Ich erinnere mich aber, daß ich – halbwüchsig, wie ich war – recht gut folgen konnte, wenn er zu Freiheit und Selbständigkeit des Gedankens aufrief. Seit jenen Tagen hat lange Sigmund Freud die Oberhand über meine Religiosität gewonnen. Von allem, was ich las, ist nichts so tief in mich eingedrungen wie seine Erkenntnisse. Aber die Erinnerung an jene bekennenden Pfarrer ist wach, die dem einzigen Stand mit organisierter Illegalität angehörten, den es damals gab.

In Petersens Unterricht saß ein paar Reihen hinter mir die schöne Eva, nach der ich den Kopf so oft umdrehte, daß es dem Lehrenden unangenehm auffiel. Bald stieg ich ihr nach, schnupperte die Luft um ihr Haus und wagte lange nicht, sie anzureden. Dann brachte ich sie einige Male zur Schule, was ihr sehr peinlich zu sein schien. Und nachdem ich ihr endlich einen scheuen Kuß auf den Mund gedrückt hatte, prahlte sie mit schicken Leutnants, die mit ihr auf dem Wannsee segelten und gegen die ich in keinem Fall aufkäme ... Da mied ich sie, als könnte sie mich mit irgendeiner Krankheit anstecken.

Mit sechzehn zögerte ich nicht, mich an die »Vier ernsten Gesänge« von Brahms zu wagen. Ich spürte, daß sich meine Stimme zu schönem Klang setzte. Wieder und wieder hatte ich diese Lieder von der Altistin Emmi Leisner gehört, die sie federnd-sensibel und energisch-ausdrucksvoll, klangvoll-nobel mit spontanem Sinn für das Richtige sang. Die etwas korpulente Sängerin auf dem Podium des Beethoven-Saals nahm den glühend begeisterten Jungen in der ersten Reihe neben seiner Mutter mit grüßendem Lächeln wahr. Nach einem solchen Liederabend – es handelte sich um ein reines Reger-Programm – redete meine Mutter mir die Hemmungen aus und nahm mich ins Künstlerzimmer mit.

»Da ist ja mein junger Freund«,

flötete die Künstlerin und wurde befragt, ob sie mir denn Gesangsunterricht geben wolle.

»Nein, ich glaube, dafür ist ein Mann viel besser geeignet. Gehen Sie doch zu Georg A. Walter, dem großartigen Bach-Sänger. Der wird mir dann immer Bericht erstatten, wie weit Sie gekommen sind.«

Georg A. Walter wohnte im letzten Haus der Zehlendorfer Berlepschstraße. Ich sang ihm vor, und er drehte sich danach schluckend zur Seite. Auf meine Frage, ob ich denn bei ihm lernen dürfe, stürzte er auf mich zu:

»Aber natürlich, mein lieber Junge!«

Walter gehörte der Welle neuer Bach-Pflege an, die in den zwanziger Jahren zu rollen anfing. Die Vokalisen, die er in den Unterrichtsstunden zum Studium aufgab, stammten, wie ich später herausfand, aus der Gesangsschule des Manuel Garcia.

Bald verließen wir diese und einige wenige einleitende Sätze zur Anatomie, in denen immer wieder – leicht peinlich – vom »Schambein« die Rede war, um uns in die Kantaten Bachs zu vertiefen, die Walter recht flüssig und stolz vom Blatt spielte und die ihm als dem berühmten Evangelisten und Oratorien-Tenor natürlich nahelagen. Er sehnte sich freilich insgeheim nach der Oper und trug mir nicht selten Partien aus Wagners »Lohengrin« vor. Daß nun das Musizieren mehr als das technische Arbeiten an der Reihe war, machte eine Weile ja großen Spaß, genügte mir aber nach Ablauf eines Jahres nicht mehr, denn noch immer wußte ich nichts über Registerausgleich und andere technische Details. So hörte ich denn mit der Zustimmung des rührend verständnisvollen Georg A. Walter auf, nach Zehlendorf zu pilgern. Zuvor hatte es im Meistersaal ein Schülerkonzert gegeben, bei dem ich – als letzter Programmpunkt – die Schlußansprache des Sachs aus Wagners »Meistersingern« (»Verachtet mir die Meister nicht«) mit siebzehn Jahren zu schmettern wagte.

*

Doch nun wartete die Hochschule und der Unterricht bei Hermann Weißenborn auf mich (der nicht mit meinem späteren, langjährigen Begleiter auf Deutschlandtourneen Günther Weißenborn zu verwechseln ist!). Ihm war als Konzertsänger sehr viel weniger Erfolg beschieden gewesen als seinem Kollegen Walter. Dafür galt er unter den Berliner Pädagogen als Koryphäe. Und das war auch der Grund, weshalb ich nur nach längerem, hartnäckigem Ansuchen in seine Klasse aufgenommen wurde. Er hatte schon viel zu viele Schüler, die den Einzelunterricht besetzten.

Ich sah Walter wieder, noch bevor ich bei Weißenborn anfing. Meine Schule ging daran, ein Konzert mit mir zu veranstalten, in dem die »Winterreise« auf dem Programm stand. Damit trug man meinem glühenden Wunsch (und dem meiner Mutter) Rechnung, den Zyklus vor größerem Hörerkreis zu singen. Professor Walter war im Publikum. Aber ich hatte mich in meinem

Lerneifer überschätzt, zwei Lieder (ich weiß nicht mehr welche) saßen noch nicht im Gedächtnis, und so ließ ich sie einfach fort. Etwa auf der Hälfte des Konzerts ertönten die Sirenen. Es war der 30. Januar 1943, zehnter Jahrestag der »Machtergreifung«, und die Engländer bescherten uns ein heftiges Bombardement. Meine etwa zweihundert Zuhörer im Zehlendorfer Rathaus flohen mit mir in den Keller, und nach Ablauf von circa zwei Stunden, in denen draußen die Hölle los war, wenn schon zum Glück nicht gerade in Zehlendorf, kletterten sie wieder in die Höhe, um die zweite Rate des Zyklus zu erleben. Ein ungewöhnliches Debüt, das mir aber zeigte, ich sei imstande, auch mit erschwerenden Umständen tapfer fertigzuwerden und durchzuhalten.

Als die Zeit des Abiturs, einer sich stolz »Musikabitur« nennenden Schlußprüfung, herankam, gab es kaum noch Mitschüler. Aber nicht nur sie, auch alle jüngeren Lehrer zwang die Wehrmacht in ihre Klauen. Da blieben liebenswerte Greise wie unser Musiklehrer Seelmann übrig, der eigentlich für den Deutschunterricht zuständig war, aber in geradezu frappierender Weise freie Klavierfassungen von Wagner-Opern zu improvisieren verstand. Er führte uns – unter Zuhilfenahme lebhaften Mienenspiels – den »Ring« des Bayreuther Schutzheiligen vor, und ich kann nicht behaupten, daß ich diese Ein-Mann-Vorstellungen nicht genossen hätte.

Als ich die »Penne« besuchte, damals der geeignete Ort, nach durchwachten Nächten auszuschlafen, beherrschte der Terror der Bombennächte und vormilitärischer Schliff in der aufgezwungenen HJ alles Denken und alle Nervenkraft. Neben solchen Bedrückungen verblaßten schulische Erlebnisse. Dennoch bescherte uns die Schule gewisse aufhellende Erheiterungen. Ich weiß nicht mehr, wie viele Methoden wir ersannen, um eine geplagte Musiklehrerin zu erschrecken, mit schlagartiger Verdunkelung, mit ferngezogenen Schranktüren, mit ohrenbetäubendem Lärm ... Entweder suchte die nicht mehr junge Frau das Weite oder sie rief mich an den Flügel, wovon sie sich ein gewisses solidarisches Schweigen der Klasse erhoffte. So gab ich denn immer wieder mein schmales Repertoire an Klaviermusik zum besten, und alles wurde ruhig.

Max und mir schien über allem ein unwirklicher Schleier zu liegen. Eine grenzenlose Traurigkeit sahen wir in den Augen der Leute. Um jene Zeit begann ich zu verstehen, daß unsere Welt zu kompliziert für menschliche Wesen geworden ist, daß das Hauptmotiv unserer Zeit die Flucht sein würde, das blinde Wegrennen vor Wahnsinn, vor Gewalttätigkeit, vor Zerrüttung. Max ist als einer der ersten gefallen, kurz nachdem er einberufen worden war.

Die Prüfung in Musik nahm bereits der Biologielehrer vor. Er ließ mich über Parallelen zu Bachs »Phöbus und Pan« sprechen, ein Thema, zu dem mir erst reichlich spät, aber gerade noch rechtzeitig einfiel, daß es sich um eine der »Parodien« Bachs handelt, mit zahlreichen notengetreuen Übernahmen in die »Bauernkantate«. Diese hatte im 18. Jahrhundert einem meiner Vorfahren zur Einweihung seines Gutes gedient. Allerdings mußte die verarmte Familie von Dieskau das dazugehörige Renaissance-Schlößchen (in der Nähe von Halle) nicht lange danach verkaufen. Mit einem derart vorbedachten Thema bestand ich glänzend. Die anderen Fächer konnten nicht allzusehr ins Gewicht fallen, denn bei insgesamt drei Maturanten wollte man niemanden durchfallen lassen. Außer einem Holländer, einem Kindergelähmten und mir waren alle eingezogen worden. Bleibendes Gefühl krimineller Verfehlung haftet für mich heute noch dem an, daß wir Geld zusammenlegten, auf daß der Holländer den Hausmeister, damals noch Pedell genannt, bestechen konnte, uns die Themen der mündlichen Prüfung vorzeitig zu verraten.

*

Gleich nach dieser Meisterleistung meldete ich mich bei der Musikhochschule an, um vorzusingen. Ich wartete in einer Riesenschar von Damen, um erst nach Stunden Gelegenheit zu finden, meinen »Wegweiser« aus der »Winterreise« dem kritischen Gremium zur Debatte zu stellen. So erschöpft und hungrig war ich, daß mir der Text zur dritten Strophe nicht gleich zur Verfügung stand und Professor Weißenborn aus dem Kollegium soufflierend weiterhalf.

Als dann endlich ein erstes strenges Arbeiten (für nur ein halbes Jahr) begann, erkannte ich, wieviel es noch bewußtzumachen und unter Kontrolle zu bringen galt. Wieder bekam ich Vokalisen zu üben, und es waren zum Teil dieselben, die ich schon von Georg A. Walter mitbekommen hatte – Garcia-Vokalisen. Ich überschaute nicht, welche Kette von Zusammenhängen sich hier schloß. Der Brahms-Freund Julius Stockhausen (erster Sänger der »Magelonen-Romanzen«), Raimund von Zur Mühlen und Johannes Messchaert – diese großen Gestalter des Kunstliedes, waren alle aus der Schule Garcias hervorgegangen: und Hermann Weißenborn dankte es Messchaerts Wirken, daß er an der Berliner Akademie verankert war. Weißenborn war es denn auch, der mir, als ich professioneller sang, in kostbarer alter Ausgabe Garcias »Kunst des Gesanges« schenkte. Ich meine, er habe es glühend genossen, daß ich ihn in den Unterrichtsstunden hernahm, ihn aussog. Geröteten Gesichtes atmete der alte Herr schwer. Und er bemühte sich, mich mit schmeichelhaftem Zeugnis der Gefahr der Einberufung zum Militär zu entreißen, die mir bereits nach dem ersten Semester drohte. Aber alle derartigen Bemühungen blieben erfolglos.

Als der Einberufungsschein ins Haus kam, war der Vorhang vor den Dingen des Lebens zerrissen. Wie sollte ich weltfremder Träumer standhalten in der entschleierten Welt? Ein Zurück aus diesem Seelenzustand in leichtlebigere Sphären gab es nach menschlichem Ermessen nicht mehr. Meine Cousine Edith war wegen eines Hüftleidens an den Rollstuhl gefesselt. Schon oft, wenn ich sie besuchte, hatte ich ihr manche Not anvertraut. In die Perleberger Kaserne schrieb sie mir, kurz bevor wir an die Front kamen:

»Wenn nun trotz allem das Wunder der Kriegsüberwindung, sprich Frieden, geschähe – und alles zurückflutet in normales Erleben, Deine Erkenntnis der Dinge läßt sich nicht aufheben, alle Schönheit tut dann weiter weh, alles Glück ist nur wehmütig, und Du stehst abseits von Deinen ahnungslosen Zeitgenossen.«

Andererseits: mit zwanzig ist das Leben ohnehin am schwersten zu tragen. Wie hätte das damals anders sein sollen?

Ich hatte meine Fühler gut gerichtet: Edith Schmidt war die Tochter meines geliebten Onkels, des Arztes Dr. Martin Fischer, der nicht lange zuvor von einem Lastwagen überfahren worden war, als er wie üblich seine Patienten in Zehlendorf auf dem Fahrrad besuchte. Edith sah ihrem Vater, der Fontane sehr wohl zu einer seiner Romanfiguren angeregt haben könnte, ähnlich. Aber ihr Hüftleiden machte sie immer unbeweglicher und entstellte sie. Sie schlug sich (Mutter von drei schönen Töchtern) an der Seite ihres Mannes mit Übersetzungen aus dem Französischen und Englischen durch. Bei ihr konnten wir unsere Haß- und Spottgefühle gegen die Schreihälse aus dem Sportpalast oder Olympia-Stadion mit Parodien und Imitationen loswerden. Der Hausherr, selbst ein wenig bräunlich schattiert, suchte derweil meist angstvoll und verärgert das Weite. Während ich in Italien – selbst unter den apokalyptischen Verhältnissen von damals – noch etwas von den versinkenden Schönheiten des Landes ahnte und die Italiener in ihrer Art weiser fand als uns Problemmenschen, kümmerte sich Edith ein wenig um meine Mutter, nannte sie eine »stille Heldin, die Bewunderung und Liebe in reichstem Maße verdient«. Wenn es an der Front hart auf hart ging, floh ich oft in die Erinnerung an unsere Gespräche über die Griechen und wie doch aus deren Geschichte und Weisheit Trost erwachse. Immer wieder schleppen die Menschen an ihrem Schicksal, vollenden sich an ihren harten Prüfungen, reifen und sinken dahin, und neue Generationen drängen schon nach, um nichts klüger geworden, treten denselben Leidensweg an bis zur schmerzlich-süßen Läuterung.

Auch von zu Hause erfuhr ich durch Edith.

»Heut waren wir bei Deiner Mutti – war herrlich. Irmel spielte – Haydn, Telemann, Martini und Brahms. Sie hat eine Celloseele, und ich hab' sie richtig schon lieb. War so schön bei der festlichen Kaffeetafel mit Sonne im Zimmer, flammend rotem Weinlaub und Dein Brief im Mittelpunkt. – Wie alles lebt bei Deiner Mutter!!«

Irmgard Poppen, zu der ich in den letzten Tagen vor dem Fronteinsatz gefunden hatte, spürte die »Wahlverwandtschaft« und schloß sich Edith an. In der Vorlesung über Musikgeschichte von Professor Mahling hatte ich wenige Reihen vor mir ein Mädchen mit schönem alemannischen Profil gesehen. Mein heftig pulsierendes Herz zwang mich, sie anzusprechen. Sie stammte aus Freiburg im Breisgau und bezeichnete sich auch gleich als »Bobbele« aus jener gesegneten Gegend. Während der drei oder vier Tage, die mir noch bis zum Einrücken mit Pappkarton blieben, lud ich sie ins Theater ein. Es gab »Johannisfeuer« von Sudermann (mit Hannsgeorg Laubenthal, Maria Koppenhöfer, Paul Wegener), die letzte Berliner Regiearbeit von Jürgen Fehling vor dem Ende der »Tausend Jahre« und nicht lange vor der Zerbombung des Staatsschauspiels, das inzwischen als Ostberliner Schauspielhaus wieder erstanden ist. Die Stelle zu Füßen der großen Freitreppe, an der wir uns damals, 1943, verabredet hatten, sah ich kürzlich wieder, als ich in dem heute zum Konzertsaal umfunktionierten Haus einen Liederabend mit Hartmut Höll gab.

Bevor ich einrückte, fanden Irmel und ich sogar noch Gelegenheit, miteinander zu musizieren, wenn sich auch kein Klavier in ihrer Bleibe fand. Aber an einem Harmonium konnte ich – sie begleitend – entzückt feststellen, welch eine hervorragend begabte Cellistin sie war. Es gab einen schweren Bombenangriff an jenem Abend, aber ich nahm das flammende Inferno und den beißenden Qualm auf dem Nachhauseweg nur am Rande wahr.

Edith konnte sich nicht genug tun, mir von Irmel zu schwärmen:

»Sie ist eins der Menschenkinder, die ganz unverstellt nach ihrem inneren Gesetz leben – in höchster Natürlichkeit und Freiheit, unbeirrt durch äußere Maßstäbe, und, da ein sehr bescheidener Sinn und ein warmes Herz dabei sind, ist jede Handlung, jeder Blick, jedes Wort wahr, rein, natürlich und eine Freude. Dazu kommt eine sanfte Fröhlichkeit, die gleichsam von innen heraus leuchtet, nicht laut, aber beständig.«

Ediths besinnliche Briefe trugen mich über manche zu uns dringenden Berliner Kriegswahrheiten hinweg, wie ich sie in den Bombennächten zuvor selbst erlebt hatte. Wollte ich das Leben an der Front schildern, so bediente ich mich gewöhnlich einer Anzahl von Code-Wörtern und nannte mich selbst »Otto«. In Ediths Briefen kommt immer wieder die Frage vor:

»Was sagt Otto dazu?«

In diesen Wochen nun mußte meine Mutter Martin in eine Anstalt außerhalb Berlins geben, und die Nazis machten sehr bald mit ihm, was sie in allen solchen Fällen zu tun pflegten: sie ließen ihn ganz schnell verhungern. Meine Mutter, die ihre Existenz auf seine Pflege abgestellt hatte, litt unendlich mehr noch als zuvor unter den Qualen des Jungen. Edith schrieb:

»Sie hat mir unzählige Male so leid getan, und ich habe ihre Haltung bewundert! Nun wird der Arme für Euch alle eine wehmütige Erinnerung.«

Wehmütige Erinnerung blieb für Edith auch ihr Haus in Zehlendorf, denn in den letzten Kriegsmonaten flüchteten die Schmidts in die Nähe von Stade, wo auch beide später gestorben sind. Zuvor ging Edith mit fünfzig noch einmal erheblich in die Lehre bei der »ziemlich gemeinen Lehrmeisterin« Leben ab Kriegsende. Auch alle Freunde, die in Berlin durch die Höllenzeit gehen mußten, waren nicht mehr ihr altes Selbst. Es schien, als sei die schöne innere Verbindung verschwunden und als kämen sie nicht über die Schrecken des Kriegsendes hinweg. Dazu die Jagd nach der Befriedigung primitivster Bedürfnisse, der tägliche Kleinkrieg, der Sein und Charakter eines jeden vergiftete und bei dem gerade die Besten versagten. Edith sehnte sich danach, den »Badenweiler-Marsch« nun endlich ohne Angst vor dem Nachbarn als Jazz verulkt spielen zu hören. Aber das Klavier war nicht mit aufs Land gezogen. Nur ein Radio gab es, eingetauscht für ihre sehr geliebte, erinnerungsreiche Armbanduhr.

»Von dem verrückten Heimweh laß Dir erzählen, das wir hier mit uns herumschleppen. Da braucht bloß mal ein kurzes Bild vom Grunewald im Kino zu sehen sein oder man stellt sich plastisch eine Straßenecke vor – schon gibt es einen Stich ins Herz und man ist krank für Stunden.«

Diese Schemen des Einst blieben unwiederbringliche Nähe.

Heute sehe ich die folgenden Tagebuch-Blätter – im Auszug wiedergegeben – als einen Versuch, in chaotischer Umgebung das innere Leben wachzuhalten, nicht unähnlich dem Willen, mit dem die Menschen nach dem Krieg eine neue Kultur aufzubauen suchten. Auch das Schreckliche in den Jahren 1943 bis 1947 bleibt für mich seelischer Besitz, von dem ich nichts missen möchte und aus dessen Kraft ich noch heute lebe.

»Wie ergiebig waren die Zeiten in Berlin? Ich habe vielleicht zu sehr nur in der Musik gelebt, nun fällt die gewaltige Umstellung besonders schwer. Meine Berufung hier in Fürstenwalde ist das Pferdeputzen, im übrigen fungiere ich als Kutscher... Rußland im Großformat. Schlamm ohne Ende. Morgenstern-Gedichte. Es ist gut, sie zum Anlehnen auswendig zu lernen... Wenn wir wenigstens richtig ausgerüstet wären! Sommerliche Kleidung im russischen Winter. Ich habe schreckliche Sorgen, wie sie zu Hause den letzten, schweren Angriff überstanden haben. Furchtbar ist diese arimanische Zeit, die ihrer Bestimmung so gar nicht gerecht wird. Die rächende Katastrophe ist da... Man kommt mit vielen alten Ost-Landsern zusammen, die so erzählen, daß wir ganz klein werden. Eben hörten wir von einem Offizier über die großen Zerstörungen in Berlin – auch die Hochschule ist getroffen... Viel Kälte, viel Matsch, und noch mehr Sturm. Täglich verenden Pferde mangels Futter. Die Tiere sehen grauenhaft aus. Inzwischen habe ich von Urlaubern aus Berlin Näheres über die Bombennächte erfahren. Wenn nur die Hälfte davon wahr ist, müssen sie dort Furchtbares erlebt haben. Völlig niedergeschlagene Stimmung aller hier... Irmel studiert das

Pfitzner-Duo (wahrscheinlich das wunderbar-merkwürdige mit Orchester) bei dem Pfitzner-Freund und -Kenner Max Strub... Unsere liebe schöne Lichterfelder Wohnung ist vollkommen ausgebrannt. Ich fuhr natürlich sofort hin, weil ich nicht wußte, wie Mutti den schweren Angriff überstanden hatte. Sie war wohlauf, und alle Möbelverluste traten in den Hintergrund. Nur wenig ist gerettet. Ein großer Teil der Noten ist verbrannt, ebenso beide Instrumente. Ich sah den Flügel ohne Beine, durch die Etagen gerutscht, im Keller liegen. Plattensammlung und Plattenspieler gerettet. In altgewohnter Tatkraft hat Mutti keineswegs die Nerven verloren, sondern längst alles Notwendige geordnet. Ich brauchte nur den Umzug in die zum Teil leerstehende Wohnung von Achim in Dahlem vorzunehmen – per Leiterwagen. Wenigstens ein Zimmer richteten wir fast normal ein, so daß der zweite Tag meines Urlaubs schon kein schlimmster Bombenurlaub mehr war. Theater, Konzert und viel andere Musik – der sinnlosen Welt zum Trotz. Eigentlich sind wir ganz tüchtig... Mit Irmel zusammen... Bis auf die Abschiedsstimmung war dieser Urlaub so vollkommen und ausgefüllt, wie man es sich nur vorstellen kann. Zeit und Militärdasein waren vergessen. Das neue, ganz große Glück, das mich da erreicht hat, ich kann es jetzt, wo ich in der alten, kalten Umgebung bin, kaum fassen. Anstelle der früheren, ewigen Unrast ganz in sich ruhendes Glücksgefühl... Dann stand ich vor dem Grab meines Vaters, dem stillen, so vertrauten Ort. Ich war nicht mehr sein Sohn, ich war er selbst... Erstaunlich leicht gehe ich in dieses große Ungewisse. Gefestigt. Wenn ich nicht wiederkommen sollte, hatte mein Leben durch die Begegnung mit Irmel schon seinen Sinn... Riesiger Heerhaufen von allen Truppenteilen aus allen Gegenden Deutschlands. Verladen. Abfahrt zum Fronteinsatz... Nun sind die Berge um uns. Mächtiger und schöner als ich sie je zuvor gesehen habe. Glühen und Schimmern wechseln, wenn der Tag kommt und geht. Die Täler nehmen uns in sich auf, und vor ihrer Pracht hält jeder Gedanke inne. Wenn ein Finger zaghaft zeigt, sinkt er gleich wieder, um sich einer neuen Schönheit zuzuwenden. Ein kleiner Bahnhof am Brenner, auf dem wir kurz stehenbleiben, über die steilen Hänge ringsum sieht ein klarer Sternenhimmel. Wache in der Nacht. Die Berge haben sich verändert. Sie sind wie Dämonen geworden. Unzählige Spitzen, eine verdrängt die andere. Häuser tauchen auf im Halbdunkel, die aussehen, als gehörten sie nicht hierher. Ihre bleiche Schlankheit scheint nicht vor die rauhen Berg-Ungeheuer zu passen. Am hellen Morgen bescheint eine gelbe Sonne das graue Verona. Dünne Türme stechen in die Luft. Alles ist neu und anders. Der Zug steht auf freier Strecke, die Blicke ruhen sich zum ersten Mal in der italienischen Nähe aus. Da hocken ein paar Gestalten, die eben von der Opernbühne gestiegen sein könnten in ihren grellen Kleidern... Beim nächsten Halt werden wir von Tieffliegern unsanft empfangen. Zwar kann der Zug weiterfahren, aber einige Männer und Pferde sind tot oder verwundet. Zweimal rollt die Welle über uns weg, während ich mich in einem Grabenloch am Rande der Straße zusammenkauere. Lärm und Staub und Schreie haften im Gedächtnis... Ich will und muß, was in mir lebt, aber noch nicht bewußt ist, ans Licht ziehen, dem Ausdruck geben, was mich beseelt... Sehr gut verstehe ich mich mit den evakuierten Italienern, die in Massen die Berge bevölkern. Auch gesungen habe ich ab und zu mit großem Erfolg und dem Urteil: ›Un gran cantante!‹ Bestaunenswert die Opernkenntnisse auch der ärmsten Landarbeiter. Wie oft, wenn ich beim Marschieren Bein vor Bein setzen muß und es ist stockfinstere Nacht, werden die Augen offengehalten durch Gedanken an zu Hause, an eine ferne, schöne Zukunft. Gestern hatte ich ein merkwürdiges Erlebnis. Im uralten Dom der von den englischen Bomben schwer mitgenommenen Stadt Vicopisano fand ich eine in Teilen benutzbare Orgel und spielte nach Herzenslust. Natürlich fanden sich bald Zuhörer unter den Mönchen, und ich mußte auch singen. Von der Straße her liefen noch etwa fünfzig Leute in die Kirche, alle blaß, abgezehrt, verhärmt. Verklärte Gesichter und die Versicherung, sie hätten für ein paar Minuten den Krieg vergessen. Dann brachten sie mir (ich war lange ohne Essen unterwegs) von dem wenigen, das sie hatten und freuten sich königlich darüber, wie es mir schmeckte. Man muß erst ganz auseinandergerissen werden, um die Zusammengehörigkeit zu erkennen... Einsam in einer uralten Schäferhütte. Weit und breit kein Mensch. 1500 m Höhe... Heute nachmittag wie so oft Aufseher über italienische Arbeiter gemimt, mit herrlichem Ausblick über die weiten, sanft geschwungenen Apennin-Höhen... Wolkenbilder in berückenden Farben, Gebirgsregen mit violetter Ouvertüre, grelle Sonne vor unheimlichen, dunklen Wolkenmassen, die sich rasend schnell über die zerzausten Kämme schieben. Nachspiel: Alle Farben wirken beglückend zusammen, glitzernde Lichter auf allen Hängen, Wege unpassierbar... Lektüre ›Lebendiges Theater‹ von dem Bühnenbildner Ludwig Sievert... Nun hausen wir wieder in Schlamm und Erdloch... Bei jedem Wehrmachtsbericht steigert sich die Furcht vor der Zukunft. Sollte alle Hoffnung, alles Warten auf jeder Seite vergeblich gewesen sein? Von irgendwoher läuten ferne Sonntagsglocken zur Messe gespenstisch herüber... Die rauhen Burschen, die im Keller unten sitzen, versinnbildlichen für mich die heutige Menschheit. So wie sie sich diesen Krieg auf die Schultern lud. Vielleicht hat sich mancher erschrocken in seiner Seele umgesehen, entsetzt über die Wüstenei, die dort Platz gegriffen hat... Brahms dritte Symphonie. Es ließen sich ganze Romane schreiben über sie. Gott sei Dank weiß ich sie auswendig. Das, was bei aller Knappheit und Strenge der Formen so anrührt, ist der Gehalt an Unbewußtem, an dem, was nur Musik ausdrücken kann... Merkwürdig ist es mit den Hoffnungen für die Zukunft geworden. Hockt man im Frontalltag und zieht den Kopf ein, verbietet die Vernunft endgültig, noch an einen guten Ausgang zu glauben. So viele sterben. Vergessenheit über den Gräbern. Es ist fast selbstverständlich, daß man sich für die Zukunft hinzuzählt, und doch gibt es etwas Hartnäckiges, das immer wieder sagt, du wirst überleben... Die tägliche ›Ration‹ von neun zu verschießenden Patronen lasse ich gleich nach Empfang in den Nachthimmel sausen... Märchenhafte Lebensbedingungen. Links Erde, rechts Erde, oben drüber eine kaum schützende Zeltbahn. Mit mir im gleichen Loch ein Westpreuße, der sich alle Halbtage mit ranziger Butter abreibt, um damit die nicht mögliche Wäsche zu ersetzen... Vor einigen Tagen den Wehrmachtsbericht gelesen: gehöriger Schrecken. Freiburg bombardiert. Nicht genug, daß einem hier alles über den Kopf zu wachsen droht. Ohne einen Kompanieführer, der dichtet, singt, komponiert, Cello spielen kann und philosophiert, hätte ich es wohl schwerer. Er ist ein Trost in dieser grauen Adventszeit mit wenigen Weihnachtsgedanken, und leider werde ich auch viel zu sehr vom Schreiben nach Hause abgehalten... Verzweifelt über das verfehlte Leben, über die an nichts als an Materie denkenden Menschen, über die politisch so schwarze Zukunft... Plötzlich wie im Paradies. Vier Tage Erholung im Frontgenesungsheim. Bescheiden ist man geworden. Was vor kurzem noch selbstverständlich, avancierte nun zum siebenten Weltwunder. Liegen in einem Bett. Schlafen können, Essen an gedecktem Tisch mit Damenbedienung, Leben in geheizten Räumen. Ein Klavier ist zu betätigen, ein Radio steht da. Zeit zum Denken und Schreiben... Die Division hat einen Musikmenschen, Bruno Penzien, der alles Musikalische leitet. Er kam gestern mit vier anderen, um für uns Rabatz-Musik zu machen. Ich ging zu ihm und fragte, ob ich an dem heute stattfindenden Kameradschaftsabend etwas singen dürfe. Gleich fragte er mich nach vielem aus, erschien heute vormittag mit einem dicken Notenbündel unter dem Arm, und wir fingen an, ungestört zu musizieren. Zuerst alte Lieder, dann vierhändig Brahms-Symphonien, schließlich spielte er vollendet alles, was ich hören wollte: Bach, Beethoven, Mozart, Reger, unendlich. Schwitzend vor Begeisterung gingen wir auseinander, noch lange versunken. Er stellte sein Wiederkommen in Aussicht. Wie soll der Wechsel zum Inferno nachher ertragen werden? Die Dankbarkeit für das Jetzt ist dennoch groß... Gestern abend also wirklich zwei Sachen gesungen. Zeichnete auch zum Vergnügen mancher. Aber das beste: Bruno Penzien kam wieder, hatte in Bologna alles mögliche gekauft, und wir musizierten fast vollständig ›Dichterliebe‹, ›Schöne Müllerin‹ und einige Bach-Arien. Bruno wurde der Abschied auch schwer... Zum Melder befohlen. Genieße bei nächtlichen Gefahrengängen durch Garben von Leuchtmunition die wilde Romantik der Landschaft... Selbst in dieser Bunkerwelt unbegreiflicher Zauber des Heiligen Abends. Die feuchten Lehmwände mit weißer Leinwand verhangen. Tannengrün, Lametta, Kerzen. In der

›offiziellen‹ Feier zur allgemeinen Begeisterung dreistimmige Sätze gesungen, danach das ganze Bataillon per Telefon mit Musik und Gesang versorgt... Auch die Rauhesten versuchen, nett zu sein. Um Mitternacht hinaus in die mondbeschienene Schneelandschaft und dreistimmig in die Waffenruhe ›Im Stall bei Esel, Ochs und Rind‹ gesungen... Sang vor Verwundeten, deren Hingerissensein mich einigermaßen erschütterte... Jetzt ist es nur noch kalt, durchnäßte Sachen, die zu Eis erstarren. Noch nie so gefroren. Die Decke vor meinem Fuchsloch unbeweglich steif... Keine Zukunftsmeditationen mehr. Nur das noch vorhandene Leben zählt. An nichts als an Selbstschutz denken. Wir sind bereitgemacht für unser Schicksal. Die Front scheint erstarrt, und wir müssen allnächtlich unter erschwerten Umständen entweder schanzen oder umziehen. Berlin aus nächster Nähe bedroht... Eine Stimme tönt aus Lautsprechern über die Berghänge und ruft: ›Lauft über! Kommt zu uns!‹ (Später fand ich in seinem Buch ›Der Wendepunkt‹ bestätigt, daß die Stimme Klaus Mann gehörte.) Wir alle werden es in den vollkommen veränderten Lebensumständen nach dem Krieg schwer haben, aus dem Fremden Vertrautes zu machen. Die Beziehung Mensch-Mensch wird durch das Kranke eine andere Farbe bekommen... Unklare, schaurige Nachrichten aus der Heimat. Morgen, am Karfreitag, werde ich mir den Schädel wieder einmal mit der Matthäus-Passion vollstopfen. ›Wir setzen uns mit Tränen nieder‹... In letzter Zeit gehen die Nerven häufig durch. Ungewißheit, Hunger, Schanzarbeit sind wohl daran schuld... Beim Essenfassen schlägt in zwei Metern Entfernung eine Granate ein. Ich bekomme keinen Splitter ab, aber meine Sehnen am rechten Fuß wollen nicht mehr. Bluterguß. Mit dem Sanitäter zurück zum ›Lazarett‹ in ein kleines Bauernhaus. Nach zwei Wochen Auflösung. Man drückt uns fünf Schuß in die Hand. ›Suchen Sie Ihre Einheit.‹ Humple unter all den flüchtenden Fahrzeugen auf der Rückzugsstraße Richtung Po. Ein Verpflegungswagen läßt mich aufsitzen und biegt, als alles steht, in eine Ortschaft ab. Schlafen im Stroh einer Scheune, nicht ohne Nachtwachen wegen der Partisanen, die kein Pardon kennen. Dann breiten wir weiße Laken auf den Dächern aus. Es hat

Erfolg, die Flugzeuge verschonen uns. Und dann kommt das Panzerschießen immer näher. Schließlich stehen schwarze Amis vor uns und mimen große Schlacht. Abklopfen und Uhrenwegnahme. Irmels Bild und mein Tagebüchlein lassen sie mir... Gefangennahme... Endlose Fahrt. Viel zu viele – über 50 – stehen wir auf offenem LKW, dank der wilden Fahrweise des schwarzen Fahrers immer in Gefahr, hinunterzufallen. Italiener am Straßenrand spucken und werfen mit Steinen. Aussehen und Benehmen der uns entgegenkommenden Amerikaner gibt mir die Gewißheit, daß sie unseren Soldaten weit überlegen waren und sind. Nach neun Wochen Hungerzeit zu fünft in einem Zelt für zwei, endlich in einem Camp bei Livorno... An einem frühen Abend kam ein GI ins Lager und erzählte uns, er habe etwas im Radio gehört über eine neue Art von Bombe, die irgendwo über Japan abgeworfen worden sei. Bald erfuhren wir Einzelheiten... Es ist schwer, in ungewisse Ferne Briefe zu schicken. Noch kein Lebenszeichen von dort. Regelmäßige zaghafte Benachrichtigungsversuche bleiben ohne Antwort. Sehr einsam inmitten vieler Menschen... Meine augenblickliche Schreibstubenbeschäftigung erlaubt mir, allerlei Gedichte aus dem Gedächtnis zur Anthologie zusammenzutippen, die dann vervielfältigt die Runde macht. Das schiebt der völligen Verblödung einen gewissen Riegel vor. Ab und zu dröhnen als Paukenschläge erschreckende Nachrichten her, wie etwa die große Vergewaltigungswelle durch die Russen in Berlin... Nach fast einem Jahr nun endlich die erste Postsendung, ein großes Glück... Irmel ist gesund und wartet auf mich... Inzwischen hauptberuflich zu einem der nicht zahlreichen Kulturbetreuer im Bereich Pisa–Livorno ernannt. Reisen von Camp zu Camp mit Lieder-, Rezitations- und Klavierabenden. Eines der in jeder Ami-Einheit verfügbaren Steinway-Pianinos auf dem Lastwagen, der Begleiter Werner Burgert und ich vorne neben dem Fahrer – so sausen wir über die staubigen Landstraßen. Oft sind die ›Kunstbaracken‹ allerdings fast leer. An den Fenstern grimassierende Gesichter, die mich der ›schweren‹ Musik wegen verspotten. Das macht uns so gut wie nichts aus, geht es doch um die Musik. Pisa, mit seinem Militärlazarett eine Art Kulturzentrum, hat ein eigenes kleines Orchester unter der Leitung von Herbert Trantow, einem ehemaligen Ballett-Dirigenten an der Berliner Staatsoper. Kürzlich sang ich zu seiner Begleitung die ›Winterreise‹ vor deutschen Schwestern und Patienten. Eugen Andergassen tritt in eigenen Stücken und in Max Mells ›Apostelspiel‹ auf. Aber alles läuft sich einmal tot, da die Anregung fehlt. Einmal gefaßte Vorsätze werden über den Haufen geworfen. Man kann nicht immer nur aus sich selber schaffen... Wir machten das Weihnachtsoratorium von Schütz mit kleinem Chor und ein paar Instrumentalisten. Ich sang alle Solopartien. Wir lasen ›Don Carlos‹ in Bühnenbild und Beleuchtung, typisch deutsche Strampelanstrengungen... Finde mich wieder in Pisa. Mit einem Grabner-Schüler, dem jungen Komponisten Werner Hübschmann, wird Harmonielehre und Kontrapunkt betrieben. Einen Männerchor gegründet. Wie lassen sich Neigungen zum Schauspieler, Sänger, Dirigenten und Maler miteinander vereinbaren? Niemand wird mir glauben, wie sehr mir jede dieser Möglichkeiten am Herzen liegt!... Durch Wilhelm Reinigers wundervollen Gottesdienst so etwas wie Ostern verspürt. Ich sang Bach. Der 21. Geburtstag im Lager mit lauter Gedanken an Irmel... Meinen Germanisten-Freund und mich juckt es, auf einem der Transport-LKW in die Stadt mitzufahren. Schließlich wollen auch wir den schiefen Turm und den Dom einmal gesehen haben. Dort sitzen auf den Stufen Frauen und rufen uns nach: ›Che belli giovani!‹ – ›Schöne junge Männer!‹ Kaum aber haben wir das Baptisterium betreten, als auch schon pfeifende, kommandierende Militärpolizei der Amis in der Tür steht. Man hat sich draußen mit der Denunziation ein kleines Taschengeld oder eine Zigarette verdient. Nach dem Abtransport in ein Untersuchungsgefängnis für ein paar Tage mit zwei schwarzen Amerikanern in der Zelle, die Tag und Nacht theatralisch an den Gitterstäben rütteln und schreien. Zurück im Lager, gibt es nach einiger Zeit plötzlich eine hochfeierliche Gerichtsverhandlung bei Kerzen. Und der Kommandant sagt schmunzelnd: ›Künftig befriedigen Sie Ihre musischen Interessen innerhalb des Drahtzauns!‹... Plötzliche Verlegung nach Foggia. Und das, als wir schon glaubten, endlich nach Hause zu dürfen... Ich bin ein wenig stolz darauf, auch in dieser südlichen Abgeschiedenheit der erste gewesen zu sein, der einen Abend ernsten Charakters veranstaltete. One-man-evening in einem Kirchenraum mit Harmonium, auf dem ich mich selbst begleitete. Kompromisse sind unvermeidlich... Aus ›Abfällen‹ des großen Flughafenbaus wächst eine Theaterbaracke mit circa fünfhundert Plätzen. ›Der Vetter aus Dingsda‹ wird aufgeführt. Regie und Hauptrolle, wer wohl? Ein veritabler Wasserfall rauscht auf der Bühne, und Fritz Kauber hat tolle Innenräume gemalt. Besonderes kommt dabei nicht heraus mit unseren Talenten hier – alle Frauenrollen werden schließlich von Männern gespielt – aber es lenkt von den drückenden Gedanken an die Leere des Lebens ab... Ich habe das Gefühl, als versuchten draußen wenige Auserlesene krampfhaft, die Vergangenheit für unsere Zeit in Gültigkeit zu erhalten. So viele warten fiebernd auf etwas Neues, vor dem man sprachlos stehen kann. Wie sollen wir von uns aus im Sinne der Vorangegangenen schöpferisch weiterwirken?... Weit und breit keine Lehrkraft... Keine Freiheit, bei italienischen Zivilisten weiter zu lernen... Zurück in Pisa... Ein weiblicher Captain überläßt mir allabendlich eine Sammlung von 2000 Schallplatten in schönem Kaminzimmer. Aus Foggia kam Gustav Adolf Trumpff, ein Musikwissenschaftler, mit mir. Er genießt das Hören ebenso. Fand auch Detlev Jürges vor, immer noch als Organist des Lazarettpfarrers. Es gibt wieder einen Liederabend. Noten dazu mehr oder weniger zufällig aufgetrieben. Besuch und Erfolg recht ansehnlich. Man sagt, ich hätte in der Tiefe gewonnen, sei im ganzen sicherer geworden. Das macht wohl die ›Provinz‹-Zeit in Foggia... Und wieder in der kleinen Pfarrstube bei päpstlichen Zigaretten mit Engelchen-Etikett und Parfümgeschmack am Ofen selig aufgewärmt. Die Menschen mit mir – alle – so wie ich – unerfüllt. Immer sieht man die gleichen Gesichter... Konzert mit Detlev: Brahms und Ravel vierhändig. Köstliche Kritikaster im Publikum, beleidigend und unsachlich. Lehrreiches und amüsantes Erlebnis... Gnade des Nach-Schaffens von Kunst, Gnade auch der Fähigkeit, sich nicht vor den Werken zu verschließen. Undank eigentlich die Sehnsucht der Künstler, von allen verstanden sein zu wollen. Undank der Spott über Dinge, denen gegenüber der Sinn verschlossen ist. Gebot, daß die Verstehenden standhaft bleiben und die mitziehen, denen Gemüt und Sinn versagen. Ein kleiner Kreis treibt bewußt oder unbewußt den Kunstgeschmack auch des Mannes aus dem Volk weiter, ohne Rücksicht auf eine Verspätung von Jahrzehnten. Ich teile die Meinung des Axel von Ambesser in seinem ›Das Abgründige in Herrn Gerstenberg‹, daß wir uns niemals ausschließlich von dem nähren dürfen, was vor uns erdacht und geschaffen wurde... April 1947: Der amerikanische Kommandant sagt mit süffisantem Lächeln: ›Die beiden (Detlev und ich) machen so schön Musik, die können noch etwas warten.‹ Wie überaus freundlich! Singe in einem amerikanischen Soldatenclub Schlager mit deutscher Kapelle. Natürlich auf Befehl. Also panzere ich mich mit Gleichgültigkeit und kann überdies, und nun erst recht, die wirkliche Musik auf mich einströmen lassen... Studiere mit Detlev Lieder von Debussy. Bezaubernd – wie alles, was ich von ihm kenne. Überhaupt in letzter Zeit viel mit Impressionisten befaßt, teils ausführend, teils via Rundfunk- und Schallplattenhören... Furtwängler darf wieder dirigieren. Höre im Radio sein erstes Auftreten in Florenz mit dem Orchester der Accademia Santa Cecilia. Da scheint es in Berlin noch nicht so weit zu sein... Mit dem letzten amerikanischen Hospitalzug kurz nach Detlev im Juni 1947 in die Heimat. Auslieferungsort Göppingen. Man ließ mir nur die ›Patienten‹-Kluft, also den Schlafanzug und einen Holzkoffer, den mir schon vor längerer Zeit ein Kumpel gezimmert hatte. Geniere mich meines Aussehens wegen vor Irmel, die mich nach Freiburg im Zug abholte.«

Dem Heimkehrer bot sich schon bald nach dem Eintreffen in Freiburg die Chance, zu zeigen, ob er etwas konnte. Vor einer Aufführung des »Deutschen Requiems« von Brahms in Müllheim in Baden erkrankte der Bariton-Solist. Ich wurde aufgefordert, für ihn einzuspringen und konnte ohne Probe neben der bekannten Sopranistin Tilla Briem bestehen. Der Dirigent Theodor Egel versprach mir weitere Engagements und hielt in den kommenden Jahren aufs schönste Wort. Auch sang sein Chor in der Freiburger Kirche, wo Irmel und ich 1949 heirateten. Sie war dem Dirigenten seit langem als Continuo-Spielerin in den Passionen Bachs verbunden, übrigens oft mit Karl Erb als Evangelisten. Als Egel sich 1982 mit einer tief ergreifenden Aufführung der Matthäus-Passion im Freiburger Münster von seinem Chor verabschiedete, durfte ich mitsingen.

*

Hermann Meinhard Poppen leitete den Bach-Verein Heidelberg, eine verdienstreiche Chorgemeinschaft, die so manches neue oratorische Werk aus der Taufe hob, wie beispielsweise Max Regers »100. Psalm«, zu jener Zeit, als Poppen noch Schüler und vielseitiger Helfer des Komponisten war. Der Bruder meines Schwiegervaters stellte den Dirigenten vom alten Schlage vor: ein hervorragender Orgel- und Klavierspieler, für jeden Mitwirkenden bei seinen Konzerten väterlich bemüht, sich um den Kartenverkauf oder die aufzustellenden Pulte und Bänke sorgend. Er war der Typ des schimpfenden und nervösen Autofahrers. Hermann und seine herzensgute Frau Emmy waren dazu überredet worden, mich 1947, während meiner ersten Reise durch die Neckargegend, für ein paar Nächte in ihrem Haus zu beherbergen. Wer sich an die zusätzliche materielle Belastung erinnert, mit der eine solche Einladung damals verbunden war, wird die Überwindung des Hausherrn ermessen können, den jungen Fremdling an seinen Tisch zu lassen. Natürlich lernten wir uns musikalisch kennen, und Poppen zögerte nicht, mich zu Max Regers »Einsiedler« für ein Konzert im Heidelberger Schloßhof einzuladen. Damit war er der erste Dirigent, der mich offiziell verpflichtete. Vieles folgte, die Bach-Passionen ebenso wie das Brahms-Requiem, mit dem in der Ludwigshafener Kirche eine Mutprobe verbunden war. Die Sopranistin fiel in der einzigen Solistenprobe aus. Als die Begleitung ihres Stückes dennoch vom Orchester intoniert wurde, fing ich – erst summend, dann um eine Oktave tiefer voll einfallend – den Sopran-Part zu singen an und erhielt eine Ovation von Chor und Orchester. Eines Tages reiste ich nach Heidelberg, um den »Bauern« in Schönbergs »Gurre-Liedern« zu übernehmen, bei einer der ersten Nachkriegsaufführungen des Werkes in Deutschland. Als ich in der düsteren Stadthalle aus Rotsandstein eintraf, herrschte spürbare Nervosität. Hermann Poppen konnte zwar die Probenarbeit mit dem Chor dank der rechtzeitig geschickten Noten zu Ende bringen, aber Partitur und Orchesterstimmen trafen erst im letzten Moment ein und strotzten derart von Eintragungen in schillernden Farben aus vielen Generationen, daß sie kaum zu lesen waren. Man konnte eher an abstrakte Gemälde denken. Wie so häufig, ließ der Verlag nur ganz wenige Partituren und Stimmen zum Gebrauch kursieren. Als nun das Orchester zu spielen ansetzte, vielfach unterteilte Streicher und komplizierte Bläsereinsätze mehr erahnend als lesend, da tönte nach einiger Zeit nur gelegentlich noch ein abgerissener Klangfetzen aus einer Ecke des Podiums. Schließlich zirpte eine einzelne Geige verlassene Töne, und der Dirigent ließ entmutigt die Hände sinken.

»Was sollen wir denn nun machen, Dieter?«

»Vielleicht können wir uns wenigstens für die Zwischenspiele mit Kürzungen helfen, wenn das Orchester allein spielt.«

»Ja, aber wie, hilf mir!«

»Hier gibt es ein D-Dur, drei Seiten später wieder, also Strich...«

In der Not fraß Onkel Hermann diese Teufelsfliege, und niemand merkte etwas. Ich habe Schönberg diverse Male in Gedanken um Verzeihung gebeten für diese, um einige Minuten gekürzte Aufführung. Vielleicht vergab er mir auch deshalb, weil seine Lieder so häufig in meinen Programmen vorkommen.

*

Damals, 1947, ging Irmel mit dem Nauber-Quartett auf eine kleine Bodensee-Reise als zweites Cello im Schubert-Quintett. Ich durfte Ständer tragen und Noten auflegen. Bis der Primarius einmal mitbekam, daß sein Adlatus in einer Wirtshausecke seine Stimme bewegte und mich »zwang«, seinen Quartettgenossen etwas zu singen. Erwähnte ich meine Absicht, nach Berlin zurückzufahren, zu meiner Mutter und zum Lehrer, sah ich nur in mitleidige Gesichter. Die tollsten Stimmungsberichte konnten die Vorstellung vom dortigen Leben nur verdüstern. Aber die Heimreise fand dennoch statt; unvorstellbar beschwerlich die Eisenbahnfahrt, eingeklemmt und verrenkt zwischen Menschenleibern und Gepäckstücken, mit endlosen Wartezeiten und einer Nacht auf meinem Pappkoffer im Hauptbahnhof von Hannover, der einem düsteren Inferno glich. Ich dachte sehnsüchtig an meinen Holzkoffer aus der Gefangenschaft, der mir als Sitzmöbel besser gedient hätte. Verhungerte, abgerissene Gestalten, peinvolle Überfüllung, Schmutz und Geschimpfe. Und dann der erste erschütternde Eindruck durch die unfaßlich entstellte Silhouette von Potsdam!

Dennoch: Berlin sah mich bald wesentlich geschäftiger als Freiburg. Das Klima hier aktiviert – eine Beobachtung, die ich heute noch mache, wie verdorben die Luft inzwischen auch sein mag. Damals wollte ich die überlastete und, nach allen in der Kriegsendzeit durchgestandenen Leiden, nervöse Mutter umsorgen. Ihr Leben war zuerst in den Bombennächten, dann aber auch durch russische Soldaten bedroht gewesen, die mit ihr eine ganze Gruppe von Frauen erschießen wollten. Schlagfertig hatte sie zwanzig Menschen vor dem Tod bewahrt: Sie wußte dem Russen mit der MP klarzumachen, daß nicht Dahlems Frauen, sondern russische Geschütze eine Granate gleich neben russischen Soldaten hatten zerplatzen lassen. Erleichtert atmeten die Frauen auf, als sie unbehelligt stehenblieben. Während des darauffolgenden Vierteljahres mußte meine Mutter mit ansehen, wie die Russen die beiden Etagen unseres Reihenhauses mit stinkendem Unrat füllten, ein riesenhaftes Klosett, das sie dann gemeinsam mit einer Nachbarin in monatelanger Arbeit wieder bewohnbar zu machen versuchte. Was alles noch habe ich wohl nicht miterlebt? Die Menschen sprachen nicht viel über ausgestandene Leiden. Ist es uns so bald wieder gutgegangen, weil wir nicht alle Möglichkeiten des inneren Wiederaufbaus nutzten? Ist uns vieles nicht gelungen, weil es uns so schnell wieder gutging?

Der »Kalte Krieg« zeigte sich, als ich zurückkehrte, bereits unverhüllt. Ost und West waren in der Stadt auseinandergedriftet, ohne daß es dazu einer Mauer bedurft hätte. Zwar dauerten die »täglichen Mühen, die täglichen Sorgen«, von denen Ernst Reuter dem Westen gegenüber prononciert sprach, immer noch an – und das für die ganze Stadt. Aber alles Wichtige in der kulturellen Nachkriegsentwicklung war vorbereitet. Die Russen hatten als erste begonnen, Theater- und Konzertaufführungen mit Deutschen anzuordnen. Dabei stritten das Unterhaltenwollen und das humanistische Gewissen miteinander. Deutsche sollten aus »Mördern« wieder zu zivilisierten Menschen zurückerzogen werden. Die Besetzer legten das Hauptgewicht zunächst einmal auf die Truppenbetreuung. Das Beispiel der Russen verfehlte seine Wirkung nicht, auch daß die russischen Sieger als Mäzene gewirkt hatten, indem sie Erlaubnisscheine und Geldmittel zur Verfügung stellten, machten die Amerikaner, Briten und Franzosen flugs nach. Aber die Geister hatten angefangen, sich grundlegend zu scheiden.

Simonows Schauspiel »Die russische Frage« und was im Spielplan darauf folgte, trieb viele im Ostsektor spielende Künstler dazu, in den Westen hinüberzuwechseln, da sie nicht vorhatten,

antiamerikanische Propaganda mitzumachen. In beiden Stadt-
hälften gingen die Eintrittskarten weg wie »warme Semmeln«,
auch im Tausch gegen Preßkohlen oder Schächtelchen mit
Nägeln, an denen es den Bühnen so sehr mangelte. Boleslaw Barlog, der gerade die Geschicke des »Schloßpark-Theaters« in die
Hand genommen hatte, erzählt gerne davon, daß immer dann,
wenn der Steglitzer Chefarzt nahebei alles Licht für eine Operation brauchte, während der Vorstellung der Strom ausfiel. Aus
einem schäbigen Kino, besser aus einem Trümmerhaufen,
machte Barlog eine vielbeachtete Bewährungsbühne für junge
Talente und einen Sammelpunkt älterer, bewährter Kräfte. Aber
der Hunger plagte die Menschen. So mancher Sänger oder
Schauspieler konnte vor Schwäche Vorstellungen nicht durchhalten. Noch hieß das hartnäckigste Ritual der Berliner: nach
Brot anstehen. Im Alltag spielten sich Dramen ab. Und neben der
»Gräfin Maritza« auf irgendeiner Behelfsbühne reichten sich
Trümmerfrauen die Eimer mit Schutt in Ketten zu. Jeder Schup-
pen, jede Garage mochte als Musentempelchen dienen. Dem
reichhaltigen Angebot entsprach die Nachfrage. Allabendlich
standen Schlangen vor den Kassen (wo doch nach allem und
jedem Schlange gestanden werden mußte).

*

Da war also nun wieder das Haus, in das wir mit den wenigen
Habseligkeiten gezogen waren, als in Lichterfelde keine Bleibe
mehr war. In der Schützallee empfing mich die altgewordene
Frau, die meine Mutter war, an der Schwelle, klein, mit faltigem
Gesicht, Freudentränen in den Augen. Sie sank ihrem Dieter,
ihrem Jüngsten, an die Brust. Ich hatte das Gefühl, ihr meine
Jugend und meine ersten Erfolge als Geschenk zu bringen. Ich
machte ihr Vorwürfe, weil sie in Briefen immer wieder geschrieben hatte, sie sei zu einsam und wolle sterben. Ich bestritt ihr das
Recht zu jammern, weil ich doch da war, strotzend vor Optimis-
mus und Gesundheit, und mein königlicher Egoismus zauberte
ein schwaches Lächeln auf ihr Gesicht.
Aber Berlin sah schrecklich aus: der abrasierte Tiergarten, die

kilometerweiten Ruinenlandschaften, die die Stadt entstellten, die müden, ausgehungerten Menschen. Brennholz hatte Seltenheitswert, auch ich wurde in den Wald delegiert, um »Stubben« aus dem Boden zu graben. Immer noch war alles Eßbare rationiert. Meine Mutter bereitete Brotaufstrich aus Hefe; Bratkartoffeln brutzelte man ohne Fett und schleuderte sie hurtig von einer auf die andere Seite.

Für den entwöhnten Bürger gab es nun plötzlich Versammlungen mit Stimmrecht, gab es Basisarbeit, die der zunächst »verordneten« Demokratie Genüge tun sollte. Die Entnazifizierung – ohnehin eine Farce – hatte in den Westsektoren bereits ihr Endstadium erreicht, als ich zurückkam. In fast jeder Familie gab es »solche und solche«, gab es verschämt Verschwiegenes oder endlich zur Sprache Gebrachtes. Einige Jahre danach war es schon wieder so weit, daß die amerikanischen Besetzer den Stoßseufzer zuließen:

»Jetzt muß endlich Schluß sein.«

Sie erlaubten Wellen des Vergessens eher als die anderen Besatzungsmächte. Aber es sollte heute ein starkes Bewußtsein dafür geben, welches Wunder die neue Demokratie bedeutete im damaligen Deutschland, trotz aller Kritik, die schon damals an den »Eigeninteressen« laut wurde, die die amerikanische Politik zweifellos verfolgte. Auf östlicher wie westlicher Seite schürten die Verantwortlichen den »Kalten Krieg« und beschleunigten so rivalisierend den Aufbau, auch im Verteidigungssystem. Ohne den Gegensatz zu Moskau hätten wir uns den Aspekt Deutschland als Kernstück der amerikanischen Politik nicht denken können.

Bereits in den Jahren vor 1949 kam der geistige Auftrieb in Kunst, Literatur, Theater oder Musik, also noch vor dem Wirtschaftswunder. Daß wir uns auch wohlbefinden sollten und Gewinn machen, das setzte sich als weniger wichtig erst danach an die Spitze des Verlangens. Das Reisen und Kennenlernen der »Welt« draußen übrigens auch. Wo hätte meine Mutter das Geld für irgendeine Reise hernehmen sollen? Ich verdiente mir zwar mit Englisch-Stunden etwas Taschengeld, aber das reichte höchstens, auf schlechtem Papier gedruckte Bücher anzuschaffen oder manchmal jemanden ins Café, Kino oder Theater einzuladen.

Für mich galt es 1947 aber vor allem, so schnell wie möglich realen Boden für künstlerisches Arbeiten zu gewinnen, also zu lernen. So stürzte ich mich in das Studium bei Hermann Weißenborn, der mich beim Wiedersehen gerührt in die Arme schloß. Und wieder fing der untersetzte Herr mit den buschigen Brauen und roten Wangen bei gewissen Steigerungen des pädagogischen Einsatzes schwer zu atmen an. In jeder einzelnen Stunde bekam ich mehr Anregung und Weiterführung, als in den letzten Jahren zu erahnen war. Was mir fehlte, die große, sängerische Linie, das bildete unser Hauptthema. Das Gefühl, sich endlich wie im sicheren Hafen stimmlich renovieren zu können, war unbezahlbar. Aller neuen, mich bald heftig überfallenden Tätigkeit zum Trotz setzte ich die Stunden bei Weißenborn mit nur kurzen Unterbrechungen bis zu seinem Tode 1959 fort. Er hat mich untrüglich korrigiert, mir immer neue Wege gewiesen, auch wenn ein Lob fast nie ausgesprochen wurde. Nach gelungener Liederabend-Premiere fiel höchstens einmal die sarkastisch gemeinte Bemerkung:

»Es lebe die Improvisation!«

Sparsames Lob zeichnet nach meinem Dafürhalten den guten Lehrer aus. Allerdings will der Träger der vox humana, die sehr mit der Psyche verbunden ist, daß man ihn äußerst schonend und vorsichtig behandele. Mit Rosenwasser benetzt zu werden, dürfte aber keinen weiterstrebenden Schüler befriedigen. Alle, die anderen unterweisend etwas sagen sollen, müssen Lob und Tadel ohne Schematik bei jedem Gegenüber neu abwägen. Dies wird uns bei Karl Böhm noch beschäftigen.

Genaugenommen habe ich nur den einen Lehrer Hermann Weißenborn gehabt. Von den anderen lernte ich nicht viel. Fast mein ganzes Leben lang bin ich mehr Lehrer als Schüler gewesen. Was in unserer Zeit wahrscheinlich auch nicht viel bedeutet. Damit meine ich auch, daß Kollegen, Dirigenten und Pianisten sich immer wieder gerne von mir sagen ließen, wie sie es machen sollten. Je klarer der »Solist« seine Vorstellungen von der Interpretation weiterzugeben weiß, um so leichter macht er es den

Mitwirkenden. Den großen Sängern, die ich traf, hatte ihre Größe sicherlich nicht durch das, was man gewöhnlich »Lehrer« nennt, vermittelt werden können. Nur durch das Beispiel ist zu lehren, über die kleinen Tricks und Karriere-Wegweiser hinaus, kritisches Verständnis und wie es in die Interpretation einzubringen ist. In seltenen Fällen kann auch durch die Art, wie der Lehrer die Musik rational und visionär auffaßt, beim Schüler Originalität der Anschauung geweckt werden. Nie verschaffte mir mein Lehrer irgendein Engagement, wie es heute mitunter gehandhabt wird. Ich hielt dies für durchaus positiv. Technik und Interpretation spielten bei Weißenborn ständig ineinander, und seine unbestechlichen Ohren reagierten sensibler auf meine Schwächen, als es je ein Mikrophon vermocht hätte. Was mir im Eifer des Gefechts zugerufen wurde, fiebrig in der Hitze der Konzentration, mußte einem Außenstehenden irrsinnig vorkommen:

»Auf dem Atem bleiben. Wo ist die Verbindung? Hinten weit. Die Form im Gaumenbereich. Der Fahrstuhl muß nach oben. Mehr Schnute...«

Es gab keine »Methode«, sondern nur der jeweiligen Aufgabe angepaßte, improvisierte Übungen, die mich schnurstracks auf die einzige begehbare Straße führten.

*

Nach geduldigem Warten eröffnete sich mir kurz vor Weihnachten 1947 der amerikanisch gelenkte Rundfunk. Ein Vorsingen kam in Sicht. Zu jener Zeit leitete Frau Professor Elsa Schiller die musikalischen Geschicke des neuen Rundfunks im amerikanischen Sektor, des RIAS. Sie war pianistisch tätig gewesen und hatte als Jüdin in der Nazizeit Schweres durchgemacht. Es lag bei uns Daheimgebliebenen, das Leiden der Emigranten und Verfolgten allmählich nachzufühlen und begreifen zu lernen. In der Gefangenschaft hatte es über diese Fragen nur Schweigen gegeben. Vielen der Leidgeprüften sollte ich noch gegenübertreten, und immer ließ mich ein Gefühl unendlicher Scham und Schuld nicht los, obwohl ich doch eigentlich als unbeteiligt gelten mußte. Keiner der Ausgestoßenen oder Gequälten hatte es leicht, sich in den Zufluchtsländern der dreißiger Jahre zurecht-zufinden und heimisch zu werden; zumal die Welt in Sprache und Sitte noch nicht derart zusammengerückt war, wie dies heute der Fall ist, heute, wo es kaum jemandem eine Lebensbe-drohung bedeutet, auf zwei oder mehr Jahre in einem anderen Land leben zu müssen. Nicht jeder Emigrant konnte sich damals zum Immigranten, nicht jeder Umherirrende zum Einwanderer und nicht jeder Flüchtling zum gleichberechtigten Bürger wan-deln. Und die Mauer aus Toten, die unendliche? Ich kann sagen, daß es kein Rosenweg für mich war, zum ersten Mal nach Hol-land oder England oder Skandinavien zu kommen. Aber der Musik wohnt eine verbindendere Kraft inne, als es sich die Geschicklichkeit der Politiker träumen läßt. Und dafür, daß ich so getragen wurde, bin ich dankbar. Kürzlich bekam ich in Hol-land ein kleines, silbernes Lorbeerkränzchen, auf dem zu lesen stand:

»Dem geliebten Feind.«

Es herrschte Aufbruchstimmung damals, 1947. Wir fühlten uns im amerikanischen Sektor durchaus privilegiert. Die Army half uns, wo sie konnte. Alle Propaganda aus der gestrigen, braunen Zeit hatte nicht gestimmt. Es kamen Care-Pakete mit genau kalkulierten Bedarfsgütern. Anonym schickte mir ein Offizier, nachdem er mich schlecht rasiert hatte singen gesehen, eine Garnitur zur feuchten Bartentfernung. Die Amerikaner nahmen die Kinder und veranstalteten Feste mit ihnen. Sie eröff-neten Bibliotheken und stillten so einen Teil des enormen litera-rischen Nachholbedarfs. Es wurde unglaublich viel gelesen damals. Auch ich warf mich in die Lektüre von Wolfe, Dreiser, Steinbeck, Wilder oder O'Neill. General Lucius D. Clay sahen wir Berliner als einen Glücksfall an, mochten ihn seine Lands-leute daheim noch so sehr aufs Korn nehmen. Er trieb vor Ort pragmatische Politik und leitete vor den Augen des Ostens den ökonomischen Gesundungsprozeß ein. Die jungen Menschen erfuhren im Schatten dieser Besatzungsmacht keine »re-educa-tion«, sondern echte education. Die ersten Stipendien zu Reisen in die Staaten wurden vergeben. Und wir bekamen Nachhol-

Unterricht in Hollywood-Filmen. Die kitschig-sentimentalen erregten eher Brechreiz, andere bestachen durch schauspielerische Leistungen. Greta Garbo, Humphrey Bogart, Ingrid Bergman, Bette Davis – welche Glanzreihe von Namen schloß sich ihnen an! Einen Hauch von der Freiheit des Absurden vermittelten Charlie Chaplin, Buster Keaton, Harold Lloyd. Sie waren mir näher als all die anderen.

Ein Konzert im Dorotheen-Gymnasium zu Berlin-Dahlem brachte mir die erste Besprechung ein. Die Cellistin Annelies Schmidt agierte als Mentorin an jenem Abend in der Reihe »Künstler stellen vor«. Hanns Heinz Stuckenschmidt, damals bereits prominenter Chefkritiker der »Neuen Zeitung«, gab mir mit wohldosiertem Lob gute Chancen weiterzukommen. Er hat mich später noch unzählige Male in der FAZ erwähnt, und immer hatte ich den Eindruck verständnisvollen Wohlwollens. Ein Unikum ist es, daß er, der souveräne Kritiker mit Geschmack und Maßstab, dem nie eine unangebrachte Voreingenommenheit unterläuft, mir – nach dreißigjähriger Bekanntschaft – »aus der Ferne« das Du anbot.

Nachdem ich beim Rundfunk in einer langen Schlange von Bewerbern aller möglichen Sparten gewartet hatte, bestand ich mit einer Bach-Arie in Ehren. Das Kammerorchester des RIAS unter seinem Dirigenten Karl Ristenpart nahm damals einen Großteil der Kantaten Bachs auf, und ich durfte in fast allen die Baß-Partien übernehmen. Dabei sang ich oft mit dem hochmusikalischen und intelligenten Tenor Helmut Krebs zusammen. Er war mein Partner in vielen Oratorien, von Bartóks »Die Zauberhirsche« (unter Fricsay) bis zu Bachs Johannes-Passion, aber auch bei Aufgaben in der Oper.

Elsa Schiller scheute sich nicht, mich die vollständige »Winterreise« auf Band singen zu lassen, damals ein noch unübliches Großunterfangen. Leider gefiel ihr der junge Pianisten-Freund, den ich zu den Aufnahmen mitbrachte, nicht sonderlich. So brach sie die zweite Sitzung schlichtweg ab und beraumte einen neuen Beginn an, diesmal mit dem »Hauspianisten« Klaus Billing. Aber auch diese Aufnahme ging nicht ohne Verzögerungseffekt vonstatten, denn damals, im Dezember 1947, gab es noch keine so zuverlässigen Geräte und widerstandsfähigen Tapes, wie es heute selbstverständlich ist. Nach elf Stunden Aufnahmezeit verkündete der technische Stab, an der Spitze der Produktionschef Ernst Rittel, es sei leider ein Materialfehler aufgetreten, der die ersten acht Lieder sendeuntauglich mache. Diesen Teil des Zyklus holten denn Billing und ich in todmüdem Zustand bis ein Uhr nachts nach, was insofern keine geringe Anspannung bedeutete, als es ja damals keine Kantine oder auch nur einen Schluck Kaffee während der Arbeit gab. Elsa Schiller wagte nicht wenig, als sie diese Aufnahme mit einem kaum bekannten Sänger von zweiundzwanzig Jahren durchführte – aber der Erfolg gab ihrem Wagemut recht. Meine Leistung von damals zu beurteilen, fällt mir heute nicht leicht. Sie erscheint mir homogen, wenn auch von Tempoirrtümern belastet. Ganz allgemein herrscht eine gewisse Larmoyanz vor, die ich heute nicht mehr zuließe. Das geglückte Experiment tönte wieder und wieder durch den Äther, bis es schließlich von einer italienischen (Schwarz-)Firma auch als Platte auf den Markt geworfen wurde.

Kaum war das Band erstmals über den Sender gelaufen, läutete das Telefon bei mir, und Peter Anders, der große Tenor der dreißiger Jahre – inzwischen zum Heldentenor »avanciert« – schwärmte von meinem Gesang. Er versäumte nicht, mir anzukündigen, in der nächsten Woche könne man seine Wiedergabe der »Schönen Müllerin« Schuberts hören. Ich war wieder einmal vom blühenden Stimmklang dieses Mannes bezaubert und – wie später noch oft – betrübt darüber, wie wenig er doch als Liedersänger in Konzerten hervortrat. Nicht lange vor seinem zu frühen Tod, in den er, wie gewohnt, von einer Bühne zur anderen chauffierend, auf der Autobahn raste, kamen wir noch einmal zusammen. In Humperdincks »Königskindern«, dieser Mischung aus Selbständigkeit des Komponisten und Wagner-Imitation, sang er den Königssohn und ich den Spielmann. Mir ging es mit dieser Oper genauso, wie es Keilberth einmal charakterisierte:

»In diesem Stück kommt keiner ungeschoren ans Ende, die Ströme von Tränen bedecken Geigenstege und Stimmbänder derart, daß an ein Weitermusizieren kaum noch zu denken ist.«

Auch die Bach-Kantaten wurden von vielen Sendern übernommen und bald auch in Frankreich und Italien gehört. Frau Schiller verfolgte mein weiteres Tun liebevoll, brachte mich mit verschiedenen Pianisten zusammen (für ein einziges Mal auch mit dem in den dreißiger Jahren so berühmten Michael Raucheisen) – und freute sich königlich, wenn wir sie in ihrem Ruhestandshäuschen im Salzkammergut besuchten. Die füllige Frau mit den dunklen, zupackenden Augen hatte rund zehn Jahre in Berlin gewirkt, danach etwa gleich lange als Chefin der wichtigsten Hamburger Plattenfirma. Sie verkörperte den heute so vermißten Typus des allein verantwortlichen künstlerischen Leiters einer solchen Firma, der dem Fragenden Antworten gibt, die sich nicht um viele Ecken winden. Im Gegenteil: Ihre Offenheit konnte auch verletzen. Auf den Tod konnte sie Muckerei und schmeichelndes Anbiedern nicht leiden. Und so rief sie einen jungen Dirigenten zur Ordnung, der sich zu oft für sein Vorhandensein vor dem Orchester entschuldigte:

»Seien Sie doch nicht immer so bescheiden, dazu sind Sie nicht gut genug!«

*

Nachdem Irmel und ich – noch sehr jung – Eheleute geworden waren, hieß es, sich von der Schützallee zu trennen und der Mutter den Tort einer kleinen Entfernung anzutun. Das Charlottenburger Haus einer Tante, die in den zwanziger Jahren für kurze Zeit eine recht bekannte Sopranistin gewesen war (Eva Bruhn), sollte unser neues Domizil sein. Aber es stand nur ein Schlafzimmer an der einen Ecke des langgestreckten Bungalows zur Verfügung, in das der Stutzflügel gleich neben die Betten gestellt wurde. Allmählich arbeiteten wir uns im Laufe der Jahre durch die ineinandergehenden Zimmer und nahmen nach und nach das Haus in unseren Besitz. Zwei jüdische Frauen hatten hier den Krieg überstanden, dank der unerschrockenen Hilfsbereitschaft der Hauswartsfrau Bergter. Die eine von ihnen verblieb – ohne Miete und bis zu ihrem Tode – in ihrem Souterrain-Gemach und war es froh, Bügel- und Näharbeiten für uns zu erledigen. Aber die andere, Frau Kantorowicz, wohnte gleichsam mitten unter uns und fühlte sich immer erst »übersprungen«, wenn wir von den rückwärtigen Räumen zum Eingang gelangen wollten. Das wurde ihr bald zuviel, und sie suchte sich ein weniger »begangenes« Terrain. In meinem heutigen Archivraum hauste die vierköpfige Familie Kilian und hatte ihre Briketts an den Wänden aufgestapelt. Ihnen mußten wir eine neue Bleibe verschaffen. Was heute Musikzimmer ist, war an zwei Stellen durch Pappwände unterteilt, die ein jedes Flüsterwörtchen hören ließen. Auch Frau Beckmann und Herr Ey-Steineck, der sich gerade aus seiner unmöglichen Militärkluft wieder in einen Zivilisten zu verwandeln suchte, zogen bald aus ihrer gemeinsamen winzigen Wohnecke aus, die man nur über die Küche erreichen konnte.

1951 kam – nach angstvoller Wartezeit von vier Tagen – Mathias zur Welt, in der Klinik Paulinenhaus um die Ecke, 1954 dann Martin, beides Prachtjungen, denen gegenüber ich mich als Vater sicherlich genauso unmöglich benommen habe, wie es in weiblichen Erinnerungen über andere Väter gelegentlich zu lesen ist. Jedenfalls komme ich mir im Rückblick als damals reichlich jung für die Rolle des »Erziehungsberechtigten« vor.

Bis er nach Frankfurt am Main verpflichtet wurde, wohnte in der oberen Etage Hannsgeorg Laubenthal mit seiner Familie. Ihnen hatte das stabile Betondach die Wohnung im Kriege erhalten, da die unzähligen Brandbomben auf der Flachterrasse ohne nachhaltige Wirkung verglommen. Einige Jahre nach unserem Einzug wollte der jugendliche Held Laubenthal von immerhin etwa 50 Jahren, der am Deutschen Theater noch immer den Romeo und Ferdinand spielte, bei mir Gesangstunden nehmen, die ich aus übergroßer Zeitnot nicht geben konnte. Aber er sang mir vor, und es war faszinierend zu beobachten, wie ein des geschmeidigen Sprechens gewohnter Darsteller sich sofort völlig zu versteifen anfing, sobald er Gesangstöne von sich gab. »Bajazzo« und »Traviata« gerieten zur Ohrenqual... Laubenthal hat denn auch nach zahlreichen Bühnenproben den Alfred in »La Traviata« wieder abgegeben, da es ihm einfach nicht gelang, sich von der verkrampften Stützhaltung loszumachen.

Nach den Laubenthals zogen Erik Ode und seine Frau Hilde

Volk über uns ein. Ich muß sagen, daß ich die Zeit ihres Bleibens in Westend sehr genoß. Viele Schauspieler gaben sich die Klinke in die Hand, und viele wertvolle Bekanntschaften wurden geschlossen, wenn wir an ihren Treffen teilnehmen durften. Gustav Knuths Erzählfreudigkeit, die trockenen Witze von Walter Gross und das Temperament des Ehepaars Meisel-Lingen sind mir besonders in Erinnerung geblieben. Ernst Stankowski kam eigens zu uns herunter, um Lieder zur Gitarre zu singen, Karl Skraup erzählte vom Wien der zwanziger Jahre und wie es doch allen Schauspielern trotz der großartigen Inszenierungen finanziell so sehr miserabel gegangen sei. Die Wohnung der Odes gönnte uns einen Blick hinaus über den Zaun der jungen Musiker-Exklusivität. Sonst aber erfüllte uns in den ersten Jahren unsere »Zweisamkeit« derart, daß wir eigentlich nur wenige nahe Freunde hatten, dagegen eine große Familie, die uns auf beiden Seiten, mitunter gewichtend, anhing und uns in unserer Freizeit ausgiebig beschäftigte.

*

1950 waren Irmel und ich zu Konzerten in Italien und erlaubten uns einen Abstecher in die Vergangenheit, nach Pisa, dem Ort meines längsten Aufenthaltes während der Gefangenschaft. Die Sonne brannte, wie immer dort im Juli. Der Gang durch die Stadt zeigte, wie sehr sie gelitten hatte. Ganz in der Nähe war ja auch jene Front verlaufen, an der ich fast ein Jahr im Erdloch zugebracht hatte. Später, als Prisoner of War der Amerikaner, hielt ich mich fast das ganze zweite Jahr hier in einem Militärhospital auf. Nicht als Patient, sondern als »Kulturbetreuer«. Großzügig gab man mir ein gefedertes Bett als Zuhause, das freilich nicht weit von jenen Stellen in der Zimmerdecke entfernt stand, die den Blick auf den Himmel freiließen. Vor dem Stadttor fanden wir die Szenerie wieder, in der ich meine allererste »Dichterliebe« und eine Unmenge anderer Stücke im halbzerstörten Versammlungsraum vor Mitgefangenen absolviert hatte. Das Gebäude stand noch immer – arg zerschunden – Stacheldraht auf der Mauer, der uns freilich in jenen Tagen nicht an abendlichen Exkursionen hinderte. In der Ferne erkannte ich die – wie von Schinkel in die Landschaft komponierte – Burg wieder, die ich damals mit Farbstiften festzuhalten suchte. Diese Öde hier hatte nun als Oase für so viele Insassen umliegender Lager gedient, die mit Bussen zu unseren Leseabenden, Theateraufführungen und Konzerten herbeiströmten? Wir suchten und fanden die Villa, einem Landschlößchen ähnlich, in der die Familie des Malers Tealdi wohnte. Hierher hatte es mich vor vier Jahren ganz besonders gezogen, denn ich war in die schöne Tochter Orietta verliebt, seit die Familie einmal den Lazarettkommandanten freundschaftlich besuchte und ich zum »divertimento« singen durfte. Bald darauf – und ohne Erlaubnis der Bewacher – schlichen sich mein Begleiter Detlev und ich über mondbeschienene Felder zu den Tealdis, um – Abendkonzerte dort abzuhalten. Wie es zu einer romantisch-platonischen Liebesgeschichte gehört, durfte ich Orietta auch ein paar Klavierstunden geben. Nun aber war sie fort, weit in Roma und verheiratet. Aber die verträumte Atmosphäre des Elternhauses wirkte ungebrochen, nichts hatte sich geändert. Eine dicke Magd öffnete das Riesentor, stand eine Weile ratlos, um sich dann zu besinnen:

»L'artista!«

Aus dem durchsonnten Garten kam doch wirklich, wie damals, der hochgewachsene Vater, er hatte gerade dort gemalt. Voller Freude führte er uns in die Halle, rief seine Frau, fragte nach dem Ergehen. Die Dinge ringsum, eiserne Gußarbeiten, schöne, alte Krüge, dicke Folianten, hatten ihren Platz nicht gewechselt. Zwischen den vielen Ölbildern Tealdis lag eine alte Geige, die er hin und wieder traktierte. Dann trat die jüngste Schwester Oriettas mit Mann und Baby ein, blendend schön und herzlich. Die Erinnerung an meinen Gesang von damals war nicht geschwunden. Zum Abschied überreichte mir der Padrone Tealdi ein kleines, hübsch gerahmtes Bild von seiner Hand und pflückte für Irmel eine Zitrone vom Baum, um sie mit galanter Verbeugung zu überreichen.

*

Wie gerne hätte ich viele der interessanten Menschen näher kennengelernt, die mir im Lauf der Jahre begegneten! Reise, Konzerte und Opernauftritte machten das in den meisten Fällen unmöglich. Aber ich hatte das seltene, große Glück, in reifen Jahren noch einige veritable Freundschaften zu schließen und aus dem Gestern blieben mir einige Menschen erhalten, deren unverbrüchliche Treue wohltut. Seit Gerda Riebensahm 1951 eine Aufführung des »Deutschen Requiems« in einer Berliner Kirche mit mir als Solisten gehört hatte, versuchte sie, ihren Mann, den Artur-Schnabel-Schüler Hans Erich Riebensahm, dazu zu bringen, sich für meinen Gesang zu interessieren. Bald wuchs aus diesem Interesse ein Vertrauensverhältnis, das mein Leben seitdem als unzerreißbarer roter Faden durchzieht. Nur ein einziges Mal hat Hans Erich mich auch im Konzert begleitet. In allen Lebensnöten und -freuden sind mir die beiden liebevolle Zuhörer, und es kann bei ihnen zu den unterschiedlichsten Gesprächsthemen, von der Hausversorgung bis zur Philosophie, mit fruchtbarem Gedankenaustausch gerechnet werden. Am schönsten aber ist es, gemeinsam Musik zu hören und dabei ganz frische, unbekannte Zonen des Musikerlebens zu betreten. Hören, Lesen und Diskutieren eröffneten im Zusammenwirken über das bisherige, mehr ästhetische Genießen hinaus neue Dimensionen. Nicht zuletzt konnte ich in vielen seiner Konzerte, aber ebenso in meinen vier Wänden durch Hans Erichs Klavierspiel Maßstäbe der Klarheit und des bewußten Hörens gewinnen, die mir über die Jahrzehnte gültig geblieben sind. Bachs »Wohltemperiertes Klavier«, Beethovens Sonaten, Schuberts späte Klavierwerke und die großen Zyklen Schumanns, Zentralpunkte in seinen Klavierabenden, sind ihm eine besondere Herzenssache. Diese Klavierkunst hatte wenig Gefälliges und Virtuosenhaftes, war dafür aber um so deutlicher und werkorientierter.

Hans Erich ist Freund, Bewunderer und Kritiker in einem. Er öffnet sich dem Gegenüber. Der eigenwillige Ostpreuße kann auch aggressiv und schonungslos werden, was mir – nach gelindem Schock – noch immer gut getan hat. Es schmerzt mich, wenn er sein Leben mitunter als »verpfuscht« bezeichnet, was wohl auch daher rührt, daß ihm Nur-Verbindliches und Podiumsgewandtheit nicht liegen. Gerda unterstützt ihn, gebildet und lebhaft, wie sie ist, wenn er befindet, wir hätten in irgendeinem Fall völlig falsch gehandelt oder seien zu bestärken. Ihr heiteres Wesen birgt die Fähigkeit, sich nicht zu verlieren, wenn sie sich einer Sache vollkommen stellt. Leider spielt Gerda, die bei Leonid Kreutzer gelernt hat, seit geraumer Zeit nicht mehr Klavier, was mir besonders leid tut, wenn ich daran denke, wie schön sie mit Irmel Schuberts Arpeggione-Sonate musizierte. Berichtet sie von einer Lektüre, hat der psychische Aspekt den Vorrang. Figuren beschreibt sie lebendig und deutend. Der Psychoanalyse und -therapie gehört ihre ganze Begeisterung.

*

Bei Gerda und Hans Erich Riebensahm lernte ich Anfang der 50er Jahre Dr. Harald Schulz-Hencke kennen, einen der frühen Verfechter der Psychotherapie. Er empfahl uns, beim nächsten London-Besuch seinen Kollegen Dr. Walter Schindler aufzusuchen. Dieser auch innerlich skurrile, seinen Lehrer Sigmund Freud anzweifelnde Seelenarzt hatte schon ein paar Jahre zuvor begeistert meine »Winterreise« in der Royal Festival Hall angehört. Der eindrucksvoll häßliche Mann – Sommersprossen, Wulstlippen, Halbglatze, Henkelohren, Spitzbauch – aus der großen Londoner Emigrantenenklave, der sich seltsamerweise für militärischen Drill begeistern konnte, lud uns zu sich in die kleine Wohnung. Ich hatte das Gefühl, recht umfassend von ihm erkannt zu werden. Er hielt mir vor, ich müsse mir mehr Raum zwischen den Anstrengungen schaffen, aber nicht, wie es die Alltagsberater immer auf der Zunge haben, um mich zu »schonen«, sondern um mich in Ruhe tiefergehend zu bilden, den Horizont zu erweitern. Dies würde mir ermöglichen, in immer neuer Ursprünglichkeit zu leben und nachzuschaffen. Länder und Menschen seien zu studieren, an Universitäten Vorlesungen zu hören, an Wanderungen teilzunehmen, vor allem aber zu lesen, um die Psychologie der jeweiligen musikalischen Darstellungen zu vertiefen. Ich meine, niemand hätte mir gerade in jenen, noch durch das neu zu Erobernde verstellten Tagen etwas sagen können, das mich mehr gefördert und für die Zukunft gerüstet hätte. Ich lebe weitgehend nach Schindlers Maximen.

Den Beruf, die Karriere vergottete ich, stand ausschließlich im Bann der Oper und des Konzerts. Mit Wehmut dachte ich an meine Gläubigkeit in jungen Jahren, die vor allem die Zeit der Gefangenschaft so erfüllt hatte. Das Singen gab mir aber anderen Halt als der Glaube, vielleicht den sichereren. Das spürte auch Schindler, worüber er immer wieder schrieb. Einmal erinnerte er sich, daß er vor weit über zehn Jahren Irmel, »Ihre unvergeßliche Frau«, und mich mit Himbeerwasser und Würstchen ganz improvisiert bewirtet hatte. Ausgesprochen jungenhaft hätte ich gewirkt, was auch jetzt (1970) im Singen immer noch zum Ausdruck käme.

»Jugendlichkeit ist Kundgebung alles Lebendigen. Das Leben als solches dürfte ja wohl ewig jung sein und bleiben. Das Leben natürlich im metaphysischen Sinne. An diesem nehmen Sie weitestgehend Anteil, indem Sie in Ihre Kunst eine Menschlichkeit legen.«

Zwar schlucke ich ein wenig, wenn ich dies wieder lese, aber ich bewahre dem Menschenfreund ein ehrendes Andenken. In einem anderen Brief heißt es:

»Ihre Stimmgestaltung blieb nicht wie üblich außerhalb des Zuhörers, sondern führte in unerhörter Weise tief in mein Gefühl. Sie brachten mich so zu einer Vereinigung mit dem Geist der Musik. Welch ein Glück auch für Sie, ein Medium solcher Erlebnisse zu sein!«

*

Namen und Stimme der Hertha Klust hörte ich zuerst mit fünf, als der gute Großonkel mir die Puppentheater schenkte. Damals ging mit Magnesium-Hölzchen und Taschenlampen-Effekten der »Freischütz« zur Musik von Wachsplatten in »Kurz-Opern«-Fassung des öfteren vor Mitschülern in Szene. Hertha Klust erzählte mir 1948 strahlend, sie sei zur Zeit der Aufnahme – 1929 – im letzten Moment für eine erkrankte Sopranistin als »Erste Brautjungfer« eingesprungen. Was da aus dem Trichter scholl, klang auch gar nicht professionell. Die Idee zu den »Kurz-Opern« stammte von einem Veteranen der alten Linden-oper, dem Dirigenten Hermann Weigert, der bald nach Amerika emigrierte, wo er Astrid Varnay heiratete. Schändlich gekürzt, aber nicht als Potpourri verschnitten, sahen diese Opern-Wie-dergaben durchlaufende Handlung und sogar Teile des gespro-chenen Dialogs vor. Übrigens habe ich 1955 mit Weigert als »Korrepetitor« die ganz besonderen Feinheiten der sonst nicht so überaus differenzierten Partie des Heerrufers im »Lohengrin« bei den Bayreuther Festspielen kennengelernt, so gut, daß ich von der Presse in der kürzesten Partie zumeist am ausführ-lichsten besprochen wurde:

»Wichtigster Eindruck: DFD in der Rolle des Heerrufers, der diese Figur zum Schlüssel für das Verständnis des Werkes machte, auch durch die Macht seiner mühelos strömenden Stimme«, schrieb die Essener Rhein- und Ruhr-Zeitung.

Hertha und ich erschienen zuerst 1949 zusammen auf der Bühne des Titania-Palastes in Berlin-Steglitz, um Schuberts »Schöne Müllerin« zu musizieren. Freudig erschreckt sah ich mich vor einem ausverkauften Saal (etwa 2000 Plätze), hatte man doch kaum irgendwelche Reklame für das Konzert an den Litfaß-Säulen oder in der U-Bahn gelesen. Manchmal genügt eben eine temperamentvolle Flüsterpropaganda, um einen gro-ßen Raum zu füllen wie diesen Kinosaal aus den zwanziger Jah-ren, in dem sich das Westberliner Konzertleben nach dem Kriege abspielte. Längst ist der Titania-Palast mit seiner hervorragen-den Akustik eines unschönen Todes zwischen Kaufhäusern und Ladenketten gestorben.

Nach unserem erfolgreichen Konzert gab es eine kuriose Kritik, die an Kürze wohl nur von Alfred Kerrs »Pfui, Gliese!« aus den zwanziger Jahren übertroffen wurde. Hans-Joachim Moser, einer der bedeutendsten Musikwissenschaftler jener Zeit und früher einmal selbst Sänger, konnte sich nur einen Satz abringen:

»An der Wiedergabe der ›Schönen Müllerin‹ durch D. F. D. und H. K. wäre höchstens zu tadeln, daß der Sänger alle Vorhalte zu kurz nahm.«

Gott segne Moser dafür, denn ich achtete danach peinlichst darauf, mich von diesem Makel zu reinigen! Moser, den ich später oft in meinem Hause sah, zitierte – wenig nachahmenswert – ständig eigene Werke, was die Vielzahl seiner Bücher entschuldigen mag.

»Ich habe einmal geschrieben...«

oder

»An einer Stelle heißt es bei mir...«

Aber er sprudelte Wissen und kleine Irrtümer derart virtuos in die Unterhaltung, daß alle Zuhörer davon fasziniert waren. Aus seiner großen Erfahrung hinterließ er mir lange Listen von unbekannten Titeln des Klavierliedes, die ich später fast alle aufführen konnte.

Aber zurück zu Hertha! 1949 holte Heinz Tietjen sie als Korrepetitorin an die Städtische Oper; die Arbeit mit ihr wurde für mich im Blattlesen und Schnellstudieren noch Ungeübten zu einer Quelle der praktischen Erfahrung. Die schwerhörige Dame mit dem eleganten Grauschopf trainierte mich in der Rolle des Jochanaan, nachdem wir uns schon für zwei Liedprogramme zusammengerauft hatten. Nicht nur, daß die Noten im Grunde unnötig waren, weil Hertha sie im Kopf hatte, sie sang auch alle Partner-Partien dazu und gab die Einsatzstichworte. Ihr Spiel konnte mitunter al fresco sein, war es aber beileibe nicht immer. In manchen Konzerten spielte sie mir eher zu trocken; aber sie brauchte diese Klarheit, um ihrem schlechten Gehör, das sie bewundernswert durch Gespür ersetzte, zu helfen. Als wir einmal einen Abend mit Ausschnitten aus Hugo Wolfs »Spanischem« und »Italienischem Liederbuch« gaben, passierte etwas Schlimmes. Gleich nach den ersten Akkorden war das Pedal nicht dazu zu bewegen, wieder in die Höhe zu federn. Ein entsetzliches Tongemisch mit Halleffekt setzte ein. Wir stockten verzweifelt, verließen das Podium und warteten die Reparatur ab. Seitdem dränge ich meine Pianisten, möglichst schon am Tag vor dem Konzert ihre Diagnose des Flügels zu stellen...

In ihrer lässigen, vormittäglichen Arbeitsweise saß Hertha gern mit übergeschlagenem Bein und mit einer Zigarette im

Mund am Flügel. Damals rauchte man noch. Seit dem Aufheben der Blockade und der Beendigung der bewundernswerten »Luftbrücke« funktionierte der Handel mit Zigaretten wieder einigermaßen. So dampfend brachte sie den schwierigen »Doktor Faust« von Busoni in mein Gehirn und auch den »Mandryka«, wobei sie mir mit wunderschöner Baßstimme den »Grafen Waldner« markierte. Ich weiß nicht mehr, wieso ich Zaungast bei einer Solistenprobe für »Tristan und Isolde« sein durfte, die Hertha spielte und die Furtwängler vor seinem einzigen Nachkriegsgastspiel an der Städtischen Oper leitete. Als er sah, daß seine Pianistin dem Gedruckten dabei kaum Beachtung schenkte, aber viel mehr und mitunter wichtigere Noten spielte, als die im Klavierauszug enthaltenen, hob Furtwängler die Brauen und konnte nicht unterdrücken:

»Bravo, so habe ich den ›Tristan‹ noch nie korrepetieren gehört!«

Als Hertha ihre Schwester verlor, mit der sie lange Zeit zusammengelebt hatte, vergoß sie manche Träne an meinem Flügel. Die Einsamkeit ihrer letzten Jahre und ihr Tod zeichneten sich ab. Aber wenn wir Schuberts »Divertissement à l'hongroise« vierhändig spielten, ohne daß ich mich allzu sehr blamierte, konnte sich ihr Gesicht allmählich aufhellen, und dann kamen auch die alten, wunderbaren Geschichten wieder, die sie so gern erzählte. So etwa die von der bedauernswerten Tosca, der eine neidische Kollegin ein Trampolin anstelle der Auffangkissen hinter die Engelsburg praktiziert hatte. Als der Todessprung von der Plattform getan war, schwebte die Totgeglaubte einige Male vor den Augen des erstaunten Publikums wieder in die Höhe.

»Noch' n kleiner Rundflug«,
hörte man jemanden rufen.

Die Reihe der großen Sänger, die Hertha begleitete, ist lang. Es existiert eine von ihr gespielte Schumann-Platte mit Liedern nach Heine, auf der fälschlich der Name Gerald Moore prangt. Es ist mir trotz hartnäckiger Vorstöße über Jahrzehnte nicht gelungen, der Pianistin ihr Daseinsrecht auf der Plattenhülle zu verschaffen. Deutlich lesbar steht ihr Name dagegen auf einer frühen Sammlung von Beethoven-Liedern. Bei dieser Aufnahme hatten wir Zeit und Lust, mehr als das geforderte Pensum zu bieten und musizierten eine ganze Reihe der Gesänge vom Blatt.

*

Nach kurzer »Entnazifizierung« trat Heinz Tietjen wieder zur Intendanz in Berlin an. Der mächtige Chef aller staatlichen Bühnen im Berlin der Nazizeit war umstritten. Seine Art, wie eine graue Eminenz hinter den Kulissen der Öffentlichkeit zu wirken und selbst möglichst wenig in Erscheinung zu treten, trug ihm den Spruch ein:

»Tietjen hat nie gelebt.«

Als ich in der Oper zu arbeiten anfing, ermahnte mich ein Regieassistent, doch ja niemals laute Bemerkungen auf der Bühne zu machen – Tietjen habe eine direkte Abhöranlage in seinem Büro installiert. (So etwas könnte heute längst nicht mehr aus dem Rahmen fallen, da alle Geräusche von der Bühne ohnehin ins ganze Haus übertragen werden.)

Tietjen war in Not um einen lyrischen Bariton für seine erste Premiere »Don Carlos« von Verdi, die kurz bevorstand. Er hatte von mir gehört und bestellte mich zum Vorsingen. Ich folgte widerstrebend. War ich doch durch bedenkliche Prophezeiungen im Glauben an mein Opern-Singen schwankend geworden. Bemerkungen wie:

»Nach einem Jahr spätestens ist die Stimme perdü...«, oder

»Dazu ist Ihre Stimme viel zu zart...«,

hatten meine Zuversicht stetig ausgehöhlt. Nachdem ich nun die Arie des Renato aus dem »Maskenball« geschmettert hatte, zog mich Tietjen in ein Nebenzimmer und hörte sich – unter Ausschluß der Öffentlichkeit – noch ein paar Lieder an. Ganz nebenbei kam es dann aus seinen zuckenden Mundwinkeln:

»In vier Wochen werden Sie bei mir den Posa singen.«

Mir schlotterten die Knie. Ich wagte zu bemerken, meine Bühnenerfahrungen seien doch gleich Null, auch hätte ich keinerlei schauspielerische Ausbildung genossen. Tietjens Antwort nahm mir nicht viel von meinen Sorgen:

»Es wird Kinderkrankheiten geben. Aber die überflüssigen Arme und Beine verflüchtigen sich gewöhnlich. Übrigens soll der Konzertgesang die Nummer eins bei Ihnen bleiben.«

Dem Verständnis, der Schonung und Freigabe durch diesen meinen ersten Intendanten verdanke ich es, daß meine ausgedehnte Konzerttätigkeit beibehalten werden konnte, die mir doch so sehr am Herzen lag. Und den Konzerten zuliebe verzichtete ich auch auf so manche Operngastspiele, die mir besonders nach dem Auftreten als Wolfram 1950 (in Bayreuth 1954) und als Amfortas 1955 angeboten wurden. Man mag dem Hanseaten Tietjen viel Böses, viel Intrigantes und Hinterhältiges nachsagen – ich wünschte mir mehr Intendanten solch fürsorglichen Sinnes für junge Anfänger.

Es ist durchaus nicht ohne Bedeutung, mit welcher Rolle einer die Bretter betritt, die da die Welt bedeuten. Verdis Männlichkeit und Reinheit, die sich im Posa so deutlich zeigen, hinterließen eine Spur in meinem Schicksal, nicht bloß nachschöpferisch, sondern den ganzen Menschen betreffend. Mit Verdi durfte ich mein Bühnenleben anfangen. Als ich 24jährig die »Macht des Schicksals« einstudierte, wurde mir kurz vor der Premiere klar, daß die Bariton-Rolle des Carlos mich noch überfordern müßte. In einem Gespräch unter vier Augen sagte ich Tietjen zitternd ab. Sein anfänglicher, verständlicher Zorn wich baldigem Nachgeben und Verstehen.

Es ist noch nicht lange her, daß ich auf dem Waldfriedhof im Berliner Westend unter Efeublättchen versteckt das winzige Schild »Ludwig Suthaus« entdeckte. Der Heldentenor gehörte zu den Heroen der Tietjen-Zeit an der Staatsoper und zu den besonderen Lieblingen Furtwänglers als Siegmund, Loge oder Tristan. Nicht nur seiner unbedingt zuverlässigen Musikalität wegen wurde er geschätzt, auch weil es seiner baritonal gefärbten Stimme möglich war, eine große Skala von Gefühlen hörbar zu machen. Suthaus sang den Tannhäuser zu meinem Debüt als Wolfram, und Tietjen wurde nicht müde, mich bei den Proben auf die Ökonomie dieses Sängers aufmerksam zu machen. Ein

Hinweis, den ich damals nicht schätzen konnte, da ich dem Wahn anhing, man müsse sich in jeder Probenphase mit der Originalstärke einzurichten wissen. Suthaus machte es mir nicht immer leicht: Fast bei jedem Auftritt der Jagdgesellschaft im zweiten Bild des »Tannhäuser« streckte er uns, den Rücken zum Publikum, ein anderes verzerrtes Fratzengesicht entgegen, so daß der Lachreiz, besonders für mich ahnungslosen Engel, kaum zu unterdrücken war. Deshalb konnte denn der Text meiner ersten Romanze, »Als du in kühnem Sange«, einmal so nachdrücklich ausbleiben, daß ich unter den verzweifelten Gesten des Dirigenten und dem düsteren Schweigen des Souffleurs zwei Zeilen auf »la-la« intonierte.

Im langwierigen Ensemble des zweiten Akts, das ungekürzt geboten wurde, führte Suthaus alle, die es noch nicht ausprobiert hatten, in die Wonnen falscher Textworte ein, die kein Mensch im Publikum vernahm. Etwa statt »Elisabeth, die keusche Jungfrau – und der Sünder« zu singen »Elisabeth, die keusche Jungfrau – und sechs Kinder« erinnerte so schön an Schulstreiche und Lehrerbeschummeln. Nachdem die schnell zu singende Stelle »Dich wird dies Schwert dennoch erreichen« stundenlang mit dem Dirigenten im Probenzimmer exerziert worden war, tat es den geplagten Minnesängern wohl, statt dessen zu singen: »Das ist zu schwer, das muß man streichen.«

Viele der Stimmen aus den dreißiger Jahren waren 1948 längst verstummt. Alle ihre Namen waren mir zutiefst vertraut, denn als Schulkind konnte ich an keiner Litfaßsäule vorbeigehen, ohne die Spielpläne und Besetzungen zu studieren. Und zu Hause füllte ich in alten Kontobüchern die Spalten mit Phantasie-Spielzeiten samt den dazugehörigen Ideal-Besetzungen. Einigen der damals für mich noch sagenhaften Sänger-Gestalten begegnete ich nach dem Krieg, durfte mit ihnen agieren und musizieren. So überraschte mich in Hamburg der seit Kindertagen vergötterte Rudolf Bockelmann, ein schwerer Held der Wagner-Bühne. Ich erkannte ihn zunächst gar nicht, so sehr hatte ihn die Hungerzeit nach Kriegsende abmagern lassen. Er trat auch nicht mehr auf, genau wie so mancher andere Berühmte, der aus dem tiefen Tal der unmittelbaren Nachkriegszeit nie wieder herauskam. Bockelmanns Sachs, Amfortas und Wotan prägten meine Bilder von diesen Rollen. Er sang auch viele Lieder, und so war mir seine lebhafte Zustimmung damals um so wertvoller.

Einem Publikum treu zu bleiben, garantiert verständige Hörer. Sind sie mit dem Vortragsstil eines Sängers vertraut, kennen sie die Klippen und Gefahren einer Partie ziemlich genau. So war es ein ganz spezielles Vergnügen, die Bewunderer des 60jährigen Helge Roswaenge aus der Proszeniumsloge zu beobachten. Die Gesichter bei gefährlich hohen Noten spiegelten die Sorge um ihren Liebling wider. Gelegentlich schützten den Tenor seine Anhänger sogar mit verfrühtem »Bravo« vor drohenden Gefahren bei Spitzentönen. Ich 26jähriger stand neben dem 60jährigen als Marcel in Puccinis »La Bohème« auf der Bühne und wußte die kollegiale, darstellerisch souveräne Präsenz Roswaenges zu schätzen.

Manche kollegiale Annäherung mied ich, denn als ich jung war und mir die Leute gelegentlich noch die Wahrheit sagten, nannte man mich entweder einen Sonderling oder hochnäsig. Diesen Eindruck kann ich heute nur bestätigen. Es ist leider eine Tatsache, daß ich, abgesehen von wenigen wohltuenden Ausnahmen, über die ich hier berichten möchte, nicht gut in die Menschenart paßte, mit der ich hauptsächlich arbeiten mußte. Lassen einen die Kollegen in Ruhe, so daß man für sich ist, so belästigen sie einen doch auch nicht. Aber ich kann mich dennoch nicht beschweren. Sie sind alle anständig zu mir gewesen, solange, bis Alter und Prestige-Abstand mich von selbst ein wenig absonderten.

Der Heldentenor Max Lorenz, den Tietjen trotz seiner homophilen Veranlagung vor den Nazis hatte schützen und halten können, sang noch. Er gastierte in einigen der frühen »Tannhäuser«-Vorstellungen in der Kantstraße mit mir als Wolfram. Da keine spezielle Probe notwendig schien, sah er mich erst, als er vor dem Marienbild zusammengebrochen dalag. Bei meinen Worten:

»Er ist es!«

zuckte er auf, schaute mich groß an und rief ziemlich laut:

»Ist der noch jung!«

Später dann, als wir uns vor dem Vorhang verneigten, murmelte er in den angeklebten Bart:

»Genau wie ich in meinen Anfängen...«

Tietjen hatte ihn, wie einige andere seiner Lieblingssänger von der Staatsoper, freudig wieder an sein Haus gebunden, ebenso Margarethe Klose (meine erste Venus). Lorenz sang kurz darauf noch einmal den »Walküre«-Siegmund, und ich hörte ihn dabei die schönste Freudsche Fehlleistung von sich geben, als er Wagners Text, »Es zog mich zu Männern und – (gedehnt und leise!) Frauen!« so verdrehte:

»Es zog mich zu Frauen und – Männern!«

Seine Frau übrigens, um einiges älter als er und so häßlich, daß es schon wieder schön genannt werden konnte, verstand es glänzend, Labilitäten dieses Mannes aufzufangen, der so witzig und dabei so depressiv war. Ihr Berlinisch überragte das der Taxifahrer an Treffschärfe und Deftigkeit um Längen. Auch, als ich 1951 erstmals in den Münchener Festspielen auftrat und den Wolfram sang, war Lorenz der Tannhäuser. Einige Kollegen, allen voran Helena Braun und Karl Schmitt-Walter, empfingen mich am Bühnentor des Prinzregententheaters, um mir toi-toi-toi zu wünschen. Die glühende Sommerhitze und dann ein heftiges Gewitter lagen über dem ungelüfteten Prinzregententheater (schon damals mit einem kleinen Loch in der Bühnenhausdecke, durch das es tropfenweise regnete). Nach der Rom-Erzählung im dritten Akt, nicht lange vor dem Ende der Oper, ließ sich der müdgewordene Lorenz fallen und stand nicht mehr auf. Ich hörte ihn schwach lallen:

»Sing du allein weiter, Junge, ich kann nicht mehr.«

So stotterte ich denn meine knappen Einwürfe bis zum bitteren Ende solo, ohne Tannhäusers Hilfe.

Maria Müller konnte weniger als ihre blonde Perücke dafür, daß Hitler für sie schwärmte. Aber von der künstlerischen Leistung dieser Frau war ich so betroffen, daß ich es nur andeuten kann. Die schon Schwerkranke war zweimal meine Elisabeth (die Namen aller anderen Damen in dieser Rolle, denen ich begegnete, würden Seiten füllen). Ich stand während all ihrer Szenen in der Kulissengasse und vergoß dicke Tränen. Ihre leicht vornübergebeugte, gebrechliche Gestalt strahlte das innerste Wesen der zu formenden Rolle aus. Leid und Mühsal schwangen in dieser nicht mehr frischen Stimme mit einer Gewalt, die das Gemüt öffnete.

Unter den jüngeren Sängern gab es selten wirklich freundschaftlichen Kontakt. Irgendwohin kommen Sie in ein Ensemble und lernen jemanden kennen; Sie müssen sich mit ihm einrichten und zusammenarbeiten. Wenn es mit einer Partnerin gutgehen soll, müssen Sie sich sogar verlieben. Das dauert meist nur so lange, wie Sie gebraucht werden und bis Sie wieder wegfahren. Es gibt den seltenen, glücklichen Zufall, und dann kann etwas Freundliches draus werden, an dem alles wünschenswert ist. Aber doch selten so, wie wenn Sie sich etwas ausgesucht hätten, was Sie nicht der Gelegenheit wegen, sondern mit eigener Hoffnung und Zutrauen in die Zeit festmachen wollen.

Ljuba Welitsch war Tietjens »Salome« in einer Neuinszenierung des Werkes. Kurz darauf hatte ich die Wiederaufnahme mit Inge Borkh zu singen. Leider gab es die versprochene Probeneinweisung durch den Intendanten nicht. Sogar telegraphisch hatte Tietjen seine Hilfe nach Wien angekündigt. Es blieb bei zwei brieflichen »Erläuterungen«. Ich wurde auf Herrn S. verwiesen, ein Relikt aus braunen Tagen, das Tietjen ein Gnadenbrot in der Städtischen Oper verdienen ließ. So stand mir also Herr S. gegenüber, während mein Blick schon sorgenvoll über die schmale, dunkle Treppe glitt (natürlich ohne Handlauf), die in die Zisterne hinabführte. Treppenabwärts zu tappen macht unsportliche Menschen ohnehin ängstlich. Deshalb war mein langbeiniger Jochanaan auch immer mit Treppenphobien verbunden. Herr S. baute sich vor mir auf, allerdings in einiger Entfernung, denn er war klein und gedrungen. Er öffnete sein Jackett, streckte mir seinen Spitzbauch entgegen, lächelte fein und meinte:

»Sind ja 'n pflichtbewußter Sänger! Da wissen Se ooch, wie det hier lang jeht. Da is 'n Loch, da steig'n Se hoch, un wenn

Se obn sin, machen Se 'n bisken auf heilich, un denn jeh'n Se wieda runta.«

Und damit war die einzige Probe beendet. Den Rest mußte ich allein finden, in selbstschöpferischer Initiative.

Die einzige private Schauspiellektion erteilte mir Tietjen – nicht ohne Zuschauer – bei einer Einladung mit anderen Opernleuten, vor denen mich die Prozedur besonders peinlich berührte. Er streckte mir in Abständen konvulsivisch seine Hände entgegen und verzerrte dazu grauenvoll sein Gesicht. Ich sollte so rasch wie möglich die passende mimische Erwiderung zeigen, wenn er rief:

»Seien Sie – ängstlich! Seien Sie – zornig! Seien Sie – freundlich!... Na ja, das geht ja schon ganz gut!«

Ich habe eine ganze Reihe von Salomes um mich herumschlängeln gesehen. Für den mehr oder weniger am Platz festgewachsenen Jochanaan gab es noch immer Probleme dabei, die mit denen des Stückes wenig zu tun hatten: Wenn Salome den Jochanaan auf der Zisterne umkreiste, entging ich nicht an jeder Stelle der Gefahr, der Hauptdarstellerin im Licht zu stehen. Auf allerhand geflüsterte Zurufe wie:

»Mehr nach links, mehr nach vorn«,

reagierte ich jeweils mit äußerster Verrenkung meines Oberkörpers, um keinen Schatten zu werfen. Dabei stand den Damen doch die viel größere Bewegungsfreiheit zu Gebote! Zum Glück kündigte Tietjen brieflich an, daß »stures Stehen auf dem Brunnenrande« nicht in Frage käme.

»Richard Strauss meint den ganz jungen Johannes den Täufer und will, daß er in der großen Szene mit Salome die drei Versuchungen des Johannes durchmacht.«

Das habe ich dann, auch ohne direkte Anweisung, ganz deutlich »herauszumeißeln« gesucht. Wieland Wagners »ausgeräumte« Bühne ante portas zeigte sich bereits in dem ganz abstrahierten Szenenbild Josef Fennekers, das lediglich aus spiegelblankem Holzboden mit Hängern als Begrenzung bestand. Zu erwähnen bleibt das zwiespältige Glück, für Gesänge hinter der Szene von Lautsprechern »unterstützt« zu werden. Früher durfte der Jochanaan an den off-stage-Stellen durch eine Gitterblende am Brunnenrand direkt, aber unsichtbar ins Publikum singen. Die Technik setzte sich darüber hinweg und zwang mir in allen Jochanaan-Gastspielen ein Mikrophon und den dazugehörigen Mit-Dirigenten auf. Einmal dröhnte der Lautsprecher derart, daß im Publikum fast Panik ausgebrochen wäre. Ein anderes Mal versank die Stimme unhörbar in den Orchesterfluten.

Eines Tages fuhr unsere »Salome«-Vorstellung zu den Festwochen nach Wiesbaden, und wir traten dort in dem hübschen, wilhelminischen Theaterbau auf. Mit uns reiste Ernst Reuter, der sozialdemokratische Regierende Bürgermeister von Berlin. Ich kannte den schweren Mann, der am Stock ging und draußen eine Baskenmütze aufsetzte, schon von einem Hauskonzert am Kurfürstendamm her. Nun fuhr er nach der Vorstellung mit uns zu einer nächtlichen Weinprobe in ein hessisches Weingut. Wir erreichten es in unseren Bussen erst nach Mitternacht, nachdem wir alle – Reuter eingeschlossen – schon etwas ungeduldig geworden waren. Leicht lallend – trotz der nach jedem Pröbchen verabfolgten Käsestücke – erhoben wir uns etwa um zwei Uhr nachts, und ich machte Miene, in meinen Mantel zu schlingern. Reuter griff zu, um mir zu helfen, und insistierte, als ich ehrerbietig ablehnte:

»Ich werde doch unserem Wolfram in den Mantel helfen dürfen.«

Alle Berliner, die mit ihm und der Hilfe von Lucius D. Clay die Blockade überstanden, werden sich seiner dankbar erinnern.

Fricsay machte 1949 den »Fidelio« neu, mit der unvergessenen Christel Goltz. Dabei ließ er die dritte Leonoren-Ouvertüre nach dem etwas flachen Hüpf-Finale spielen und erzielte große Wirkung. Bei der Orchester-Probe hierzu spürte ich, der Minister, plötzlich einen gewaltigen Stoß im Rücken, den mir jemandes Knie versetzte, so daß ich ein paar Meter nach vorn stolperte. Es war Tietjen, der mich so auf unsanfte Weise an die von ihm gewünschte Stelle schickte.

Nach seinem Weggang von Berlin übernahm Tietjen für zwei Jahre die Hamburgische Staatsoper und lud mich ein, im »Maskenball« zu gastieren. Als er burschikos und bestens gelaunt sich auf meinen Schminktisch schwang, um mit mir zu parlieren, hatte ich das Gefühl, ihn freue die Aussicht auf baldige Befreiung von der Intendanten-Sklaverei unbändig, die 1955 erfolgte. Als Dirigenten erlebte ich ihn leider nur im Publikum, wo ich von seinen impulsiven Wiedergaben der »Götterdämmerung« und der »Ariadne auf Naxos« beeindruckt war.

»Harmonien hör' ich klingen«

Den besagten ersten Auftritt als Posa in Verdis »Don Carlos« dirigierte Ferenc Fricsay. Der junge Ungar hatte sich gerade in Salzburg als Einspringer für Otto Klemperer bei der Uraufführung der Oper »Dantons Tod« von Gottfried von Einem erste Sporen im Ausland verdient. Tietjen ließ seine gute Nase arbeiten und versprach sich nicht vergeblich einen zündenden Erfolg von der Leistung dieses Neuankömmlings. An der Stelle, wo sich heute die Deutsche Oper Berlin erhebt, klaffte die Ruine des alten Goebbels-Hauses. Aber der Intendanz-Trakt daneben war in all seiner Häßlichkeit stehengeblieben. Und hatten die Hausfrauen Berlins in der Zeit der Blockade durch die Sowjets nur für zwei Stunden am Tage Strom, so gab es hier weder Aufzug noch Heizung. Manche Korrepetitoren spielten mit zwei Anzügen übereinander in den eiskalten Räumen.

In jeder Beziehung bibbernd, stieg ich also die Treppen zum Probezimmerchen hinauf, wo ich Fricsay im kunstledernen Mantel vorfand. Er schien mürrisch und maß mich in meinem viel zu kleinen Anzug von Kopf bis Fuß. Ich sah eher einem schüchternen Maturanten als einem Marchese ähnlich. Dann aber traute er seinen Ohren nicht:

»Eine italienische Bariton hier in Berlin?«

Und fortan bereitete er liebevoll und überzeugt mein allererstes Bühnenauftreten mit mir vor, wobei auch Szenisches nicht zu kurz kam. Seiner leichten Gehbehinderung zum Trotz führte er mich in alle Finessen spanischen Grandentums ein, warf den Mantel und zog den Hut und hantierte mit dem Degen. Den italienischen Doppelansatz auf kadenzierten Tönen wußte er mit seiner hübschen Tenorstimme köstlich vorzumachen. Tietjen

machte leider sein Versprechen, ein Auge auf meine Bühnenproben zu haben, nicht wahr. Er überließ mich ganz dem tüchtigen Chefdramaturgen, aber schwachen Regisseur Julius Kapp,
dessen Anweisungen sich gewöhnlich auf

»Sie kommen von links und gehen rechts ab«

beschränkten. Mein Partner als König Philipp, Josef Greindl,
war von Tietjen eben erst aus dem Rheinland nach Berlin
zurückgerufen worden. Dieser fabelhafte Kollege ließ es sich
nicht nehmen, bei uns zu Hause private szenische Übungsstun-
den mit mir abzuhalten.

»Ich kann dich doch nicht an die Wand spielen!«

meinte er schmunzelnd. Es gab für mich zwar ein außerordentliches Opern-Debüt, aber ich wußte nur zu genau, daß vorläufig noch der Gesang und nicht die schauspielerische Leistung
ausschlaggebend gewesen war. Mit den Wiederholungen dieser
Vorstellung wuchs ich körperlich aus den Watteaus heraus, die
dem Bühnenbildner Josef Fenneker zu Beginn noch unvermeidlich schienen. Man hatte mir Schulter, Brust und Waden mit Pol-
stern versehen, da ich gar so schmächtig aussah. Das sollte sich
bald erübrigen. Rund neunzig Vorstellungen boten mir Gelegenheit, die Rolle plastischer zu gestalten.

Nicht zum letzten Mal erfuhr ich dabei, daß der Darsteller
sich in der Premiere erst einarbeitet, denn nur vor dem Publikum
beginnt die wirkliche Auseinandersetzung mit einer Rolle. Erst
allmählich gelangt er auf die Höhe seiner Aufgabe, seines Könnens, auch der ungehinderten, leidenschaftlichen Anteilnahme
an der darzustellenden Gestalt. Das erlebt die Presse meist gar
nicht mehr mit.

Um mein »Welttheater zu versinnlichen«, wie es ein Kritiker
formulierte, sang ich auch kleine, scheinbar unwichtige Neben-
rollen und zog Nutzen daraus. Selbst der seit Kindertagen vertraute »Freischütz« kam eines Tages an die Reihe, und mir
wurde bestätigt, die Rolle des Ottokar hätte durch meine intensive Darstellung plötzlich Leben gewonnen, Gestalt angenommen. Nun, als einmal in der Dialog-Passage die Agathe viel zu
früh mit ihrem

»Schieß nicht, Max, ich bin die Taube!«

hereinplatzte, wußte ich nicht so recht, wie ich mit meiner Aufforderung an Max, er solle

»noch einen Schuß, wie heute früh deine drei ersten«

abgeben, fortfahren solle und stotterte bestürzt den neuen Text weiter.

Nachdem Fricsay schon als Opernchef nach München entschwunden war, nahm ich dort unter ihm im Herkulessaal den Pizarro in Beethovens »Fidelio« auf. Bedeutsam kam mir die Tatsache vor, daß ich mit dieser Rolle meinen ersten Bösewicht sang, aber auch, daß ich mit der Aufnahmetechnik einen bis dahin nicht erlebten Krach ausfocht; wie danach noch oft, schlug der Pegel der Lautstärke-Anzeige bei den durchgreifendsten forte-Stellen nur ganz zaghaft aus, so daß der Zeiger im piano unbeeinflußt stillstand. Dem versuchte der Techniker durch eine Korrektur zum forte hin an der falschen Stelle auszuhelfen. Noch tagelang waren mir die Mitwirkenden, allen voran Fricsay, für mein Aufbrausen dankbar. Da sich die Mimose Mikrophon nunmehr am piano orientierte, klang alles endlich auch beim stärksten fortissimo nach Vorschrift und Wunsch.

Fricsay hielt den Orchesterklang – wie meist – denkbar schlank und durchsichtig und faszinierte mich nicht nur durch seine nie nachlassende Intensität. Er veränderte die Streicherzahl mitunter taktweise, um bei Schallplattenaufnahmen die gewünschten Nuancen zu erzielen. Verschwitzt, aber glückselig kam ich nach den wonnevollen Aufnahmesitzungen von erst gefürchteten, dann um so mehr geliebten französischen und italienischen Opern-Arien mit Fricsay heim. Erstaunlich zurückhaltend gegenüber seinen sonstigen Anweisungen ließ er Respekt und Bereitschaft zum Mitgehen spüren, was ja so viel, wenn nicht alles für den Solisten bedeutet. Und die Herren des RIAS-Symphonie-Orchesters Berlin, mir von Anbeginn seines Bestehens bekannt und vertraut, genossen die Gelegenheit guten Mutes.

Hier waren nun also Fremdsprachen zu betätigen, die keiner singend benützen sollte, wenn er sie nicht auch versteht. Sprachen machen selbstsicherer, befreien einen davon, provinziell zu sein. Deren drei ist eine gute Zahl; bei mir waren es Italienisch,

Französisch und Englisch, die meinen Aufgaben am dienlichsten sein konnten. Mit vierzig fing ich an, für eine »Eugen-Onegin«-Schallplatte, die nie aufgenommen wurde, Russisch zu lernen. Aber bei allen späteren Versuchen, weiterzukommen, mußte ich dem Sprichwort vom Hans, der nimmermehr lernt, was Hänschen versäumt hat, rechtgeben.

Improvisationsfreudig war Fricsay bei vielen Anlässen: als vor Händels »Judas Makkabäus« die Altistin ausfiel, ging er unerwartet auf mein Angebot ein, die Alt-Arien ebenfalls zu singen. Fricsay probierte äußerst intensiv. Während der Aufführungen beschränkte er sich zumeist auf ein Minimum an Zeichengebung, da er sich auf alles Vorbereitete verlassen konnte. Als Proben möchte ich auch die Aufnahmesitzungen bezeichnen, denn in ihnen konnte er Konzeption und Intuition der Vorprobe sogleich in ein Ergebnis ummünzen, und das tat er besonders gern. Für die Technik der Aufnahme hatte er ein besonderes Faible. Beruf und Liebhaberei korrespondierten hierin miteinander, was auch seiner Leidenschaft entsprach, allen künstlerischen Dingen mit spielerischer Lust zu begegnen. Fricsay produzierte schon damals multimedial, wie es heute selbstverständlich ist. Sicher bin ich freilich nicht, ob er bei seiner künstlerischen »Strenggläubigkeit« diese Art der Koordination in jedem Fall gutgeheißen hätte. Kommerzielle Erwägungen konnten ihn nicht zu künstlerischen Kompromissen bewegen. Es ging Fricsay der Ruf voraus, Vorkämpfer der Moderne zu sein, schon seit der Übernahme von Gottfried von Einems Oper »Dantons Tod« in Salzburg. Aber wie so mancher Dirigent, der unter den Mühen der Einstudierungsarbeit zeitgenössischer Werke stöhnt und sich dann mehr Resonanz für seine Bemühungen wünscht, so hat sich auch Fricsay von der Rolle des Vorkämpfers freimachen wollen und danach gestrebt, nur noch solche Werke zu dirigieren, die den Wünschen seiner Hörer entgegenkamen. Dennoch: Was er an Aufnahmebereitschaft für seine Landsleute Bartók und Kodály säte, hat bis heute reiche Frucht getragen.

Als ein echter Mäzen wirkte unauffällig im Hintergrund Ernst von Siemens für ihn, der sich die Geschicke der Deutschen Grammophon-Gesellschaft zur Herzenssache machte. Schon bei frühen Einladungen in der machtvollen Villa am Starnberger See offenbarte sich sein Sinn für alles Künstlerische. Und meine Blicke konnten sich kaum von den kostbaren Gemälden an den Wänden trennen, während Herr von Siemens schon ins Plattenspielzimmer einlud, um aus seinen Schellackschätzen etwas hören zu lassen. Solange Ernst von Siemens den Betrieb leitete, bestimmte seine demokratische und freizügige Gesinnung die Arbeit in der Firma. Und seine »Dépendance«, die »Deutsche Grammophon«, ließ der väterliche Firmenherr seine unaufdringliche Hilfe spüren, mitunter durch seine »rechte Hand«, Siegfried Janzen. Mich als einen seiner Sprößlinge erfolgreich zu sehen und zu hören, mag den treuen Konzertbesucher, von Siemens, auch heute noch erbauen.

Mitten in die erste Aufnahme-Sitzung von Szenen aus Henzes »Elegie für junge Liebende« unter Leitung des Komponisten platzte der Dirigent Otto Gerdes mit der Nachricht, Ferenc Fricsay sei gestorben. Ein Lebensabschnitt ging damit auch für das Orchester, für seine ehemaligen Mitkämpfer beim Start in Berlin, zu Ende. Viele stürzten ins Freie und überließen sich ungestört ihrem Schmerz. Mir fehlte nun der am meisten auf mich setzende Kapellmeister-Freund, vor allem seine leise Überwachung dessen, was ich gesanglich tat, so überzeugt er auch von meinen Qualitäten war. Neunmal hatten sie ihn operiert. Und die unaufhörlichen Schmerzen, unter denen er seine Arbeit tat, verursachten gelegentlich Zornausbrüche; aber gleich nach solchen Donnerwettern konnte Sonnenschein folgen, wenn er wie befreit und ohne die Ungeduld der Zuhörenden zu achten, endlos lustige Begebenheiten zum besten gab. Unser aller törichte erste Reaktion auf die Todesnachricht war: Wir armen Übriggebliebenen. Es hätte aber vor allem heißen müssen: Er ist endlich erlöst.

Sein Orchester hinterließ er Berlin, und es sollte sich hundertfach bewähren in den folgenden Jahrzehnten. Nicht ohne Rührung denke ich an die unzähligen Gelegenheiten, bei denen ich mit dem Radio-Sinfonie-Orchester, wie es nun hieß, zusammenarbeitete. Dies begann schon vor der Ära Fricsay, als ich Solist der »Weihnachtskantate« meines Freundes aus der Kriegsgefangenschaft, Herbert Trantow, oder der Funkoper »Hirotas und Gerline« von Siegfried Borris war. Unvergeßlich der Jubel im Titania-Palast um Fricsays Dirigat der wiedergeborenen »Carmina burana« von Orff (1950). Meine ersten größeren Opernpartien auf Band begleitete das Orchester (Bizets »Perlenfischer« und Glucks »Iphigenie in Aulis« unter Artur Rother, Donizettis »Lucia di Lammermoor« unter Fricsay). Die erste Darstellung des Gluckschen »Orfeo« durch einen Bariton, an deren Erfolg das Orchester so entscheidenden Anteil hatte, war für mich ein Höhepunkt. Viele der vertrauten Gesichter von einst (Rudolf Schulz, Helga Schon, Edmund Metzeltin, Hans Mahlke, Heinrich Geuser, Walter Lutz, Hans Schrader und viele andere) sind neuen, nun nicht weniger vertrauten gewichen. Das RSO konnte sich unter Lorin Maazel und Riccardo Chailly glücklich weiterentwickeln und verbesserte seinen hohen Standard kontinuierlich. Und auch, wenn es sich um die Enträtselung vergessener, diffiziler Partituren wie »Olimpia« von Spontini oder »Faust« von Spohr handelte – immer erwies sich, daß diese Musiker virtuos und einsatzfreudig die zu nehmenden Hürden bewältigen. Hier und bei der Erarbeitung von Reimanns Oper »Lear« half freilich die Umsicht des Spezialisten für Schwieriges: Gerd Albrecht.

*

Meine erste Reise nach London fand 1951 statt. Emmie Tillett lockte mich mit einer im originalen Deutsch gesungenen Aufführung der »Mass of Life« von Frederick Delius. Die große, alte Dame unter den Konzertmanagern erinnerte mich in vielem an meine Mutter (mit der sie sich auch glänzend verstand), nur hatte sie ihr den scharfzüngigen englischen Witz voraus, und den Jaguar, mit dem sie kühn durch die Landschaft und Londons Straßen raste. Ohne ihren Anblick kein London-Besuch, ohne ihren Zuspruch kein gutes Konzert dort.

Bei ihr und mit ihr lernte ich auch den Pianisten Solomon etwas näher kennen, den ich zuvor nur kurz einmal in Montreal in der Hotelhalle gesprochen hatte. Seither saß der Herr mit der Charakternase oft in der ersten Reihe bei meinen Liederabenden in der Royal Festival Hall. Und nun, da ich ihn in Ruhe hätte sprechen können, fand ich ihn durch einen Schlaganfall dezimiert, die Sinne und das Hirn wach, aber die Zunge gelähmt, die Hände gelähmt, des Spielens und des Unterrichtens nicht mehr fähig. Dennoch strahlte ihm Neugier und Teilnahme aus den Augen, und ich bewunderte seinen Lebensmut. Es umgab uns das entzückend verkrumpelte Intérieur der Emmie, die vieles voller Stolz vorzeigte, unter anderem ein Aquarell von Churchills Hand.

*

Mein Schicksal an Agenten auszuliefern, habe ich mich stets gehütet. Deshalb leistete ich mir schon recht früh einen privaten Sekretär, der ausführend meine Belange wahrnahm.

In den fünfziger Jahren trieb mich die Lust am Vorführen dazu, in Westend Musikabende zu veranstalten, bei denen im Durchschnitt fünfzig Besucher informell zusammentrafen, Musiker, Schauspieler, Freunde, Verwandte ... Was ich zu bieten hatte, ist heute durch mannigfache »features« im Fernsehen und Radio erreichbar. Ich sprach meinen kleinen Vortrag auf Band und ließ ihn durch zahlreiche Beispiele von Platten und Kassetten unterbrechen, nicht ohne mit einem Spiegelreflex-Projektor Bilder dazu aus meiner stetig wachsenden »Schnipsel«-Sammlung auf eine Leinwand zu werfen. Einige dieser insgesamt hundert Abende besuchte auch Diether Warneck mit seiner Frau Traudel. Gerade hatte ich mich von meinem vorigen Sekretär Franz Offermanns trennen müssen, und Irmel erspähte in dem jungen Mann, der sich nach seinem Studium recht und schlecht durchschlug, einen möglichen Nachfolger. Der gute Instinkt von damals hat sich bis heute bewährt, in zwangloser Atmosphäre damals begonnen und zu einer echten Arbeitsgemeinschaft bis heute entwickelt. Natürlich haben wir uns nicht immer gefallen. Ich bin sicherlich kein leicht zu verkraftender Arbeitgeber, denn ich bin nicht mit der allergrößten Geduld gesegnet und stehe auch nicht immer zu meinen Entschlüssen. Hierin mir zu folgen und alle meine geschäftliche Korrespondenz und Anrufe zu erledigen (worauf ich manchmal ungeduldig dränge ...), Reisemarschall zu sein und mich, der ich kein Autofahrer bin, über weite Entfernungen zu kutschieren, brachte Diether Warneck dazu, so viel von seinem Ich zu verwirklichen wie nur möglich. Er lernte dazu, ich nicht weniger.

Die berühmten Ausnahmen von der leider naheliegenden Regel, daß Agenten Pferde aus ihrem Stall laufen lassen, hatten Seltenheitswert. Hier möchte ich an Rudolf Wylach erinnern, der seit 1934 seine Konzertgesellschaft in Wuppertal ausbaute und nach dem Krieg in ganz Westdeutschland vorbildlich tätig wurde. Viele jüngere Konzertveranstalter gingen bei ihm in die Lehre und ließen sich von ihm helfen, wenn es um die Einrichtung von Konzertreisen ging. Vielleicht waren es die zahlreichen Liederabendtourneen mit mir, die ihm außer den Reisen, die er mit den Bamberger Sinfonikern und den Wiener Philharmonikern unternahm, dabei geholfen haben, zu expandieren.

Unsere Zusammenarbeit fing mit einem Abend an, der leichtfertig in der Hamburger Musikhalle angesetzt war. Günther Weißenborn sollte mich zu Schumanns »Dichterliebe« begleiten. Als wir auf das Podium eilten, schreckte mich der Anblick gähnend leerer Reihen. Nur etwa ein Drittel des Saales war besetzt. Nach den überschwenglichen Kritiken sollte sich das freilich bald ändern, und seitdem erfreue ich mich gerade in Hamburg eines jungen, begeisterten Publikums.

Wenn ich Wylach, den seriösen, gutmütigen Herrn mit den kleinen, lustigen Augen, wiedersah, klagte er über die drohende Regression im Konzertleben (die er völlig richtig im Zusammenhang mit der Entwicklung des Fernsehens sah). Immer aber mußte ich auch gegen die damit verbundene unmäßige, sich zu rasch einspielende Erhöhung der Eintrittspreise revoltieren. Gegen die allgemeine Tendenz konnte ich freilich nicht in allen Fällen ankommen. In Abständen dankte Wylach für alle gemeinsamen Vorhaben und daß ich ihm soviel »Vertrauen« schenkte. Er war einer der ganz wenigen in seinem Beruf, die eine innere Beziehung zu dem entwickelten, was »seine« Künstler vortrugen. Er ließ kein Konzert aus, auch als er – schon todkrank – nur noch in winzigen Schritten gehen konnte. Kam er dann begeistert ins Künstlerzimmer, schimmerten ihm gewöhnlich Tränen in den Augen. Es entwickelte sich im Lauf der Jahre eine Art

Freundschaft zwischen uns, die freilich durch den Altersunterschied und das leidige Geschäftsverhältnis nicht zu einer unbelasteten Nähe gedeihen konnte. Auch stammte Rudolf Wylach aus einer Zeit, in der man nicht ganz so rasch wie heute das »Du« wechselte. Der Mann mit der weinkennerischen Zunge ließ mir allweihnachtlich eine Kiste kostbarsten Tropfens zukommen. Wäre die Sendung einmal ausgeblieben, hätte ich ernstlich um ihn besorgt sein müssen. Heute freue ich mich, daß seine Tochter Karin, als eine bemühte Fortsetzerin seines Werks, diese hübsche Gewohnheit nicht abbrechen läßt. Rudolf Wylach ließ es sich auch nicht nehmen, bei fast allen Konzerten persönlich zu erscheinen, um meine besonderen Wünsche hinsichtlich der Saalbeleuchtung oder der Flügelbetreuung auf ihre Verwirklichung hin zu überprüfen. Einmal geschah es, daß ein Beleuchter, nach geraumer Wartezeit eingetroffen, räsonierte:

»Wir haben nur Orange, Rot und Blau.« Auf Wylachs betroffene Nachfrage:

»Wieso?« antwortete der Unglücksmensch:

»Neulich hatten wir eine Veranstaltung mit Anneliese Rothenberger. Die war ganz glücklich über unser Rot, Blau und Orange...«

Da es mein Bestreben bleibt, so natürlich wie möglich vor dem Publikum zu erscheinen, liegt mir ein mattes Weiß wesentlich näher... Wie sehr Wylach praktisch zum Gelingen der Abende beitrug, zeigt auch folgende Episode:

Wir sitzen im Auto für die kurze Strecke von Düsseldorf zum Konzert in Wuppertal. Etwa auf der Hälfte der Fahrt überrascht uns ein so dicker Nebel, daß nur Vorwärtskommen im Schritttempo noch möglich scheint. Als wir meinen, nicht mehr weit vom Ziel der Wuppertaler Stadthalle entfernt zu sein, deren Türme bei klarem Wetter weithin sichtbar die Örtlichkeit kennzeichnen, taucht aus der Nebelbrühe ein großer Hundekopf vor der Windschutzscheibe auf und starrt uns an. Ein massiger Bernhardiner... Durch die Verspätung irritiert und von der Überraschung verschreckt, kichert Irmel:

»Onkel Bruno!«

Ich muß zustimmen, daß eine gewisse Ähnlichkeit mit unse -

rem Industriellenonkel zu konstatieren ist. Erleichtert entdecke ich hinter dem Komikerkopf des Hundes die schemenhafte Gestalt Wylachs, der ein Riesenlaken – nicht gerade praktisch bei dem weißen Gebräu ringsum – in der Luft schwenkt und uns langsam zum Parkplatz des um zwanzig Minuten zu spät erreichten, erwartungsvoll gefüllten Saales lotst.

Einen Wunsch habe ich ihm nie anders als auf Platten erfüllen können, nämlich den, Melodramen zu sprechen, die er so liebte und von Ludwig Wüllner noch gut in Erinnerung hatte. Manchmal murmelte er Stellen aus dem »Hexenlied« von Max von Schillings vor sich hin, einem der Glanzstücke Wüllners. Ich erzählte Wylach einmal davon, wie ich als etwa Vierjähriger an der Hand meines Vaters durch Zehlendorf stapfte und nicht verstehen konnte, daß der ständig nach allen Seiten den Hut zog, um Bekannte zu grüßen. Dazu gehörte auch ein Herr mit schwarzem Schlapphut und ebensolcher Pelerine, der sich herzlich mit dem Vater unterhielt.

»Das war Ludwig Wüllner«,

hörte ich ohne weitere Erläuterung, und ich Ahnungsloser behielt den Eindruck lange im Gedächtnis. Später lernte ich in Wüllner ein interessantes Studienobjekt sehen, einen vielseitigen Künstler, der bei Max Reinhardt so eben mal als »Gast« mit wenigen Arrangierproben große Dramengestalten wie den Lear oder den Faust spielen durfte. Er stand aber auch – Sohn des berühmten Dirigenten aus der Brahms-Zeit – als Heldentenor (Lohengrin!) auf der Opernbühne oder gab Liederabende mit Rezitations-Einlagen. (Einige der Melodramen aus Wüllners Repertoire von Schumann bis Liszt habe ich mir erlaubt, Lieder-Aufnahmen anzufügen.) Zwar sagte man dem Herrn mit dem durchdringenden Blick nach, er hätte nicht über allzuviel Stimme verfügt. Da aber kann es sich um üble Nachrede gehandelt haben. Er konnte lange – fast bis zu seinem Tode 1938 – das Auftreten nicht lassen. Wylach staunte über meine Berichte und tat gütig so, als habe er nicht alles gewußt. Mit Wehmut denke ich zurück an diesen Gentleman des Konzertwesens, den Unternehmer von der hochanständigen Art, der sich von der Entwicklung des Musikbetriebes bedrückt fühlte.

Ist an dieser Entwicklung überhaupt noch etwas zu ändern? Wenn einer versucht, mit einem Einfall die Unerträglichkeit des Gleichförmigen zu verbessern, wie es Justus Frantz tat, als er 1986 das »Schleswig-Holstein-Festspiel« durchsetzte, das endlich auch einige vom Musikleben etwas abgeschnittene Gegenden Norddeutschlands zu befriedigen trachtet, so wird er gewöhnlich zunächst als Utopist bezeichnet. Der Entwurf einer Utopie kommt immer aus Verzweiflung über das Bestehende. Bedenke ich die Rolle unserer gegenwärtigen, wie Pilze aus dem Boden geschossenen »förderlichen« Wettbewerbe und Musikorganisationen, nach vorherrschender Ansicht blühend wie nie zuvor, so bin ich nicht in der Lage zu entscheiden, ob ihre übermächtige Aktivität und der Druck, den sie auf junge Leute ausüben, eine der Ursachen für das Hinsterben gewachsener musikalischer Empfindung ist, oder ob die Entwicklung in umgekehrter Richtung verlief. Kann der Nachwuchs in quantitativen Begriffen gemessen werden? Ist die schnellstmögliche Ausführung technisch schwieriger Passagen immer die beste? Gibt es eine optimale Geschwindigkeit für das Anwachsen des Musiker-»Proletariats«? Ist mehr dasselbe wie besser? Und wenn wir schon dabei sind: muß alles wachsen? Fortschrittsmythos gebiert Machtphilosophie, die lüstern darauf wartet, ihr Haupt zu erheben. Fortschrittsgläubige sehen das zeitliche Ende als Feind. Wer sich diesem aber nicht stellt, der wird ewig rüsten und ohne Sieg nicht leben können, sich dem Ende aber doch nicht entziehen.

*

Das erste Konzert in London sollte Sir Thomas Beecham leiten, der Freund Furtwänglers, der berühmteste Dirigent des Landes, mit dem aufzutreten einem Anfänger als Nonplusultra erscheinen mußte. Schon bei den Proben fiel mir auf, mit welch besonderer Sorgfalt der alte Herr die Nase immer wieder tief in die Partitur steckte, wenn etwas nicht klar gehört wurde. Noch wußte ich nicht, daß Beecham ein enger Freund von Delius gewesen war und begeistert für dessen Musik warb. 1935 hatte er an seinem Grab gesprochen und sich seither immer wieder für seine Musik eingesetzt. Darüber hinaus hatte Beecham für die Modernen nicht allzuviel übrig. Als er einmal – so wird erzählt – ein neues Stück mit seinem Royal Philharmonic Orchestra durchging, merkte er plötzlich, daß niemand mehr spielte. Auf die Frage:

»Was ist los, Gentlemen?« erhielt er vom Konzertmeister die Antwort:

»Sir Thomas, das Werk ist zuende.« Erleichtert rief der Dirigent:

»Gott sei Dank!«

Witze ähnlicher Art gab der etwas eitle Herr ständig von sich, und deshalb war er ein gern gesehener Gast bei vielen Orchestern. Am meisten imponierte den Musikern freilich seine verblüffende Fähigkeit, im Augenblick des Konzerts immer neue Nuancen zu improvisieren.

Wer zum ersten Mal die Albert Hall in London betritt, kann über das Riesenoval nur staunen, das doch auf den meisten der rund 4000 Plätze eine recht gute Akustik aufweist. Der etwas schwülstige Klangrausch von Delius, den wir zu produzieren vorhatten, paßte gut in diese victorianische Umgebung. Als sich eine Steigerung unter den beschwörenden Gesten Beechams besonders gewaltig aufzubauen anschickte, klopfte er unversehens mitten im crescendo ab und lächelte selig in das spannungsvolle Schweigen ringsum:

»Ein hübsches Stück, nicht wahr?«

Am Abend des Konzerts hatte ich mich gerade seelenruhig auf mein Stühlchen gesetzt, als ein kräftiger, crescendierender Trommelwirbel das »Rule Britannia« einleitete. Erschrocken merkte ich, daß man hier nicht gleich mit der Musik des Programms begann, sondern sich zuvor die Hymne stehend anhören mußte. Also schoß ich wieder in die Höhe. Danach floß das lange, lautstarke Stück zu Texten aus Nietzsches »Also sprach Zarathustra« vorüber, in dem ich mich ganz gut zurechtfand und an dessen Ende ich ein gutes Gefühl hatte. (Das wurde mir auch am nächsten Tag mit ausgezeichneten Besprechungen bestätigt.) Aber Irmel kam ins Künstlerzimmer und hatte Tränen in den Augen:

»Wie ein Fisch hast du ausgesehen, Mund auf, Mund zu, und kein Ton war von meiner Loge aus zu hören!«

Ich versuchte bei guter Laune zu bleiben.

Am folgenden Tag wurde ich ins »Ritz« zu Sir Thomas' Teestunde zitiert, wo er und Lady Beecham mich auf das beste bewirteten. Mitten im Gespräch, das von meiner Seite noch etwas holprig und mit mehreren Lacherfolgen beim Maestro geführt wurde, kam die Anfrage:

»Wollen Sie im kommenden Winter mit mir im Covent Garden den Hans Sachs in einer Neuinszenierung singen?«

»Sir Thomas, Ihre Einladung ehrt mich, und ich würde ihr nur zu gerne nachkommen. Aber ich möchte in meinem Alter (Sie wissen, daß ich siebenundzwanzig bin!) diese Partie noch nicht singen.«

Dies betrübte den elderly Britishman derart, daß er nicht mehr lange blieb, sondern seinem Zimmer zustrebte. Es war eben auch damals schon schwer, einen guten Sachs aufzutreiben. Und ich war ihm wohl mit meiner Ablehnung etwas impertinent vorgekommen. Erst fast fünfundzwanzig Jahre später wagte ich mich an Wagners Schusterpoeten.

✳

Seit 1952 bin ich Edinburgh verbunden, auch einigen Freunden dort, die, wenn sie nicht inzwischen fortgezogen sind, immer wieder des Besuchers harren. Vom ersten Augenblick an liebte ich die Stadt. An Sonnentagen erfrischt bei Ostwind die leichte Brise von der See. Die Dächer der Altstadt steigen einander nicht immer anheimelnd auf die Schultern. Das Abendlicht erweist der Princess Street als der Hauptstraße die Ehre und bringt sie zum Leuchten. Über die Terrassen kann man wandeln, die Dimensionen der alten Stadt aus dem 17. Jahrhundert zu erraten suchen. Die Holzbalkendecken habe ich bewundert, mit ihren Verschönerungen aus skandinavischer Vergangenheit. In Stevensons Haus staunte ich über die lebensgroßen Puppen auf der Treppe, im Hause seiner Verwandten wohnte ich und konnte mich am goldenen Abendpanorama vor dem Fenster in der oberen Etage nicht sattsehen. Die melancholischen Töne der Dudelsackmusik klingen immer wieder auf und tragen weit. In der Nationalgalerie stand ich vor den verblüffend humorvollen Porträts des Henry Raeburn. Immer wieder fühlte ich: in dieser Stadt steht man der Vergänglichkeit vertraut vis-à-vis, nicht nur, wenn die Bilder der Pflastermaler zu betrachten sind. Chlorsilberabzüge sah ich im allerersten Photoatelier von Hill und Adamson aus den vierziger Jahren des vorigen Jahrhunderts. Und dann die »neue« Stadt als ein architektonisch reizvolles Schachbrettmuster, um 1750 erdacht. Die Squares und Terraces im Denkmalschutzgebiet beherbergen die schönsten und teuersten Wohnungen der Stadt. In einigen von ihnen schlug ich mein Quartier auf. Beim Spaziergang über weit glänzendes Flachland am Forth sprachen Julia und ich einmal einen Hundebesitzer an und bekamen bereitwillige Auskunft über Zuchtort und Kaufmöglichkeit. Und schließlich der Botanische Garten: wo räkelt sich der Reisende wohl so behaglich unter den seltsamsten, ausgefallenen Baumkronen?

Das Festspiel in Edinburgh brachte mich 1952 mit Sir John Barbirolli und »seinem« Hallé-Orchester zusammen. Hatte ich mir als Kind schon unter dem Namen Barbirolli einen betagten Meister vorgestellt, so wurde ich jetzt von seiner Jugendlichkeit überrascht. Einige Jahre später wiederum erschrak ich über Barbirollis rasches Altern, das wohl den stets in den Westentaschen verborgenen Fläschchen zuzuschreiben war. Nicht hochfahrend wie Sir Thomas Beecham, nicht versnobt wie Sir Malcolm Sargent, sondern ein vollständig sympathischer, herzlicher, sich natürlich gebender Mensch. Seine Zeichen kamen exakt, doch nicht so messerscharf wie bei anderen »Modernen« jener Zeit. Er fühlte die Grandezza und das nötige Pathos in den Werken instinktsicher heraus, um es am Abend mit der größten Ruhe zum Erklingen zu bringen. Während der Probe zu den »Vier ernsten Gesängen« von Brahms, die leider in der etwas »staubigen«, mehr impressionistischen Orchestrierung Sir Malcolm Sargents geboten wurden, war nicht viel im Orchester zusammen. Aber

Barbirolli unterbrach nicht, vielleicht, um den Sänger nicht zu irritieren. Es wurde kaum gesprochen und auch nach einmaligem Durchsingen nicht mehr wiederholt. Unzufrieden und besorgt trottete ich heim zum George Hotel. Aber abends im Konzert hätte die Aufführung nicht einheitlicher sein können. Barbirolli hatte sich die feinsten Vortragsregungen seines Solisten gemerkt und folgte empfindungsvoll als ein echter Romantiker unter den Nachkriegsdirigenten.

Wer saß ganz allein, während wir probierten, im Auditorium der Usher-Hall? Kathleen Ferrier. Diese warmherzige Interpretin, deren Laufbahn schon bald mit ihrem Krebstod enden sollte, schaute bescheiden und interessiert herauf und gönnte dem Sänger, als er ihr die Hand drückte, gütigsten Zuspruch.

Barbirolli sah ich zur Aufnahme des »Othello« von Verdi wieder, bei der ich den Jago sang. Es war eine seiner letzten. Immer wieder unterbrach der Maestro die Sitzung, für die wir doch jeweils eine Stunde An- und Abfahrt hatten opfern müssen, und verschwand. Nach längerer Suche freilich fand man ihn, zu neuen Taten und Witzen aus dem Taschenfläschchen gestärkt. Seine Augen und Ohren waren zu jener Zeit bereits nicht mehr die besten, und so akzeptierte er dankbar eine Hilfe, die ihm sonst sicher selten angeboten wurde. Bei dem leise gesungenen »Era la notte« schlug ich vor, zart zu taktieren und ihm damit über die weite Entfernung das Zusammenbleiben zu erleichtern. Das Orchester drehte mir den Rücken zu, konnte also nichts bemerken. Barbirolli nahm es strahlend an und freute sich über das Ergebnis. Gern erzählte er, daß sein Vater als Cellist bei der Uraufführung des »Othello« in der Scala Milano dabeigewesen war und er selbst als kleines Kind zuhörte. Die breiten Tempi, die er bevorzugte, seien deshalb absolut authentisch. Ich bezweifelte das heimlich. 1970 starb der gütige, kleine Anglo-Italiener im Alter von 71 Jahren.

*

Etwa im dritten Jahr meiner Zugehörigkeit zur Städtischen Oper, also 1951, kehrte Leo Blech aus seinem Stockholmer Exil zurück. Den Greis, quicklebendig und wachen Sinnes, erlebte ich mit dem Oratorium »Die heilige Elisabeth« von Franz Liszt, für das sich der Komponist ausdrücklich eine szenische Darbietung verbeten hat. Aber Blech bestand darauf, nach seiner Rückkehr mit diesem, seinem Lieblingswerk, bei uns in der Kantstraße einen alten Erfolg zu wiederholen, stieß aber bei mir jungem Schnösel sogleich auf Widerstand. Um elf Uhr abends rief ich ihn an, um meine Überzeugung loszuwerden, das Werk habe nicht genug szenisches Leben. Wir legten den Hörer bis um zwei Uhr morgens nicht mehr aus der Hand. Er erzählte von einst und wie doch die Musik so herrlich sei und wie nur ich seine Vorstellung von der Figur des Landgrafen verwirklichen könne – und so fort. Zwei Stunden hielt ich ihm stand, pochenden Herzens. Dann kapitulierte ich und sagte zu.

Blech arbeitete daraufhin besonders hart mit seinem Gesprächswidersacher und rastete bei einer Orchesterprobe mit Bühne nicht eher, bis ich es gelernt hatte, zugleich auf ihn und auf die von rechts hinten eintretende Elisabeth zu schauen. So brachte er mir zumindest eine grundlegende Fertigkeit für die Oper bei, diesen unverbesserlichen Zwitter von Schauspiel und Musikwerk. Von den fast achtzig Vorstellungen, bei denen es mich jedesmal ärgerte, daß meine Partie bereits vor der Pause durch den Tod des Landgrafen beim Kreuzzug endete, habe ich eine fast verschlafen. Kurz vor Beginn – ich hatte beim Öffnen des Vorhangs auf der Bühne zu sein – rief mich ein Inspizient zu Hause verzweifelt an. Ich hatte geglaubt, es sei erst anderntags soweit. Das Taxi holperte langsam zur Oper, und die Vorstellung verspätete sich um zwanzig Minuten. Bei dieser »Elisabeth« ließ ich viele Haare, denn es gab noch wenig Geld, um Perücken zu knüpfen, und mein thüringischer Maskenbildner bearbeitete mich so unsanft mit der Brennschere, daß ich am Morgen danach fast meinen ganzen Kopfschmuck in der Bürste wiederfand.

Blech gehörte zu jenen seltenen Dirigenten-Exemplaren, die es schon eine Stunde vor Beginn der Vorstellung an den Ort der Tat zog. Dann saß er in seinem kleinen Zimmerchen in der Kantstraße und freute sich, wenn hie und da ein Mitglied der Kompanie zu ihm kam. Dem erzählte er dann, witzig und lebendig, von vergangenen Tagen. Mir wußte er von den energiegeladenen Kämpfen zu berichten, die damals, vor dem Ersten Weltkrieg, die Berliner Staatsoper bewegten, als sie Cosima Wagner die exklusiven Rechte, den »Parsifal« in Bayreuth aufzuführen, entreißen wollte. Blech dirigierte die erste Aufführung außerhalb Bayreuths, als Cosima zähneknirschend nachgegeben hatte. Auch Mozart habe ich mit Blech gesungen, bei einem Konzert im Titania-Palast, das mich mit dem verehrten Star der dreißiger Jahre, der Sopranistin Tiana Lemnitz, in Duetten aus »Figaros Hochzeit« und »Don Giovanni« zusammenführte. Zuvor sang ich die große Arie des Agamemnon aus Glucks »Iphigenie in Aulis«. Blech beschwor mich, doch die Wagnersche Bearbeitung zu nehmen, deren Schluß so viel wirksamer sei. Ich sträubte mich dagegen und hielt es mit der Originalfassung. Aber Blech überredete mich wieder virtuos, und so gab ich nach. Wer eine Ahnung davon bekommen will, wie Blech dirigierte, der höre sich einmal die Live-Szenen aus den »Meistersingern« Berlin 1927 auf Platte an, wo gerade die Orchesterklänge erstaunlich gut bewahrt sind: durchsichtig, leichtgewichtig, nichts verschleppt. So konnte er denn auch über seinen Kollegen Robert Heger lästern:

»Meine ›Carmen‹ ist eine Stunde kürzer als die seine.«

*

Eigentlich verdanke ich Irmel die Bekanntschaft mit Wilhelm Furtwängler. Es war im Sommer 1949, nicht lange, bevor wir heirateten. Irmel nahm an einem Kurs für Cello teil, den der von allen jungen Damen vergötterte Enrico Mainardi am Mozarteum in Salzburg abhielt. Da ich nach der Entlassung aus der Gefangenschaft noch immer keinen gültigen Ausweis besaß, stellte mir der damalige Direktor Eberhard Preußner eine Bescheinigung aus, nach der ich am Mozarteum studierte. Irmel brachte es bald zuwege, daß ich bei einem der beliebten »Symposien« mitwirkte, die im großen Mozarteums-Saal stattfanden. Die »Vier ernsten Gesänge« begeisterten Mainardi so, daß er schon am folgenden Tag seinen Freund Furtwängler wissen ließ:

»Den mußt du hören!«

Preußner stellte sein Musikzimmer über der Salzach zur Verfügung, auf daß ich dort dem »Jupiter« höchstpersönlich vorsänge. Ich wartete eine Weile, in der ich mich ganz allein auf den wichtigen Moment vorbereiten konnte. Plötzlich trat der Meister raschen Schrittes ein, gab mir die Hand und murmelte völlig unnötigerweise:

»Furtwängler.«

Auf dem Klavierpult hatte ich die »Vier Ernsten« etabliert. Er warf einen kurzen Blick darauf und setzte sich, um sogleich zu spielen. Ohne Unterbrechung musizierten wir mit steigender Begeisterung, und ich genoß seinen so besonders singenden Klavierton.

»Danke«,

war Furtwänglers ganzer Kommentar. Er konnte nicht bleiben, wurde schon wieder irgendwo zu einem Hauskonzert erwartet. Also erhob er sich und nahm mich bei der Hand, um mich energisch in seinen stadtbekannten Volkswagen zu ziehen, in dem Frau Elisabeth Furtwängler wartete. In der vergangenen halben Stunde war mir an ihm Gebrechlichkeit aufgefallen, aber es handelte sich um eine schöne Gebrechlichkeit, die von Ereignissen, Beziehungen, Schwankungen unter Menschen abhängt. Ihre Voraussetzung ist Sensibilität. Den meisten wird sie als Schwäche erschienen sein. Ich empfinde eine Schwäche auf diesem Bewußtseinsgrad als Vorzug, ja als Tugend. Ich ahnte, daß er mich mitnahm, um das ungute Vorgefühl abzudämpfen, sich wieder einmal vor externer, im Grunde anders interessierter »Umwelt« produzieren zu müssen. Am Eingang des Hauses, zu dem wir fuhren, wartete ein bekannter Klarinettist und zeigte berechtigtes Entsetzen, daß da ein weiterer Solist des Hauskonzerts die Aufmerksamkeit auf sich zu ziehen beabsichtigte. Furtwängler aber würdigte ihn keines Blickes und stellte mich dem bereits versammelten Publikum mit einer nonchalanten Handbewegung vor, um gleich mit den »Ernsten Gesängen« zu beginnen.

Bereits im darauffolgenden Sommer stand ich als Solist vor den Wiener Philharmonikern im Salzburger Festspielhaus, um unter Furtwängler die »Lieder eines fahrenden Gesellen« von

Gustav Mahler zu singen. Ich hatte sie unbekümmert vorgeschlagen, obwohl das Werk für mich neu war, und ohne zu wissen, wie wenig Furtwängler für Mahler übrighatte. Aber während der Probe erinnerte er sich an eine Aufführung, die er vor langem mit Heinrich Rehkemper gegeben hatte, und stellte gleichsam erleichtert fest, die Lieder könnten sich doch »hören lassen«.

Am Totensonntag 1951, zwei Tage vor der Premiere »Troilus und Cressida« von Winfried Zillig in Berlin, in der ich den Troilus singen sollte, bat mich Furtwängler in seine neue Wohnung nach Dahlem. Da es regnete und die Premiere drohte, vor allem aber, da ich nicht wirklich im Sinne hatte, Furtwänglers Aufforderung zu folgen, mit ihm den Almaviva im kommenden Sommer in Salzburg zu singen, wollte ich schon absagen. Aber sein Wagen mit Chauffeur rollte vor die Haustür, auf daß ich ihm meine Entscheidung persönlich mitteile. Freundlich und verständnisvoll ging Furtwängler im Gespräch sehr bald zu lebenslangen gesundheitlichen Erfahrungen über, wie er nach vielen Diät- und Tablettenversuchen schließlich zur Überzeugung gelangt sei, ein einziges Mittel verschaffe ihm Hilfe gegen alle Leiden: täglich ein bis zwei Stunden alleine zu laufen. Sich diese Zeit zu erzwingen, erfordere natürlich Energie. Hefe und Joghurt, sonst normale Ernährung mit wenig Fleisch, das sei das Geheimnis seiner Durchhaltekraft. Sieht man sich heute, nach dem Wissen über seine schon damals labile Gesundheit, seinen Terminkalender jener Tage an, so scheint dies in der Tat hilfreich gewesen zu sein. Am ausgiebigsten aber sprach Furtwängler von der geliebten Illusion, bereits im nächsten Jahre mit dem Dirigieren endgültig aufzuhören, um sich ganz dem Komponieren zuzuwenden.

Dies hat er nicht mehr erreicht in der kurzen Lebensspanne, die ihm noch blieb. Die jeweilige Rückkehr zum Dirigentenpult hatte ja bei ihm auch immer etwas von einer Flucht. Seine gedruckten Briefe enthalten zahllose Stoßseufzer, in denen die Sehnsucht nach der reinen schöpferischen Tätigkeit mitschwingt. Deren Ergebnisse drücken, wie nur wenige Musik jener Zeit, Wesen und Sein ihres Schöpfers aus. Es wäre notwendig, daß sich fähige Interpreten der wenigen opera, die er hinterließ, wieder annehmen. Die Werke zeigen erstaunliche innere Einheit: tonal in den Wurzeln, nach harmonischer Verästelung, ja nach Verlassen der Tonalität strebend, voller Erfahrungen mit oft musizierten Komponisten, ohne sie doch zu kopieren, grüblerisch, widersprüchlich in der Themenverarbeitung, doch nach der großen Form greifend und sie häufig erfüllend.

Wir kamen auf den »Figaro« zurück. Ich gestand Furtwängler, wie gehemmt ich vor einem italienisch gesungenen Grafen Almaviva vorläufig noch sei, unter lauter großen Namen in so internationalem Rahmen und zum ersten Mal! Im Grunde gefielen ihm meine Skrupel. Im Laufe des weiteren Gesprächs fielen ein paar Worte, die mir zeit meines Singens Mut und Auftrieb gegeben haben, daß er nämlich in mir so etwas wie einen »Nachfolger« spüre: Konzentrationsfähigkeit und innere Weite, diese Komponenten seiner sehr speziellen Art von »Natürlichkeit«, glaubte er bei mir vermuten zu sollen.

Es fiel mir auf, daß sich Furtwängler häufig widersprach, bereits Gesagtes vergaß. Er wirkte oft abwesend. So drückte er plötzlich den Wunsch aus, ich solle ihm doch den Kurwenal in seiner Londoner Plattenaufnahme des »Tristan« singen, ein Vorhaben, das eben noch von ihm selbst als fragwürdig hingestellt worden war. Schließlich ging ich fort, ohne die endgültige Absage für Salzburg angebracht zu haben. Ich sollte mir eine Woche lang noch einmal alles überdenken. Beim Abschied kam noch die Frage:

»Wie fanden Sie denn den Bayreuther ›Parsifal‹? Da muß man ja wohl im Urteil sehr vorsichtig sein?«

Dann aber, als er merkte, daß ich noch keine Ahnung hatte, zog er herzhaft vom Leder und zeigte genau jene Ablehnung von Wieland Wagners Abstraktion, die schon der ihm sonst überhaupt nicht ähnliche Hans Knappertsbusch während der Proben laut werden ließ (»Wo bleibt denn die Taube?«). Aber gerade diese Arbeit Wieland Wagners, die so lange dem Festspiel ihren Stempel aufdrückte, beeindruckte mich zutiefst, als ich sie sah. Und es war mir eine Ehre, für zwei Jahre ihr »Amfortas« zu sein.

Als wir nun die erste Londoner Nacht in ehrfurchtsvoller

Spannung vor den Aufnahmen des »Tristan« durchwacht hatten, sollte uns ein Wagen zusammen mit Kirsten Flagstad in die Kingsway Hall befördern. Durch unser damals noch sehr geradebrechtes Englisch dauerte es im Hotel um eine Spur zu lang, und als wir mit zwei Minuten Verspätung beim Portier erschienen, war der Wagen fort. Ich dachte mir: Der Star wartet nicht eine Sekunde... Als ich kurze Zeit darauf die Flagstad vor Augen hatte, vergingen mir solche Vorurteile. Sie litt unter der gleichen Nervosität wie ich vor einer solchen Aufnahme. Sie nahm auch beim hundertsten Mal noch alles ebenso ernst wie eh und je. Sie brauchte die paar ruhigen Minuten vor der Sitzung, um sich einzusingen. Eine einfache, stille, eher strenge Frau, diese Göttin unter den Brünnhilden und Isolden. Ihr Gesicht leuchtete nur dann auf, wenn sie von den Enkelsöhnen sprach. Wenn sie nicht sang, schien ihre gänzliche Konzentration dem Stricken zu gelten. Dann aber stand sie plötzlich auf festen Füßen und hatte nicht die geringste Mühe mit ihren machtvollen Tönen.

Schillernd wie immer waren die Eindrücke von dem Menschen Furtwängler. Diesmal schien er von der Verliebtheit in seine Brangäne, Blanche Thebom, so absorbiert, daß kaum je ein Wort allgemeineren Interesses von ihm kam. Wie weich er im Grunde war, wurde im Umgang mit den ihn umwerbenden Frauen deutlich. Es fiel ihm leichter, ein Nein hinzuschreiben, wenn der, dem es galt, nicht vor ihm saß und seinen Atem spüren ließ. Er konnte eine Musik nicht nachempfinden, in der nicht wenigstens gedanklich der Atem eine beherrschende Rolle spielte. Im Laufe der fünf Jahre, die Furtwängler in meinem Leben dominierend präsent war, ist mir nur allmählich aufgegangen, daß Atem den eigentlichen Sinn, die Hauptquelle ausmachte, aus der Furtwängler die Welt um sich empfing. Er war seinem Atem unaufhörlich ausgeliefert, gerade weil er – wie auch ich – mit allergischen Erscheinungen des Atemtraktes zu kämpfen hatte. Er interpunktierte durch gerade noch vernehmliche Knurrlaute seinen Atem.

»Singen Sie, ohne viel zu wollen. Lassen Sie die Musik natürlich fließen!«

So oder ähnlich habe ich Furtwängler mich und andere Sänger oft anweisen hören. Der Atem hat hier vorrangige Bedeutung. Unter ihm haben wir eine höhere, nur über den Weg des Gestaltens zu erreichende Natürlichkeit zu verstehen. Diese höhere Natur meint musikalisches Leben, großen agogischen Fluß, ein Anheben gleichsam ohne Tempo, das sich erst zu gegebenem Zeitpunkt manifestiert, um wieder zu verebben, wenn der Höhepunkt einer Entwicklung überschritten ist. Dieses »Einstimmen« zu einem Tempo rief nur zu häufig das Mißverständnis hervor, Furtwänglers Tempi seien viel zu langsam. Diese konnten aber im Laufe eines Satzes wesentlich rascher werden als bei Dirigenten, die »stehende« Tempi bevorzugen.

»Es gibt nur ein Tempo, und das ist das richtige«, behauptete Furtwängler und meinte damit die nicht zweimal genau gleichlautende, gleichsam experimentelle Suche nach dem Metrum. Sie begann schon mit der Einstellung auf die Akustik eines jeden neuen Saales, der häufig Umgruppierungen im Orchester nachhelfen sollten. Auch bei jeder Probe wiederholte Furtwängler tastend den Beginn, wie um das Orchester sensibel zu machen für seine persönliche Art des Atmens. Dabei verlor er nicht etwa viele Worte. Im Gegenteil: meist fiel es ihm schwer, seine Absichten zu verbalisieren, und er hielt auch nichts von essayistischen Beschreibungen dessen, was er tat (so wie ich es jetzt versuche) – aus der Erkenntnis heraus, daß sich nur weniges von dem einmal Ausgesprochenen noch auf die nächste Wiedergabe werde anwenden lassen. Er sprach mir davon, wie es doch notwendig sei, sich den Spannungen des symphonischen Stromes hinzugeben, um an der rechten Stelle innezuhalten und dann den weiteren Lauf zu bestimmen. Die Folge einer solchen bis dahin unerhörten Stringenz war in der Regel eine totale Transformation der Musiker und des Publikums, wie ich sie bei keinem anderen Dirigenten erlebt habe. Dabei spielten stilistische Rücksichten die geringste Rolle. Seine Art des Musizierens schuf sich ihren Stil selbst. Von der Technik des dirigentischen Schlages hielt Furtwängler wenig, er meinte, jeder hätte schließlich seine eigenen Bewegungen, um die gewünschte Wirkung beim Orchester zu erzielen. Ganz ähnlich urteilte Georg Solti, als ich mich mit ihm in einer Aufnahme-Pause über das Dirigieren unterhielt. Details wurden zwar mitunter minuziös verabredet, sie hatten sich aber alle Furtwänglers großer Linie unterzuordnen. Der berühmt-berüchtigte Zackenschlag nach dem Auftakt diente unter anderem dazu, das klangliche Gewicht zunächst rechts – bei den Bässen – zu untermauern, um die höheren Stimmen unmerklich später erklingen zu lassen. Aber nicht etwa im Arpeggio oder dem »Klappen« altmodischer Pianisten ähnlich, sondern als ein »Fast-Beieinander«. Furtwängler sah seine Leistungen auch unter dem Aspekt der Insuffizienzen, der Schwierigkeiten. Aber er ließ dies nur für die Technik des Dirigierens gelten. Was jenseits dieser Technik lag und letztlich den Grund seines Erfolges ausmachte, reichte schon zu seinen Lebzeiten über die Wahrnehmungsmöglichkeiten vieler Beobachter hinaus und ist in den Plattenaufnahmen auch nur für den auszumachen, der ihn live gehört hat. Immerhin: es gibt keinen Dirigenten der Vergangenheit, dem noch immer so intensive Aufmerksamkeit gerade unter jungen Musikern sicher ist wie Furtwängler.

Regen in Wien kann trauriger stimmen als anderswo. Strich ich bei den immerwährend kräftigen Winden vom Wiener Wald her durch die Gassen, so fand ich keine gedankliche Beziehung zu den großen Büchern, die vom einstigen Wien zeugen. Ich vermißte das Aroma des Lebens aus Musils »Mann ohne Eigenschaften«, aus Joseph Roths »Radetzkymarsch« oder aus Heimito von Doderers »Strudlhofstiege«. Kam ich als junger Mensch allein dorthin, so fühlte ich mich schrecklich einsam. Noch dazu war ich beim ersten Besuch meines Erfolges gar nicht sicher. Denn ich mutete den Hörern bereits damals ein reines Beethoven-Programm zu, bei dem mir ein Herr namens Zippel am Flügel assistieren sollte. Es kam mir endlich in den Sinn, daß eine solche, schon mehr als pur zu nennende Abfolge von Liedern nicht ganz selbstverständlich sei. Wenig später, bei den Proben zum »Deutschen Requiem«, sprach mich Furtwängler darauf an, ungläubig, leicht vorwurfsvoll:

»Kann man denn so etwas überhaupt machen? Das geht doch schon der spröden Lieder wegen nicht!«

In der Tat: Ausdruck und Charakter, wie sie den bekenntnishaften Miniaturen Beethovens eigen sind, gibt es so fragmentarisch, stürmisch bis ungebärdig in der ganzen Musikgeschichte nicht wieder. Der große gesangliche Atem, wie ihn Furtwängler liebte, begegnet hier eher selten. Wer sich damals unter den Besuchern des Künstlerzimmers im Mozart-Saal halbwegs musikgebildet vorkam, rettete sich in die Bemerkung:

»Bei *dem* Material! Warum gastieren Sie nicht in der Oper?«, was bei diesem Anlaß von mir nicht gerade gehört werden wollte. Ein Jahr später lautet eine Tagebucheintragung:

»Der Januar 1951 war für mich insofern bedeutsam, als er mich den Wienern mit einem Liederabend bekanntmachte, jenem Publikum, für das Liederabende auch damals noch zum täglichen Brot gehörten.«

In Deutschland war es nicht mehr ganz so. Dort hatte sich kaum einer der großen Liedersänger der Zeit vor dem Kriege mehr hören lassen. (Schlusnus und Walther Ludwig ausgenommen.) Schlimmer: es hatte sich eine Feld-, Wald- und Wiesengestaltung der Programme eingeschlichen, die auch heute in vielen Ländern noch grassiert. Dem habe ich, zunächst aus purem Gefallen an der Formgebung, Liederfolgen mit zusammenfassendem Nenner entgegengesetzt, die durch ihre Geschlossenheit den auf Sensation oder Zerstreuung bedachten Konzertkonsumenten Konzentration abverlangten. Damit wurde auch einem Vortragsstil entsprochen, den ich mit der Zeit ausbilden wollte: allen Wesensmerkmalen der Liedform gerecht zu werden, sie zum Klingen zu bringen, nichts zu unterschlagen und weder den Grenzen des Stimmorgans noch dem Geschmack des Hörers irgendwelche Konzessionen zuzubilligen. Dem uralten Vorherrschaftskonflikt zwischen Wort und Ton, der sich bei jedem Werk auf die ihm eigene Weise, bei jedem Komponisten mit verlagertem Schwergewicht offenbart, nachzuspüren und bei der Wiedergabe getreuer Spiegel dafür zu sein, das war die Aufgabe, die ich mir stellte. Daß eine neue Wahrheit wie diese in sich geschlossenen Programme anfangs nur schwer übermittelt werden konnte, sich auch gegen den Widerstand so mancher Veranstalter durchsetzen mußte, zeigt, wie eingefahren die Menschen denken und daß es unbequem ist, sich von Überkommenem zu lösen, in dem wir uns sicher fühlen wie im Mutterschoß. Andererseits nehmen wir oft das leicht an, was uns die fragwürdigen Anführer des Zeitgeschmacks vorgekaut haben, mag es auch noch so stillos oder scharlatanesk sein.

Dieser erste Liederabend in Wien hatte übrigens ein bewegtes Vorspiel: anstelle des Fracks hatte Irmel versehentlich den Cutaway in den Koffer gesteckt, ein Kleidungsmöbel, das ich schon lange nicht mehr benutze. Der aber war nun abends fehl am Platz. Also fuhr ich gleich nach der Probe gesenkten Mutes und bei strömendem Regen im Taxi zu allen möglichen Kostüm- und Frackverleihs. Die Männer hinter dem Ladentisch schauten vorsichtig, wenn nicht mißtrauisch, wozu denn ich so gar nicht eintänzerisch Aussehender wohl einen Frack bräuchte. Zudem:

»Ihre Größ'n homa net!«

Schließlich begnügte ich mich für das Konzert mit einem Exemplar, das mich mit seinen viel zu kurzen Ärmeln lächerlich machen mußte. Verzweifelt hatte ich es vorher noch bei George London versucht, der in der gleichen Pension hauste und sich für den abendlichen »Boris« im Bett schonte. Er ließ mich aber freundlich eintreten und verwickelte mich in ein längeres Gespräch über bühnentechnische Fachfragen. Auf meine nervös wiederholte Frage nach dem Frack wies er grandseigneural zum Kleiderschrank und ermunterte mich:

»Try it.«

Die Anprobe ließ mich deprimiert erkennen, daß mein damaliger Umfang nicht annähernd erlaubte, in sein Prachtstück hineinzukommen. Beschämt, aber dennoch freundschaftlich gestärkt verließ ich den großen Sänger, mit dem ich bald in Bayreuth als Amfortas alternieren sollte und der mir immer mit schöner Offenheit begegnete. Zuletzt sahen wir uns in einem Jet über dem Ozean. Den Ärmsten hatte schon einige Zeit zuvor nach einer unachtsam durchgeführten Narkose der gänzliche Verlust seiner kernig sonoren Stimme getroffen. Er äußerte – heiser flüsternd – den Traum, Julia und mich zu seiner »Così fan tutte«-Inszenierung nach Washington zu holen. George London starb bald darauf.

Einer jener Menschen, die über Furtwängler aus freundschaftlicher Nähe am meisten wissen und auch veröffentlicht haben, ist die Schriftstellerin Karla Höcker. In einer Probe zu den »Kindertotenliedern« mit den Berliner Philharmonikern sah ich sie auf der Empore des Dahlemer Gemeindehauses sitzen und sich Notizen machen. Ich durfte zu ihr gehen und sie nach dem Eindruck befragen, da wir uns – als in der gleichen Straße wohnend – schon häufig von ferne gegrüßt hatten, wenn sie auf dem Fahrrad vorbeiglitt, die Baskenmütze auf dem kurzgeschnittenen Haar. Noch sehr oft haben wir uns später über das Phänomen Furtwängler unterhalten, auch über ihre anderen schriftstellerischen Projekte, die – wie ich finde – von Jahr zu Jahr ergiebiger und schöner gerieten. Seit sie sich ganz dem Musikbuch für Menschen jeden Alters zuwandte, verbindet uns herzliche Freundschaft. Haben wir Buchpläne, so gestaltet sich der Austausch von Quellen und Informationen zugleich pragmatisch und tiefgehend. Die Schaffenskraft der Hochbetagten, vor kurzem zum Professor e. h. Ernannten, ist zu bewundern.

Das »Deutsche Requiem« und die »Matthäus-Passion«, beides in Wien, brachten weitere glückhafte Begegnungen mit Furtwängler. Dreimal Gustav Mahlers »Kindertotenlieder« im Titania-Palast bei seinem drittletzten Berliner Dirigat – sie waren der Abschied. Wie zuletzt häufig nach Flügen hörte Furtwängler nicht gut und mußte mich mehrfach fragen, ob denn das Holz schon spiele. In das winzige Künstlerzimmer stürmte der Komponist und Dirigent Alois Melichar mit eigenen Kompositionen zu Furtwängler, nicht ohne sehr hörbar und oft das »Du« zu gebrauchen. Als er gegangen war, sagte Furtwängler:

»Ich habe eine Abneigung gegen das Duzen mit nicht zur Familie gehörigen Menschen.«

*

Nicht ein Zackenschlag wie der Furtwänglers, sondern ein besonders schwer zu entzifferndes Zittern des rechten Armes kennzeichnete die Dirigierpraxis des Eugen Jochum. Er starb als einer der Letzten der großen, alten Dirigentengarde. Er konnte sich auch, wahrscheinlich wirklich als der Letzte, jenen Subjektivismus der Bewegung leisten, die sich nicht mit dem »nackten Schlag« der Taktzeichen begnügte, sondern ohne Zuhilfenahme weiterer Schüttelelemente wie denen des Kopfes oder des Oberkörpers, Zwischenwerte des Ausdrucks oder der Temporückkung einfach in die Hand verlegte.

Jochum vermittelte den Eindruck, als sei ihm alles, was er dirigierte, mit direktem Zugang erschließbar. Ungebrochen verkörperte er den Typus des knorrigen, handwerksicheren Süddeutschen, dessen harter Zungenschlag sich auch ein wenig mit der Art des Musizierens amalgamiert hatte. So war er der rechte Mann am rechten Ort, als er in den Nachkriegsjahren das Symphonie-Orchester des Bayerischen Rundfunks neu formte und mit den Solostreichern des Koeckert-Quartetts an den ersten Pulten zu einem erstklassigen Klangkörper machte; verstand er sich doch immer vornehmlich als Erzieher und Mitstreiter.

Wieder einmal war es ein »Deutsches Requiem«, das mich 1951 in ersten Kontakt mit Orchester und Chef brachte, zunächst im Auditorium maximum der Münchener Universität und dann in der Züricher Tonhalle. Im Zug, der den ganzen Apparat in die Schweiz beförderte, kam ich mit dem Maestro ins Gespräch und lernte sogleich seine herzliche Offenheit für alle Facetten seines Gegenübers schätzen, sein strahlendes Lachen und die jegliche Umschweife meidende Äußerung der Stimmung und Meinung.

Von hier bis zum letzten Treffen bei der Berliner Einstudierung der »Meistersinger von Nürnberg« gab es viele Stationen des Zusammentreffens mit ihm, die »Jedermann-Monologe« mit dem Concertgebouw-Orchester in Wien, die »Lieder eines fahrenden Gesellen« in Berlin, mehrmals die Matthäus-Passion, die »Kreuzstab-Kantate« in Tokio, ebendort die »Zauberflöte«, in Bayreuth den »Lohengrin« und (mit der kleinen Rolle des Kothner) die »Meistersinger«.

Wenn Jochum immer wieder das Etikett des authentischen Bruckner-Dirigenten angeheftet wurde, so erschienen mir gerade die etwas direkteren, weniger mystisch angelegten Partituren sein Bewährungsfeld zu bilden. Seine liebenswerte Fahrigkeit und Hektik des Aufmerksamseins in alle Richtungen konnte ihm freilich im Wege stehen. Denn je lauter er nach allen Seiten Fragen und Anweisungen verteilte, desto lauter erhoben sich ringsum Geräusche und Bemerkungen. Nach einer Sitzung für »Così fan tutte« etwa oder nach einer solchen für Mozarts »Krönungsmesse« mußte ich erst einmal tief durchatmen, um erst wieder die gesammelte Kraft und Ruhe des ego wiederzufinden. Aber Jochums selbstverständliches Wissen um die Werke ließ immer wieder hoffnungsvoll die Zukunft als das »bessere Land« erblicken. Und so eröffnete er mir denn auch für den Sachs mit engelhafter Geduld die rechten Pfade, zeigte, wo zu zögern, wo zu halten, wo voranzugehen sei und steuerte mich sicher durch die Klippen der ersten Fahrt ins unerprobte Gewässer. Seine Freude, die sich allen möglichen Schicksalsschlägen zum Trotz immer erneut am Werk entzündete, kann denen, die mit ihm musizieren durften, als Vorbild für dunkle Tage dienen.

*

1951 leitete Karl Böhm eine Probe zu Strawinskys »Oedipus Rex« in konzertanter Form. Egon Seefehlner, damals Direktor des Wiener Konzerthauses, ließ mich im leeren Saal Zaungast sein. Als er mir in einem ungeeigneten, leisen Moment laut und vernehmlich etwas zuflüsterte, drehte sich Böhm energisch um:
»Bitte keine Gespräche im Saal!«
Obwohl ich hier völlig unschuldig war, verspürte ich doch den innigen Wunsch, in den Boden zu sinken, ein Gefühl, das alle, die mit Böhm zu tun hatten, wenigstens einmal durchfuhr, um nie wieder vergessen zu werden. Er regte sich so überzeugend und strafend auf, daß niemand ahnte, wie schnell er wieder bei guter Laune sein konnte und alles vergessen und vergeben war. Als ich Karl Böhm dann vorgestellt wurde, kannte er meinen Namen bereits und ließ seine Augen fröhlich blinken. Er freue sich aufs kommende Jahr und den »Don Giovanni« in der Berliner Kantstraße. Und dort kam er gleich in der ersten Klavierprobe mit so

viel fürsorglicher Wärme auf mich zu, daß es mir blutigem Anfänger in dieser wahrlich nicht unkomplizierten Partie gar nicht schwerfiel, ihm die ganze Rolle in einem Zuge vorzusingen. Er wünschte sich kaum etwas anders und bedankte sich am Schluß für die »großartige Vorbereitung«. Bei »so viel farbigen Charakterzügen« müsse die Premiere ja ein Erfolg werden. Welcher Dirigent, dem eine solche Partitur aus weltbekannten Kehlen vertraut ist, sagt heute einem Anfänger solche Dinge?

Freilich spielte mir der Bühnenteufel am entscheidenden Abend einen bösen Streich. Damals gab es noch keine Inspizienten-Ansage per Lautsprecher. Vor der Ballszene schaut jemand völlig verdattert in die Garderobe:

»Der Vorhang geht eben auf.«

Ich stehe noch im Unterhemd. Blitzschnell flitze ich in mein weißes Festkostüm und auf die Bühne, um nur noch Böhms mißmutiges Kopfschütteln zu sehen. Er hatte auf die ersten beiden Sätze seines Giovanni verzichten müssen. Sonst aber herrschte eitel Wohlgefallen.

Spätestens als wir die »Zauberflöte« aufnahmen, kam ich zu dem Schluß: Mit einem Dirigenten gut zu arbeiten bedeutet, sich mit ihm auf eine musikalische Ebene begeben, seinen Rhythmus kapieren und mitempfinden – leicht gesagt, aber schwer getan! Dafür ist natürlich Flexibilität Vorbedingung, etwa wie sie auch ein Schauspieler bei einem guten Regisseur zeigen muß. Auf diese Weise erhielt ich in all den Jahrzehnten gemeinsamen Musizierens kaum je ein negatives Wörtchen des sonst oft grantigen Grazers. Um mich herum habe ich viele nervöse Solisten und weinende Frauen gesehen. Zwar wurde Böhm in hohem Alter moderater, aber eine latente Spannung begleitete seine Proben bis zuletzt.

In den »Zauberflöten«-Dialogen spürte ich wieder einmal, wie sehr sich die heutige, vom Naturalismus inaugurierte Sprechweise auf dem Theater doch von der Gesangs-Technik unterscheidet und die Muskulatur um den Kehlkopf herum anstrengt. Das erfuhr ich natürlich besonders bei orchesterbegleiteten Sprechstücken, erst recht, wenn sie so dick besetzt und instrumentiert sind wie Schönbergs »Überlebender aus Warschau«, wo der Dirigent notgedrungen retouchieren muß, wenn er will, daß man seinen Sprecher überhaupt vernimmt. Das gleiche Problem stellt sich für den Sänger in den Opern Alban Bergs. Hier werden die tieferen Stimmlagen schon dadurch benachteiligt, weil so viele durchdringende Bläser höher als der Gesang notiert sind. Böhm zeigte gerade dafür große Rücksicht und bereitete die Premiere der »Lulu« von Alban Berg in der Deutschen Oper entsprechend sensibel vor. Schon bei der ersten Sitzprobe, also jenem Singen an der Bühnenrampe, zu dem unten das Orchester voll tönt, sprach Böhm vernehmlich vor sich hin:

»Was er singt, macht er immer gleich ganz!«

und ermutigte mich dadurch, die Noten couragiert wegzulegen. Da hatte ich freilich die Akribie und seine schlechte Laune den anderen Beteiligten gegenüber unterschätzt.

»So schnell können Sie sich hier nicht freischwimmen!«

kam es nasal vom Pult. Nach der einigermaßen fiebrig durchgestandenen Premiere nötigte Böhm dann seinen Dr. Schön allein mit sich vor den Vorhang, um ihm recht demonstrativ die Hände zu schütteln. Die von mir sehr geliebte Kollegin Lulu namens Evelyn Lear, immerhin Hauptbelastete des Abends, machte eine sehr charmante Miene dazu. Sie sang übrigens erfolgreich gegen den Wedekind-Typus des »Unterleibs ohne Dame« an.

Mein erster italienisch zu singender Graf im »Figaro« sollte sich in Salzburg 1955 ereignen. Noch drei Jahre zuvor hatte ich auf Furtwänglers Anfrage negativ reagiert, da ich mir den Grafen an so prominenter Stelle nicht zutraute. Mit der deutsch gesungenen Partie unter Carl Ebert waren jedoch die Erfahrungen inzwischen so weit gediehen, daß ich das Wagnis einging. Als dann allerdings die Schwarzkopf und die Seefried und die Ludwig in Caspar Nehers ernst-würdigen Barockbildern herumtollten und Karl Böhm bezauberten, der wie üblich schon in frühen Proben an der Rampe saß, um nötige Korrekturen anzubringen, war ich doch über ein bis zwei Tage Galgenfrist froh, ehe ich selbst an die Reihe kam.

Der Regisseur Oskar Fritz Schuh – der »gelehrte« Professor aus Österreich – war in seinen Bewegungen durch Kinderlähmung behindert und beeindruckte mich eben darum über die Maßen, wenn er gerade den Damen graziöseste Gänge vormachte und tatsächlich nachahmenswerte Resultate erzielte. Mich führten bereits einige klare gestische Andeutungen dazu, die Linie seines herrisch-dümmlichen Despoten Almaviva vom Lande nachzuzeichnen. Ich tat dies nicht gerade beruhigt. Meine zweite Salzburger »Figaro«-Premiere leitete Günther Rennert, auch hier Böhm am Pult. Nach einer Probe, die ich in ziemlich schlechtem Stimm-Zustand hinter mich bringen mußte, lud uns Böhm zum Essen in den Garten seines Hotels. Unter den Bäumen, die ihn in besondere Mitteilungsfreude zu versetzen schienen – ich war des Windes wegen eher schweigsam – erlaubte er sich einen Blick in die Zukunft. Oder vertrat er etwa nicht ironisch eine heute aktuelle Tendenz, wenn er konstatierte:

»Es geht vor allem darum, sich nicht mit Wiederholungen gleicher Inszenierungen zu belasten, sondern mit neuen Produktionen ständig im Gespräch (und im Klatsch) zu bleiben.«

Damals fühlte ich mich ob des scheinbar fehlenden Idealismus schockiert. Heute sehe ich, wie tatsächlich alles, was einen Namen hat, nach dieser zweifelhaften Maxime lebt. Immerhin führten wir den »Figaro« in fast identischer Besetzung zehn Jahre lang auf, übrigens auch in Wien.

Im gleichen Sommer kamen die Berliner Philharmoniker nach Salzburg, um unter Karl Böhm zu spielen. Ich sollte die »Kindertotenlieder« von Gustav Mahler singen. Ein weiteres Mal litt ich unter der Gedächtnisbürde dieses Zyklus mit tückisch abgewandelten Strophen. Wer genau singen will, wie es Mahler vorschwebte, muß mit den Vortragsanweisungen im Orchester ebenso vertraut sein wie mit denen für die Singstimme, muß die von Strophe zu Strophe leicht abweichenden Wiederholungen auseinanderhalten. Zusätzlich bedeutet dieser Liederzyklus immer einen kaum zu überwindenden Berg an Empfindungen für den Sänger, an Suizid-Gedanken, wie es der Komponist Peter Ruzicka einmal für sich konstatierte. Glücklich am Ziele angekommen, mußte ich denken: Die Berliner Philharmoniker sind die besten. Sensibel hatten sie gespielt und mit allen Fasern bei der Sache. So etwas ist auch im Rücken zu spüren. Böhm musizierte souverän und differenziert mit mir. Schon bei der Generalprobe liefen die Tränen. Auch die vorangehende g-Moll-Symphonie von Mozart klang meinen Ohren ganz anders und richtiger als das, was ich vom gleichen Orchester unter einem berühmten Pult-Star in Luzern gerade erlebt hatte.

Große Dirigenten dürfen sich gelegentlich den kleinstmöglichen Schlag erlauben. Kleineren Geistern ist allerdings davon abzuraten, weshalb – der Himmel weiß es! Böhm folgte den Maximen von Richard Strauss und hielt seine »Pakette«, wie er sie nannte, so winzig wie möglich, so daß es sich auf größere Bühnenentfernung für den Sänger empfahl, wie ein Luchs aufzupassen. Denn er drückte an piano-Stellen kaum den Daumen auf das Griffende des Stocks, so daß sich dessen Spitze in ganz kleinem Kreissektor bewegte. Wenn er einen Sänger auf der Bühne dann anfuhr:

»Gehn Sie doch mit mir, ich schlage doch ganz deutlich!«

so verbissen sich die Umstehenden wohl auch ein Schmunzeln. Was kleine Bewegungen geheimnisvoll auszurichten vermögen, bewies mir Böhm bei der Aufnahme von Szenen aus Händels »Giulio Cesare« (mit Irmgard Seefried). Nicht lange davor hatte ein unbedeutenderer Dirigent mich in Barock-Arien begleitet. Seine ziemlich robusten und großen Schläge holten aus den gleichen Berliner Philharmonikern keine sonderlich intensiven Klänge heraus. Böhm aber begann den Händel mit kaum sichtbaren Zeichen, und das Orchester übertraf sich selbst an Einsatz und Klangfülle.

Als er noch ein Mann in den besten Jahren war, auch damals schon eher zierlich und graziös, stellte Böhm exorbitante Forderungen an die Gefolgsbereitschaft derer, die mit ihm arbeiteten. Zuzeiten empfand er jede Eigenständigkeit als gefährlich und rügte sie. So konnte etwa ein minimales rubato bei Mozart mit

»Retardieren Sie nicht!«

zurechtgewiesen werden, obwohl die kleine Regung doch blitzschnell wieder ins Tempo zurückführte.

1963 reiste die Deutsche Oper Berlin zum ersten Mal nach Tokio, und auch für mich war das der erste Besuch in der japanischen Hauptstadt. Böhm leitete »Figaro« und »Fidelio«. Allesamt fühlten wir uns nach der Ankunft von der Klima- und Zeit-umstellung groggy und mußten uns viele Tage mit kurzen Schlaf-Etappen herumschlagen. So fiel es auch jedem schwer, sich dem anderen mit Worten zuzuwenden. Menschen mit wenig Selbstvertrauen, zu denen ich in solchen klimabedingten Situationen leider gehöre, sollten dann nicht in den Fehler verfallen, sich von einem schweigenden Dirigenten etwa als »gutes Mittelmaß« abgetan zu glauben. Und als dann, nach minimalsten Anmerkungen Böhms, der »Fidelio« in Sellners Inszenierung hinter uns lag, gab es die Belohnung aus des Dirigenten Mund:

»Das hätten wir alles, so wie es ist, auf Platte nehmen können.«

Bei einigermaßen guter Stimmung beherrschte Böhm die Balance besser als andere, Lob und Kritik adäquat zu verteilen. Ich meine sogar, keinen eher gefürchteten Dirigenten erlebt zu haben, der während der Proben so häufig und ausschlaggebend seine Zustimmung kundtat. Nur fielen diese Anmerkungen eben in der Lautstärke gegenüber dem ab, was er auszusetzen hatte und was die solistischen Damen zumeist in Tränen brachte. Naturgemäß kann seine notwendige ordnungspolizeiliche Haltung den Dirigenten dazu verleiten, ständig das Gegenüber zu korrigieren, was sich auch außerhalb der Proben leichtfertig fortsetzen kann. Während des besagten Japan-Gastspiels gab ich ein Konzert mit Schubert-Liedern in dem mittelgroßen, akustisch recht günstigen Nissei-Theater. Zwischen den vielen schwarzen japanischen Haarschöpfen, die schon lange vor Beginn des Konzerts andächtig auf ihren Plätzen geharrt hatten, sah ich Böhm in der ersten Reihe sitzen. Wie stets ließ er es sich nicht nehmen, nach Schluß in die Garderobe zu kommen, und schon legte mein Besucher mit der Kritik los:

»Sie hätten mehr Konzessionen an das Publikum machen sollen!«

Ich wagte zu erwidern:

»Wie läßt sich das bei einem reinen Schubert-Programm überhaupt anstellen?«

Da seufzte Böhm denn:

»Na ja, und schließlich haben Sie ja auch recht behalten.«

In der Tat, der Jubel war hochgegangen, und ein Japaner hatte sich aufs Podium geschwungen, um mir – die Schuhe zu küssen.

Viel mehr als Seufzen konnte Böhm nicht hervorbringen, als er in Prag den »Don Giovanni« aufzunehmen hatte. Die historisierende Idee, dieses Werk am Uraufführungsort, dem, finanziell vorteilhaft, heute östlichen, aufzunehmen, war den Hirnen der Plattenproduzenten entsprungen. Sie hatten nicht daran gedacht, wie sehr sich das dortige Opernorchester als in Mozart unerfahren und in Böhms Sinne nicht ausreichend entpuppen mußte. Das Ensemble war glänzend zusammengestellt, aber es mußte sich durch schlechten Schlaf in damals noch unmodernen Betten gerädert fühlen. Hinzu kam, daß zwei nervös-kopflose Adviser (einer von ihnen Böhms häufiger Assistent an der »Met«, der auch die Rezitative am Cembalo spielte) kein rechtes System in die Arbeit hinter den Kulissen mit Solisten und Bühnenmusik bringen konnten. Etwas verschlafen reagierte auch die Aufnahmeleitung, was Böhm mitunter zur Verzweiflung brachte. Er kannte das Orchester nicht. Wenn es nur schwerfällig mitging, so lag das sowohl an Sprachhürden wie auch an der ungewohnt scharfen Behandlungsweise durch Böhm. Bei den Sängern spürte man, daß sie, wie üblich, sobald wie möglich wieder zu anderen Verpflichtungen strebten. Mariotti verlor seine Mutter und wollte schnellstens zur Beerdigung, Flagello wurde in New York zurückerwartet, Martina Arroyo ebenso. Wie gewohnt nachgiebig, verlegte ich alle meine Solonummern an den Schluß der Aufnahme und litt dann darunter. Mußte Böhm auch besonders viel Grantigkeit aufbieten, um TV-Kameras und die dazugehörigen Scheinwerfer in Schach zu halten, weil sie seinen kranken Augen wehtaten, so verteilte er gleichwohl ringsum großzügiges Lob.

Von der Empore des Saales schaute einige Male das Gesicht von Max Frisch herunter. Als ich verzweifelt versuchte, ihn zu finden, war er schon fort. Er muß gerade an seinem Roman »Mein Name sei Gantenbein« gearbeitet haben. Ein dreiviertel Jahr später las ich darin, wie sich jemand lobend über meine

»Don Giovanni«-Aufnahme ausläßt. (Patricia Highsmith läßt ihren Helden Tom Ripley Fischer-Dieskau-Platten sammeln.) Frisch soll übrigens zu einem Mitglied des Aufnahme-Teams gesagt haben, ich hätte so gar nicht wie ein Sänger ausgesehen.

Als Karl Böhm 1980 einmal nach einem Liederabend in der Carnegie Hall New Yorks die umständlichen Treppen zu meiner Garderobe bewältigt hatte (im Alter fiel ihm das Gehen sehr schwer), brachte er die fällige Kritik in diese Form:

»Darf man denn so schön singen? Und rauchen tun Sie auch noch!«

Julia erzählte mir dann, wie sie in der Loge neben ihm gesessen und gesehen habe, daß sich Böhm über eine schmuckbehangene Nachbarin ärgerte. Denn sie wippte mit dem Oberkörper zur Musik und klopfte den Takt mit den Wurstfingern auf der Logenbrüstung mit. Böhms Hand war ständig zum Klaps auf die schwammig-weiße Störung erhoben. Das Raunzen nach Grazer Art schien seinem Blutdruck ungeheuer zuträglich. Manchmal geriet ihm freilich die Stimmung außer Kontrolle, und es kostete alle Mühe, ihn wenigstens kurzfristig bei Laune zu halten. Dies konnte aber kaum gelingen, wenn er die immer wieder irritierenden Mikrophone vor sich sah. So ließ er denn seine ganze Besorgnis bei der Aufnahme von Mahlers »Kindertotenliedern« an einem Glockenspieler aus, der in dem ersten Lied etwas zu zaghaft schlug:

»I hör Sie nicht! Wo bleiben Sie denn?«

unterbrach er immer wieder, bis die Stimmung bei den Philharmonikern unter Null gesunken war. Wir schritten – endlich – zum Abhören. Irgendwie hatte es dem Meister wohl doch gedämmert, daß er etwas zu weitgegangen war. Nun versuchte er, sein Gesicht zu wahren, indem er mich unter den Arm faßte und meinte:

»Schaun Sie, Fischer, das ist die psychologische Menschenbehandlung, man hat sie – oder man hat sie nicht!«

Bevor ich etwas antworten konnte, erreichten wir zum Glück den Abhörraum.

Nach so vielen gemeinsamen »Figaro«-Erfolgen konnte ich in

Böhms Todesjahr nicht dabei sein, als er das Werk wieder einmal – zum letzten Mal – in der »Deutschen Oper« dirigierte. Denn ich brach mir just vor der ersten Ensemble-Probe zwei Rippen, als ich auf der vereisten Treppe meines Hauses ausrutschte. Mein Substitut mußte unter Böhms schikanösem Zorn leiden. Nach dem überwältigenden Beifallssturm des Publikums nahm der Dirigent seine Gräfin – es war Julia – bei der Hand, um sich vor den Vorhang zu schleppen. Er flüsterte unter Tränen:

»Die appiaudieren nur so wild, weil ich schon so alt bin.«

Nur wenige Wochen vor Böhms Tod wurde der Ton zum »Elektra-Film« von Götz Friedrich aufgenommen. Wie üblich kam die Musik vorher aufs Band, und dann bewegten wir (die Rysanek, die Varnay und ich) den Mund zu den eigenen Klängen. Ich aber mußte doppelt synchronisieren, denn als ich nach Wien kam, hatte Böhm vorsorglich ein vordirigiertes Band machen lassen, auf das ich singen sollte. Er schickte ein rührend bedauerndes Telegramm:

»Kann leider nicht mehr dabeisein, fühle mich zu schlecht.«

Machte mir sonst das Synchronisieren als eine gleichsam sportliche Art des Einfühlens in die Intentionen eines anderen Spaß, so dachte ich jetzt beklommen an den siechen, alten Mann. Später, als er fast gleichzeitig mit seiner geliebten Thea diese Welt verlassen hatte – aufopfernd umsorgt von Jochen Sostmann – sah ich den erschütternden Dokumentarbericht über die letzten Sitzungen mit den Wiener Philharmonikern. Die Bewegung, mit der er nach den abschließenden Schlägen der »Elektra« den Stock aufs Pult legte, konnte nichts anderes als einen definitiven Abschied bedeuten.

*

In Wien traf ich 1952 auch mit Mario Rossi zusammen, dem Altmeister unter den italienischen Dirigenten, mit dem ich mich erst dann richtig »verstand«, als ich mein armseliges Italienisch aus Soldaten- und Gefangenenzeit etwas aufpoliert hatte. Rossi schaute bei der Probe für die Harfner-Gesänge Hugo Wolfs und die »Lieder eines fahrenden Gesellen« im Wiener Konzerthaussaal unkonzentriert in die Noten und den so viel Jüngeren etwas hochnäsig an. Im Alter weit Unterschiedene können sich wohl erst nähern, wenn eine sichere, gemeinsame Basis des Tuns oder Denkens gefunden ist. Rossi gehörte zu denen, die ein Altersunterschied vor schwer zu lösende Aufgaben stellt. Zudem hatte er meine beiden Solostücke noch nie dirigiert, und entsprechend wagte ich, in das Probengeschehen einzugreifen. Das Orchester ging fleißig mit, nur der Dirigent demonstrierte Gleichgültigkeit. Im Konzert passierten dann die unmöglichsten Pannen, zu frühe Einsätze der Geigen, Fehler bei den Holzbläsern und dergleichen mehr. Auch als wir zwei Jahre später in Mailand das gleiche Programm machten, blieb der Eindruck eher unbefriedigend.

Ganz anders war es, als ich mit Rossi in Mailand (mit seinem RAI-Orchester) den »Guglielmo Tell« von Rossini sang. Aufgeregt vor dem ersten, wenn auch konzertanten Opernauftritt in Italien, traf ich eine halbe Stunde zu früh im Rundfunk ein. Angstvoll saß oder stand ich abwechselnd vor dem Probensaal herum und hatte großen Respekt vor den heftig gestikulierenden, korpulenten Damen und Herren, die ich für große Sänger hielt, aber noch nicht kannte.

Alles springt ehrfürchtig auf und verbeugt sich, als Mario Rossi, der schlanke Aristokrat, eintritt und mich zu größter Überraschung freundschaftlich umarmt. Ganze drei Proben gibt es, bevor die Oper als Direktaufnahme vor Publikum erklingt. Sicher falle ich – als einziger Nicht-Italiener – mit meiner Scheu und der daraus resultierenden steifen Ruhe aus dem temperamentvollen Rahmen. Aber das Publikum akzeptiert mich, so wie auch Rossi schon bei der Probe zu den Kollegen sagte:

»Von diesem Tedesco könnt ihr alle noch etwas über italienische Aussprache lernen!«

Nun – das sollte wohl freundlicher Ansporn sein. Die – für mich ungewohnt – mitdirigierenden Chor- und Solistendirigenten hatten noch genügend auszusetzen, achteten auf jedes einzelne Wort und fanden auszubessernde Feinheiten. Gibt es doch in dieser Oper viele schnell zu sprechende und plastisch darzustellende Rezitative!

Trotz der geschilderten Unbill in Wien 1952 muß ich damals wohl doch ausreichend frei geklungen haben. Irmel sah, nachdem ich geendet hatte, in der Pause von weitem Jean Cocteau im Saal, der eifrig diskutierte und mir den Wunsch zukommen ließ, er möchte mich sprechen. Nun galt meine früh entwickelte Scheu vor »Berühmtheiten« immer der möglichen Entdeckung, sie könnten sich als gemütskalt oder überintellektuell entpuppen, wie es vielen jungen Menschen geht, die nicht übermäßig von sich selbst überzeugt sind. So war ich an jenem Tag längst verschwunden, als mich der Große im Künstlerzimmer suchte. Am andern Morgen saß ich im Saal bei der erwähnten Probe zu Strawinskys »Oedipus Rex«, dessen Text von Cocteau stammt und der die überleitenden Passagen selbst lesen sollte. Schon wie er vor seinem ersten Einsatz auf dem Stuhl hin und her rutschte, immer wieder nervös zum Dirigenten sah, fand ich sehr sympathisch. Dann ließ er seine Stimme hören: wohlklingend, ausdrucksvoll, aber ganz und gar nicht ohne Pathos, wie es doch seine eigene Regieanweisung haben will. Bei jedem kleinsten Geräusch zuckte sein schmaler Kopf in die entsprechende Richtung des Saales, nicht als sei er ungehalten, sondern eher, als fühle er sich verlacht. Das gewann mich fast so wie das überwältigende Stück, und nun konnte ich mich freuen, Cocteau vorgestellt zu werden. Der noch gar nicht alte, filigranhaft sensible, grazile Mann hatte Augen, die ganz sicher scharf und zupackend werden konnten. Er breitete die Arme aus und sprach mich in flüssigem, wenn auch fehlerhaftem Deutsch an. Er gab eine Beobachtung wieder, die mir immer zielgebend blieb:

»Sie singen, als ob Sie es selbst geschreibt hätten!«

Und darauf käme es doch wohl am meisten an bei jeder Interpretation: der nachschaffende Musiker muß sich auch selbstschöpferisch betätigen, also in dem bewußten Spielraum zwischen dem Notenbild und der eigenen Person. Der herzliche Abschied war leider ein endgültiger. Bald danach erfuhren wir von seinem Tode. Zweimal durfte ich als junger Mensch dann noch mit Rossi singen: Verdi im Kölner Sender – auf deutsch, was ich heute bedaure, denn vielleicht wäre man neugieriger auf diese gelungenen Produktionen und hätte sie wieder veröffentlicht, wären sie italienisch gesungen. Die »Sizilianische Vesper« und »Falstaff« zeigten Rossis überlegene Kenntnis aller Winkel dieser Stücke.

*

Die Kölner Gesamtaufnahme des »Palestrina« von Hans Pfitzner 1952 verdankten Ausführende und Hörer der heute selten gewordenen, unermüdlichen Produktionslust des Karl O. Koch, Musikabteilungschef beim WDR. Ich hatte ihn noch von der »Maskenball«-Produktion mit Fritz Busch als besonders wohlwollend in Erinnerung. Auch diesmal ordnete er geschäftig und wonniglich die Menschenmassen. Unter vielen bedeutenden Sängern (die Besetzungsliste sieht über dreißig Solisten vor) prägten sich mir zwei besonders ein: Julius Patzak, den ich in der Wiener Staatsoper flüchtig als Walther im »Tannhäuser« ob der Übernahme einer so kleinen Rolle angestaunt hatte und der bald darauf mit mir in Berlin einen hübsch österreichisch eingefärbten Evangelisten in der Matthäus-Passion singen sollte. Pfitzners resignative und zugleich abgeklärte Titelfigur gab ihm wohl wie sonst kaum eine Opernpartie genau den sängerischen Stoff, in dem er sich am sichersten bewegte. Lustig aber auch, wie er sich in Sekundenschnelle vom greisen Komponisten in einen eher zynischen Gegenwartsgenossen verwandeln konnte, der mir mitten in höchster Anspannung der Morone-Szene zurief:

»Nimm doch net alles so ernst!«

Aber ich fand mit dem Auch-Komponisten und -Dirigenten immer wieder zu musikalischen Gesprächsthemen, und wir hatten uns, wenn ich mich recht erinnere, einiges zu sagen.

Der andere war Hans Hotter als Borromeo mit seinem freundlich natürlichen Blick. Ich hatte mir – in einer Art Jungmännerscheu – ein Eisbächlein zurechtempfunden, das uns, vom Alter her unterschieden und im Repertoire doch so häufig korrespondierend, trennte. Aber mit einem Zwinkern aus seinen klug-gütigen Augen schmolz Hotter jegliche Kruste um mein Herz, sogar in dieser aufregenden Situation. Keine Stimme, die neben mir erklang, hatte so viel Volumen und innere Weite des Tons. Das konnte ich auch in Bayreuth aus dem Zuschauerraum und neben ihm auf der Bühne bewundern, wenn er den Gurnemanz oder den Sachs sang (obwohl sich Hotter wie alle alternden Hans Sachse im dritten Akt mit dem Durchhalten bereits schwertat – eine Erfahrung, die auch mir nicht unbekannt ist). Sein Liedgesang beeinflußte mich stark – wie schon in den dreißiger Jahren – und ich kann ihm für alle Anregung durch sein Beispiel auf diesem Gebiet nur danken. Übrigens war er der Götterbote in »Die Frau ohne Schatten«, als ich mit dem Barak das wieder aufgebaute Nationaltheater in München 1963 eröffnen half.

Dirigent des »Palestrina« damals in Köln war Richard Kraus. Sein Vater hatte in Berlin vor dem Ersten Weltkrieg – von meiner Mutter angeschwärmt – als Heldentenor geglänzt. Der beeindruckende Feuerkopf seines Sohnes, des nunmehrigen Kölner Rundfunk-Chefdirigenten, zeigte strahlend blaue Augen über markantem Bart à la Napoléon III. Eifrig, begeistert und cholerisch gab sich der korpulente Herr seiner Aufgabe hin, die er besonders darin sah, spätromantische bis frühmoderne Operndramatik wieder zum Leben zu erwecken. Dafür hätte ihm ein etwas exakterer Schlag und mehr psychologisches Feingefühl durchaus dienlich sein können. So aber gab es rebellierende und aufstöhnende Ausrufe im Orchester – auch von mir als Morone-Debütanten – unter seinem unsteten Schlag und den abgerissenen Anweisungen,

»etwas mehr fe – warum spielen die Geigen nicht le – das Schlagzeug soll doch etwas ab – ...«

Aber vieles wurde durch sein unbändiges Temperament und die sehr gründliche Vorbereitungsarbeit eben doch zum respektablen Resultat geführt, das sich heute noch hören lassen kann. Drei meiner wichtigsten Premieren leitete er in der Städtischen Oper Berlin, nicht ohne dazu gezwungen zu sein, jedesmal inständig um meine Zusage zu flehen: »Doktor Faust« von Busoni, »Wozzeck« von Alban Berg und »Mathis der Maler« von Paul Hindemith, immer mit Wolf Völker als Regisseur. Dessen impulsiv lautes Probenklima wirkte sozusagen additiv zur Hektik des Dirigenten. Kraus möge es mir posthum nachsehen, daß ich in einer »Wozzeck«-Probe ob des lauten Stimmengewirrs im Orchester nicht an mich hielt, sondern an die Rampe ging und ärgerlich fragte:

»Sind wir hier im Kaffeekränzchen?«

*

Es war 1952 im Flugzeug von München nach Wien, das ich zum zweiten Mal besuchte und das seine Funktion als Treffpunkt mit wichtigen Musikern wieder einmal erfüllte. (Auch dem blutjungen Jörg Demus begegnete ich dort.) Neben mir saß Rudolf Kempe mit seiner jungen ersten Frau. Ihm stand das dirigentische Debüt in der Donau-Stadt bevor. Es sollten die »Meistersinger« sein, am nächsten Tag, einem Sonntag. Sofort gänzlich aufgeschlossen und erzählfreudig sprach Kempe von dem Meister-Ensemble, das er für den kommenden Morgen zur Probe – wenigstens einer Verständigung mit Klavier – bestellt hatte. Am nächsten Abend steuerte ich dem Theater an der Wien zu, das die damals noch nicht wieder errichtete Staatsoper beherbergte, um eine wunderschön durchsichtige und präzise Wiedergabe des Werkes zu hören, einem starken Ensemble voran der damals immer noch kraftvoll auf der Höhe stehende Paul Schöffler als Hans Sachs. Was erfahre ich in der Pause, als ich zu Kempe in die Garderobe gehe? Die Meister hatten sich samt und sonders nicht zu jener Morgenprobe eingefunden. So war es denn auch ohne Verständigung gegangen. Kempe hatte eben die besondere Fähigkeit, sich selbst immer von neuem zu überraschen und sehr flexibel neue Erfahrungen, neue Klangnuancen in die Tat umzusetzen. Sein Schlag hatte nichts Schulmeisterliches und keine Routine. Er verstand es, sich auf immer andere Weise dem Orchester verständlich zu machen. Die Aufführung zeigte alle typischen Segnungen seiner Stabführung und hinterließ den stärksten Eindruck durch Transparenz, Unaufdringlichkeit und Rücksichtnahme auf die Grenzen der stimmlichen Tragfähigkeit bei den Sängern. Das alles hatte mit Kempes Neugier auf unverhoffte Ergebnisse zu tun, einem Spieltrieb, der ihn auch – ähnlich wie Dvořák und Hindemith – zum Aufbau elektrischer Eisenbahnen beseelte. Und wenn, wie bei unserer »Lohengrin«-Aufnahme in Wien, bei der ich den Telramund sang, einmal durch Sängerhysterie und plötzlich notwendige Umbesetzung alles drunter und drüber zu gehen drohte, dann stand er wie ein Fels der ruhigen Güte mitten in den Wogen der Aufregung. Kempe wußte um alle Tücken der Podiumsängste, und so konnte er mich in Ruhe trösten, als mir bei den Wiederholungsvarianten in den »Kindertotenliedern« ein Irrtum unterlaufen war:

»Das macht im Rahmen dieser künstlerischen Leistung überhaupt nichts aus.«

Übrigens zierte Kempe, was nur wenigen in diesem Beruf eignet: Bescheidenheit. Als wir das »Deutsche Requiem« von Brahms für Aufführung und Schallplattenaufnahmen vorbereiteten, sagte er etwas, was mich rührte und mir deshalb im Gedächtnis blieb:

»Wenn ich das nur halb so schön machen kann wie neulich Furtwängler in Wien, bin ich glücklich.«

Dann aber folgte eine Interpretation, die zwar dem Vorbild nachgehört war, aber in allen Details pesönlichste Formung verriet. Aufregend war die Arbeit an den »Kindertotenliedern«, da Kempe mit den Berliner Philharmonikern in jenen Tagen künstlerisch nicht sonderlich harmonierte. Nie machten sie es ihm schmelzend und natürlich fließend genug. Den ersten Fagottisten ließ er seinen Platz frisch-fröhlich mit dem zweiten tauschen, was eine Exzentrizität sondergleichen darstellt. Das Ergebnis aber, so finde ich, spricht in seiner Qualität für sich selbst und wurde nicht umsonst immer wieder neu gepreßt.

*

Diese »Kindertotenlieder« gehören schon vom Text her der Männerstimme an. Gustav Mahlers Alt-Partien hingegen, also auch die im »Lied von der Erde«, klingen leider von einem Bariton gesungen, als meistens unter dem Orchestersatz liegend, von der Balance her nicht ideal. Das ist sehr bedauerlich, mußte ich denken, als das Werk (für mich zum ersten Mal) in Edinburgh 1952 mit Otto Klemperer am Pult aufgeführt wurde. Die schon wochenlang gefürchtete erste Probe drohte gleich am Vormittag nach meiner Ankunft in der schönen, schwarzgemäuerten Stadt. Vor dieser Bewährung, der ich mich in der Privatwohnung einer Kunstmäzenin stellen sollte, lief mir Hans Gál, Komponist und Musikschriftsteller, in die Arme, der als Korrepetitor zu fungieren hatte.

»Der Maestro Klemperer scheint mir nervös, ist immer unfreundlich und leidet unter der fast unüberwindbaren Schwierigkeit des ›Liedes von der Erde‹.«

Eine Stunde lang saß dann der Hüne Klemperer auf einem Stühlchen zu meinen Füßen, und als das so anrührende »Ewig, ewig« des Schlusses gekommen war, brummte er wonnevoll Orchesterlinien in seiner Altmännerstimme mit. Nach der nun folgenden, langen Stille . . . ein lebhaftes, herzliches Gespräch. In der Mahlerschen Musik fanden wir uns. Seine Befürchtungen – wohl auch in bezug auf meine Jugend und Unerfahrenheit – schienen mir gegenstandslos geworden. Nach der Probe am Nachmittag gefragt, die er schriftlich immer wieder dringend gefordert hatte, rief er:

»Heute nochmal mit Klavier? Neijeijein! Ganz unnötig. Wir sehen uns morgen in der Orchesterprobe.«

Als wir durch das Entree dem gemeinsamen Taxi zusteuerten, sah Klemperer im Vorbeigehen ein auffällig blaues Picasso-Original an der Wand, stellte sich davor, als wolle er mit der Nase daran schnuppern, und meinte:

»Blaue Periode, was?«

Klemperers Tochter Lotte, etwa gleich alt mit Irmel, rührend um den Vater bemüht, intensivierte den herzlichen Eindruck von diesem Großen der alten Dirigentengeneration. In der Orchesterprobe freilich erwies sich, daß von seiner linken Hand kaum noch ein piano, geschweige denn ein pianissimo zu erwarten war, was die Angelegenheit durchaus problematisierte. Menschlich aber blieb Klemperer herzlich, ohne jeden Hochmut. Im Gegenteil, ich hatte das Gefühl, daß es ihm etwas an Selbstsicherheit mangelte. Einmal seufzte er:

»Ich war auch einmal jung . . .«

Sein Englisch schlug alle Emigranten-Rekorde, so viele Jahre er auch in den USA verbracht hatte.

»Die Flöte a little lauter«, »a little breider, Gentlemen.«

Vom Konzertmeister um englische Anweisungen gebeten, fragte er erst einmal brummig:

»Was?«

Und nach mehrmalig wiederholter Bitte kam dann:

»Oh, I understand.«

An einer Stelle, als meine Stimmlage nun wirklich nichts mehr gegen die ungedämpften Orchestermassen ausrichten konnte, wagte ich zu bitten:

»Könnten Sie nicht das Orchester ein wenig herunternehmen an dieser fortissimo-Stelle?«

Lakonisch lautete die vieldeutige Antwort:

»Sie müssen eben weniger geben!«

Daß Klemperer damit natürlich recht hatte und die Psychologie der Orchestermusiker richtig einschätzte, ging mir erst viel später auf.

Nicht lange vor diesem Zusammentreffen war für Klemperer eine gefährliche Operation notwendig geworden, denn beim Einschlafen hatte sich eine offene Kognakflasche auf seine Brust ergossen. Das allein mußte ja nicht tragisch sein, aber er hielt zu jenem Zeitpunkt eine brennende Zigarette an der nämlichen Stelle, die lichterloh in Flammen aufging. Die Haut über dem Brustkorb wurde kunstvoll ersetzt. Jetzt nun – nach dem »Lied von der Erde« – rief Klemperer wie immer nach seiner Tochter:

»Lotte, abfrottieren!«

und begann sich zu entkleiden. In jener Usher Hall zu Edinburgh gibt es bis heute nur ein einziges Künstlerzimmer. Daher machte ich das schüchterne Angebot, mit dem Tenorsolisten Anton Dermota solange im Bad zu verschwinden.

»Nein, bleiben Sie nur!«

kam es hohen Tones aus Klemperers Mund. Als er fast gänzlich enthüllt vor uns stand, klopfte er sich auf die frisch geheilte Brust, um mit Bonhommie zu fragen:

»Noch ganz proper, was?«

Meine Eindrücke vom alten Klemperer widersprachen sich wie die vielen Geschichtchen, die man sich über ihn erzählte. Für die Probe des »Deutschen Requiems« in London wurde der

Hüne zum Pult getragen. Das genoß er augenscheinlich und ließ sich, auf dem Sitz angelangt, zusammensacken. Mir schienen seine Zeichen für den Riesenapparat von Chor und Orchester lässig, ungenau und sehr unscheinbar. Er ging nicht wirklich auf das ein, was um ihn herum geschah. Es gab auch zunächst ein absolutes Tempo-Chaos. Immer nach einem nicht mehr vermeidbaren Abbruch sank er unbeteiligt zurück, wie in Lethargie, aus der er sich mit Scherzen zu lösen suchte. Er gähnte, ohne die Hand zu benutzen, rauchte schmatzend seine Pfeife und – erzählte jüdische Witze, Sekunden nach dem Verklingen des »Selig sind die Toten«. In seiner absurd sardonischen Art suchte er mich bei der gar nicht vorhandenen Bariton-Ehre zu fassen, indem er mich immer wieder als den geborenen »Eisenstein« für die »Fledermaus« bezeichnete. (Immerhin habe ich bei einer Plattenproduktion dann einmal den Dr. Falke gesungen.) In der Aufnahme der »Matthäus-Passion« ging es leider nicht erfreulich zu. Jeden Takt beschloß Klemperer mit einem Ritardando. Das Orchester schlich sich leidend, aber Witze reißend durch die Noten. Der englische Chor sang exzellent ohne Einsätze des Maestros, mit guter Aussprache und von Wilhelm Pitz außerhalb Klemperers Sichtweite geführt. Irmel stachelte mich dazu an, Walter Legge gegenüber meine Unlust zu gestehen, an einem Abenteuer wie diesem mitzuwirken. Der sonst so sichere Musikpapst Londons und Begründer des Philharmonia Orchestras zeigte sich, wie ich ihn sonst nicht kannte, nämlich verlegen und nervös zuvorkommend, wohl aus schlechtem Gewissen. Legge bezeichnete sich als »Pufferstaat«. Das traf nicht ganz zu, dieweil er den Mythos, die Ausstrahlung des alten Herrn sei ungebrochen, mit Fleiß und zum Teil auch mit exorbitanten Ergebnissen am Leben erhielt. Während der mit schöner Regelmäßigkeit auseinanderklappenden Rezitativschläge stand Sir Peter Pears neben mir, der Evangelist, die Ruhe selbst und nie zu einer Zornesregung zu bewegen. Plötzlich aber hörte ich die gepreßten Worte.

»It's miserable!«

Was bei ihm einen übermäßigen Ausbruch an Ärger anzeigen wollte. Pears' Evangelist bezauberte mich durch das vom Text geleitete, aber immer musikgebundene Rubato seines Vortrags. Solange Klemperer noch gehen konnte, saß er häufig in meinen Konzerten, und das an verschiedensten Orten. Als ich ihn zum letzten Mal im Aufzug zum Podium der Royal Festival Hall traf, im Rollstuhl, von Lotte gefahren, gab es zunächst Verständigungsschwierigkeiten, weil er mich nicht erkannte und auch den soufflierenden Zurufen seiner Tochter nicht folgen konnte. Dann aber erkundigte er sich nach meinem Londoner Abend und was ich denn sänge.

»Schubert?« Nein.

»Schumann?« Nein.

»Na, und was denn?« Brahms.

»Nicht nötig«,

kam es lakonisch, und ich staunte baß. Im Durchzug des Korridors wollte ich nicht weiter nachfragen. Möglich, daß er in seiner Jugend zu oft den Vater, von der Mutter begleitet, Brahms hatte singen hören. Einmal wagte ich es, ihn nach seiner eigenen Liedproduktion zu fragen, worauf er gleich abwinkte:

»Das ist alles nichts wert!«

Als junger Dirigent hatte Klemperer einen Traum in die Wirklichkeit gezwungen, ein Opernhaus, das mehr oder weniger en suite spielte und sich dadurch vom Betrieb der üblichen Hektik distanzierte. Von diesem Traum, an dem ich nur zu gern teilgehabt hätte, der sich aber vor meiner Zeit realisierte – wegen der Nazis leider ziemlich kurzlebig – konnte Klemperer mir nur noch erzählen. 1927 bekam er nämlich die Gelegenheit, in Berlin eine Oper aufzubauen, die ganz seinem Ideal entsprach. Das Kultusministerium plante in den Räumen des Kroll-Etablissements ein von der Staatsoper Unter den Linden unabhängiges Theater zu gründen, die spätere Kroll-Oper. Hier konnten wenige ausgewählte Werke, nachdem sie sorgfältig und fortschrittlichst szenisch und musikalisch bearbeitet waren, häufig wiederholt gegeben werden. Klemperer schwärmte von den Mitarbeitern, den Dirigenten Alexander Zemlinsky und Fritz Zweig, den Malern Oskar Schlemmer, Laszlo Moholy-Nagy und Caspar Neher, den Regisseuren Jür-

gen Fehling und Gustaf Gründgens. Der rivalisierenden Staatsoper und den zur Regierung drängenden NS-Bonzen war das
neue Unternehmen schon bald ein Dorn im Auge. Es
schmerzte mich, daß Klemperer (wie auch ähnlich Bruno Walter) von Tietjen Bitteres zu sagen wußte. Denn dieser hatte
dem Drängen Görings, des Patrons der Staatsoper, die Existenz
der Kroll-Oper zu untergraben, nur zu bald und gerne nachgegeben.

Nach langer Opern-Unterbrechung während der Emigration
in Amerika fand Klemperer auch nach dem Krieg keine glück-
liche Arbeit in der Oper mehr. Felsenstein hatte ihn zwar für
seine Komische Oper in den Ostsektor Berlins geholt, aber
bereits im ersten Jahr hörte ich den Meister grollen, da hätte der
Dirigent »ja nichts zu sagen«. Welch ein Glück, daß Walter
Legge ihm die Möglichkeit verschaffte, in London bis zum
Lebensende das Philharmonia (später New Philharmonia)
Orchestra zu leiten, um ein Riesen-Repertoire aufzunehmen! Als
Klemperer 1973 in Zürich starb, folgten viel zu wenige seinem
Sarg. Auch ich steckte in Verpflichtungen und blieb fern.

Der Aufnahmeleiter bei der EMI, Suvi Raj Grubb, erinnerte
sich 1970 meiner Andeutung, ich hätte zwar gern dirigiert, sei
aber nie dazu gekommen. Als Klemperer sterbenskrank wurde
und alle Plattenaufnahmen absagte, bat mich Grubb, mein Diri-
genten-Debüt mit dem New Philharmonia zu versuchen und
Schubert aufzunehmen, die Fünfte und die Unvollendete, wahr-
haftig, ein später und aufregender Beginn! Um mich nicht ganz
aus dem Stand in dieses Abenteuer zu stürzen, ging ich zu einem
angeheirateten Verwandten, der in Berlin wohnte, Harold
Byrns, vor der Nazizeit Hans Bernstein genannt; er war als einer
von Klemperers Nachfolgern an der Komischen Oper in Ostber-
lin tätig gewesen und beschäftigte sich zu der Zeit, als ich ihn des
öfteren aufsuchte, sehr intensiv mit dem Arrangement von Kla-
viersachen und Liedern für großes Orchester. Er nahm sich meiner und dann auch meines Sohnes Martin, des Dirigenten, mit
Hingabe an. Wir verehrten die witzige, flinke Geistigkeit dieses
Veteranen der Schönberg-Nachfolge in Los Angeles, wo er ein
eigenes Kammerorchester gegründet hatte. Viel zu kurz fiel die

gemeinsame Arbeit aus, denn Byrns mußte schon bald ins Hospital, um sich einen Herzschrittmacher einsetzen zu lassen, und hatte nicht mehr lange zu leben. Was dann, immer zwischen den gesanglichen Aufgaben, vier Jahre lang an Dirigierverpflichtungen folgte, barg alle Wonnen und Qualen eines dirigentischen Anfangs in sich. Dankbar denke ich an Zubin Mehta, der mir das Los Angeles Philharmonic und das Israel Philharmonic großzügig öffnete, an Vaclav Neumann, mit dessen Zustimmung ich die Tschechische Philharmonie leiten konnte, an meine Solisten Daniel Barenboim (English Chamber Orchestra), Jean-Pierre Pommier (RSO Berlin), Alfred Brendel (Israel Philharmonic) und Jorge Bolet (Bamberger Sinfoniker), die mir ihr Vertrauen schenkten. Aber die physische Belastung widersprach meinen Gesangsauftritten, und so ließ ich denn – schönsten Hoffnungen entgegen – das Dirigieren vorerst sein.

In der kurzen Zeit meines Dirigierens tendierte ich dazu, viele interpretatorische Nuancen der Aufführung selbst zu überlassen. Das Konzert stellt zwar einen präzisen Ablauf des Vorbereiteten dar; darüber hinaus aber wird an jedem guten Abend jenes Mehr die Musik zum Blühen bringen, das nur sehr andeutungsweise in Worte zu fassen ist. Ein Orchester »spazieren zu führen«, wie der irreführende Ausdruck dafür heißt, bringt die Spieler überhaupt erst auf die Vorderkante ihrer Stühle und – auf die Höhe ihres Könnens. Übrigens erweist sich ein musikalisch »Nachschaffender« als ein bei jedem Auftritt Neuschöpferischer, ohne daß er dabei dem darzustellenden Werk in irgendeiner Weise wehtun muß. Karl Flesch, der große Geigenpädagoge, hat einmal gesagt: »Zum Dirigieren ist ein Schuß Scharlatanerie absolut notwendig.« Die Formulierung trifft nicht ganz den Kern. Zu »gewissen« Dirigenten gehört wohl der Schuß Scharlatanerie. Was Flesch aber meint, ist die Fähigkeit des Orchesterleiters, seine Absichten (und natürlich die erwünschten Wirkungen) nach vorn ins Orchester, aber auch nach rückwärts ins Publikum zwingend deutlich zu machen. Dies ist – vorsichtig – mit den Fähigkeiten eines Schauspielers zu vergleichen, der seine mimischen Kräfte dazu einsetzt, als Charakter glaubwürdig zu sein. Aber Endzweck sind die mimischen oder gestischen Fähigkeiten eines Dirigenten nicht, sie unterstützen es lediglich, die interpretatorische Absicht koordiniert durchzusetzen.

Einem Dirigenten, der überhaupt keine mimischen Unterstützungseffekte brauchte, gehörte – wenn ich auch nie mit ihm singen konnte – von je meine Liebe: Arturo Toscanini. Und das nicht nur im italienischen Fach. Gelegentlich stieß ich mich an seinen hurtigen Tempi, aber daß er es diesen Geschwindigkeiten zum Trotz fertigbrachte, die Partituren in ihrer Ganzheit, will sagen in allen Teilen hörbar zum Klingen zu zwingen, ist phänomenal. Vielleicht läßt vor allem seine überlegene Art, die Streicher zur technischen Perfektion zu treiben, noch heute seinen Zuhörern (der Platten) den Atem stocken. Für mich hat Toscanini viel von seinem Vorbild Giuseppe Verdi, sein Feuer, seine menschliche Wärme, die bäuerliche Drastik, den unaufhörlichen Kampf mit sich selbst – die Vollendung vor Augen.

Immer wieder dreht sich einige Diskussion um die Frage, ob die Stücke auswendig zu dirigieren seien oder nicht. Ich finde, es muß Ausnahmen geben. Zunächst: ob auswendig oder nicht, ist eine Frage des jeweiligen Temperaments. Sobald aber ein Solist oder in der Oper die Sänger hinzutreten, empfiehlt es sich in jedem Falle, die Partitur erreichbar, wenngleich im Kopf zu haben. Solisten sind nicht Bestandteile des Orchesters.

Zwischen subjektiver und objektiver Wiedergabe sollte es kein »Mehr« oder »Weniger« geben. Die Berufung zum Dirigenten schließt den absoluten Überblick und die starke Eigenpersönlichkeit ein. Es genügt in keinem Fall, eine weitere belanglose Aufführung des Stückes X ablaufen zu lassen. Es kann aber auch nicht zum Ziele führen, sich wichtigtuerisch zwischen den Komponisten und das Werk zu stellen. Insofern gibt es keine »objektive« Wiedergabe, als es sich bei den Ausführenden um Menschen mit Herz und Nerv handelt. Zum anderen deshalb nicht, weil wir zu den Komponisten der Vergangenheit keinen telefonischen Draht der Verständigung haben. Zwar helfen Geschmack und Wissen in dieser Kalamität, aber sie sind nicht allein seligmachend.

*

Gebrechlich und im unmusischen Amerika von der Aura des musikalischen Priesters umglänzt, trat Bruno Walter 1953 in den Salon des Edinburgher George Hotels. Das »Deutsche Requiem« von Brahms stand auf dem Programm des übernächsten Tages, und ich Achtundzwanzigjähriger sollte nun in Walters Weihen eingeführt werden. Walter hatte keinen Auszug unter dem Arm, und so bot ich ihm nichtsahnend den meinen für die Probe an. Aus seinem schrecklich leidenden Gesicht tönte es sanft:

»Ich kenne das Stück!«

Und dann fing ich zuversichtlich, aber in leisem Gebetston zu singen an. Nach der ersten Silbe »Herr!« ließ Walter wie elektrisiert die Hände von den Tasten hochschnellen und rief:

»Nein! Abertausendmal nein! Das muß klingen wie der Welt überdrüssig, wie von einem Hohepriester gesungen, den alles um ihn her nichts mehr anzugehen scheint.«

Dieser Ansicht war ich zwar nicht, aber ich färbte meine Stimme gebührend dunkel ein, und so war es der Meister zufrieden. Anderntags sah ich ihn sich mit dem Festspielchor abmühen, hauptsächlich um den passenden Ausdruck für jeden Satz des Werkes herauszubekommen. Daraus resultierte beim Konzert eine unvorstellbar falsche Intonation – fast das ganze Werk erklang vom Chor um einen Viertelton tiefer als vom Orchester. Wilhelm und Elisabeth Furtwängler saßen im ersten Rang der Usher Hall, und von meinem Solistenplatz aus konnte ich ihn an einer piano-Stelle seiner Frau zuflüstern hören:

»Die Tempi sind alle viel zu rasch ...«,

einen Satz also, der genug Zischlaute enthielt, um unfreiwillig bis zu den Ohren des Dirigenten durchzudringen. Im Anschluß an das Konzert gab es das von einigen gefürchtete, von anderen mit Spannung erwartete, erste Wiedertreffen der beiden so gegensätzlichen Dirigier-Idole nach langen Jahren, die Bruno Walter in der Emigration leben mußte und Furtwängler – heftig dafür gescholten – in Deutschland geblieben war. Die Welten des erzwungenen Exils und der inneren Emigration standen sich – belastet von alten Rivalitäten und persönlichen Animositäten – in einem elektrischen Spannungsfeld gegenüber, wie man es sich nicht explosiver vorstellen kann. Immerhin – Furtwängler mied es nicht, sondern stellte sich der Konfrontation. So baute sich denn der Riese vor dem, durch die Anstrengung des Konzerts vielleicht reduzierten Bruno Walter auf, der erschöpft in einen Sessel gesunken war. Furtwängler ließ auf die Frage

»Wie hat es Ihnen gefallen?«

das Requiem ganz unerwähnt und sagte nur über die voraufgegangenen »Haydn-Variationen« von Brahms:

»Das Finale hätte ein wenig großartiger sein können!«

Dank eines raschen Abschieds führte die dicke Luft nicht zur Explosion. Das in beiden Fällen tragische Schicksal mußte eine Gegnerschaft nach sich ziehen, und es hatte sich bald gezeigt, daß weder Bruno Walter noch der ihm so eng befreundete Thomas Mann Verständnis für den in Deutschland gebliebenen Dirigenten aufbringen konnten. Auf Thomas Manns Worte an Walter von Molo:

»Welchen Stumpfsinn brauchte es, in Himmlers Deutschland den ›Fidelio‹ zu hören, ohne das Gesicht mit den Händen zu bedecken und aus dem Saal zu stürzen...«

bemerkte Furtwängler nur lapidar:

»Meinte Thomas Mann wirklich, daß man im Deutschland Himmlers nicht Beethoven musizieren dürfte?«

In der Tat ist Furtwängler in der Nazizeit auf dem schmalstmöglichen Steg gewandelt, um die Menschen mit seiner Musik über das allgemeine Unglück hinwegzutrösten.

Ein Jahr später dirigierte Walter mit dem Londoner BBC-Orchester die »Lieder eines fahrenden Gesellen« seines Mentors Mahler mit mir und ließ darauf die beziehungsvolle erste Symphonie folgen. Gleich bei der Begrüßung sollten mir Worte wie

»Ich habe inzwischen viel Gutes über Sie gehört«

schmeicheln, taten es aber nicht. Was meine Auffassung der Mahler-Lieder betraf, die durch Furtwängler in Salzburg mitgeprägt war, so spornte mich Walter zu etwa doppeltem Tempo an und meinte, Mahler sei nur mit einer Nervosität beizukommen, die nichts von Sicherheit verspüren lasse. Und darin hatte er nur zu recht. Seither neige ich mehr dazu, Walters vorwärtsstürmende Auffassung des Zyklus zu teilen, auch weil mir der hinfällige Greis damals mehr als überzeugend in der Ersten Symphonie die notengetreuen Themen-Zitate aus den Liedern vorgeführt hat.

Wieder einmal war der erstaunlich verjüngende Einfluß von Musik auf alte Herren zu bewundern. Denn nachdem sich Walter ans Pult geschleppt hatte, geschah eine völlige Verwandlung hin zu Temperament und Beweglichkeit, sobald die ersten Töne erklungen waren. Wiedergesehen habe ich ihn dann nicht mehr – schon ein Jahr später war er in Kalifornien gestorben.

*

Vielleicht am wenigsten Macht-Aura von all den Pult-Löwen, denen ich begegnet bin, hatte der melancholische Pole Paul Kletzki. Aber er nahm sich die Freiheit, so zu erscheinen, wie es ihm ums Herz war. So gab es in Paris 1960 ein großes Trara um die Welt-Übertragung eines Unesco-Konzertes aus der Salle Pleyel. Ich sang Goethes »Harfner-Gesänge« in Wolfs Vertonung und leider ungeschickter Orchestrierung. Als einige Hörer bis in die Anfangstakte hinein nicht aufhören konnten, sich um die Plätze zu streiten, stampfte Kletzki global hörbar mehrmals mit dem Fuß auf die resonanten Podiumsbretter, um Ruhe zu schaffen. Der Saal sah vor dem Umbau zwar erschreckend geschmacklos aus, aber danach verlor er etwas von seiner unglaublich raschen Ton-Beförderung in die hintersten, sehr weit entfernten Reihen. Und dieser Verlust bedeutete allemal eine Einbuße an Qualität der Akustik.

Kletzki litt unter den psychologischen und perfektionslüsternen Zwängen, die ihm sein Metier aufdrängte. So konnte es geschehen, daß er in der Nacht zwischen zwei Aufnahmetagen des »Liedes von der Erde«, um vier Uhr morgens, im Londoner Savoy von Zimmer zu Zimmer bei mir anrief. In weinerlichem Ton klagte er:

»Ich weiß einfach nicht, wie ich diese verfluchte Quintole schlagen soll!!«

Darauf meinte ich:

»Schlagen Sie doch einfach einmal hinunter, dann werden die anderen vier schon von selbst kommen...«

Und nach einer Weile des Beruhigens tröstete er sich:

»Na, wenn ich im Himmel einmal mit Mahler Tarock spiele, wird er mir sicher verzeihen!«

Als dann das gleiche Stück in Genf geplant war, nachdem Kletzki das Orchestre de la Suisse Romande von Ernest Ansermet übernommen hatte, kam die Nachricht, er hätte einen Nervenzusammenbruch erlitten, und die Konzerte wurden abgesagt. Es traf einige Zeit danach noch ein geradezu rührender Entschuldigungsbrief an mich ein, und dann folgte die Todesanzeige. Möge ihm Mahler von seiner Art erzählen, eine Quintole zu schlagen!

*

Günther Rennert hatte von seinem Vorgänger Rudolf Hartmann den Dirigenten Joseph Keilberth für die Bayerische Staatsoper übernommen. Dieser hatte im Kriege das »Deutsche Philharmonische Orchester Prag« geleitet, um dann an der Dresdener Staatsoper und der Ost-Berliner Oper Aufsehen zu erregen.

Dort erlebte ich die sicherlich einzige Vorstellung der »Meistersinger« ohne den Haupthelden. Erst gegen zwei Uhr mittags hatte Jaro Prohaska den Abend abgesagt, und ein Ersatz hatte sich nicht in genügender Schnelligkeit finden lassen. Im ersten Akt mischte sich ein wesenloses Etwas anstelle des Sachs unter die Meister, und fortan hatten die Zuschauer mit diesem hilfsbereiten, aber vollständig ungeeigneten Füllsel vorliebzunehmen. Der ältere Chorsänger mußte die Partie vor Urzeiten einmal in der Provinz gesungen haben, entsann sich aber nur in Bruchstücken des Textes und der Noten. Alle Augenblicke hob sich Keilberths linke Hand, um zurückzuhalten oder anzutreiben – eine Angstpartie ohnegleichen! Eines wurde allerdings an diesem denkwürdigen Abend deutlich: Wagner hat sein Werk so gut gebaut, daß sich auch ohne das Zentrum ein gewisser Eindruck der Geschlossenheit, eine überzeugende Gesamtwirkung von Form und Inhalt nicht zerstören läßt. Meine Bewunderung galt der Ruhe und Überlegenheit des Dirigenten Joseph Keilberth.

Die Musiker seines Prager Orchesters sammelten sich wieder in den »Bamberger Sinfonikern«, denen er bis zu seinem Tode verbunden blieb. Ein unterschiedlicheres Gespann als Rennert und Keilberth läßt sich an der Spitze eines Operninstituts kaum denken. Rennert war von Romanitas und agiler Spiellaune begeistert, Keilberth neigte bedächtig den breiteren, deutschen Zeitmaßen zu. Er hatte die entschiedene Förderung Furtwänglers genossen. Dieser erzählte mir, daß er Keilberth für den bedeutendsten jüngeren Dirigenten halte, auch darum, weil er fähig sei, eine Steigerung wirkungssicher durchzuhalten. Nun, Keilberth schien mir phlegmatischer und erheblich weniger differenziert als Furtwängler zu musizieren, aber als Mensch entzückte er seine Umgebung, dieser ruhige, fast nachdenklich anmutende Kopf (seine Lieblingslektüre stellten die deutschen Philosophen), dessen Nachsicht und erfahrungsreiche Bereitschaft seinen Sängern den absoluten Vorrang ließ. Einmal kam die Rede auf das »Regie-Theater«; er winkte sogleich ab:

»Geben Sie mir ein paar temperamentvolle Sängerdarsteller und einen guten Bühnenbildner, und mit vier bis fünf Proben stelle ich Ihnen eine erfolgreiche Premiere auf die Beine!«

So spät wie harmonisch hatte Keilberth mit mir in Hamburg und Montreux Konzerte gegeben, als eine Einladung aus Bamberg eintraf, Mahlers »Lied von der Erde« mit ihm aufzuführen. Die Symphoniker kamen damit auf meine Anregung zurück, mit diesem Werk noch einmal zu reisen. Bamberg empfing mich verschlafen wie eine kleine Ausgabe von Prag. In der Kirche, die durch Umbau zum Konzertsaal viel von ihrer Schönheit eingebüßt hatte, wehte bei der Probe trockene Heizungsluft, die die Kehle belästigte. Ich kam, da Keilberth leise, aber lebendig begleitete, trotzdem gut über die Runden. Aber danach drohte die Frage:

»Muß nun eine Erkältung folgen?«

Ich sagte mir: Das Naturell des frisch-fröhlichen Fritz Wunderlich, der die Tenorpartie sang, sollte man haben!

Die Komposition war selbst dem immerhin noch aus Prager deutschen Musikern gebildeten Orchester nicht geläufig; die abschätzigen Bemerkungen der Herren über orchestrale Details störten mich schrecklich. Gemütlicher war es beim Essen im

Bamberger Hof, als Keilberth wunderbar hechelnd über Dirigentenkollegen herzog. Niemand, auch Tenöre und Sopranistinnen und gar Cellisten nicht, lästert so lustvoll über die Fachkollegen wie die Kapellmeister:

»Bernstein flüsterte neulich seinen New Yorker Philharmonikern mitten in Mahlers ›Sechster‹ zu: ›Spielt weiter, ich habe keine Ahnung, wo wir sind…‹ «

Am nächsten Mittag erzählte Keilberth Lebensdetails des Bamberger »Hausgeistes« E. T. A. Hoffmann, an die ich mich zwar dunkel erinnerte, die ich aber in seiner Version neu genoß. Gleich danach besichtigte ich das dazugehörige Butzenscheiben-Idyll um die Ecke. Im herrlichen Dom stand ich dann plötzlich vor dem wohlbekannten Umriß des Bamberger Reiters, dessen Kopf in Gips unser Zeichenlehrer einst für ganze zwei Jahre im Zeichen-Saal aufgebaut hatte, auf daß wir ihn säuberlich nachkritzelten. Wer etwa einschlief oder sich mit dem Nachbarn zu unterhalten suchte, bekam einen kräftigen Schlag ins Genick.

»Arbeite, mein Sohn!«

Ich hatte mir die Figur viel größer vorgestellt. Das Bildwerk umgab eine gespenstisch aufrechte, herrscherliche Welt.

Nachdem das »Ewig, ewig« des zweiten Konzerts in Nürnberg verklungen war, umarmte mich Keilberth und weinte. In Stuttgart dann ging ich – es war nicht lange nach Irmels Tod – zum ersten Mal allein durch den Garten der Villa Berg und war traurig, weil man den friedlichen Teil mit den Ginkgo-Bäumen umwühlte. Baracken halbierten nun das Bild des Hügels. Es nieselte und war kalt, wie um endgültig mit vergangenen Freuden zu brechen. Der asymmetrische Beethoven-Saal in Stuttgart mit seinen akustischen Tücken tat das seine, die Konzentration des Konzerts herabzumindern, ganz abgesehen von dem etwas schläfrigen Publikum. Bonn entschädigte dann durch eine Promenade längs des glänzenden Rheins. Dem »Lied von der Erde« wohnte auch der Bundespräsident Lübke bei; er wollte nach Ende des Konzerts von uns dreien (Keilberth, Wunderlich und mir) im Foyer begrüßt sein. Er zeigte sich leutselig und erzählte mir gleich, wie schnöde ihn doch die Zeitungen behandelten, indem sie behaupteten, man hätte ihm sein dreizehntes Monatsgehalt gestrichen. Das gäbe es für ihn ja gar nicht. Über den Mahler kein Wort.

Keilberth fiel seiner Diabetes-Erkrankung zum Opfer, auf die er nicht genügend Rücksicht nahm. Die Sänger, die dabeiwaren, erzählten mir: Im zweiten Akt des »Tristan«, wenn sich das Liebesduett dem Höhepunkt zubewegt, sank er vornüber auf das Pult, und die Vorstellung mußte unterbrochen werden. An fast demselben Punkt des Werkes und am gleichen Ort hatte etwa fünfzig Jahre zuvor den großen Felix Mottl der Schlag getroffen.

Bei der Trauerfeier vor dem vollbesetzten Nationaltheater dachte ich an zurückliegende Stationen mit Keilberth. Vor allem an mein Debüt in Bayreuth 1954, über dem der Unstern einer Dirigentenabsage hing. Igor Markhevitch hatte – leidend und nervös, wie er schon damals war – die Proben am Klavier zum guten Abschluß gebracht. Aber dann am Pult der Bayreuther tief bis unter die Bühne gähnenden Orchesterhöhle, in der die Instrumente anders gruppiert sitzen, als es sonst in Orchestergräben üblich ist, verließen ihn die guten Geister. Markhevitch konnte sich nicht daran gewöhnen, daß im Festspielhaus ausgerechnet am Dirigentenpult die Sänger und der Chor schlecht, gelegentlich gar nicht zu hören sind, so phantastisch die Akustik im Saal auch funktioniert. Während der Orchesterproben seufzte Markhevitch denn auch immer wieder hilfesuchend:

»Gré (die Sängerin der Elisabeth, Gré Brouwenstejn), Ramon (der Sänger des Tannhäuser, Ramon Vinay), aidez-moi!«

Die aber konnten dem so wenig Bühnenerfahrenen nicht helfen, im Gegenteil: sie sammelten Unterschriften gegen Markhevitch, man solle ihm die Premiere entziehen. Dem konnte ich, höchst unsolidarisch, nicht zustimmen, da ich selbst keinerlei Schwierigkeiten damit hatte, Markhevitchs originellem Konzept der Tannhäuser-Musik zu folgen. Vor der Generalprobe teilte uns Wieland Wagner mit, Markhevitch hätte einer Erkrankung wegen abgegeben. Die Leitung würde Joseph Keilberth übernehmen. Dieser steuerte uns denn auch problemlos und behutsam durch das Premierenfieber. Bayreuth dankte ihm diesen und andere Liebesdienste schlecht, die er – fast ohne Entgelt – dem Meister Richard begeistert darbrachte. Es setzte ihn nach fast zehnjähriger Arbeit kommentarlos vor die Tür, und Keilberth hat diesen Affront bis an sein Lebensende nicht verkraften können. Kam das Wort »Bayreuth« im Gespräch auf, verdüsterte und verschloß sich sein Gesicht.

Die beiden parallel einstudierten Eröffnungspremieren des wiedererrichteten Nationaltheaters in München 1963, beide in der Inszenierung von Rudolf Hartmann, leitete Joseph Keilberth. Der Vorhang hob sich bereits vor den »Meistersingern von Nürnberg« zum ersten Mal über Straussens »Frau ohne Schatten«. Mein Barak litt noch in der letzten Probe unter einer Erkältung. Aber Keilberth beruhigte mich, indem er feststellte:

»Mir sind indisponierte Sänger eigentlich die liebsten. Die passen dann nämlich dreimal so gut wie die gesunden auf ihre Stimmbänder auf.«

Nichts lag Keilberth so sehr wie die breit ausgeführten Kantilenen bei Richard Strauss, von denen der Barak ein gut Teil abbekommen hat. Dem Sänger blieben unter Keilberths Stock genügend Freiräume, sich ökonomisch, ohne zu forcieren, im gemächlichen Tempo zu verströmen. So konnte sich denn auch Herbert von Karajan nach der Premiere zu dem Lob versteigen:

»Ich habe Sie noch nie besser gehört als in dieser Partie.«

Als wir alle zu begreifen hatten, daß es Keilberth nun plötzlich nicht mehr geben sollte, lastete das schwer auf unserer Seele. In der Trauerfeier saß der hemmungslos weinende Gerhard Stolze neben mir, ein Singschauspieler allerersten Ranges, mein umwerfend komischer Bardolph in Verdis »Falstaff« und mein Gegenspieler Loge in Karajans Salzburger »Rheingold«.

*

Ebensowenig Zeremonielles wie Keilberth hatte der freundlich witzige Dirigent Hans Schmidt-Isserstedt an sich. Die Solokantate »The Creation« von Wolfgang Fortner sollte 1955, kurz nach der Uraufführung mit Paul Sacher in Basel, in der Hamburger Musikhalle erklingen. Ich kannte das Gesicht des kühl und umsichtig verfahrenden Chef-Dirigenten des Nordwestdeutschen Rundfunks aus einigen Filmen der Nazi-Zeit, in der er der

Gelegenheitsdirigent vom Dienst gewesen sein muß, wenn es darum ging, Symphoniekonzerte zu zeigen, die irgendeine dramaturgische Funktion hatten.

Wie anders die Interpreten heute neue Musik rezipieren, geht aus folgender Probenbegebenheit hervor: Der anwesende Komponist Fortner stürzte, nachdem der Dirigent zum ersten Mal abgeklopft hatte, nach vorn zum Podium der Musikhalle und besprühte mit der allseits bekannten Feuchtigkeit seiner Aussprache den Dirigenten, rief aber auch – etwas lauter – dem Orchester Vortragsanweisungen zu. Dies wiederholte sich etwa viermal. Schmidt-Isserstedt hatte gelassen zugehört. Jetzt drehte er sich zu seinen Musikern und schmunzelte:

»Meine Herren, Sie hören, wir sollen das Stück so spielen, als sei es Musik.«

Heute wäre diese Bemerkung gerade bei einer solchen Komposition undenkbar, denn die »Creation« gehört beileibe nicht zu den neutönerischsten Werken des Wolfgang Fortner. Er hatte uns, als er Anfang der fünfziger Jahre zum ersten Mal bei mir in Westend war, Gelegenheit gegeben, über einige Probleme der neuen Musik zu diskutieren. Von jetzt her gesehen, hat sich musikalisch wenig vom Fleck bewegt seit damals. Freilich: Fortner sah die Welt wohl zu sehr vom Standpunkt seiner eigenen Wichtigkeit aus. Damals kam er eilig und viel zu spät, um dann – sich immer wieder entschuldigend – für nur zehn Minuten zu verweilen. Shakespeare-Songs und Hölderlin-Lieder spielte er mir vor (die ich später so oft öffentlich sang). Ich stellte wie bei anderen Komponisten fest, daß er beim Spielen nicht genau das hören ließ, was er selbst hingeschrieben hatte, vor allem Tempo- und Lautstärkegrade. Die zufriedenstellenden Klavierspieler unter den Schöpferischen kann man schnell herzählen. Spielen sie gar nicht, so ist das noch die bessere Lösung.

*

Zehn Jahre, bevor irgend jemand an das vulkanische Grollen der Studentenunruhen dachte, also 1958, befand ich mich mit Irmel auf US-Tournee. In Cleveland mutete uns der Anblick der

Rotunde vor dem Hotel wie eine Erlösung an. Blumen und Weite und die Nähe zum Ort der Bewährung, der Severance Hall, halfen dem Gemüt auf. Das erste Quartier im Zentrum der häßlichdüsteren Stadt Cleveland hatte uns nach der Ankunft zur Verzweiflung gebracht. Die Wände spien Tag und Nacht Geräusche aus, und keine Order fand baldige, geschweige denn genaue Befolgung. Nach dem Umzug war nun die Silhouette des Saales, der ruhmumglänzten Severance Hall, schon vom Fenster her zu erkennen, und ein kleiner Fußweg genügte, um ins Allerheiligste einzutreten. Es half nicht gerade gegen die Aufregung vor dem ersten Treff mit George Szell, wenn ich an meine Absage im Jahr zuvor dachte – eine Folge der Kuba-Krise, während der ich die Exkursion über den Ozean scheute.

»Extremely sorry and disappointed«,
hatte Maestro Szell auf meinen Brief reagiert, aber
»cordial greetings«
als einen verständnisvollen Germanismus daruntergesetzt. Bevor die Händel-Arie und die »Lieder eines fahrenden Gesellen« jetzt vor sein Orchester zu bringen waren, wollte der Chef alles am Klavier durchgehen. Er saß in seinem kleinen Büro am Flügel, den Kopf mit den randlosen Brillengläsern tief in Partituren, und schien kaum von dem Ankömmling Notiz zu nehmen, dem die Zunge vor Erregung am Gaumen zu kleben begann. Dann – nach der Arie – ein aufgehelltes Gesicht und die Bemerkung:

»Ich sehe schon, daß wir den Mahler gleich mit Orchester machen können...«

Da war er nun also, der Schauplatz so vieler unglaublich durchhörter und flexibler Aufnahmen, die dem neugierigen Plattensammler längst vertraute Maßstäbe gesetzt hatten. Ein nicht großes, zum Konzertsaal umfunktioniertes Theater, das den erzwungen schlanken Orchesterklang (ähnlich dem des Philadelphia-Orchestras) sogleich verständlich machte. In den ersten Reihen saßen einige der Schüler und Assistenten, die Szell um sich scharte und so aus Cleveland ein Mekka der angehenden Dirigenten werden ließ. Und dann begann ein sachliches, durchaus nicht – wie es die Fama wollte – jähzorniges Probieren, an dessen Ende ich fühlte, daß sich selbstverständliches Zusammengehen geradezu ergeben müsse. Der stolze Erwecker dieses Zauberklangs beharrte darauf, daß ich, ganz gegen die Gewohnheit, an den drei Konzertabenden in der hintersten Auditoriumsreihe, im Frack auf dem Feuerwehrstühlchen sitzend, auch die G-Dur-Symphonie von Dvořák mit anhörte. Denn es ging Szell darum, seinen besonderen Umgang mit dem Orchester zu demonstrieren.

»Sie werden sehen, ich führe die Leute an jedem Abend woandershin spazieren!«

In der Tat, ich staunte nicht schlecht über so viel Wandlungsvermögen in dieser Musik und mit 120 Musikern. Nach dem letzten Konzert hatte einer der in Amerika so wichtigen Women's Clubs zur Nachsitzung geladen. Dabei durchlitten Dirigent und Solist wieder alles Leidige solcher Parties. Nach etwa einstündigem, lautstarkem Geschnatter von 200 Gästen mit dem Drink in der Hand, den ich nicht anrührte, zog mich Szell mit hastig wütender Gebärde in einen Nebenraum, wo die zu verzehrenden Köstlichkeiten noch immer unberührt harrten.

»Sie müssen doch hungrig sein. Wir fangen jetzt schon einmal an.«

Und ungestört und schweigsam ließen wir es uns schmecken, um dann mit Irmel vor der allgemeinen Welle zu entschwinden.

Im ersten Jahr meines Opernsingens sprach mich Heinrich Schlusnus, der ein letztes Mal den Posa mit mir alternierend sang, im Vorzimmer eines Halsarztes an.

»Junger Mann, besuchen Sie nie eine Nachsitzung!«

Dieser weise Lehrsatz klang mir ein Leben lang im Ohr. Und wenn ich ihn einmal nicht befolgte, mußte ich es noch immer bereuen. Wer unter den Einladenden ist schon menschlich genug, einzusehen, daß nach der Anstrengung einer Aufführung der Künstler ausspannen und etwas zu sich nehmen muß? Er möchte sicherlich nicht Geduld strapazierende Komplimente von Leuten hören, die bereits gut gegessen haben. Welche reiche Gastgeberin denkt daran, wie ausgewrungen sich der Konzertierende oder Opernheld nach einem Abend fühlt? Von der Belastung für die Stimme möchte ich nur sagen, daß es Heiserkeit hervorruft, sich mit dem Glas in der Hand über viele gleichzeitig Sprechende hinweg und durch Rauchwolken hindurch verständlich zu machen. So unhöflich, auf alle Fragen stumm zu bleiben, kann selbst ein Sänger nicht sein.

Am zweiten Tag des Aufenthalts wurden wir in Szells Haus freundlich empfangen. In der Villa, mitten im Ghetto der Weißen, sah es unglaublich gepflegt aus. Sogleich stürzten wir uns in die Betrachtung der vielen Nach-Impressionisten an den Wänden, köstliche Exemplare der Pointillisten und der Nabis. Darüber bemerkten wir gar nicht, daß die Hausfrau längst eingetreten war. Sie mag in den Fünfzigern gewesen sein. Sie hatte den Kopf eines kleineren Raubtiers, samten, mit rötlichen Haaren. Sie war schön und sprach leise, aber doch so eindringlich, daß man gleich in »Hab-Acht-Stellung« ging. Ohne daß ich es merkte, waren ihre Krallen in mich geschlagen. Der Eindruck entstand wohl deshalb, weil sie Szell widersprach, und ich mich zur Augen-Korrespondenz gezwungen fühlte. Kaum einen seiner Sätze ließ sie unbestritten stehen. Er nahm es nicht mehr wahr. Nach dem Essen ließen wir die Damen zurück, und er zog mich hinauf in sein holzgetäfeltes Arbeitszimmer. Ich spürte aus jedem seiner Sätze, wie er mich nun »einweihen« wollte in neue Gebiete, in seine Programmplanung, in neue Stücke für mich.

»Das ›Mentre ti lascio‹ von Mozart müssen Sie unbedingt singen; hören Sie mal her!«

Szell spielte wundervoll leicht und glasklar aus allen möglichen Partituren. Naiv und unbedacht ließ ich mich gehen und schwatzte. Meine immense Ignoranz konnte ich nicht verbergen. Vielleicht um dies zu mindern, sicher aber, weil er damit Sympathie zum Ausdruck bringen wollte, schenkte er mir zum Abschied eine Erstausgabe von Eduard Hanslicks »Vom musikalisch Schönen«. Beim Lesen verstand ich, welche musikalische Schönheit Szell mit Hanslick liebte, die »tönend bewegte Form«.

Als wir in London mit Elisabeth Schwarzkopf die »Wunderhorn«-Lieder von Gustav Mahler in der Festival Hall aufführten und gleich danach aufnahmen, trug das schönste Früchte. Selbst Szells nervöse Schnelligkeitsbesessenheit, die zu immer zeitraubenderem Arbeitsprozeß führte, seine Sucht, immer etwas anders als die anderen denken zu wollen, sein nicht geringer Verfolgungswahn, was den bösen Willen des Orchesters anging, konnte mich nicht daran hindern, sein Können und seine freundliche, gar begeisterte Akklamation meines Beitrags liebzuhaben. In der Pause der Probe rief er mich ans Pult zurück, um mir halblaut zu offenbaren: nie sei ihm ein Sänger untergekommen, bei dem Innen und Außen derart übereinstimmten.

»Ihr Engagement und Ihre Musikalität sind zu bewundern.«

Mit seiner Empfindlichkeit schützte Szell sich gegen Trübung und Vermischung. Klar und durchsichtig zu musizieren gleicht keiner automatischen Eigenschaft, die, wenn sie einmal erworben ist, einfach bestehen bleibt. Sie muß immer wieder und unaufhörlich neu gewonnen werden. Es muß einer wie er die Kraft haben, sich zu sagen: Nur so will ich es. Und damit es so wird, darf ich nichts, was dem schädlich werden könnte, in mich eingehen lassen. Die Spannung zwischen dem enormen eigenen Reichtum an Musikerfahrung und allem, was nun noch zu ihr stoßen mochte, war ungeheuer. Die Entscheidung darüber, was abzuweisen ist, muß ja jeder treffen, der diese Welt in sich trägt. Und die Urteile besonders solcher, die überhaupt keine Welt in sich tragen, sind allemal anmaßend und erbärmlich. Szell war immer zu Angriff und Abwehr gerüstet, hatte dies übrigens mit Karl Böhm gemein, wie auch die Manie, sich baldmöglichst einen Blitzableiter unter den Musikern vor ihm auszusuchen, der letztlich seine eigene Arbeitslaune aufrechterhielt. Vor allem war seine Haltung durch handwerkliche Sicherheit bestimmt, mit der er sich nicht etwa panzerte, sondern die als Schale zu ihm gehörte. Gefühlsworte hob er sich für seltene Momente auf, alles nur Verbindliche war ihm suspekt. Ungewollten Vermischungen des Klanges, auch Trübungen des rein Musikalischen in einer Komposition mißtraute er zutiefst, so daß er gar einen Meister wie Hugo Wolf der mangelnden Musikalität bezichtigen konnte und dessen Deklamationen und additive Motivreihungen ablehnte. Nach einem Mörike-Abend mit Liedern Wolfs in Luzern kam Szell ganz erregt in das Künstlerzimmer.

»Wie können Sie denn so etwas singen, Dieter, das ist doch keine Musik!«

Vielleicht kann man ihn einen Chemiker unter den Dirigenten nennen, der wie kaum ein anderer damit vertraut war, die Klänge des Orchesters rein und durchhörbar zu halten. Das soll nicht dazu verführen, ihn unachtsam in die Schublade des »Analytischen« einzuordnen. Denn er rief in Wahrheit Musik ins Leben, wenn er musizierte, atmend, lebensvoll. Kürzlich demonstrierte ein namhafter Kapellmeister im Fernsehen, welche Retouchen Gustav Mahler in Schumanns Symphonien anbrachte und erwähnte dabei auch George Szells teilweise darüber noch hinausgehende Änderungen. Dann führte er klingende Beispiele vor, in denen es aber leider bei der Theorie blieb, denn von Szells Klangbild war absolut nichts wiederzuerkennen, noch weniger aber von seiner atmenden Musikalität. Einzig bei Beethoven geriet Szell manches steif und allzu korrekt, der Vorstellung vom »Klassischen« huldigend. Und flugs nannten ihn die amerikanischen Landsleute den »Klassiker«, neben dem es jeder andere Pultstar drüben kaum erreichte, in gleiche Gnaden genommen zu werden. Sein Cleveland Orchestra, ein von ihm geschliffenes Juwel, ließ er nach 24 Jahren der aufbauenden Gemeinsamkeit durch seinen plötzlichen Tod 1970 allein.

*

Den Maestrissimo Herbert von Karajan aus der Ferne zelebrieren zu sehen, ist etwas ganz anderes, als ihn aus der Nähe zu erleben. Da ist er die Gelassenheit und Güte selbst, zeigt sich an jedem Lebensdetail interessiert und spart auch nicht mit kommentierenden Hinweisen für die mit ihm Wirkenden. Als wir in Salzburg das »Deutsche Requiem« von Brahms aufführten, entschlüpfte mir am Ende der Wunsch, man möge sich doch nicht dem Beifall stellen müssen nach einem solchen Erlebnis. Und sofort untersagte Karajan jedes weitere Verbeugen.

Als er noch selbst Regie führte, bewunderte ich sein höchst praktikables und stimmschonendes Probensystem, das freilich auf eine jeweils voraufgegangene Plattenaufnahme zurückgreifen konnte. In seiner Linken hielt Karajan einen kleinen Kassettenapparat, den er selbst nach Bedarf zurückspulte, und ließ uns nach seinen musikalischen und szenischen Wünschen frei von der immer so zeitraubenden Verständigung mit dem Proben-Pianisten agieren. Unnachahmlich, wie er mir, als dem noch jungen Göttervater im »Rheingold« Zug nach Zug die Figur deutlich machte, von der Haltung des Speers bis hin zur ingrimmigen Resignation des Endes – ein wirklich professioneller Personenführer unter den Regisseuren.

Die Schallplattenaufnahme hierzu stand unter keinem allzu günstigen Stern. Beide waren wir körperlich etwas behindert; er durch seine bereits starken Rückenschmerzen und ich durch einen Gipsklumpen am linken Fuß, nachdem ich mir auf der Generalprobe zu »Othello« den Knochen gebrochen hatte. Solcher Art blessiert begrüßten wir uns mit Lachen, als ich die Dahlemer Jesus-Christus-Kirche betrat. Er half mir liebenswürdig, die Stufen zum Sängerpodest zu erklimmen. Und dann rann der schlanke und doch sinnlich betörende Klang der Berliner Philharmoniker durch mein Nervensystem und zwang mich zu höchster Anspannung der Kräfte. Leider konnten bei jenen Winter-Sitzungen nur wenige Szenen aufgenommen werden, aber zum Glück hatten wir am Klavier in Westend, wohin Karajan bereitwillig kam, die ganze Partie vorstudiert. Der noch zu bewältigende Rest folgte bei zwei Synchron-Sitzungen, als ich ganz allein in der finsteren, sturmumbrausten Kirche meine Einwürfe auf das fertige Band zaubern ließ. Es kam eine wunderschöne Aufnahme zustande, deren hindernisreiches Werden Karajan in einem Brief beschwor, in dem er sich zugleich dafür bedankte, daß es gelungen sei, den »Renaissancemenschen, wie er mir vorschwebt«, zu realisieren.

Nach dem Tode Fritz Wunderlichs hatte Karajan die Idee, eine bereits zu drei Vierteln fertiggestellte Aufnahme von Haydns »Schöpfung« in allen Partien neu zu besetzen. Und so sprang ich denn für Walter Berry ein und erlebte dieses herrliche Werk zum ersten Mal in der weiträumig groß angelegten Auffassung des Maestro. Brittens »War Requiem« und die Matthäus-Passion durfte ich noch für ihn singen, letztere ganz im barocken Gewährenlassen der Solisten, dann waren die zehn Jahre des Verpflichtetwerdens um. So hielt der Maestro es in den meisten Sänger-Fällen, nämlich mit der Aktualität neu erschienener Namen. Aber wenn das auch schmerzen kann, so entschädigt die Erinnerung an besondere musikalische Erlebnisse vollauf. Seine Machtfülle enthüllte Herr von Karajan übrigens eher indirekt, wenn Säle oder Studios seiner manchmal improvisierten Präsenz wegen für normal Sterbliche nicht betretbar sind, gleichgültig, ob es sich um wichtige Proben handelt, die dadurch ausfallen müssen. Aber das hat der Maestro mit so manchem ähnlich Machtvollkommenem gemein.

Als Herr von Karajan und ich in der gleichen festlichen Sitzung aus der Hand Harold Macmillans den Ehrendoktor der Universität zu Oxford entgegennahmen — seit langem nicht mehr an Musiker verliehen — strahlte die Sonne durch die Oberfenster des Saalrunds. Und als die Türen aufgingen, um den feierlichen Zug in mittelalterlichem Hut und Talar durch den jubelnden Statistenchor der Straßenpassanten einzuleiten, tönten Trompeten zur Orgel. Karajan schritt neben mir, wir blieben schweigsam ob der Würde des Augenblicks. Plötzlich hörte ich den Maestro in tiefer Baßlage sagen:

»Nicht im Takt der Musik gehen!«

Ich zuckte und bemühte mich, einen synkopischen Schritt zwischen den Taktzeilen zu erwischen. Verständlich, daß ein des Befehlens und Inszenierens gewohnter Machtvollkommener auch hier die Regie zu übernehmen getrieben war. Nur hatte ich — in lauter ganz fernliegende Gedanken verloren — gar nicht auf das Schreiten achtgegeben...

*

Ein Amerikaner, Dirigent ganz anderen Temperaments, wurde — besonders von den Wienern — zeitweilig als Rivale des Österreichers auf den Schild gehoben. Wenige haben die Vereinigten Staaten in den fünfziger und sechziger Jahren so markant und »auf eigene Rechnung« repräsentiert wie Leonard Bernstein. So gab man mir im Flugzeug einen Prospekt über Amerika in die Hand, auf dem der Kopf Bernsteins prangte. Man nahm es wie eine Selbstverständlichkeit hin. Immer noch tut er alles, was er anpackt, mit dem Einsatz seines ganzen künstlerischen Seins, vor allem mit der Liebe zur Sache. Und dies letztere ist ein selten gewordenes Phänomen.

Es war bereits für Bernsteins Mahler-Serien bezeichnend, an deren überrollenden Erlebnissen ich als Solist in New York Anteil haben durfte. Alle wichtigen Werke seines mährischen Wahlverwandten brachte er zu flammender Intensität, zu notengetreuen und doch aus nachschaffender Freiheit geborenen Wiedergaben. Bernsteins Schallplatten, die parallel dazu in den Studios entstanden, führten zu jener Neuentdeckung Mahlers, ja zu einer Popularisierung des Komponisten in der ganze Welt, von der sich zuvor niemand hätte etwas träumen lassen. Bernstein teilt mit »seinem« Komponisten das Unbedingte, den Willen zum neuen Durchhören, zur Entdeckung, zum Leiden auf dem Weg zu einem Gelingen, das für alle Genialen doch immer nur ein Teilerfolg bleiben muß.

Aber natürlich – Einseitigkeit gibt es bei ihm nicht; er hat alles dirigiert, was ein Musiker nur erobern kann. Ohne die berühmte amerikanische Orchesterperfektion unterwegs liegen zu lassen, brachte er auch in Europa neue Qualitäten ekstatischen Ausdrucks auf die Podien, sichtbar in der Person des Dirigenten und hörbar gemacht durch seine Musiker. Junge Menschen haben von ihm fürs Leben profitiert, alte Routiniers werden durch ihn aus ihrer Sicherheit aufgeschreckt, Gleichgesonnene liebevoll ans musikalische Herz gedrückt. Daß Bernstein immer wieder die breiteste Wirkung mit Hilfe aller Medien suchte und darin neue und erfolgreiche Wege ging, haben ihm viele verdacht. Aber vor der künstlerischen Begegnung vergaßen sie ihre Kleinlichkeit.

In seinen frühen Opernjahren in Mailand begegnete Bernstein der Maria Callas und vergaß sie nicht. Ich fühlte mich wohl nie schöner bestätigt als damals, da er in den sechziger Jahren »Maria und Dietrich« seine Lieblingssänger nannte. Bernstein am Flügel im Konzertsaal hinter sich oder im Aufnahmestudio vor sich zu haben, bedeutete nicht »Begleitung« im üblichen Sinn, sondern schon eher den »Tiger im Piano« – zwischen seinen Händen und der Klaviatur existiert so etwas wie eine elektrisch geladene Zone; es scheint, als greife er in ein gefährliches Element, dem man sich nur im Kampf stellen kann oder das den Pianisten in die Flucht jagt. Zur Aufnahme von Mahler-Liedern in New York ließ er sich fünf Flügel im Kreis aufstellen und wechselte – mehr oder weniger entsetzt – von einem Instrument zum anderen, sobald ihm etwas an der Mechanik mißfiel. Im Konzert läßt er, wie um nicht unvermittelt loszuspielen, seine Hände noch in den Auftrittsbeifall hinein einige Male über die Tasten gleiten. Und dann folgt ein Stromstoß dem anderen, dem sich ein Sänger schon gewachsen zeigen muß, um nicht zu scheitern – immer paraphrasiertes Rubato, immer überraschende Farben, das ganz Intime und doch weit über die Rampe Greifende. In der Pause eines Liederabends in der Carnegie Hall, den er nicht begleitete, setzte sich Lenny gedankenvoll und wortkarg in meine Garderobe, um erst beim Gehen zu sagen:

»Ich wollte nur einmal wieder diese Qualität hören.«

Bernstein wirkte auch, nachdem ich viele Male mit ihm in New York aufgetreten war, in einem denkwürdig schwierigen Konzert der Carnegie Hall mit. Der ehrwürdige Saal, in dem Tschaikowski, Dvořák und Toscanini gewirkt hatten, stand vor dem Ruin, sollte verkauft und abgerissen werden. Wenn nicht... Nun, der damalige Präsident, der Geiger Isaac Stern, und seine rechte Hand, Mr. Bloom, schrieben mir, ob ich nicht ohne Gage mit anderen Prominenten bei höchstmöglichen Eintrittspreisen zugunsten der Hall singen wollte. Vladimir Horowitz solle mich »begleiten«.

Pünktlich fanden Julia und ich uns in dessen Flat auf der East Side New Yorks ein, einer etwas finster eingerichteten Höhle, so schien es mir, in der die Farben Violett und Schwarz dominierten. Eine Stunde lang unterhielt uns an jenem Nachmittag Wanda, geborene Toscanini, bis ihr Mann, von seinem gewohnten Tagesschlaf gestärkt, in Morgenrock, mit knalligem Brusttaschentuch strahlend das Zimmer betrat. Nach einem kurzen Plausch, während dem Horowitz – scheinbar sehr mühevoll – nach dem Namen »Wilhelm K–, Wilhelm K–, Wilhelm Kempff« suchte, gingen wir die »Dichterliebe« ohne Wiederholungen und nähere Untersuchung durch.

»Ich habe das Stück vor vierzig Jahren mit einer Sängerin gespielt«,

war der Kommentar dazu. Tags darauf folgte die Generalprobe im Saal, auch für die zum Mitschnitt bereite Plattenfirma CBS. Es machte mir ungeheuren Spaß, den Großen zu begleiten, und wäre ein Band mitgelaufen, so hätten wir heute ein wirklich hörenswertes Dokument. Aber leider und wie immer in solchem Fall war weit und breit kein Techniker zu sehen. Im leeren Auditorium saß Lenny und zeigte tiefes Ergriffensein. Der nächste Abend sah den Zuschauerraum gefüllt mit der gesamten amerikanischen Musikprominenz, von Rudolf Bing bis Eugene Ormandy, von Pavarotti bis zu Marilyn Horne. Kurz vor Beginn machte mich Mr. Bloom mit einer neuen Programmfolge bekannt, nach der ich erst gegen Mitternacht und als vorletzte Nummer aufzutreten hatte. Wer kann sich schon vorstellen, was es heißt, zwischen den Pappwänden der dortigen Garderoben zu sitzen und links Rostropowitsch, rechts Horowitz, hinter mir Menuhin und etwas weiter Isaac Stern stundenlang gleichzeitig üben zu hören. Meine »Dichterliebe«, meine Stimmung und die Zeit verrannen. Als es dann endlich soweit war, nannte ich nur noch ein dünnes Stimmchen mein eigen, nahm aber voller Todesverachtung Horowitz auf seinen Wunsch unter den Arm und führte ihn dem Flügel zu. Der alte Herr hatte in dreistündigem Spiel viel Kräfte verbraucht, und seine Hand zitterte in der meinen, als er wiederholt vor sich hin sagte:

»I am always with you. I am always with you.«

Nun, diese Prophezeiung erfüllte sich nicht ganz, wie auf der damals entstandenen Platte zu hören ist. Dennoch kam es wie eine Selbstbeschwörung aus Horowitz' Munde:

»I was always with you.«

Kaum hatten wir den sicheren Port der Seitenbühne erreicht, als schon Saaldiener auf uns zueilten, um Noten zu verteilen für die völlig improvisierte Schlußnummer mit Chor und Orchester, das »Hallelujah« aus Händels »Messias« ... Die Solisten stellten sich etwas verzagt an der Rampe auf; ich stand zwischen Yehudi Menuhin und Mstislaw Rostropowitsch. Alles sang aus Leibeskräften, auch Lenny und Isaac Stern, aber noch nie habe ich so viele völlig deplazierte Töne um mich herum vernommen wie bei dieser Gelegenheit. Erschöpft auf dem Nachhauseweg begegnete mir Bernstein, die Treppe aufwärtssteigend, die ich gerade abwärtsstrebte. Sein Gesicht verzog sich zu leichtem Schmunzeln, als er mir zurief:

»I know, I know!«

*

Vierzehnmal bereiste ich Nord-Amerika zwischen 1955 und 1980. Zwar schwankten die Eindrücke, aber bei aller Jugend und Größe des Kontinents drängt sich mir beim Gedanken daran der scherzhafte Satz des Biochemikers Chargaff auf:

»Wie der kleine Moritz sich Amerika vorstellt, so ist es.«

New York wirkte jedesmal besonders gegensätzlich und für den neugierigen Besucher erschütternd. Seltsam und intensiver als irgend sonst in Amerika das Tönen und Stöhnen, der neurasthenische Puls einer schlaflosen Stadt, die deshalb auch nie ganz wach zu sein scheint. Die un- und eingebildete Intelligenz, die hemmungslose Gewalttätigkeit, die fehlende Verbindung zwischen enormem Schmutz und jenem Talmiluxus, der sich im Glitzern nicht genug tun kann. Die eingekauften Lobsprüche, die mit jeder politischen oder kommerziellen Karriere einherzugehen haben (sie gleichen sich), um ihre Objekte in Gefängnis oder Vergessenheit enden zu lassen. Die verwirrte, grammatikalisch entstellte Sprache, der ständige Mißbrauch des Superlativs, der es unmöglich zu machen scheint, noch an irgendeine Zukunft zu glauben. Die daraus resultierende Drogensucht und der Alkoholismus. Alle diese »Fortschritts«-Errungenschaften wurden inzwischen nach Europa importiert, auch die Masse der Fröhlichkeits-Konserven, dieses Feixen und Grinsen, das die Menschen und das Amerika immer grimmiger machte. Der Rest der Welt braucht sicher nicht lange auf den gleichen Zustand zu warten. Ein Wunder, daß die »altmodischen« Inhalte meiner Recitals angenommen, ja geradezu vergöttert wurden! Denn ihr Hauptinhalt ist Tragisches, das ja als unmoralisch verworfen oder verachtet wird. So unersättlich war das New Yorker Publikum und so improvisationsfreudig die Managerin (Ann Colbert), daß sich in der Carnegie Hall Liederabend-Abonnements veranstalten ließen, die ausverkauft und laut akklamiert waren. Solche Recitals in Serie führte ich später in Frankfurt/Main, Berlin und München ein. Sie bieten die Chance, sich in den Stil und das Programm eines Interpreten einzuhören, zu besserem Verständnis und objektiverer Beurteilung.

*

Sehr deutsch und ganz in München verwurzelt ein anderer Dirigentenfreund! Wolfgang Sawallisch führte manche Fehleinschätzung ad absurdum, indem er auf zutiefst erfüllte, von Frömmigkeit beseelte Weise Schuberts Messen dem Publikum, aber auch mir, dem Mitwirkenden, neu erschloß. Immer wieder schlug er Breschen etwa für den oratorischen Paul Hindemith, dessen Chorwerk »Das Unaufhörliche« nach Gottfried Benn oder dessen Requiem »Als Flieder jüngst« nach Walt Whitman mit mir als Solisten unter seiner Leitung weit überzeugender wirkten, als dies unter der des Komponisten der Fall war. Es sei auch erlaubt, auf die Überzeugungskraft hinzuweisen, mit der Wolfgang die weiten Spannungsbögen des Deutschen Requiems von Brahms ausformte und daneben die herben Rhythmen der 14. Symphonie von Dimitri Schostakowitsch zur erschütternden Wirkung des Werkes beitragen läßt, auch wenn sie einem sehr konzertfernen Opernorchester entlockt werden. Julia und ich erlebten dies selbst.

Es hat seine Schwierigkeiten damit, ein Leben lang andere für sich effektiv werden zu lassen, sie anweisen zu müssen, was sie als Instrumentalisten oder Sänger tun oder lassen sollen. Und wohl kaum ein Dirigent ist zu finden, dessen heimliche oder ausgesprochene Liebe nicht dem solistischen Auftritt gehörte, von dem er zumeist ja auch ausgegangen ist. Es bedeutet für Wolfgang Sawallisch geradezu eine diebische Freude, sich gelegentlich in die »passivere« Rolle dessen zu begeben, der auf die Intentionen seines Solisten neugierig ist und sie – ohne viele Worte – zur musikalischen Tat werden läßt. Ob es sich dabei um Solostreicher oder -bläser aus dem Orchester handelt, die regelmäßig

– dank der Initiative ihres Chefs – Gelegenheit zum Hervortreten bekommen, oder aber um seine Sängerdarsteller, denen genau wie ihm selbst das Kunstlied am Herzen liegt: immer ist es das Ethos des Kammermusikers, dem Wolfgang Sawallisch mit Hingabe huldigt. Aus der Tatsache, daß mitunter ein Blick genügt, um sich über Zusammenspiel-Probleme zu verständigen, ein andeutendes Wort bereits zum Bloßlegen des Wesentlichen einer Interpretation beiträgt, wird deutlich, weshalb Wolfgang Sawallisch es in den meisten Fällen unterläßt, sich darüber Eintragungen in seinen Part zu machen, genausowenig, wie er es in seinen Partituren für notwendig hält. Was er bisher an Fülle des Repertoires zu überschauen hatte und an praktischer Erfahrung sammeln konnte, ging als selbstverständlich in ein Lesen ein, das auch vom Blatt alles Wichtige wahrnimmt, zusammenfaßt und zugleich im Detail berücksichtigt. Hier liegt auch die sehr bezeichnende Unterscheidung von jenen Dirigenten, die nur dirigieren, ohne wirklich ein Instrument vortragsreif zu meistern. Deren Partiturseiten sind für gewöhnlich mit so vielen Zeichen und Farben übersät, daß die Noten kaum noch entziffert werden können.

Sawallisch ist als Dirigent und als Pianist ein Begleiter von Gnaden, der seine Individualität nicht opfert, ob er sich nun in ziemlich problemreiche Orchesterlieder von Hans Pfitzner hineinkniet (nicht ohne dabei Druckfehler auszumerzen) oder Richard Straussens pianistische Kniffligkeiten wie selbstverständlich blitzsauber vorträgt. Über lange Strecken eines Opernabends bezieht sich die Aufmerksamkeit des Dirigenten mehr auf die Darsteller als auf das Orchester. Dabei konnte es mir in großen Rollen durchaus passieren, daß mich ein sehr deutlich vorgemachter Gesichtsausdruck vom Pult her erreichte, der im Augenblick mehr verwirrte als half, denn die Regie hatte womöglich auf ganz anderer Mimik dieses speziellen Moments beharrt. Für Sawallisch beruht die Wahrheit im Einfachen, Ungekünstelten. Und das bedeutet zwangsläufig: großes Pathos liegt ihm nicht; dies läßt in seiner Person Eigenschaften zueinanderkommen, wie sie für einen Wagner- und Strauss-Dirigenten durchaus nicht selbstverständlich sind. Im Gegenteil: es begegneten mir nur sehr wenige unter den Kapellmeistern, die der Versuchung widerstehen konnten, Dirigentenmusik (was die Wagnersche nun einmal ist) zum Dirigentenmonument versteinern zu lassen. So sehr widerstrebt Sawallisch alles Pathetische, daß selbst groß angelegte Atembögen ihm auch einmal zu großspurig erscheinen mögen und er sie zusammenrafft, um jeglicher Subjektivitätsemphase zu entgehen. Hierin ist er vielleicht einzig mit Leo Blech zu vergleichen, der in vergangenen Jahrzehnten auf staunenmachende Weise Wagner entschlackte und zugleich »Konversationsstücke« wie die »Meistersinger von Nürnberg« zu äußerster Wortverständlichkeit befreite.

Die Belastung durch eine allzu festgefügte Vorinterpretation wird bei Sawallisch dem Hörer erspart, er findet sich zum aktiven Mithören frei. Das beinhaltet auch, daß jegliche intellektuelle Betrachtung durch Außermusikalisches Sawallisch zunächst unerwünscht ist – nicht weil er nicht dazu fähig wäre, es nachzuvollziehen oder seinen Spielern mitzuteilen, sondern weil er es in seiner Arbeitsweise einfach nicht brauchen kann. Nur der angemessene, also den Notentext nicht verfälschende Ausdruck wird gewünscht und keine subjektive Einseitigkeit.

*

Mit Karl Richter traf ich erstmals 1958 bei den gesonderten Aufnahmen der vier Baß-Arien aus der »Matthäus-Passion« zusammen. Es herrschte eine etwas dumpfe Atmosphäre, aus der ich mit forciert guter Laune hinausstrebte. Der stille und scheue Mann am Pult, das neue, nicht gerade kurzweilige Aufnahme-Team, sie alle schienen in stummer Noblesse zu verharren. Zwar hörte ich Kritik an Einzelheiten, die auch sogleich umgesetzt wurde. Aber es fiel kein aufmunterndes oder wirklich weiterführendes Wort. Ich hatte des Gefühl, mit meiner Arbeitsfreude eher Mißtrauen zu erwecken. Heimlich grollte ich den »Schlafmützen«, die nur die Schwierigkeiten wahrnahmen, das Gelingen aber kommentarlos akzeptierten, ja selig entschlummert schienen.

Diese Aufnahme gehört, ebenso wie die der h-Moll-Messe

Bachs, zu meinen Lieblingen, da sie ziemlich genau abbildet, was ich mir unter dem Arien-Gesang bei Bach vorstelle: eine instrumentale Stimmführung nämlich, die doch durch die sinngebenden Textworte zu ganz konzisem Ausdruck gelangt und nicht bloß an der Musik entlangtönt. Damals konnte ich aus Richters Schallplatten nur erahnen, welches Brio seine Konzertaufführungen hatten, wie er die Kraft seines geistigen Temperaments mit ganz abständigem Kalkül verband. Auch wußte ich noch nicht, welch panisch zu nennende Weltuntergangsstimmung ihn immer wieder befiel und daß ihm natürlich seine beginnende Augenkrankheit zu schaffen machte.

Erst als er ins Hotel »Vier Jahreszeiten« kam, um mich zur Mitwirkung bei seinem Debüt in London einzuladen, merkte ich, wie mich Karl Richter wirklich einschätzte. Für dieses sein wichtiges Konzert einigten wir uns auf Händels »Apollo e Dafne«, eine Aufführung, die freilich durch das völlig unzureichende Material, das uns an Ort und Stelle nur zur Verfügung stand, erschwert, ja fast vereitelt wurde. Richter drängte es, wie so viele »Spezialisten«, aus seiner angestammten Sphäre der kirchlichen Barock-Musik herauszutreten, sich die Oper zu erkämpfen. Das nahm mit Gluck seinen Anfang, als wir dessen »Orfeo« in München aufnahmen. Dabei zeigte sich, daß Richters Dirigieren weniger von Virtuosität als von Inspiration geprägt war, in umgekehrtem Verhältnis zu seinem Cembalo- und Orgelspiel. Wenn er nicht gleich Herr des musikalischen Materials wurde, nahm er sich das selbst sehr übel, und der Sachse konnte ein gerüttelt Maß an schlechter Laune verbreiten, gegen die ein jeder Versuch, die Atmosphäre zu reinigen, einigermaßen machtlos blieb. Aber immer durfte man sich auf sein genaues Ohr verlassen. Und als die Mühe zum Ende gelangt war, gab es eine hübsche Nachplauderei bei Sekt, an der auch der so wichtige Sprach-Korrektor Dr. Farese teilnahm, der mit Sanftmut seines Amtes gewaltet hatte.

Lange redete mich der treudeutsch verlegen wirkende Karl Richter als »Herr Kammersänger« an, bis ich ihn bat, doch auf den Vornamen umzusteigen. Die ansehnliche Kantaten-Sammlung, die wir innerhalb der Bach-Ausgabe durch die Hamburger

Archiv-Produktion aufnahmen, führte uns immer wieder im Münchener Herkules-Saal zusammen, auch mit Edith Mathis und Peter Schreier. Hier und bei konzertanten Aufführungen der Passionen bewunderte ich, wie Richter aus tiefer Religiosität schöpfte. Bei der Nachfeier zur letzten Kantaten-Aufnahme berichtete er Julia voller Stolz, er habe erst am Vortag eine Laser-Operation an den Augen überstanden, aber nichts gespürt und fühle sich nun nachgerade beschwerdefrei.

Kaum je sah ich einen Künstler, der große Menschenmassen auf dem Podium bewältigen und bewegen muß, so souverän und immer wieder überraschend neu musizieren wie diesen Münchener »Thomaskantor«. Ein zugleich präziser und unkonventioneller Schlag, der sich nur selten in großen Armbewegungen verlor, ermöglichte es ihm, kleinste, gerade frisch empfundene Regungen den Menschen vor ihm nachvollziehbar zu gestalten. Aber auch in den Genuß seiner rein begleiterischen Fähigkeiten kam ich an einem Abend, der die drei Baß-Solokantaten Bachs vereinte. Und nach dem »Deutschen Requiem«, das ich in Baden-Baden mit ihm singen durfte, war noch sehr viel in Richtung auf Romantisches – vor allem in der Oper – von ihm zu erwarten. Denn von diesem Erzmusiker ging nichts Lehrhaftes oder engstirnig Kantorenmäßiges aus. Die Bach-Pflege in der Nachfolge des Schülers von Straube und Ramin wollte in München lange keine rechte Fortsetzung finden, nachdem er 1981 gestorben war. Sie ist von Hanns Martin Schneidt mit Glück angetreten worden.

*

Mit dem Namen Rafael Kubelik verbindet sich mir die Erinnerung an einige besonders gelöste, zum Musizieren »freigegebene« Abende im Münchener Herkules-Saal: der Golo in Debussys »Pelléas und Mélisande«, das kostbare Oratorium um die Seligpreisungen der Bergpredigt in »Les Béatitudes« von César Franck, in dem ich die lateinischen Christus-Worte zu singen hatte, umgeben von einer exzellenten Sängerschar, die Jessye Norman anführte. Ihr zu begegnen, der riesigen, platz- und raumgreifenden schwarzen Königin mit der Jungmädchen-

Stimme, ließ mein Herz stets höherschlagen. Einmal im »Figaro« freilich, als sie meine Gräfinnen-Partnerin war, stand ihr und mir das Sitzen auf meinem Schoß so wenig, daß ein Teil des Publikums lachen wollte.

Wie Rafael uns alle durch die Fluten der Franckschen Partitur trug, ähnelte er einem Christophorus.

Dort im Herkules-Saal gab es auch einige Plattenaufnahmen, so gleich zu Beginn unserer Freundschaft die »Lieder eines fahrenden Gesellen«, für die Rafael in Blitzesschnelle umsetzte, was ich ihm an Wünschen im Sinne Bruno Walters zuflüsterte. Offensichtlich hatte er sich vorbereitend mit der so viel breiter angelegten Auffassung Furtwänglers bekannt gemacht. Als wir den Zyklus dann im Konzert musiziert hatten, erzürnte ihn Irmels Zurechtweisung:

»Geben Sie doch nicht so deutlich jeden Einsatz, Dieter kann das Stück!«

für eine kleine Weile, aber sein gutmütiges Naturell ließ ihn nicht lange grollen. Viel machten ihm seine Rückenschmerzen zu schaffen, und die Aufnahme des »Mathis« von Hindemith verzögerte sich immer wieder, bis endlich etwas besonders Klangschönes daraus wurde.

Als wir beide der Mailänder Scala einen Besuch abstatteten, um den »Rigoletto« von Verdi aufzunehmen, klopfte uns das Herz. Wenn Nicht-Italiener sich unterfangen, dieses nationale Heiligtum im Lande aufzuführen, so müssen sie – verständlicherweise – mit größtem Mißtrauen rechnen. So raunte es in den Chorszenen hinter mir möglichst vernehmbar, was denn »questo Tedesco« in diesem Stück zu suchen hätte. Damals hatte mich das Orchester nach der Probe des ersten Monologes längst lautstark akklamiert und genehmigt. Immer, wenn Kubelik sich mit mir nach einer Aufnahme-Sitzung auf der Straße traf, klagten wir uns gegenseitig unser Leid. Ihm machte das Orchester ebenso zu schaffen, wie es der Co-Dirigent für die Solisten mit mir tat, wenn er immer wieder ungenügend gespritzte Doppelkonsonanten, geschlossenes oder offenes O und andere Aussprache-Sünden rügte. Schlimm dabei war nur, daß alles etwa in Rom früher Gelernte für Mailand keine Gültigkeit mehr besaß.

Anscheinend machte ich meine Sache nicht schlecht, denn die italienischen Zeitungen waren die ersten, meine Auffassung zu preisen. Noch heute höre ich gelegentlich von Italienern, so erst neulich von Giuseppe Sinopoli, daß sie meinen Rigoletto besonders lieben. Das drückte der Kofferträger im Hotel beim letzten Mailand-Besuch ungefragt aus:

»Il piu grande Rigoletto del mondo.«

Fast gegenüber der Scala erhebt sich der Dom, und einmal trat ich ein, um ein Stoßgebet für den kommenden Aufnahme-Tag mit schwierigen Passagen loszuwerden. Im Inneren ging es ebenso chaotisch wie draußen zu. Im Zentrum der Kathedrale wurde anscheinend eine Messe gelesen, einige Leute saßen, ins Gebet vertieft oder schlafend, im Dunkel der Kirchenbänke. Touristen trotteten in auffällig bunten Kleidern, die gegen das Grau ringsum abstachen, in einem der Seitengänge hinter einem Mann her, der mit dem Finger in die Luft zeigte. Die Höhe des Kirchenschiffs und der Staubgeruch verursachten mir leichte Übelkeit. Dies irritierte wie in allen alten Kirchen: Kerzenlicht, Weihrauch, der abgestandene Geruch eines Grabes, aber ohne erfrischende Kühle oder Stille, alte Kleider, altes Holz, Schweiß zerknüllter Lire-Scheine, und über allem wie ein Bindemittel der Geruch nach Menschenleibern und Atem. Sicher kamen Leute in die Kirche, um andere zu bestehlen. Ein Schild vorn an der Tür warnte die Besucher auf englisch und italienisch vor Taschendieben. Es war unmöglich, nicht an Geld zu denken, wo doch überall Opferstöcke mit kleinen Schildern standen und um Geld für Kinder, für die Armen, für die Erhaltung des Domes baten. An jedem war ein starkes Vorhängeschloß befestigt, damit die ganz Armen sich nicht das nahmen, was ihnen so gut wie jedem anderen gehörte. Vor der Tür stand ein Karrenhändler mit Popcorn. Kinder spielten und lärmten. Männer lungerten redend und rauchend in der Eingangshalle, wo kleine Jungen Chiclets und Süßigkeiten verkauften.

»Sanfte geistige Gewalt«

Carl Ebert, einst Jessners »Faust« und als Schauspieler von Jürgen Fehling geformt, hatte sich nicht erst in der Emigration zu einem Opernregisseur entwickelt, der das Musiktheater auf neuen Grund stellte und die theatralische Wahrheit der Musik an den Tag brachte. Als er 1953 seine zweite (Nachkriegs-)Ära an der Städtischen Oper Berlin antrat, Tietjen ablösend, beschlich mich die Sorge, hier müsse ich noch nicht schauspielerisch Durchgebildeter vielleicht beiseite bleiben und bekäme keine Chance mehr. Das Gegenteil trat ein. Ebert besuchte mich und kündigte dem ungläubig Hörenden an, er solle Verdis »Falstaff« singen. Wie immer bei etwas Neuem verhielt ich mich zunächst zögerlich. Nach einer genehmigten Frist des Nachdenkens folgte allerdings doch mein »Ja«, weil ich mir sehnlich wünschte, dazuzulernen. Die vis comica war mir noch ganz unentdeckt, und hier vermutete ich vielversprechendes Neuland.

Die Proben – herrlich! Ebert hatte das Werk soeben in Glyndebourne mit Fernando Corena einstudiert, der ihm als reiner Baß-Buffo für den hochliegenden Part offenbar nicht ganz genügte. Mit dem Ziel der genau erarbeiteten Geste, des mimisch zutreffendsten Ausdrucks, der differenzierten Tonfärbung besaß Eberts Konzept fundamentalen Charakter. Für mich ging es nur darum, die von ihm vorgegebenen Formen mit Leben zu füllen. Dabei gab er mir Zeit zur Entwicklung, und als es erst einmal soweit war, die äußere Maske des meinerseits vom Typ her zu jungen und faltenlosen Falstaff festzulegen, ließ er mir weitgehend freie Hand. Sehr bald merkte ich, daß auch der geschickteste Maskenbildner die einfachen »malerischen« Wirkungen nicht aufgreifen konnte, mit denen ich den gutmütigen

Protz auszustatten gedachte, so die apfelgleichen Bäckchen, die durch Schatten und Glanzlichter förmlich aus dem Gesicht springen mußten. Also pinselte ich selber, und dabei blieb es für die folgenden fünf Inszenierungen. Auch einige der grundlegenden Bewegungen legte ich mir selbst zurecht (wie Kleinkinder-Gang, Fingerspiel, Hüftenschwung etc.). Eberts ganze Wonne war der kleine Baby-Schopf, den ich in der Mitte der Glatze anbrachte. Der Erfolg, den ich mit dieser Figur (irgendwo zwischen Britannien und Italien angesiedelt) verbuchte, kommt zu drei Vierteln Ebert zu.

Shakespeare machte aus seinem »Ritter von der lustigen Gestalt«, genau wie es Cervantes mit seinem Windmühlenbekämpfer tat, eine Figur aus Fleisch und Blut und Nerven. Sie amüsierte damals die königliche Theaterbesucherin Elisabeth so sehr, daß der Dichter gleich noch einmal, in einem anderen Stück, mit Falstaff aufwarten mußte; freilich stand er auch diesmal nicht ganz im dramatischen Zentrum. So blieb es zunächst Antonio Salieri in seiner Oper »Falstaff« und dann Otto Nicolai in seinen »Lustigen Weibern von Windsor« vorbehalten, den alten Schwerenöter an die ihm gebührende Stelle zu rücken. Der Italiener polnischer Abstammung Arrigo Boito fügte Gedanken und Sentenzen aus Shakespeares »Henry IV« in sein Libretto ein, der Gestalt und ihrer Wirkung zu Gewinn. Die Musik des Giuseppe Verdi kleidete diese urbritische Person Falstaff in ein südlicheres Nervenkostüm, näherte sie dem Kern Europas und überhöhte sie zu einer Kunstfigur ersten Ranges, in Wahrheit zur vielleicht überzeugendsten Operngestalt des 20. Jahrhunderts. Denn wir wollen nicht vergessen, daß »il vecchio« Verdi seinen Falstaff – nach langem Hin und Her und voller Komplexe gegenüber dem wirklich gelungenen Vorläufer bei Otto Nicolai – zu Anfang unseres Jahrhunderts schrieb. Nun ist viel von den schädlichen Einflüssen Wagners auf den spezifischen Deklamationsstil dieses Werks gefaselt worden, von der Melodienarmut und was dergleichen Vorurteile mehr sind. In Wahrheit trieb Verdi hier den schon immer angestrebten Stil zu seiner Vollendung, ja zur Vorahnung kommenden Operntheaters. Alle Kürze der musikalischen Phrasen, alle syllabische Gesangsweise sollte nicht darüber hinwegtäuschen, daß es sich um reinsten Verdi handelt. Für den Regisseur mit Eigenambitionen gibt es freilich harte Nüsse zu knacken. Denn nicht nur hielt Verdi seine Bühnenbildvorstellungen in Skizzen fest, er komponierte auch fast jede Fingerbewegung aus. Ich hatte das große Glück, einem Regisseur zu folgen, dem diese Partitur in Herz und Hirn gegraben war und der sie mich nachzuvollziehen lehrte. Und was zunächst bei dem damals jungen Sänger noch zu lausbübisch oder clownesk ausgesehen haben mag, wurde unter dem Einfluß von Luchino Visconti und Günther Rennert später zum Charakteristischen hin vertieft.

Visconti stand 1966 in Wien bereits in intensiven Vorbereitungen zu seinem nächsten Film. Er machte einen überanstrengten Eindruck. Als ich vor der ersten Stellprobe zu ihm auf die Bühne eilte, um mich bei ihm einzuführen, schauten mich seine und die Augen der vielen ihn umstehenden jungen italienischen »Gefolgsmänner« entgeistert an. Schließlich war ich ein lang aufgeschossener, dunkelhaariger, relativ junger Mann. Der Meister war es gewohnt, im Film nach dem Typ zu besetzen und nicht, wie in der Oper, auf eine festgelegte Stimmlage Rücksicht zu nehmen.

»Sie sind – mein Falstaff?« hauchte Visconti, schon resignierend. Nun, es blieb mir vorbehalten, ihn umzustimmen. Er sah die Aktionen in diesem Stück eher verhalten und wollte das Bild als Gesamtheit wirken lassen. Ich freute mich spitzbübisch, daß er meinen ausgelassenen Eskapaden mit immer lebhafterem Interesse folgte und mich schließlich gar noch zu weiteren ansporte. Nichts war mehr zu spüren von der Müdigkeit des Anfangs, die Leonard Bernstein, der Dirigent der Aufführung, so charakterisierte:

»Uncle Luchino is asleep again!« – »Onkel Luchino schläft schon wieder!«

Der Herr aus uralter, hochmögender Mailänder Familie (die Scala wird noch immer von einem Zweig der Visconti-Familie mitfinanziert) steigerte sich während der Proben zu immer lebhafterem Gesten- und Mienenspiel, bis er schließlich an den

Höhepunkten der Ausgelassenheit eine einzige Bewegung zu sein schien.

Visconti wird mir auch mit seinen Filmen »Tod in Venedig« und »Ludwig« als ein großer Künstler unvergessen bleiben. Dort war er souveräner als in der Oper. Nichts wegzulassen und nichts hinzuzufügen, diese interpretatorische Maxime im Dienste wirklich großer Kunstwerke beherrschte mich seither, wenn ich den »Falstaff« zu verkörpern hatte, den Verdi so freundlich nicht in tiefer Baßlage, sondern bei einem hohen Bariton (nämlich in der Uraufführung Victor Maurel) angesiedelt hatte. Und daß er den alternden Saufbold zugleich schon Sir und noch seniles Baby (auch im Gang) sein ließ, zwischen trübseliger Melancholie, ausbrechendem Zorn und homerischem Gelächter, das macht die Figur zu einem Geschenk für den Darsteller. Verdi, dessen Leben alles andere als ein reines Vergnügen war, erlaubte sich kurz vor dem Abschied von dieser Welt nicht nur eine kunstreiche Fuge, wie sie bei ihm sonst nur im einzigen Streichquartett vorkommt, sondern unterlegte ihr auch noch den Text:

»Tutto nel mondo è burla« – »Alles ist Spaß auf Erden.«

Wesentlichen Anteil am Gelingen des ersten Abends in der Städtischen Oper Berlin hatte auch der Dirigent Alberto Erede. Schon Mariano Stabile, der legendäre Toscanini-Protagonist, war einmal sein Falstaff. Erede gab mir Erinnerungsfetzen von dessen Darstellung mit. Dem leicht lispelnden Dirigenten fehlte die Gabe zur Show gänzlich, und seine spätere Laufbahn wollte sich nicht über das Repertoire-Dirigieren erheben, sieht man einmal von der kurzen Zeit als Generalmusikdirektor in Düsseldorf ab. In Amsterdam besuchte mich Erede einmal in meinem Hotelzimmer und klagte mir die schon bekannten Dirigentenprobleme, daß nämlich die Plattenfirmen sich seiner nur sehr sporadisch erinnerten, daß die Intendanten ihre Versprechen selten wirklich einhielten. Ihm schwebte vor, Verdis »Falstaff« für Prag, Florenz und Rom italienisch zu produzieren, und ich schlug ihm Luchino Visconti als Regisseur vor. Letztere Idee sollte mir später in Wien von Leonard Bernstein angetragen werden. Der Eindruck selbstkritischer Objektivität war bei Erede vorherrschend, wenn er auch gelegentlich in weinerliches Räsonieren verfiel, daß man ihn nicht genug anerkenne. Als ein echter Italiener verstand er sich darauf, hemmungslos und ohne Anspruch auf Wahrhaftigkeit zu schmeicheln.

Ebert erkannte, daß ich in den sogenannten Problemopern gut einzusetzen sei. Er wurde darin von seinem Chefdirigenten Richard Kraus bestärkt. Dieser führte den langverkannten, schon fast vergessenen »Doktor Faust« von Ferruccio Busoni wieder auf und gab mir für die Titelpartie einen Praktikus und handwerklichen Könner als Regisseur an die Seite, seinen Freund Wolf Völker. Für den Mephisto kam Helmuth Melchert, der Singschauspieler, aus Hamburg. Der Erfolg der Premiere erlaubte immerhin vierzehn Wiederholungen in zwei Spielzeiten.

Eines Abends sitzt Igor Strawinsky, ein alter Gegner von Busoni, in der Proszeniumsloge und kommt am Schluß auf die Bühne. Hinter den dicken Brillengläsern leuchten seine weit geöffneten Augen ganz begeistert, und er meint:

»Ich habe nicht gewußt, daß Busoni ein so guter Komponist war! Einer meiner wichtigsten Opernabende.«

Nicht lange darauf meldete sich Sir Adrian Boult aus London, um mich nach Strichvorschlägen für eine konzertante Aufführung in der Festival Hall zu fragen. Ich schickte sie ihm umgehend und hatte dann große Freude, mit diesem jugendlich gebliebenen Vorkämpfer der neuen Musik in England dem Werk einen Erfolg zu ersingen.

Den »Maskenball« von Verdi trachtete Ebert, nachdem er das vergessene Werk Ende der zwanziger Jahre mit überwältigender Wirkung neuentdeckt hatte, wieder herauszubringen. Ich hatte den »Renato« unter Fritz Busch bei dessen letztem Deutschland-Besuch schon 1950 in Köln konzertant gesungen. Damals mußten wir Solisten im großen Sendesaal des WDR, der noch im Bau befindlich war, über die Planken aufs Podium klettern. Es war Winter und bitter kalt. Im Saal sah man den Atem vor dem Mund, wenn wir sangen. Alle Ensemble-Mitglieder litten unter irgendwelchen Erkältungen. So haperte es denn auch mit meiner Aufmerksamkeit bei der einzigen großen Klavierprobe. Busch spielte selbst, und als ich an einer Stelle Phantasienoten zu singen anfing, hob sich sein Kopf, er blitzte mich über die Brille hinweg an und rief:

»Komponier' nich', Junge!«

Mit Busch erlebte ich zum ersten Mal, was italienisches Brio wirklich heißt. Sein Temperament riß uns alle mit, und die Aufführung wurde völlig zu Recht durch eine Schallplattenprägung festgehalten. Von den schönen Plänen (unter anderem »Die Macht des Schicksals«), die Busch mit mir schmiedete, konnte sich leider keiner realisieren, denn nach dem darauffolgenden Hamburger Konzert blieb ihm nur noch ein Auftritt in der geliebten Exil-Heimat Kopenhagen, bevor er starb.

Als fast ein Jahrzehnt später Wolfgang Sawallisch in Berlin den »Maskenball« dirigierte (Regie führte Fritz Buschs alter Weggefährte Carl Ebert), konnte ich meinen Renato endlich auch auf der Bühne vorstellen. Es war ein durchbruchähnlicher Opernerfolg für Sawallisch sowie der Beginn unserer langjährigen Freundschaft, die sich auch bewährte, wenn wir in italienischen Werken zusammenarbeiteten. Aus rätselhaften Gründen wird es heute den deutschen Kapellmeistern mißgönnt, sich an internationalen Bühnen im italienischen Fach zu bewähren. »Don Carlos«, »Falstaff« oder auch »Macbeth« unter Sawallisch wurden zu anderen Höhepunkten meiner Operntätigkeit.

Mit Erede traf ich Ende der sechziger Jahre in Köln wieder zusammen, als wir Puccinis »Gianni Schicchi« mit Karl O. Koch produzierten. Damals mußte ich den entsetzten Gewaltigen telegraphieren, ich sei erkältet, würde aber dennoch zur Stelle sein. Wie so häufig, verabschiedete sich der Schnupfen während des Hinfluges, und so konnte ich ohne Zögern in ganzen zwei Tagen die komplizierte Partie des Gianni aufnehmen; sie teilt sich in fistelhafte Greisentöne und normale Stimmgebung. Der Dirigent Erede – reizend als Mensch und Causeur – verließ sich auf die anderen.

»Gute Reise!«

rief er den Musikern zu, wenn ungeprobt ein Take von zehn Minuten aufgenommen wurde. Natürlich machte diese Methode um so umständlichere Korrekturen notwendig. Ich richtete mich, da er zudem recht weit entfernt von seinen Solisten saß, mehr nach den Bewegungen seines leuchtend weißen Bartes als nach der Dirigentenhand.

Nach dem »Doktor Faust« fühlte ich mich weit stärker herausgefordert, als Ebert mir Berg-Büchners »Wozzeck« zuerteilte. 1959 regte die Wiederaufführung, mit den Bühnenbildern von Theo Otto, wiederum in Wolf Völkers Regie und musikalisch von Richard Kraus betreut, andere Bühnen dazu an, das Werk nachzuspielen. Mit Bergs Musik fand ich natürlich intensiver in den Stil des neuen Musiktheaters hinein. Für diese Enthüllung kreatürlichen Leidens mußte sich alle dramatische Ausdruckskraft in Gesang und Spiel voll entfalten, vielleicht gerade weil der »Wozzeck« stimmlich, psychologisch und musikalisch an die Grenzen meiner Kräfte ging.

Dagegen erschien mir »Mathis der Maler« von Paul Hindemith – immerhin eine äußerst dominierende Heldenbariton-Partie – fast wie ein Kinderspiel. Hier debütierte in der Rolle der Regina die Spanierin Pilar Lorengar und begeisterte durch ihre Schönheit und Stimmpracht das ganze Ensemble. Sie trug in gebrochenem Deutsch, aber sehr beseelt zu dem großen Erfolg bei. Solche schönen Geschöpfe hatte Ebert gerne in seiner Umgebung. Der soignierte Herr mit der weißen Haartolle ruhte auch nicht eher, bis er die Problematik des »Don Giovanni« bei Da Ponte, der den Held nie wirklich als Eroberer zum Zuge kommen läßt, ihn auch als Liebhaber schwächlich zeigt, in theatralische Pluspunkte umgewandelt hatte.

Das neue Haus in der Bismarckstraße bekam mit Ebert die Weihe, allerdings nur, um gleich darauf dessen Abschied zu erleben, denn Gustav Rudolf Sellner hatte ihn als Intendanten bereits abgelöst. Die Proben zu dieser letzten Premiere während seiner Aegide begannen mit viel Lob für meine Anlage der Partie und voller ungewohnt guten Glaubens an mein Gelingen. Ebert erschien mir viel weniger maliziös als früher. Nun hatte ich für technische Details meines zweiten »Don Giovanni« viel von ihm erhofft. Ebert schien sich aber zunächst verspielt, dann nervös mit dem Arrangieren zu begnügen. Sein Fortgang und der Antritt Sellners beeinflußten die Arbeit wohl ungünstig. Auch wirkte die Probenaufteilung alles andere als förderlich. In ihrer direkten Art wagte Irmel eine Art Vorwurf, als sie einmal bei einer Stellprobe zusah. Ebert möchte sich doch ab und zu einen Kaffee oder etwas zum Beißen bringen lassen. Dies faßte der nicht uneitle alte Herr nur als männlichen Erfolg auf und fügte es prompt als einen Stein in unser Brett.

Einmal gab es für mich einen »schwarzen Freitag«, als nämlich der sich (vielleicht durch seine fortgeschrittene Krankheit bedingt) etwas selbstherrlich gebende Ferenc Fricsay mir einein- halb Stunden lang seine Schauspielideale einzupflanzen suchte, die sich durchaus nicht mit den Ebertschen vereinen ließen. Wenigstens geschah diese Unterweisung unter vier Augen und glich deshalb schon einem Gnadenakt. Dennoch fühlte ich mich danach reichlich verunsichert. Das Fernsehen sollte die Premiere mitschneiden, und so hatte Ebert ausgerechnet kurz vor jenem Abend einen Fechtmeister herbeizitiert, um die erste Szene tele- gen auch für die Nähe auszuarbeiten. Der professionelle Trainer hieb nun auf Josef Greindl, den etwas beleibten und nicht mehr jungen, und mich, den sportlich eher noch Unbegabteren, ein. Alles eventuell bisher während der Proben Erreichte zerplatzte unter den bellenden Feldwebelverwünschungen dieses Dres- seurs. Schreckliche Visionen eines erneuten Kasernen-Zwanges zogen auf. Ein rebellisches Wort gegen den Tonfall des Fecht- meisters zeitigte keine Wirkung, und so schlichen wir uns schweißnaß und verspottet wie die armen Sünder davon. Danach gab es noch vier Stunden sehr ermüdender Orchester- probe, bei der sich Fricsay in Verbesserungswünschen schier zu feiern schien. Viele rückwärts zu erklimmende Treppen im Büh- nenbild von Georges Wakhevitch und meine Steifheit nach dem durchlittenen Nachmittag gaben mir den Rest.

Für die Zukunft merkte ich mir: Es heißt in solchem Fall die Angst still überwinden, das Selbstvertrauen zusammenklauben, auch wenn es unauffindbar scheint, nicht links noch rechts hören, sondern selbst wissen, was man tut, auf den eigenen künst- lerischen Willen zurückkommen, auch – und gerade – wenn viele dreinreden. Das gilt auch, wenn einen ungerechtfertigte Kritiken bedrängen wollen. Wie aus einer besseren Welt winkten mir meine beiden Buben Mathias und Martin von der Hinterbühne her zu. – Als sich die Premiere näherte, regte sich bei Ebert der Menschenfreund, so daß er es als »rührend« bezeichnete, wenn einmal ein paar Schrittchen der Choreographie von mir verwechselt wurden. Übrigens hatten alle Fechtübungen nur den Effekt, daß mir Greindl bei der zweiten Vorstellung seinen Degen derart in den Handrücken trieb, daß das Blut spritzte. Vor Schreck und Schwäche schwindelte mir. Als zwei Bilder später strahlendes Licht über die umgebauten Treppen fiel und den Schauplatz des realistischen Kampfes grell beleuchtete, starrte ich auf die kleine Blutlache, die ich hinterlassen hatte. Zum Glück grinste der Theaterarzt beim Verbinden nur spöttisch.

Nachdem Ebert wahrgemacht hatte, womit er so oft zu drohen pflegte, daß er nämlich seinen Hut nehmen wolle, litt er nun unter dem Gefühl der Verlassenheit, weit weg in seinem Haus an den Pacific Palisades in Los Angeles. Einmal besuchte ich ihn – nach Konzerten – hinter seinen üppigen Rosenspalieren und schrak zurück vor dem ununterbrochenen Ehekrieg des alten Paares. Ebert schaffte es vor lauter Streiten kaum, ein paar Minuten lang mit mir Erinnerungen aufzufrischen. Immer »kam etwas dazwischen«. Kurz darauf schrieb ich ihm, er solle doch wieder eine Gastrolle als Regisseur geben.

»Ja, lieber komme ich ins Gefängnis Berlin zurück, als hier geistig zu verdorren«,

antwortete er mir. Aber seine letzte Berliner Arbeit, ein Aufguß der Inszenierung aus Glyndebourne von Strawinskys »The Rake's Progress«, wurde kein rechter Erfolg mehr. Der Fünfundachtzigjährige schrieb mir 1972 in Abwandlung eines Zitats aus »Tannhäuser«:

»Da blick' ich auf zu einem nur der Stars – und die schöne Zeit des gemeinsamen Ringens, des Feilens an dem rechten, dem wahren Ausdruck, der Suche nach Vollendung steht wieder vor mir.«

Ebert hat mich »FiDi« gerufen, bald hieß ich so im ganzen Haus an der Richard-Wagner-Straße, heimlich und leise dann auch anderswo.

*

1954 sah ich ein Stück weit hinter den rosigen Vorhang, den ich mir in jungen Jahren um die Bayreuther Sphäre zurechtgedacht hatte. Winifred Wagner, Festspieldirektorin der dreißiger Jahre, lud, einer Gewohnheit folgend, die Bayreuth-Debütanten mit alten Freunden zusammen zum Tee. Im »Führerbau« neben der Villa Wahnfried hatte sie seit einigen Jahren Quartier bezogen, umgeben von prächtigen Bildern und Manuskriptschätzen aus Wagners Zeit. Der etwas gewollt »modern« eingerichtete Wieland Wagner in seiner sehr farbenfrohen Wohnung mit zum Teil elektrisch bewegbarem Fensterglas, nebenan in der Hauptvilla, hatte Winifreds Räume – sicher mehr von außen gehemmt als aus Überzeugung – in all der Zeit nicht betreten. Beim Weggehen sahen wir ihn vor seiner eigenen Tür Besuch verabschieden. Zwischen Sohn und Mutter wurde kein Blick gewechselt. Winifred zog, kaum daß Wieland aus unserem Sichtfeld entschwunden war, sehr ungeniert über die »Stillosigkeit und Willkür« seiner Inszenierungen her. Ihre stahlklaren Augen wirkten auf mich stürmerhaft und persönlichkeitsbesessen zugleich. Unbemerkt zog sie die Zigarettenschachtel aus meiner Jackentasche, um mir dann unentwegt daraus anzubieten. Dann zeigte sie unter den Gästen auf die Tochter des einst berühmten Dirigenten Arthur Nikisch. Diese geriet in arge Verlegenheit, als Frau Winifred sie heillos häufig »einem edlen Pferd ähnlich« nannte. Die Abendsonne spielte auf dem Treppengeländer und auf den diversen Lenbachs an den Wänden. Einen unter ihnen, Siegfried Wagner darstellend, decouvrierte Winifred beim Verabschieden als eine »Jugendsünde« Wielands, die mir freilich als im Stile Lenbachs gemalt sehr gelungen schien. Während wir das Bild noch betrachteten, ließ die Hausherrin solche Kernsätze fallen, wie

»Picasso ist ein Nichtskönner«

oder

»Kunst muß Freude bringen«,

und damit war mein Genuß des jugendlichen Pastiche dahin. So müssen Monarchen sprechen. Ich dachte an die entzückten Erwähnungen von Hitler in der Unterhaltung, an seine Verbindung zur Hausherrin bereits in den frühen Tagen des Nazismus, als sie Decken und Nahrungsmittel in die Landsberger Feste brachte, um dem Inhaftierten beizustehen. Zweimal hielt der Monomane auch um ihre Hand an. Aber die Schwiegertochter des Musikfürsten wies ihn deshalb ab, weil der Bewerber um die junge Witwe Siegfried Wagners keinesfalls eine Stellung unterhalb der des Reichskanzlers innehaben durfte. Wäre es einer Frau Winifred Hitler wohl beschieden gewesen, die katastrophale Entwicklung vermeiden zu helfen? Erst 1940 versandete die Freundschaft zwischen den beiden ganz, als Hitler seine Besuche in Bayreuth einstellte. All dies hatten wir Zuhörer sprachlos vernommen.

Auch durch einen fehlenden Kommentar kann etwas in erstaunlich anerkennendes Licht geraten. In einem Fernseh-Interview suchte Winifred Wagner den Syberberg-Film über sie vor der Entrüstung des Sohnes Wolfgang wegen der darin geäußerten »Enthüllungen« in Schutz zu nehmen. Gewollt oder nicht bestätigte, ja glorifizierte sie das, was verhüllt werden sollte. Müssen denn diese noch gar nicht so lange zurückliegenden Vorgänge mystisch vernebelt werden?

Wieland Wagners »Tannhäuser«-Inszenierung von 1954 eröffnete zweifellos neue Perspektiven der Vereinfachung, der Stilisierung, auch solche der neuartigen, choreographisch gebundenen Chorführung. Aus der Not des Materialmangels entstand eine fast ungegenständliche Realisation dessen, was Richard Wagner gemeint haben könnte. Aber eben dieser Konjunktiv ist hier am Platze. Die großartigen visuellen Einfälle begannen sich damals – und dieser Prozeß ist noch lange nicht abgeschlossen – selbständig zu machen.

Nachdem ich in abendlich später, erster Bühnenprobe unter dem imponierenden Prospektenhimmel des provisorischen Musentempels den »Abendstern« zu klimperndem Pianino vorgesungen hatte, rannte ein graumelierter, sich geschmeidig bewegender Herr über die Orchesterbrücke auf mich zu. Wieland Wagner umarmte mich und sagte:

»... die Erfüllung dessen, was ich erreichen möchte.«

Nun, auf diesen freundlichen Empfang (in Bayreuth lernte ich die Mächtigen immer erst nach dem ersten Singen kennen, so auch Knappertsbusch nach der Generalprobe zum »Parsifal«)

sollte einige Jahre später der Rausschmiß folgen, nur weil ich einen – nachträglich dazuerfundenen – Jägerhut nicht aufsetzen wollte, der so konstruiert war, daß man sich selber absolut nicht hören und kontrollieren konnte. Das kam mir aber erst nach Jahren durch Dritte zu Ohren.

Von Wieland zu Tische geladen, auf der Terrasse von Wahnfried, gab es eines Nachmittags ein langes Gespräch, in dem es weder Irmel noch mir gelang, auch nur im kleinsten Punkt, geschweige denn im Wesentlichen, wirklich mit ihm Gedanken auszutauschen. Es war, als spräche er eine andere Sprache. Eines fiel mir dann auf: im Grunde ging es ihm – wie das auch bei vielen anderen Inszenatoren der Fall ist – nicht um die Musik, schon gar nicht um die seines Großvaters. Im Gegenteil: wollte der Darsteller im Spiel etwas Bestimmtes erreichen, so brauchte er nur zu sagen, der Meister habe es aber nicht so beabsichtigt, und schon gehörte es zum Bestand der Inszenierung. Symbolisch zu vermittelnde Ideen standen im Vordergrund, und dazu kamen tolle Kürzungsvorschläge an den Dirigenten, die zum Glück nicht akzeptiert wurden. Daß die Musik das geeignetste Mittel sei, die Ideenwelt des Musikdramas zu verdeutlichen, darauf verfielen weder die Mitwirkenden noch die Presse. Meines persönlichen großen Erfolgs als Sänger und als Darsteller wurde ich deshalb nicht ganz froh.

Der Amfortas hat es in Bayreuth nicht leicht. Er muß nicht nur den ganzen zweiten Akt und den halben dritten der Bühnenweihe fern zubringen, dort ist ihm auch noch je eine Stunde Wartezeit zwischen den Aufzügen auferlegt. Einmal – 1955 – erlaubte ich mir, den Beginn des dritten Aktes auf der Bühne zuzubringen. Durch wahre Menschenmassen drängte ich mich in den linken, vorderen Teil, der vom Publikum nicht einzusehen ist. Platz zum Sitzen gab es natürlich kaum, aber jemand räumte mir doch ein Eckchen ein. Hinter mir gähnten zwei Feuerwehrmänner, neben ihnen der Bühnenarzt. Rechts von mir lehnte eine Tänzerin aus der Blumenmädchenszene kokett im Bademantel an der Wand. Sie schaute nicht auf die Bühne, sondern auf einen gerade eintretenden, mit Kameras behängten Reporter. Parsifal sang eben:

»Heil mir, daß ich dich wiederfinde«

und zeigte ein gelangweiltes Gesicht, während der gute, alte Ludwig Weber als Gurnemanz in der Rolle lebte und mit Miene und Geste reagierte. Die Frau des Chordirektors Wilhelm Pitz stieß mich leise an und bat, einige Fotos von mir in der Hand, ihr diese doch nach Ende der Vorstellung unterschrieben wiederzugeben. Martha Mödl wusch Parsifal die Füße, soweit dies der Bewegungsregie zu entnehmen war. Der Sänger des »Holländer«, Hermann Uhde, trat neben mich und berichtete entrüstet von seinen soeben beendeten Besprechungen mit Wieland, die seine nächstjährigen Pläne unmöglich machten. Ein pflichttreuer Inspizient drängte sich jetzt an das beleuchtete Schaltbrett neben mir und drückte auf einige Garderobenknöpfe, darunter auch den meinen. (An den anderen Abenden stand ich zu diesem Zeitpunkt längst auf der Hinterbühne, mich konzentrierend.) Ich eile nach hinten, lege mich auf meine Krankenliege und werde schwankend aus der faszinierenden Bühnentiefe in Richtung auf das Orchester dem Chor nachgetragen. Neben dem Vorhang steht Wilhelm Pitz auf einem Stuhl, seine Taschenlampe bewegt sich im Takt, während ein Auge seitlich auf Hans Knappertsbusch hinunterschielt. Da höre ich deutlich eine Flüsterstimme zischen:

»Das leuchtet ja so hell, da sieht man dich im Publikum.«

Wolfgang Wagner klopft aber dann, Pitz auf dem Stuhl erkennend, begütigend auf dessen tieferen Rücken. Als sich der Vorhang bereits einige Sekunden über dem Schlußtableau geschlossen hat, liege ich – noch in der Rolle – äußerlich und innerlich erschöpft auf den Stufen zum Gral. Ramon Vinay, der Parsifal, kommt lachend herunter und stößt mich mit dem heiligen Speer in die Seite:

»Hey, you finished now!«

höre ich und sehe in sein Gesicht, das alltäglichste Alltagsgesicht. Daneben nimmt Ludwig Weber langsam die gefalteten Hände auseinander, sieht still vor sich hin und schüttelt mir dann die Hand. »Kna«, den ich bisher nur einmal – eben nach der Generalprobe – gesehen habe, steigt aus dem Orchester herauf und klopft mir auf die Schulter, etwas Lobendes brummend.

Die Bühnenarbeiter haben im Nu den Schauplatz leergezaubert und im Hintergrund ein Klavier aufgestellt, denn jetzt, um halb elf, wird noch vorgesungen.

Sagt ein Sänger vorsorglich Proben ab, weil seine Nase läuft oder er einen rauhen Hals hat, dann wird ihm vom Regisseur gern Unlust an der Arbeit vorgeworfen. Als Anfang der sechziger Jahre die »Tannhäuser«-Wiederaufnahme probiert wurde und sich die obengenannten Symptome bei mir zeigten, setzte ich mich dem Argwohn Wielands aus. Die Panik kulminierte am Vorabend der Generalprobe. Vorsichtig und höflich stellte ich anheim, für die nächsttägige Proben-Beanspruchung einen anderen Wolfram zu holen. Über Nacht besserte sich mein Zustand, aber Wieland hatte nun schon mit George London einen »Vertrag« abgeschlossen. Vielleicht schien ihm die Gelegenheit günstig, mich auszubooten. Ein alleiniger, ungeteilter Sieg war ihm doch wohl lieber. In der Premiere gelang es mir, alle Kabalen zu vergessen, auch des Dirigenten Schnoddrigkeit (»In meinem Orchester reißen sich auch zwei Oboisten darum, die Aufführung zu spielen«) und den wunden Hals. Allerdings nur bis gleich nach dem Beginn, als ich in der erhöhten Spannung den Text-Faden verlor, um ihn erst nach einer Klavierauszugszeile todesverachtend wieder zu ergreifen. Am Schluß gab es die meist peinlichen Einzelvorstellungen mit dosiertem, abwägendem Beifall. Als ich an der Reihe war, mich zu verbeugen, zögerte Wieland bezeichnenderweise, mich hinauszulassen, woraus ich die wahre Sachlage entnahm. Dann kam er darum aber nicht herum, und der Stärkegrad des schreienden Beifalls freute mich hauptsächlich deshalb, weil er einem genialen Verleumder an die Nieren gehen mußte. Er hatte nämlich meine »Arbeitsunlust« leise, leise in die Presse träufeln lassen, die auf so etwas immer gierig wartet.

Ich litt nicht ganz so lange wie Joseph Keilberth unter der brüsken Kündigung durch Bayreuth, die mich damals mitten aus großem Erfolg abberief. Obwohl mein Vertrag noch für das kommende Jahr gegolten hätte, teilte mir Wieland Wagner – wohlweislich unter vier Augen – mit, der nächstjährige Wolfram sei längst an einen Wiener Kollegen vergeben. Später, viel später erfuhr ich, daß der nicht respektierte Geßler-Hut die wahre Kündigungsursache abgegeben hatte. Kein Wunder also, wenn ich aus Bayreuth bis zu Wielands vorzeitigem Tod nichts mehr hörte. Alljährlich kommen pflichtbewußte Weihnachtskarten aus dem fränkischen Festspielort und stimmen mich etwas melancholisch. Unbestreitbar hat sich dort unter Wolfgang Wagner seither einiges demokratisiert. Vor allem aber hat das Festspiel allen Widerständen zum Trotz seinen Mut zum Experiment nicht verloren. Nirgendwo auf der Welt fließt dem Werk Wagners so viel neue Lebenskraft zu wie im Tempel auf dem »Hügel«.

*

In mancherlei Sinn »weltläufiger« als unter Carl Ebert gestaltete sich die Berliner Amtszeit Gustav Rudolf Sellners, der die großen Auslandstourneen des gesamten Ensembles der »Deutschen Oper Berlin«, wie unser Haus jetzt hieß, einleitete. So flog ich denn 1963 mit der Maschine voller Ensemblemitglieder nach Tokio (nicht zum einzigen Mal!). Unsere Bleibe dort war das noch nicht umgebaute Imperial Hotel mit seinen sanften Reminiszenzen an japanische Herrscherbauten, das seither ganz der gesichtslosen amerikanischen Normalglasfassade gewichen ist. Es handelte sich nicht um geldbringende Stippvisiten allein; vielmehr beackerten die Deutschen einen Boden, der bereits von italienischen Ensembles benetzt worden war und den es vollends fruchtbar zu machen galt. Erst seit den dreißiger Jahren existiert in Japan die genauere Bekanntschaft mit europäischem Kulturgut und die Neugier, immer mehr davon ins eigene Bewußtsein aufzunehmen. Die diversen (auch zeitweilig verhängnisvollen) Sympathie-Bindungen, die bereits mit Japan bestanden, sollten ausgebaut und gefestigt werden. Dem ersten Gastspiel der Oper gingen drei Jahre der Vorbereitung voraus. Mehrmals schienen alle Pläne finanziellen Schwierigkeiten weichen zu müssen. Aber dann gab es hundert Stunden Zeit des Anstehens bei einzelnen Japanern, drei Nächte schliefen manche vor der Theaterkasse. Nicht leichten Herzens hatten sich die Berliner dazu entschlossen, für die etwas kleineren Maße des Nissei-Theaters, wo wir spielten, die Bühnenbilder umzuzeichnen und in Japan nachbauen zu lassen, um wenigstens etwas von den ungeheuren Kosten herunterzukommen. Alles klappte dann aufs beste; die Bilder ließen nur wenig von ihrer Tiefe vermissen, auf den Proben wurden wir mit grünem Tee verwöhnt. Der großen Entfernungen in Tokio wegen kampierten die Bühnenarbeiter auf Schlafmatten im Theater. Noch sehe ich Sellner pfeiferauchend und geduldig die technischen Vorgänge in der »Zauberflöte« überwachen und selbst die Versenkung ausprobieren, in der die Königin der Nacht verschwinden sollte.

Wer vielleicht noch am Eifer der Japaner, die deutsche Musik zu studieren, zweifeln mochte, brauchte nur das Radio anzustellen. So hörte ich gleich am ersten Morgen eine dreistimmige Fassung der »Beiden Grenadiere« von Schumann, von drei Herren mit starkem Vibrato gesungen, die mir zwar seltsam klang, aber rührend anmutete. Aus jedem zweiten Fenster in der Ladenstraße Ginza blickte mir mein Konterfei entgegen, da meine Platten hier bereits ausgiebig die Runde gemacht hatten und ich bald in Interviews immer wieder darüber Auskunft geben mußte, weshalb ich dieses Detail 1955 so und 1960 so gesungen und jenes 1961 hinzugefügt hätte. Viel gab es zu sehen, zu erleben. Die phantasievoll-vielfarbigen Lichtreklamen; die mit schöner Regelmäßigkeit erfolgenden Erdstöße, die einem immer wieder todesängstliche Schauer über den Rücken jagen; das altehrwürdige Kabuki-Theater mit seinen nur von Männern dargebotenen Lehrstücken der Schauspielkunst (einmal gab es ein Solo zu bewundern, in dem der Darsteller das Weinen vom ersten Schluchzen bis zum Tränen-Ausbruch virtuos eine dreiviertel Stunde lang vorführte). Die Zuschauer halten sich dort bis zu acht Stunden auf, in den teureren, bühnennahen Reihen dürfen sie auch auf Matten liegen, dürfen sich aber auch lautstark anfeuernd und beifällig äußern; dann die Takahasuka-Girls, eine Mädchentruppe, in der umgekehrt alle Rollen von Frauen dargestellt werden, und hundert Dinge mehr.

Wann immer japanische Gastfreundschaft sich unserer bemächtigte, blieben die Frauen im Hintergrund. Auf offiziellen

Parties und während Interviews sah man nur Übersetzerinnen. Das hat sich inzwischen sehr geändert, wenn auch davon begleitet, daß nun bei weitem nicht mehr so viele Kimonos im Publikum zu sehen sind wie früher. Einzig im Teehaus, wo ich mit Lust meine viel zu langen Beine unter die niedrige Tischplatte zu strecken versuchte, hatten die unterhaltenden Frauen ganz das Sagen, in einer an amerikanischen Touristen gestählten Direktheit freilich, die nur dann zu stoppen war, wenn Lieder zum Zupfinstrument erklangen.

Eine Vielfalt an musikalischen Farben offenbart sich, sobald sich das Ohr eingehört hatte, die von der Freude der Japaner an konzentrierter Lyrik zeugte und ihre Vergötterung des deutschen Liedes wenigstens zum Teil erklärte. Die schönste japanische Musik erlebte ich damals im Kaiser-Palast und später in einem der verborgenen Tempelschreine Tokios, wenn Gagaku von der kaiserlichen Kapelle erklang, magisch großräumig, geheimnisvoll von fast unmerklichen Gong-Rhythmen strukturiert und immer begleitet vom Klang der Mundorgeln mit ihren die Seele transformierenden Sphärenklängen.

Bei den drei Gastspielen des Berliner Opernhauses wurden alle Vorstellungen ohne zusätzliches Licht und ohne daß die beteiligten Sänger dafür hätten proben müssen, vom Fernsehen mitgeschnitten. Damals war das private Video-Aufnehmen erst erfunden, so daß sich niemand um die Bänder bemühte. Heute hilft keine Nachfrage, nichts mehr kann von den damals gelaufenen Vorstellungen zeugen, da alle Bänder inzwischen zerstört wurden.

Es gibt wohl keine gewitzteren Autogramm-Jäger als die Japaner. Alle Schleichwege nach den Vorstellungen erkannten und besetzten sie, um einen bis zur Fahrstuhltüre und bis zum rettenden Hotelzimmer nicht mehr loszulassen. Damals in Tokio und natürlich auch den anderen besuchten Städten im Süden und Norden des Landes, die alle mit hervorragenden Sälen gesegnet sind, lernte ich, was Shiatsu, die japanische Massage, im Verein mit Akupressur und -punktur an Gesundheit und neuer Frische bewirken kann. Und so wurde Herr Nakayama, der uns die letzten Male mit unermüdlichem Eifer betreute, für uns zum Symbol für das Wohlbefinden im Fernen Osten. Alle Nachahmung durch europäische Hände kann die Wirkung des Originals nicht erreichen.

Im Imperial-Hotel – hoch oben in der Rainbow Lounge, wo die Speisen vom dampfenden Schüsseltisch selbst abgeholt und beliebig nachgefüllt werden – war es beim dritten Besuch, daß mich Sellner an einen einsameren Tisch bat, um mir zu offenbaren: er stelle sich vor, ich solle sein Nachfolger als nächster Intendant werden; alle brächten mir das größte Vertrauen entgegen. Ich erbat mir Bedenkzeit, um dann abends in der Garderobe zur »Falstaff«-Vorstellung durch Kollegen bereits von meiner definitiven Ernennung zum Intendanten zu erfahren. Ich lehnte dennoch ab, da ich meine Begabung nicht in der mehr diplomatisch und organisatorisch ausgerichteten Tätigkeit eines Opernleiters sah.

*

Zwei Verdi-Partien sind für mich mit Sellners Namen verbunden. Da war Georges Germont in der »Traviata«, eifernd, aber auch Romanzen singend, eine gute Gelegenheit, mir ganz bewußt und noch intensiver als bisher den Verdi-Stil anzueignen, in italienischer Sprache und mit einem Dirigenten wie Lorin Maazel, unserem damaligen Generalmusikdirektor. Sellner machte bei der »Traviata« einen – möglicherweise durch Sanjusts prächtig realistische Bilder – etwas inhibierten Eindruck. Hatte er doch in seiner Darmstädter Zeit eine damals grundlegende Art der abstrahierenden Moderne geschaffen, die mit diesem Prachtaufwand nicht gut zu vereinbaren war. Einzig im »Moses« von Schönberg, den er höchst erfolgreich szenisch uraufführte, griff Sellner auf seinen »Urstil« zurück. Aber wir Sänger klaubten aus vielerlei kleinen Anweisungen für die »Traviata« dann doch eine Darstellung heraus, die über die Alleinherrschaft des Bühnenbildes hinausging.

Beim Studium vieler verschiedener Platteneinspielungen kam für mich zum Vorschein, wie schematisch eingeordnet und wie mißdeutet Verdi-Gesang allgemein gehandhabt wird, wie falsch »Italianità« angewendet wird. Die innere Nähe zu Schubert wird verkannt, und das ruft eine geschmacklich verbildete Beurteilung von Verdis Stil hervor. Gewiß, der »grido« und die glänzenden acuti sollen und dürfen nicht verleugnet werden. Aber so wenig wir es uns gefallen lassen würden, von der Sprechbühne ein ständiges fortissimo hallen zu hören, so wenig läßt sich der verfeinerte Verdi-Typus zum breitesten Stimmeinsatz um seiner selbst willen nivellieren.

Dann kam Macbeth, alle meine vorherigen Verdi-Gestalten durch wilde, urtümliche Größe überragend, die aber durch weitgespannte Kantilenen ebenso wie durch Ausbrüche gekennzeichnet ist. Die Partie ist mir in Salzburg besser gelungen, auch durch die so wichtige, hallendere Akustik der Felsenreitschule. Was nützt das phantasievollst leergeräumte Bild (in Berlin von Raffaelli), wenn der Nachhall fehlt und die Stimmkontrolle unnötig erschwert ist! Ich stellte mir Macbeth als blonden Riesen vor, schwerblütig dumpf, zugänglich dem vernebelten Zauber der Hexen, dann zu majestätischer Gewalttätigkeit aufgereckt, von Ehrgeiz und Reue zerfressen. Die Vision des Dolches hatte ganz von meiner eigenen Mordgier erzeugt vor die Sinne zu treten, rezitativisch mußte der Monolog bis zum Aufschrei des Entschlusses gestaltet sein. Tonlos dann das geflüsterte »Tutto e finito«, gellallt als von einem Sklaven seiner Schuld kommend, der kalten, herrschsüchtigen Frau und Herrin hörig. In der herrlichen Des-Dur-Arie mußte sich die Seele des Verfluchten in dunkler Lyrik verströmen, sich der Vernichtung weihen. Zuvor Entsetzen, Rasen und Angst in zum Teil übergangslosem Wechsel – hier waren italienische Kantilenen zu atmen, Rezitative dramatisch präsent zu deklamieren, eine nordische, unheimliche Verinnerlichung deutlich zu machen und die Schwere mörderischer Affekte lasten zu lassen – ein Welttheater zu verwirklichen.

Der nächste Tokio-Besuch brachte meinen ersten italienischen »Falstaff«, den Maazel mit nur einer halben Probe am Vormittag der Ankunft den kommenden Abend über die Szene gehen ließ. Das Fernsehen war angeschlossen. Es gab keine zusätzlichen Scheinwerfer. Der gesamte, recht komplizierte

Stückablauf war mit Doubles von den Japanern im voraus derart minutiös geprobt worden, daß die Sendung mit auf dem Bildschirm laufendem, japanischem Synchron-Text direkt vonstatten gehen konnte.

In einer schwarz-weißen, dem Stummfilm nachempfundenen Ausstattung kam in Berlin Alban Bergs »Lulu« heraus, wie ich finde, zu wenig von der Presse gewürdigt. Die Idee war neu, und die Darstellung dem Sujet gerecht werdend. Vielleicht am gelungensten: Sellners Premiere »Dantons Tod« von Gottfried von Einem, deren Proben der anwesende Komponist zumeist strahlend zustimmte. Der witzige Wahl-Österreicher wurde ein Freund, von dem ich drei Werke kreierte: die für die UNO geschriebene und in New York uraufgeführte Kantate »An die Nachgeborenen«, der Zyklus von Hesse-Liedern und die Reihe von Artmann-Liedern »Rosa mystica« mit Orchester, die ich in Wien mit Karl Böhm sang.

Als Sellner ging, verlor Berlin nicht nur einen wortgewandten Causeur und handfesten Regisseur, es war auch der Mut zu erfolgreichen Operntiteln wie weggeblasen. Ein etwas verkrampfter Blick auf »moderne« Legitimations-Exemplare ließ keine rechte Freude auf die jeweiligen Spielzeit-Prospekte wachwerden. Aber das hatte die Deutsche Oper mit vielen anderen Bühnen gemein.

*

Der Name Rudolf Hartmann ist für mich hauptsächlich mit der Oper »Arabella« verbunden und mit deren zwar konventioneller, aber noch vom Willen des Komponisten Richard Strauss mitbestimmter Darstellungsweise. In Salzburg 1956 fing es an, als Hartmann gemeinsam mit Stefan Hlawa und Joseph Keilberth den Grund legte zu einer Aufführungsserie in München, später in London. Hlawa sprach mich auf einer Probe an, indem er sich erkundigte:

»Sind Sie Slowake? Sie sprechen ganz, wie in meiner Heimat das Deutsche traktiert wird.«

Nun wollte ich zwar mehr auf walachischen oder anderweitig ungarischen Rustikalton hinaus, aber dennoch freute es mich, auf diese Weise für »bare Münze« genommen worden zu sein. Als der Bühnenbildner von meiner – Berliner Herkunft hörte, war er ganz enttäuscht.

Die stimmlich und schauspielerisch damals auf voller Höhe prangende Lisa della Casa und die jugendlich frische Anneliese Rothenberger waren herrliche Partnerinnen. Lisa freilich muß sehr komplizierte Kleidungsstücke angehabt haben, denn sie achtete einen Großteil der Szenen mit mir darauf, nicht über Säume zu stolpern und bequem zu stehen. Auch besann sie sich ausgerechnet bei den Liebesszenen auf die alte, nicht nachahmenswerte Bühnenregel, dem Partner möglichst auf die Stirn zu blicken und nicht in die Augen, auf daß keine Irritation aufkomme. Schade! Aber wir haben's auch so zehn Jahre lang recht gut miteinander ausgehalten, und die Blicke holte ich dann bei Julia, meiner Frau, in Beauvais' Inszenierung der »Arabella« nach.

In London tauchten Hartmann, die della Casa und ich in ein musikalisches Wechselbad, als statt des ruhig deutschblütigen Schlages von Keilberth die Blitzschläge Georg Soltis auf uns herniedersausten. Wohlgemerkt: es ließ sich gottvoll musizieren unter diesem, speziell für solche Musik magyarisch vorgebildeten Ungarn. Auf der Bühne des Covent Garden Opera House sah es freilich eher nach pariserischen Umständen als nach wienerischen aus. Aber der Erfolg nahm tolle Formen an, und ich stellte mit einer gewissen Freude fest, daß noch heute bei Wiederaufnahmen der bejahrten Inszenierung wehmütig der Urbesetzung gedacht wird.

Im Jahr darauf erfolgte eine Wiederholung von sechs Vorstellungen, und wie immer in solchem Fall taten sich alle Beteiligten schwer, vor allem wohl, weil Lisa fehlte. Das Wetter stellte sich gerade langwierig um, und meine Freude daran, täglich an den Markthallen vorbei durch die Gerüche von Gemüse und Blumen zur Probe zu wandern, indem ich mir vorstellte, wie viele Liebespaare von hier aus ihre Blumengrüße bezogen, war fast geschwunden. Zu viele Proben mit einer neuen Arabella hatten unnötig ermüdet.

Im Anschluß an die Premiere gab es eine nette Party. Wie so

oft schon im Münchener Prinzregententheater und dann im Nationaltheater, hatte ich Dr. Franz Strauss im Londoner Publikum erspäht, den Kopf, der aus der Ferne dem Vater so frappierend ähnlich sah, daß man Richard Strauss für wiedererstanden hielt. Nun war er speziell zur Feier dieses Strauss-Spektakels nach London gereist. Er nahm mich beiseite und zog mich in einen Nebenraum, um sein freundliches Interesse an meinem Ergehen zu bekunden. Kaum war ich zurück in Westend, als ich ein großzügiges Geschenk in Händen hielt, aus einem Paket mit Garmischer Stempel. Entzückt konnte ich meiner Sammlung von Autographen zwei Seiten aus dem »Arabella«-Liebesduett als Particell in Straussens eleganter Bleistift-Notation einverleiben.

Mit dem Dank schrieb ich Dr. Franz Strauss, daß ich zwei Briefe seines Vaters an den meinen besäße, aus denen hervorgeht: um ein Haar wäre der Sohn, als er noch »Bubi« genannt wurde, als Pflegekind in das Zehlendorfer Direktorenhaus eingezogen. Mein Vater lehnte damals der Überlastung wegen ab, was er – sehr begreiflich – später bedauerte. Nicht lange nach diesem Briefwechsel mußte ich es bereuen, nicht rascher auf die freundliche Einladung nach Garmisch eingegangen zu sein, die Strauss ausgesprochen hatte und die ich aus Zeitnot immer wieder vor mir herschob. So starb er, ohne mir seine Schätze gezeigt zu haben.

Rudolf Hartmann erwies sich noch einmal als Virtuose der Vorplanung, als er Hindemiths »Cardillac« auf die Bühne des Münchener Nationaltheaters brachte. Alles hatte seinen vorbestimmten Platz, auch jede Gefühlsregung und jede Bewegung, und wir Darsteller legten uns sozusagen ins gemachte Bett. Diese Art planvoller Strategie wird ihm wohl auch dabei geholfen haben, seinen Lieblingsplan zu verwirklichen: ohne diesen Mann hätten wir vielleicht heute noch auf das wiedererstandene Haus an der Maximilianstraße zu warten. Ich versuchte, mit meinen künstlerischen Mitteln Cardillac als einen dem Auftrag des Schaffens verpflichteten Sonderfall darzustellen. Hartmann bemühte sich, den Stoff nicht ausschließlich in expressionistisch abstrahierender Weise auf die Bühne zu bringen, und so ergab sich für mich die Aufgabe, die Dämonie dieser romantisch pathologischen Gestalt als realistisch, an die Magie des von Menschenhand geformten Goldes verfallen, glaubhaft zu machen.

*

Als ich Günther Rennert zuerst sah, in Salzburg 1958, hatten wir gleich Zutrauen zueinander. Dennoch dauerte es viel länger als jenen Festspielsommer, bis wir uns künstlerisch näherkamen. Meine Scheu und Zurückhaltung muß ich heute bedauern. Natürlich bereitete mein pausbäckiger, etwas fettsüchtiger Graf damals unter all den Berühmtheiten in Salzburg, als Rennert den »Figaro« neu inszenierte, so manchem Betrachter zunächst Schwierigkeiten. Und es ist mir heute etwas verständlicher, daß ausgerechnet vor der Generalprobe Rennert mit ziemlich verstörtem Gesicht (das ihm eigentlich fremd war, diesem sicheren, eleganten Herrn) in die Garderobe trat, um mir zu verkünden:

»Wir wollen doch versuchen, die Rolle ganz neu, ganz anders anzulegen.«

Ich war während der Proben von meinen aufregungsbegleiteten Leistungen mehr als gewöhnlich angetan gewesen, hatte auch so manches Lob von den Kollegen eingeheimst. Um so verdutzter stand ich nun da – bei einer derart undetaillierten Kritik. Nun – viel werde ich kaum verändert haben in jener Generalprobe, denn ich konnte mir auf Rennerts Worte keinen Reim machen. Es ging mir erst viel später auf, was er gemeint haben könnte.

Ich glaube beim Anschauen eines Filmes von dem Könner Theo Lingen gelernt zu haben, daß herumirrende, unkontrollierte Blicke der Transparenz der Darstellung hinderlich sein müssen. Dem einmal erfaßten Inhalt eines jeden Ganges, jeder Aktion sollte der Blick, seine Richtung, treu bleiben. Automatisch überträgt sich dann Überlegenheit, nicht nur auf die Zusehenden, mehr noch auf den Darsteller selbst. Das hatte mich schon, wenn auch bisweilen in der Starrheit der Augen etwas zu weit gehend, Marianne Hoppe gelehrt. Ist der Darsteller sparsam und prägnant im mimischen Ausdruck, so unterstützt ihn diese Geradlinigkeit des Blicks noch dabei. Für den Grafen im »Figaro« konnte das heißen: alles Hektische halbieren, Ballast über Bord werfen. Nur Überlegenheit zaubert in diesem Fall das Spontane herbei. Sie läßt auch nicht zu, daß bei falsch gerichteter Ambition des Regisseurs in maßlosen Widersinn verkehrt wird, was einmal als sinngemäß verstanden ist. Übertreibung deckt peinlich Spuren der Arbeit auf.

Nach Jahren stieg ich in München in eine bereits stehende Inszenierung des »Figaro« von Rennert ein und freute mich, als er lobte, wie virtuos ich mich in einer Mindestzeit an Proben in seine Intentionen eingefügt hätte. Bei jeder Wiederaufnahme, für Festspiele oder während sonstiger Besuche, versäumte er nicht, mir zu sagen:

»Sie haben unendlich viel behalten«,

was höchstes Lob aus seinem in dieser Hinsicht sparsamen Munde bedeutete. Anläßlich einer hanebüchen schlechten Kritik über den Grafen schickte mir Rennert einen Handzettel des Inhalts:

»Carissimo Conte – Sie dürfen diesem Flegel nicht die Ehre geben, sich auch nur einen Moment die Laune nehmen zu lassen. Wir und München freuen uns so sehr, daß Sie wieder bei uns sind. Und nächstes Jahr wieder. Es wäre für uns eine solche Hilfe.«

Ich muß gestehen, ich habe dies weder vergessen noch – wirklich daraus gelernt. Immer wieder einmal überschwemmen Haßgesänge aus Vorurteil, Neid und Sensationslust in Wellen die Feuilleton-Spalten. Bevorzugte Tummelplätze für die Kritiker sind dabei Zeitungen in Österreich und Frankfurt/Main, deren Bedeutung zur Folge hat, daß die darin niedergelegte vorgefaßte Meinung weit ausstrahlt. Und das macht mir einfach zu schaffen. Die Presse wird ja nicht nur von Theaterleuten gefürchtet, denen jede Art von Druckerschwärze Angst einjagt, sondern auch von anderen im Scheinwerferlicht Schwitzenden. Viele Kritiker lassen sich leider auch von der Zahl der Lebensjahre verführen. Wer als Sänger über sechzig ist, muß doch einfach zu alt sein, um seinen Beruf auszuüben. Ich erinnere mich, daß ich als Junge älteren Leuten gegenüber auch immer das Gefühl hatte:

die liegen eigentlich schon im Sterben. An Freunden fehlte es mir nicht in meinem Leben, Feinde brauchte ich mir gar nicht erst zu machen, die waren da, ehe ich da war, aus unerfindlichen Gründen, anonym und maßlos...

Bedeutungsträchtig setzte mich Rennert im »Mantel« und in »Gianni Schicchi« von Puccini an, zwei einander widersprechenden Aufgaben, die an einem Abend zu bewältigen keine Kleinigkeit ist. Traf ich im Münchener Nationaltheater ein, empfing mich der allgegenwärtige Intendant Rennert:

»Willkommen in unserer Schmiere! Was macht ihr Kummer mit Kristina?« Meine junge Frau, die ich nach der Scheidung von Ruth Leuwerik geheiratet hatte, litt unter Alkoholsucht, und ich hatte sie schon für eine lange Zeit in eine geschlossene Anstalt geben müssen.

Nun, der fürsorglich verschmitzte Rennert dachte sich sein Teil, als Julia Varady und ich zu probieren anfingen. Meine Werbungen um die blonde Partnerin gingen im Ausdruck wohl etwas über Puccinis Vehemenz hinaus, wenn auch die hübsche Mär, ich hätte während des Spiels per Zettel um ihre Hand angehalten, frei erfunden ist. Warmherzig und spontan temperamentvoll, zugleich mit köstlichem Humor gesegnet, strahlte diese Frau von Anfang an Nähe und innere Verwandtschaft aus. Wenn sie von ihrer Kindheit in Rumänien, von ihren gütigen Eltern und den Streichen mit den Geschwistern erzählte, öffneten sich mir Welten des einfachen Lebens, die ich lange vergessen glaubte. Und natürlich überwältigte mich ihre unvergleichliche Stimme, ein Klang der stürmischen Leidenschaft, ein sieghaftes Leuchten in der Höhe, das auch die »Königin der Nacht« in leichte Erreichbarkeit rückt, ein kraftvolles Mezzo-Timbre in der Tiefe, beides überhöht von einer Schauspiellust und -fähigkeit, wie sei bei Opernstars wahrlich nicht häufig anzutreffen sind. Die grazile Erscheinung, der man die kranke »Traviata« ebenso gern glaubt wie die jugendliche Tatjana im ersten Teil des »Eugen Onegin«, bewegt sich mit tänzerischem Elan über die Bühne. Es war Rennert wohl bewußt, daß Julia und ich auch außerhalb der Proben häufig zusammen waren. Kurz vor der Premiere, als wir dachten, alles sei schon besprochen und jeder könne nun ruhig die Vorstellung abwarten, überraschte uns ein Telegramm-Bote: Wir sollten uns schön ausruhen, uns nicht zu sehr strapazieren und, wenn möglich, am nächsten Morgen doch bei ihm in der Oper guten Tag sagen, um ihn darüber zu beruhigen, daß wir wohlauf seien. Aber auch bei anderen, die eine große sängerische Aufgabe vor sich hatten, kümmerte sich Rennert darum, daß sie sich nicht übernähmen, und bei der kleinsten Erwähnung von Erkältung oder sonstigem Übelbefinden gab er Urlaub oder er mahnte zur Schonung. Für Nervositäten während der Proben wirkte er, selbst voller Spannung und mit Händen und Füßen nervig und agil, als ein Blitzableiter. Die Wogen der Aufregung glätteten sich rasch. Der erwähnte Abend mit den beiden so auseinanderstrebenden Partien bedeutete mir nicht nur persönlich, sondern auch künstlerisch viel.

Im »Mantel«, dieser Armutsidylle mit dem Charme des Kleinkarierten in Krimi-Spannung, erarbeitete Rennert einen speziellen Gestus für das Schattendasein auf einem Seine-Kahn. Er brachte uns bei, auf den Schiffsbohlen raubtierhaft zu gehen, uns animalisch zu bewegen, so wie sich Bootsleute mit den Füßen an die Planken zu klammern scheinen. Jedes Detail mußte im naturalistischen Sinne stimmen, entstand aus der Spannung, um Spannung zu erzeugen. Bei mir handelte es sich um das Tappen des in seiner Liebe Verunsicherten, das doch auch dem des Schiffers eignet, der sein kleines Reich durchmißt. Baute also Rennert im »Mantel« die Rolle von der gestischen Nuance her auf, so ging es in der Burleske »Gianni Schicchi« darum, sich während einer kurzen Pausenlänge mitsamt der auszuwechselnden Nase auf Übertreibung, bissige Karikatur, eine Satire auf Erbschleicherei umzustellen. Um mich als das »intelligente Zentrum« erzeugte Rennert einen komödiantischen, aber choreographisch genauen Bewegungsablauf. Wie er mir höchstpersönlich die bizarre Gestik der großen Soloszene vormachte, sitzt mir noch in Auge und Hirn. Später inszenierte Tito Gobbi im gleichen Bühnenbild »nach«, mit anderen Sängern, und es kam ein unvergleichlich matteres, unschärferes Bild dabei heraus.

Rennert, der schnelle und auch deswegen bei den Bühnenleuten so beliebte Arbeiter war jedem der ihm Anvertrauten ein zum Zuhören williger Gesprächspartner, wann immer er gebraucht wurde. Gemeinsam mit jener Bühnenbildnerin, die ihm am meisten entsprach, mit Ita Maximowna, der geschmackssicheren und zugleich flexiblen, immer in seinem Sinne tätigen Beraterin, schuf er eine Atmosphäre, in der es kein geborgeneres Arbeiten für die Darsteller geben konnte. Bestes Beispiel dafür: die unglaublich dichte und deshalb überzeugende Darbietung von »Così fan tutte«, Salzburg 1972. Ich wußte sogleich, daß er den Don Alfonso als ausschlaggebend für die Balance der sechs Darsteller untereinander sah. Weder nur Intrigant mit Vergnügen an menschlichen Schwächen, noch nur Voyeur für das amouröse Hin und Her, sondern dem Personenindex entsprechend ein Philosoph, ein Grandseigneur, der die menschliche Seele kennt und sich ein resigniertes, aber auch vergnügtes Schachspiel daraus macht, die Verführung allseits heiter und diabolisch zu manipulieren. Ein psychologisches Spiel der Irritation hatte ich als Darsteller zu inszenieren, und daraus resultierte eine Verstrickung aller Beteiligten, die bis zum Verlust der Identität ging. Um die Vorgänge fließend, die Bewegungsfolgen ineinander übergehend zu halten, schien mir Rennert (der erste Regisseur mit Turn- oder Kordsamtschuhen) überall zugleich auf der Bühne zu sein. Nie beharrte er auf dem einmal Festgelegten, auf dem Rechthaben. Es kam ihm auf die »Ahnung vom menschlichen Herzen« an, auch im privaten Umgang mit seinen Darstellern. In den langen Jahren, in denen ich leider nichts unter ihm gesungen habe, besuchte er mich während der Salzburger Festspiele regelmäßig in meiner von der seinen nicht weit entfernten Wohnung, und wir tranken zusammen Tee, um mannigfaltige Probleme von Regie und Bühnengesang zu erörtern. Rennerts letztes Kapitel an der Bayerischen Staatsoper hieß »Falstaff«, die dritte Inszenierung dieses Werks für mich in München, und ich durfte Rennert dabei Genüge tun.

»Es war wirklich ein großer Spaß. Dank für diesen Falstaff«, heißt es in einem Kärtchen nach der Premiere, die zugleich sein Abschiedsabend war. Für ihn drehte sich alles, was die Anlage meiner Figur betraf, um folgenden Schlüsselsatz:

»Dieses Häuflein von mittelmäß'ger Menschheit«,
die Philippika Sir John's gegen seine Peiniger. Nachdem alles
zu Ende scheint, die echte Hochzeit der Farce des Maskentrei-
bens gewichen ist, setzt Verdi zur Schlußfuge an, die meist orato-
risch an der Rampe gesungen wird. Dieser furiose Abgesang, zu
dem Falstaff das Stichwort gibt, erfuhr durch Rennert seine szenische Form, die der Architektur von Verdis musikalischem Bau
entsprach. Jede Figur stand mit ihrem Einsatz in der Fuge auf
und unterstützte so ein szenisches Crescendo, das allmählich alle
auf der Bühne in seinen Sog zwang. Während des letzten Höllen-
gelächters verlassen alle den Schauplatz, werfen aber die Mas-
ken ab. Sir John bleibt einen Moment allein, sondert sich von der
Menge der »Mittelmäßigen« ab und schreitet schließlich gravi-
tätisch – und einsam – aus dem Feld des gewesenen Spuks.

Rennerts unglaubliche stilistische Vielseitigkeit setzte ihn vorteilhaft von den Puristen des Weglassens in den fünfziger Jahren
ab. Er konnte den theoretischen Erwägungen der ewigen Ent-
rümpler ein lebendiges Theater entgegenstellen. Als er nun nach
der Falstaff-Premiere auf der großen Seitenbühne der Bayerischen Staatsoper Abschied feierte, sah man in dankbare, aber
auch in viele traurige Augen. Ich saß an einem Tisch mit drei großen Brünnhilden aus zwei Jahrzehnten, mit Martha Mödl,
Astrid Varnay und Ingrid Bjoner, und alle hatten Tränen in den
Augen, als Rennert vor das Orchester trat, um spaßeshalber die
Ouvertüre zu Mozarts »Entführung« zu dirigieren, mit knappen, eleganten Gesten und einleuchtender als von mancher pro-
fessionellen Hand. Wie er arbeitete, rasch und ohne Umstände,
so ging er aus der Welt. Er hatte sich diesen »Luxustod«
gewünscht. Langes Siechtum und Altern lagen nicht auf seiner
Bahn.

*

Flüchtig war mir August Everding begegnet, als ich bei einer
Wiederaufnahme seiner »Traviata«-Inszenierung den Germont
sang. Bei den Proben freute ich mich, in seiner Protagonistin
eine Darstellerin von hohen Graden vor mir zu haben, die auch
stimmlich mit eigenartigem, individuellem Timbre bestach:

Teresa Stratas, Amerikanerin griechischer Herkunft wie die Callas. Von den beiden angesetzten Vorstellungen mußte die zweite unterbrochen werden. Frau Stratas sank ohnmächtig während des ersten Bildes zu Boden, zum Glück ohne den Blutsturz, den an der gleichen Stelle Sarah Bernhardt in den neunziger Jahren des vorigen Jahrhunderts erlitt. Aber wir – der unwichtige Rest der Besetzung, der angezogen und geschminkt in der Proszeniumsgasse gewartet und zugehört hatte – sahen nur noch, wie sich der Vorhang schloß und Everding hinausging, um die Menschen nach Hause zu komplimentieren.

Als er nach Rennerts Tode von den Kammerspielen als Intendant in das Nationaltheater einzog, kündigte er uns dies an und lud uns zu sich in das Grünwalder Schloß ein. Dort hatte er sich in einer Etage eine ansehnliche Wohnstatt ausbauen lassen. Die geschmackvolle Sparsamkeit der Einrichtung fiel auf, die wirkungsvolle Inszenierung mit Dingen, deren jedes zu seiner Geltung kam. Ausgleichend und ruhig wirkte die Herrin dieses Reiches, als ein genauer Gegensatz zur quecksilbrigen Natur ihres Mannes. Nicht lange, nachdem wir eingetroffen waren, überfielen Everding Fragesteller und ein nicht mehr zu meidender Termin, was alles ihn in panikähnlichen Zustand versetzte, während sie – die Ruhe selbst – sich nicht darin stören ließ, ihren Gästen aufmerksamer Zuhörer zu sein. An mehreren Wänden erspähte ich kleine Collagen und zeichnerische Entwürfe, die mir von professioneller Hand gefertigt schienen. Sie stammten von Everding.

Schlecht gelaunt oder vom Humor verlassen habe ich Everding nie gesehen. Selbst als ihm der Chor vor einer »Meistersinger«-Vorstellung zur – unziemlichen – Verstärkung von gewerkschaftlichen Forderungen ankündigte, er werde nur flüstern und so den Abend boykottieren, erfaßte ihn höchstens eine leichte Unruhe. Nie ließ ihn seine immerwährend arbeitsame Phantasie im Stich, um durch ein befreiendes Lachen die schwarzen Wolken der Bedrohung zu vertreiben. Als wir die »Meistersinger« mit ihm probierten, herrschte eine wohltuend entspannte Atmosphäre, obwohl bereits zu jener Zeit die Beziehung zu seinem Generalmusikdirektor Wolfgang Sawallisch gewitterschwül wirkte. Es ist ein besonderes Merkmal der Münchener Kulturszene, daß einander so konträre Menschentypen und -auffassungen sich nebeneinander behaupten und sich ertragen können, wie die von Everding und Sawallisch.

Wie Everding Einzelheiten in den »Meistersingern« anging, entzückte uns: im zweiten Akt beim Eintritt Evchens und im Zwiegespräch mit Sachs ergaben sich derart viele psychologische Feinheiten, daß mit ihrem Deutlichwerden für das Publikum fast nicht mehr zu rechnen war. Und der Beckmesser Hans Günther Nöcker, ein höchst sympathischer, weil intelligenter Kollege, verwickelte sich in der Pantomime des Schusterstubenbildes in derart raffinierte technische Schwierigkeiten, daß allein schon die daraus entstehende Unsicherheit bestechend wirkte. Höchstens Jürgen Roses wandloses Straßenbild, das den Sachs vor leeren Holzstreben sitzen und schustern ließ, zeigte mir wieder einmal, wie genau Wagner seine akustischen Nackenstützen und klanglichen Gegebenheiten einzuschätzen wußte und wie es sich immer wieder rächt, gegen detailliert angegebene Regie- und Raumanweisungen auf der Bühne zu verstoßen.

Es ist wohl nicht fehlgedeutet, wenn man Everding als einen Regisseur bezeichnet, der sich gern überraschen läßt und dem jedes hinzukommende Detail willkommen ist, vorausgesetzt, daß sich nicht bereits zuviel davon angesammelt hat. Besser konnte Everdings Humor nicht zur Wirkung kommen, als bei jener Nachfeier auf der Hinterbühne 1983, als der »Lear« (und heimlich auch meine Operntätigkeit) verabschiedet wurde, den Ansprachen ein unüberwindliches Hindernis entgegenstand: Das Mikrophon streikte, und die Worte des Vertreters der Freunde des Nationaltheaters gestalteten sich zu einem unverständlichen Raunzen von etwa einer halben Stunde Dauer, während Chor und Orchester merkliche Unruhe zeigten und Zwischenrufe durch den Raum schossen. In die Peinlichkeit danach trat Everding unerschüttert, setzte das unglückselige Mikrophon an die Seite und improvisierte eine köstliche Philippika gegen die Presse und deren konträr auseinanderdriftende Meinungen über bestimmte Premieren der vergangenen Spielzeit, was die Versammelten bis zu Lachtränen brachte.

Als mein Mit-Verleger, Klaus Piper, das Buch »Töne sprechen, Worte klingen« der Presse vorstellen wollte, erklärte sich Everding bereit, sein eben fertiggestelltes, aufwendiges Generalintendanz-Büro als Ort des Geschehens zur Verfügung zu stellen.

*

Mit frappantem Geschick machte Oscar Fritz Schuh in den fünfziger Jahren aus der Berliner Volksbühne ein international beachtetes Theater. Dabei halfen ihm große Schauspieler, auch viele aus seiner österreichischen Heimat, unter denen mich besonders mit Aglaja Schmid und Leopold Rudolf Freundschaft verband. (Herrlich andeutend und charmant beider Darstellung in Hofmannsthals »Der Schwierige« unter der Regie von Aglajas Mann Rudolf Steinboeck.) Mir ist so — ich kann mich auch irren — als sei die Berliner Zeit im Theater am Kurfürstendamm (noch nicht in Läden hineingezwängt und mit einigen alten Bäumen drum herum) die erfüllendste und fruchtbringendste Zeit für Schuh gewesen. Die Berliner durften immerhin dieser Meinung sein, denn ihre »Volksbühne« konnte den von den zwanziger Jahren her gewohnten Anspruch bis dahin und oft auch seit Schuh nicht erfüllen.

Als ich meine Begeisterung schriftlich kundtat, lud mich Schuh zu einer zweiten Arbeit (nach dem Almaviva) ein, dem Salzburger »Macbeth« 1964. Wie immer hatte ich Bedenken, auch des gesundheitsschädigenden feuchten Gemäuers in der Felsenreitschule wegen, wo unser Spektakel stattfinden sollte. Aber Schuh verstand es, mich darüber zu beruhigen und sprach von einer »riesengroßen Freude«. So genoß ich denn die unbeschreiblich herrliche Akustik dieses Raumes, freute mich der Partnerschaft Grace Bumbrys und sang eine der von mir am meisten geliebten Partien Verdis. Natürlich forderte die kolossal breite Bühne alle meine Kräfte, und Schuh nutzte das Terrain in fast jedem Augenblick voll für seine Inszene, indem er mich nur selten an einem Punkt rasten ließ. Aber wir erinnerten uns beide noch Jahre später, als in der Bayerischen Staatsoper »Die Frau ohne Schatten« von Richard Strauss anstand, mit Genugtuung an das Ergebnis. Dazu zähle ich auch, daß Schuh mir schrieb:

»Zum ersten Mal in der Welt der Oper habe ich zu einem Sänger wirklichen Kontakt gefunden.«

Später in München hatten ihn Krankheit und Alter geschwächt. Er wiederholte sich oft und schlummerte, kaum daß er weiter weg im Dämmer des Zuschauerraumes saß, auch gern ein. Stolperte einer über seine Knie, um vorbeizukommen, rief er aufschreckend:

»Oh, pardon, ich habe nicht geschlafen!«

Nein, er verfolgte wachen Geistes die theatralischen Vorgänge in seiner Zeit und sorgte dafür, daß die Maßstäbe dessen, was bis dahin als gut gegolten hatte, so lange wie möglich bestehen blieben.

*

Schauspieler schreiben selten lange Briefe. Zu sehr sind sie durch Proben am Tage und Aufführungen am Abend in Beschlag genommen. Als Besucher meiner Liederabende, als Gäste von Freunden oder als Mitwirkende in Konzerten lernte ich einige von ihnen kennen. So sprachen Judith Holzmeister, Sebastian Fischer oder Wilhelm Borchert die Tieck-Novelle, wenn ich in Berlin und Wien die dazugehörenden Romanzen aus der »Schönen Magelone« sang. Einer unter den Mimen aber ruhte nicht, bis er mich näher kennenlernte, und schrieb später auch inhaltsreiche Briefe.

Es gewitterte stark an jenem Sommertag 1955 in Salzburg, als mich Walter Franck anrief. Er säße mit Leopold Rudolf im Café, und sie seien gerade dabei, mein Loblied zu singen, ohne mich persönlich zu kennen.

»Kommen Sie doch, geben Sie Ihrem Herzen einen Stoß!«

Da hatte mich der brüderliche Freund der Schauspieler und Regisseure im Netz, und ich genoß die Unterhaltung mit »Präsident« und »Kalb« aus Ernst Lothars »Kabale und Liebe«-Inszenierung. Beide Schauspieler glänzten zwar in ihr, ließen aber kein gutes Haar am Regisseur. Die Überwindung hatte sich gelohnt; bei Sekt drinnen und gemütlich rauschendem Regen draußen waren wir bald mitten in darstellerischen Problemen. Das schallend-kernige Lachen Francks interpunktierte unser Gespräch. Beim Abschied meinte er in seinem tiefen, leicht fränkisch gefärbten Baß:

»Ich kann mich halt eigentlich nur noch mit Künstlern unterhalten...«

Bald sollte sich zeigen, wie musikbesessen Walter war, und daß er zudem meine Platten kannte. In seiner Schmargendorfer Wohnung in Berlin entdeckte ich außerdem wahre Schätze an Schellack-Raritäten.

Berlin war die Stadt, in der Walter berühmt geworden war, zu deren Ruhm er über vierzig Jahre gewirkt hatte. Die geräumige Szene des akustisch diffizilen Schiller-Theaters füllte der breitgebaute Mann mit seiner volltönenden Stimme mühelos, die kleineren des Schloßparktheaters und des Werkstatt-Theaters hörten wieder ganz andere, kammermusikalische Töne von ihm. Seit 1948 spielte Walter Franck fast ausschließlich an den Städtischen Bühnen und erhob damit nicht mehr Übliches zur Selbstverständlichkeit. Schon zu Beginn hatte ich mir ins Tagebuch geschrieben:

»Baumeister Solness von Ibsen mit Walter Franck in der Titelrolle, das rührte gewaltig in alten Wunden und ließ die eingerosteten Räder meiner Schauspiel-Leidenschaft sich wieder drehen.«

Da Walter der beste Freund für künstlerische Abenteuer war, profitierte ich nun bei der Vorbereitung meines »Wozzeck« oder »Mathis« von seinem selbstlosen Rat. Wie sagte Hanns Lietzau bei der Trauerfeier?

»Ein Schauspieler, der sich nicht in virtuosen Wiederholungen seines Könnens erging, ein Menschendarsteller, der den Ernst, die Schwermut, die Not, die dunkle Melodie unseres heutigen, jetzigen Daseins in sein Da-Sein auf der Bühne hineinnahm. Wahrheit, Wahrheit war sein äußerstes Ziel. Wo immer dieses Ziel gesetzt war, war dieser Schauspieler groß und bedeutend. Lügen, auch nur, um ein bißchen mehr zu gefallen, konnte er nicht.«

1959 schrieb Walter mir aus dem geliebten Flims:

»Für die Festwochen hat man diesmal für mich nur die ›Welt-uraufführung‹ eines Einakters von Beckett: ›Krapps letztes Band‹. Es ist ein halbstündiger Monolog (imma janz alleene uff de Bühne!) eines alten, verkommenen Mannes, der sich – – Ton-bänder von seinen Jugenderlebnissen vorspielt. Das Ganze wird nur eine einmalige Studio-Aufführung.«

Er konnte nicht ahnen, daß sich an den mutigen Vorstoß sei-nes Intendanten Boleslaw Barlog ein Welterfolg knüpfen sollte, daß er seine Interpretation selbst unzählige Male wiederholen sollte. (Später spielte der fabelhafte Martin Held diese Rolle in ganz anderer Tonart, aber nicht weniger gültig.) Weitere große Eindrücke in Berlin: Die kranke Inbrunst von Walters Philipp in Schillers »Don Carlos«, die bis zur seelischen Ausgeleertheit getriebene Kälte seines Götz von Heidenstein in Sartres »Der Teufel und der liebe Gott«, sein raubtierhaftes Zuwarten als Kommissar in der »Raskolnikoff«-Dramatisierung von Leopold Ahlsen.

Diesem Berlin, in dem er gleich nach Kriegsende für eini-ge Monate den Bezirksbürgermeister von Schmargendorf ab-gab, hielt er die Treue. Um die Zeit des Mauerbaus schrieb er mir:

»Mit unserem Berlin hat man Sorgen. Zwar keine akuten, aber die Aspekte sind nicht rosig.«

Zweimal las er in meinem Musikzimmer vor Gästen, erst Schiller und dann Hemingway, den er seiner knappen Sprache wegen besonders liebte. Und dann überraschte mich eines Tages, 1960, seine Nachricht:

»Es wird Dich vielleicht freuen, daß Du wahrscheinlich im Februar bei der ersten Vollsitzung in die neue ›Akademie der Künste‹ gewählt wirst.«

Da hatte er sicherlich ein kräftiges Votum abgegeben.

Franck hörte gerne zu, monologisierte nicht in der Art vieler Mimen. Eines Tages karikierte ich ihm und seiner Frau Dagny die Dialog-Stellen aus dem »Freischütz«, und er lachte Tränen (»Schieß nicht, Max, ich bin die Taube« war auch dabei). Bald darauf bekam ich statt Blumen zum Konzert einen Stich mit Vignetten aus der besagten Oper und dem Bild Webers. Von einer Reise durch Schwaben schickte er Postkarten – eine war mit »Eduard Mörike« unterschrieben –:

»Bin betrübt, daß Sie in Berlin nur den ollen Olympier und den Vollbart-Heyse singen, wo doch *meine* Lieder die schönsten von Hugo Wolf sind.«

Aus Weinsberg las ich:

»Ich sitze hier in meinem Haus beim Wein mit alten Freunden. Mit Erstaunen mußte ich von Ihnen hören, daß Sie sich hartnäckig weigern, in Berlin meine Gedichte – von Schumann in Musik gesetzt – zu singen. Wenn sich das nicht bald ändert, werde ich anfangen, bei Ihnen zu spuken! Ihr Justinus Kerner.«

Diese Liederreihe nach Kerner hatte er besonders ins Herz geschlossen und spielte sich meine erste Aufnahme des Liedes »Auf das Trinkglas eines verstorbenen Freundes« immer wieder vor.

Mit Gastspielen in Wien war er manchmal gar nicht glücklich. So schrieb er 1961:

»Wien mißfällt mir mit jedem Tag mehr! Als Krapp im ›Letzten Band‹ hatte ich zwar einen geradezu sensationellen Presseerfolg – aber den Wienern gefallen solche Stücke anscheinend nicht. Meistens ist es nur halb voll und der Beifall geradezu kümmerlich. Leider muß ich ja bis Ende März täglich spielen. Am 5. April soll die ›Totentanz‹-Premiere sein, bin sehr gespannt, ob das beim Publikum ankommen wird.«

Nun, er wurde gefeiert, genau wie kurz zuvor in Berlin mit diesem Strindberg, den ich nie auch nur annähernd so eindringlich und unheimlich erlebt habe.

Eines Morgens im August 1961 rief Irmel nichtsahnend bei Dagny Franck im Ferienort Garmisch an, um zu erfahren, wie es Walter denn gehe, da er nicht, wie beabsichtigt, zum Bayreuther »Tannhäuser« gekommen war. Es schwieg am anderen Ende lange, dann kam es wie versteinert:

»Walter ist in der Nacht um 22 Uhr gestorben.«

Alle Gedanken, die zu begreifen suchten, kehrten unverrichteter Dinge zurück. Die Freude auf den »Franckentag«, den wir gemeinsam verbringen wollten, war gerade auf den Höhepunkt gestiegen. Wir hatten schließlich schon lange nichts Derartiges zum Freuen gehabt. Und nun – für immer – das! Mir wurde plötzlich deutlich, daß ich immer wieder Walters Eingefallensein im Gesicht wahrgenommen hatte, und wie er doch vom Tode gezeichnet war, ohne daß wir es uns bewußt machten. Empfindungsfähig war er. Und einer der wenigen, denen wirklich an uns lag. Wir sollten in seiner Nähe, in seiner Fürsorge, vielleicht auch unter seinem Einfluß sein. Und leider waren wir es aus Zeitmangel viel zu wenig. Damals bei der Todesnachricht hatte ich das Gefühl, ein Pfeiler sei aus meinem Leben weggebrochen. Seelisch und künstlerisch. In jedem Fortmüssen liegt so viel Unbegreifliches. Fast schämt man sich, weiterzuleben, zu essen, zu schlafen oder zu lieben. Das Bitterste ist wohl, eine Freundschaft für den Rest des Lebens als unvollendet bezeichnen zu müssen.

Dagny Franck überlebte ihren Mann um zehn Jahre, in denen es häufig Grund gab, sich gegenseitig aufzurichten. Ich steckte 1968 in einer tiefen seelischen Krise, denn nach Irmels tragischem Tod bei Manuels Geburt schaffte ich es nicht, meinem Leben und dem der Kinder wieder einen Mittelpunkt der Liebe zu geben. Ich faßte den – wahnsinnigen – Entschluß, die Opernbühne frühzeitig zu verlassen. Daraufhin schrieb Dagny mir:

»Denke an Walters Ausspruch, als er bei einer Pressekonferenz nach dem begabtesten jüngeren Schauspieler gefragt wurde: ›Meine Herren, es gibt gar keinen Zweifel, der genialste der jungen Generation ist kein Schauspieler, sondern ein Sänger!‹ Aber das weißt Du ja noch.«

*

Heinrich Schnitzler und seine Familie lernte ich dadurch kennen, daß Dagny bei ihnen wohnte, wann immer ihr Weg sie nach Wien führte. Der Sohn des Dichterarztes und zeitweilige Direktor der »Josephstadt«, wie die Wiener ihr wunderschönes Theater abkürzend nennen, residierte in einer Prachtvilla. Sie beherbergte eine der größten und am schönsten untergebrachten Privatbibliotheken, die mir je vors Auge kamen. Liebenswürdig lud mich der Hausherr dazu ein, sie zu besichtigen. Einmal war Ernst Deutsch mit mir zu Gast (den Walter nach seinem

Exil als erster nach Berlin locken konnte, wo er mit dem »Nathan« Triumphe feierte). Die zunächst etwas unangenehmen Empfindungen von Distanz machte Deutsch bald vergessen. Er erzählte von Karl Kraus und von Peter Altenberg und von Adolf Loos, von ersterem als einem Alleinredner, von dem zweiten als einem Narren, und von dem letzten, daß er sich taub stellte, wenn es ihm zu dumm wurde. Da waren denn alle Wiener Ingredienzen beisammen, die traute Umgebung, der aus Prag immigrierte Geist, der raunzende Ton und die Namen, die die Stadt als die ihrigen rühmt.

*

Schauspieler stellen Menschen, wenn auch beileibe nicht immer, phantasievoller und tiefergehend dar als das Sänger können. Natürlich ist der Grund auch darin zu suchen, daß Schauspieler sich ihre Sprachmusik selbst komponieren müssen und sie dem imaginierten Menschenmodell, das dargestellt werden soll, genau anpassen können. Nichts, auch kein allzu festliegendes musikalisches Gerüst, stellt sich zwischen die neu zu erschaffende Figur und den Zuschauer. Dennoch beneiden die Mimen den Sänger um die Musik, die von vornherein Aura schafft und den Hörer besser auf den Grundton des auszuführenden Stückes einstimmt. In meinen Konzerten sah ich sie oft sitzen: Erika von Tellheim oder Gisela Mattishent, Erich Ponto oder Theo Lingen. Gisela, die Schauspielerin und alleingelassene Frau, zu früh von der mörderischsten Krankheit eingeholt, hatte mit seltsamen Gefühlen, im Dunkel des Zuschauerraumes mitten unter meiner ganzen Familie sitzend, meinen ersten »Macbetto« gesehen und gehört. Vielleicht mehr gesehen als gehört, denn ihre Augen beteiligten sich intensiver am Erleben als ihre Ohren, da sie ihr einen Erfahrungsmaßstab sicherten. An sich selbst wiederum ging sie mehr vom überprüfenden Gehör heran, und dies wahrscheinlich zu einseitig. Ständig war sie deshalb nie ganz in die erste Garnitur der Darsteller gerückt. Auch im Fernsehen erwischte sie immer wieder solche Bösewichtinnen oder unheimliche Figuren, wie sie ihr so gar nicht mehr als ideale Aufgabe vorschwebten, nachdem sie endlich einigen Bekanntheitsgrad erreicht hatte.

Am Abend der wie immer mit Qualen durchgestandenen Premiere kam ihre Gelegenheit. Wir saßen mit Freunden im Musikzimmer beisammen und hechelten wie gewohnt Ereignisse und Details des Abends durch. Sie hätte sich eigentlich – so sagte sie – gar nicht rühren wollen. Aber es ließ sie doch nicht ruhen, und sie beugte ihren langen Oberkörper vor, um mir ins Ohr zu flüstern:

»Es ist eine alte Weisheit der Bühne, die uns immer wieder neu bewußt werden muß. Ruckhafte Bewegungen, die das Stück abzurufen scheint, muß sich jeder dann verbieten, wenn er sie nur äußerlich aufsetzt. Denn die Natur liegt gerade in den weichen Übergängen, und nicht zuletzt freut sich dein Kehlkopf darüber.«

Ich mußte ihr zustimmen, wenngleich ich – wie immer – mich so schlimm nicht hatte sündigen sehen. Daß doch der eigene Eindruck in der Regel ein unterteilter, ein unvollständiger bleiben muß! Da bedurfte es noch stets der anderen, die alles von mir nicht Bemerkte beurteilten und zurechtbogen. Seit ich dies begriffen hatte, schreckte ich bei befreundeten Künstlern auch nicht mehr davor zurück, zu äußern, was ich fehlerhaft fand. Und weil ich darin ein gewisses Geschick entwickelte, können meine Schüler nun davon profitieren (sofern sie dazu willens und fähig sind). Glücklich, ihre Beobachtung losgeworden zu sein, trennte sich Gisela von den Versammelten.

*

Über das Unterrichten zu sprechen, fällt schwer, da es sich hierbei um eine individuell auf jeden Schüler abzustimmende Kunst handelt. Das wurde mir sogleich deutlich, als mich vor Jahren Hans Chemin-Petit im Namen der Berliner »Akademie der Künste« aufforderte, eines schönen Spätsommers jene Meisterklassen-Reihen zu erneuern, die vor dem Kriege mit Edwin Fischer, Wilhelm Kempff und anderen berühmten Konzertierenden durchgeführt worden waren. Ich hatte es insofern gleich doppelt schwer, weil es darum ging, vor recht zahlreichem Publikum meinen Eleven eine gleichermaßen nestwarme und konzentriert arbeitsame Atmosphäre zu schaffen. Bisher zum letzten Mal habe ich das – auf noch knapperen Zeitraum beschränkt – bei den Kasseler Musiktagen vorexerzieren müssen; hier zusätzlich durch die Anwesenheit einer ganzen Reihe von Gesangspädagogen belastet. – Nun, jener Meisterkurs in Berlin zeitigte zwei höchst erfreuliche Folgen, die für mein Leben bestimmend wurden: Ich hörte Hartmut Höll seine hochbegabte Frau, die Sopranistin Mitsuko Shirai begleiten und gewann ihn als Klavierpartner, dazu beide als geliebte Freunde. Zum anderen wurde die Hochschule der Künste auf mich aufmerksam und sprach durch Johannes Hoefflin den Wunsch aus, mich als Lehrenden für das Fach Lied-Interpretation zu gewinnen. Damit wuchs ich in eine Verantwortung hinein, die in vielem einer Gratwanderung gleicht. Denn nicht nur geht es darum, auf die Schwächen der Technik bei jedem einzelnen einzugehen, ohne doch die Arbeit der jeweilig zuständigen Gesangslehrer zu durchkreuzen. Es kommt auch darauf an, mit den Studierenden – zeitlich äußerst komprimiert – großes Konzertrepertoire vortragsreif und anhörenswert zu präparieren. Zunächst standen mir hauptsächlich die sogenannten »Repertoire-Spieler« als Begleiter zur Verfügung. Mit den Jahren setzte ich es bei den Klavierlehrern durch, mir ihre begabtesten Schüler in die Kurse zu schicken, auf daß ich möglichst viele Lernende bei mir versammeln konnte.

Nicht zwei Stimmen bringen die gleichen Voraussetzungen mit. Es ist am Lehrer, aus der Gesichtsformung, der Art zu atmen, dem Umfang des Brustkorbs, der Haltung beim Stehen, der Lippenbeweglichkeit und der inneren Beteiligung – über alle vorhandene oder fehlende Musikalität hinaus – eine Diagnose des gesanglichen Zustandes zu stellen, die dann eine gezielte »Behandlung« nach sich zieht. Hierbei spielt der nach außen unsichtbare Teil des Singens, Ausnutzung der Resonanzräume, Atmungsführung, Formung des Ansatzrohres und Zwerchfelltätigkeit eine weit wichtigere Rolle als der sichtbare. Da kommt es dann auf Gespür und feines Gehör für die Tonresultate an, um vorsichtig beeinflussen zu können. Bedenkt man aber, daß all dies höchstens vorbereitende Funktion auszuüben hat, daß erst durch den Einblick in das interpretatorische, sprich verdolmetschende Geheimnis, in die Identifikationsmöglichkeit des Schülers Entscheidendes bewirkt werden kann, so liegt die ganze Skala von Aufgaben des Lehrers zutage. An sehr vieles in meinem Beruf bin ich intuitiv herangegangen; erst beim Unterrichten stieß ich in die Verästelungen des Details vor, nicht ohne dafür zu sorgen, daß ich leicht wieder zur Hauptader zurückkehren konnte. Und diese Hauptader heißt für mich Neugierde, von der viele junge Menschen keinen rechten Begriff haben, die es erst zu wecken gilt. Es mag sein, daß dieses »Aha-Erlebnis« in drei Kursen noch nicht erzielt wird; aber einmal nach Jahren bricht es hoffentlich klärend ins Bewußtsein.

*

Gisela Mattishent spielte in Max Frischs neuem Werk »Andorra« die Signora unter dem damals am meisten gefürchteten Regisseur, Fritz Kortner. Er, der nach dem Kriege und seiner Rückkehr mehr als Regisseur denn als Schauspieler in Deutschland und Österreich tätig war, verbrachte viel Zeit mit Schauen, mit kritischem oder beglückt empfangendem. Er konnte sich an den Menschen nicht sattsehen. Einer seiner bevorzugten Beobachtungsposten, wenn er an den Kammerspielen in München Regie führte, war die Eingangshalle des Hotels »Vier Jahreszeiten«. Wohnten wir zur selben Zeit in der Stadt, so konnte ich ihn fast alltäglich morgens, noch ganz zerwühlt von langer Nachtprobe, auf einem Stühlchen direkt neben der Drehtür am Eingang hocken sehen, vertieft in die vorbeigleitenden Physiognomien. Alles Gesehene fügte der glühende Freud-Leser dann in seine sehr psychologisch orientierte Inszenierungsweise ein. Nachdem ich etwa drei Wochen täglich grußlos an ihm vorbeigestrebt war, erhob er sich einmal plötzlich, um mir vehement die Hände zu schütteln.

»Ich kenne und verehre Sie«,

rief er im bekannt schnarrenden, nasalen Tonfall und setzte sich wieder, um seine Observation konzentriert fortzusetzen.

In Berlin nahte die Premiere von Frischs »Andorra«, und durch Gisela kam ich in die Generalprobe. Das Schiller-Theater füllte sich mit Bühnenfachleuten und solchen, die es zu sein glaubten. Kurz vor Beginn steuerte ein Türsteher immer merklicher auf meinen Platz zu und sprach mich dann tatsächlich an:

»Herr Kortner hätte sehr gerne, daß Sie zu ihm in die erste Reihe kämen.«

Ich trat also ein Spießrutenlaufen durch das gefüllte Haus an. Endlich vor seinem Platz gelandet, sah ich Kortner finsteren Gesichts in sich zusammengesunken dasitzen. Er fuhr sich durch die kurzgeschnittenen Strubbelhaare, und nach einem schwachen Händedruck raunzte er vor sich hin:

»Ich wollte Ihnen nur sagen, die Vorstellung ist nicht fertig.«

Ich mußte lächeln und merkte an:

»Werden wir denn je mit etwas fertig?«

Er lächelte zurück. Vor allem die Leistungen Klaus Kammers und Martin Helds an jenem Morgen beeindruckten mich zutiefst. Aber durch den Schauspieler Ernst Sattler vernahm ich später Berichte von katastrophenähnlichen Proben. Wieder einmal hatte sich Kortners Mißtrauen dem vermeintlichen Antisemitismus gegenüber (um Antisemitismus dreht es sich ja in »Andorra«) und seine Angst vor der eigenen Courage als Regisseur in ärgerlichen Sottisen Luft gemacht. Viele unter seinen Darstellern hatten es aber auch ganz einfach schwer, die stokkende, zeitaufwendige, nachdenkliche Sprechweise zu akzeptieren, die er als die einzig wahrhaftige gelten ließ. Ich nehme an, Kortner probt da oben noch immer über die Zeit hinaus und findet, die Vorbereitungsfrist reiche bei weitem nicht hin.

*

An einem gewittrigen Nachmittag im Dezember 1967 besuchten Ruth und ich Harry Meyen und Romy Schneider in ihrer Grunewalder Wohnung. Der winzige David Christopher war gerade geboren. Noch zeichnete sich der Unstern nicht ab, der über dieser Ehe und dem Leben der drei stand. (Die Eltern nahmen sich im Abstand von einigen Jahren das Leben, der Junge verunglückte beim Spielen tödlich.) Der kühle Meyen, großartiger Regisseur so mancher Novität damals in Berlin, verschanzte sich hinter einer Wand von Ablehnung. Romy, die gerade in ihren französischen Filmen hervorragende, wunderbar unprätentiöse Darstellerin, war die Natürlichkeit und Wärme selbst, ohne jedes Make-up und ohne jede Starallüre, ein Mensch rundherum.

Es faszinierte mich, herauszufinden, was die beiden miteinander verband, blieb doch zwischen ihnen so mancher Abgrund spürbar. Es beschäftigte mich auch, welche Rückschlüsse auf eine Beziehung möglich sind aus der Art, wie sinnliche Korrespondenz gezeigt oder verborgen wird. Meyen hatte die Wohnung eingerichtet; sie wirkte unbewohnt und wie aus dem Magazin herausgeschnitten. Später sah ich Romy noch einmal auf dem Flughafen Orly inmitten einer sehr nach Filmgeschäft aussehenden Männergesellschaft. Sie lachte und barst schier vor Ausgelassenheit. Kein Schatten kündigte den baldigen Tod an.

Ebenfalls durch Ruth kam ich in das originell verbaute Haus von Helmut Käutner in Grunewald. Das Gespräch drehte sich natürlich um Schauspieler und ihre Affären. Wenn sich ein Berufsstand in Scharen trifft (und wir lagerten immerhin etwa zu zehnt um den eleganten Pool), mutet der ständig um *einen* Gegenstand kreisende Austausch den zunächst neugierigen Zuhörer immer etwas pubertär an. Lachen über gar nicht so Komisches, Alleingänge von Mittelpunktsbedürftigen und unverhohlene Rivalitäten zeigten sich. Immer fühlte ich mich etwas »draußen«, wenn es galt, für Stunden diesem Auf-der-Stelle-Treten zuzuhören, obwohl es ja auch Amüsantes zu belachen gab. Käutner, dessen Filme »In jenen Tagen«, »Film ohne Titel«, und »Der Hauptmann von Köpenick« Meisterwerke sind und zu Klassikern wurden, machte mir in Westend einmal vage Andeutungen, er wolle mich in einem Film für eine bestimmte Rolle haben. Es wurde aber durch seine bald darauf einsetzende Krankheit nichts daraus.

*

1955 kam ein zart duftender Brief auf Luftpostpapier. Er war mit »Lilli Palmer« unterschrieben. Sie schwärmte darin – mir unglaublich wohltuend – von meiner ersten Aufnahme der Eichendorff-Lieder von Schumann, erzählte, daß sie aus einem sehr musikbegeisterten Hause sei, das übrigens um die Ecke von dem meinen im Charlottenburger Westend-Villen-Kietz stand. Sie schrieb davon, daß sie sich erst jetzt wieder, nach der Rückkehr aus ihrem Exil, den deutschen Gedichten ohne Ressentiments zu nähern versuchte. Ich hatte noch keinen ihrer Filme gesehen. Dies holte ich denn schleunigst nach – und war begeistert von so viel damenhaftem Charme, von so ungewöhnlicher Schönheit und so herrlich sparsamem Spiel. Nur bessere Drehbücher und mehr englische Regisseure hätte ich ihr gewünscht. – Lange blieb es dann still zwischen uns, bis ich sie eines schönen Salzburger Tages in meinem Liederabend ganz vorn sitzen sah. Seitdem kam sie regelmäßig und ließ mich – zusammen mit ihrem Mann Carlos Thompson – von ihrer Begeisterung wissen. Ich hörte von ihren Erfolgen als Malerin, sah Reproduktionen und gab den Elogen darüber recht. Ich las ihre Autobiographie »Dicke Lilli, gutes Kind« und bewunderte Stil und Kraft ihrer Sprache, die sie in weiteren Büchern nicht mehr ganz erreichte. Fast einen Liebesbrief schrieb ich ihr, und sie schwieg höflich dazu, die Dame mit der guten Erziehung und dem »eisernen Panzer«, den sie sich in mühevollen Jahren des Aufstiegs vom Tingeltangel-Girl zum Broadway Star zugelegt hatte.

Nicht ganz ein Jahr vor ihrem heimlichen, für die meisten unerwarteten Tod sollte es dann endlich so weit sein: Unser nachbarlicher Freund Siegfried Fischer-Fabian und seine Frau, die Malerin Ursula, hatten Lilli Palmer als Logiergast bei sich, wie so oft, wenn sie München besuchte. Siegfried rief mich an und hieß mich hinüberkommen, Lilli sei da und freue sich auf ein Gespräch. Sie kam die Treppe herunter, jugendlichen Schrittes, grazil, im Hosenanzug, herzlich und sofort bereit, in ein lebhaftes Gespräch über Malerei einzusteigen. Die Zeit verging unmerklich. Natürlich zählten wir uns unsere Maler-Lieblinge auf, um erstaunt festzustellen, daß Gustave Moreau, der Symbolist mit dem selbstgeschaffenen Pariser Museum, für beide unbedingt dazugehöre. Sie schwärmte von Orson Welles als Schauspieler und klagte über die bevorstehenden Filmaufnahmen für »Peter der Große« in Rußland. Kurz vor ihrer letzten Abreise nach Kalifornien, wo sie den Winter verbringen wollte, um an ihrem neuesten Buch zu schreiben, rief sie Fischer-Fabian noch einmal an:

»Würdest du Fischer-Dieskau bitten, mir eine meiner Lieblingsplatten zu schicken, eine ganz bestimmte?«

Sie bezeichnete das gewünschte Lied:

»›Ich bin der Welt abhanden gekommen‹, Text von Friedrich Rückert, Musik von Gustav Mahler.«

Da heißt es in der letzten Strophe:

»Ich bin gestorben dem Weltgetümmel und ruh' in einem stillen Gebiet! Ich leb' allein in meinem Himmel, in meinem Lieben, in meinem Lied.«

Ich schickte ihr eine Compact Disc mit diesem Lied, und sie dankte mir:

»Ich habe mir extra dafür einen neuen kleinen CD-Player zugelegt.«

Kaum zwei Wochen danach stand es in den Zeitungen: Sie war tot. Fischer-Fabian berichtete mir, Lilli hätte ihm gestanden:

»Es sieht schlecht aus. Ich muß unter's Messer. Krebs.«

Die »gute Chance«, die sie sich zuvor noch erhofft hatte, gab es nun nicht mehr. Eine ihrer letzten Äußerungen war:

»Eigentlich habe ich lange genug gelebt. Wenn ich nun gehen muß . . .«

»Schöpferischer Lüfte Wehen«

Mehr als einmal mußte ich Frank Wedekind recht geben, der seinen Komponisten im »Kammersänger« höchst despektierlich behandelt, indem er ihn prustend aus seinem neuesten Opus und dazu schlecht Klavier spielen läßt. Winfried Zillig, dessen Oper »Troilus und Cressida« Tietjen 1951 herausbrachte (mit Elisabeth Grümmer als meiner Partnerin), war schon während der Proben mehrfach dadurch aufgefallen, daß er räsonierte:

»Ich bin Schönberg-Schüler, und deshalb darf meine Musik eigentlich nicht klingen … Da sie es nun aber doch tut, hält man mich für einen romantischen Schwachkopf!«

Einen Tag nach der nur mäßig erfolgreichen Premiere, in der mich mein Griechenröckchen schrecklich störte, besuchte er mich in Westend, um seine Lieder vorzuführen. Schwitzend traktierte er das Klavier, genau wie es Wedekind schildert, und »sang« selbst dazu. Es schwoll und ebbte ab, Schwulst aufwärts, Schwulst abwärts – so blieb es mir in Erinnerung. Linie singen oder den Vortrag instrumental halten, davon hielt er wohl nichts. Und doch konnte niemand überzeugter von der eigenen Vielseitigkeit sein als er selbst. Am besten schnitt er wohl als Kapellmeister ab. Die Presse sagte ihm – erwartungsgemäß – die Meinung, und das schien sein Selbstgefühl eher noch zu heben. Wie oft spielten sich ähnliche Szenen an meinem Flügel ab!

*

Auf drei Schellack-Platten hütete ich über die braunen Jahre den verbotenen Schatz der »Mathis«-Sinfonie unter der Leitung des Komponisten Paul Hindemith. Oft spielte ich sie – heimlich und halblaut – Schulfreunden vor, und wir bekamen einen ersten, schattenhaften Eindruck von dem, was man in der Musik als zeitgenössisch bezeichnet. Denn nichts von all dem vor und während der Nazizeit Neuentstandenen hatten wir kennenlernen dürfen.

Ein zufälliger Zeuge, stand ich im Winter 1948 neben Paul und Gertrud Hindemith, als sie sich nach langer Emigration zum ersten Mal wieder gemeinsam in einem Frankfurter Hotel eintrugen. Zuvor hatte Hindemith dort schon seine Mutter und den Verleger Willy Strecker besucht. Das Hotel lag dem Frankfurter Hauptbahnhof gegenüber, eines der wenigen unter den vielen finsteren Häusern, die noch begeh- und bewohnbar waren. Kalligraphisch schrieb der kleine, schnell sprechende, korpulente und glatzköpfige Herr seinen Namen ein, und beide verschwanden rasch auf ihr Zimmer. Es sollte noch Jahre dauern – bis 1957 – ehe ich ihm wieder begegnete, dann nämlich, als ich bereits zu wiederholtem Male sein wunderbares »Requiem« nach Worten von Walt Whitman sang, das die Toten der Kriege und den ermordeten Lincoln betrauert. Hindemith hat den Text geschickt ins Deutsche übertragen. Um diese Fassung zu probieren, fanden wir uns im Berliner Hochschulsaal mit den Philharmonikern und der Alt-Solistin Diana Eustrati ein. Ungeheuer forsch ging Hindemith ans Werk, faßte das Orchester hart an, sparte nicht mit frankfurterisch gerufenen Schimpfworten und nahm sich gar heraus zu sagen:

»Was, Sie woll'n das Berliner Philharmonische Orchester sein? Da bin ich aber von früher her anderes gewohnt.«

So barsch aufzutrumpfen glich bei Hindemith freilich schon fast einem Bekenntnis der Nähe und des Vertrautseins und sollte nur eine Höchstleistung hervorlocken. Ich sagte es schon früher: Kein Orchester hat mich so oft bewundernd genießen lassen wie gerade die Berliner Philharmoniker. Und Hindemith gehört unter den zahllosen Dirigenten, mit denen ich vor diesen Musikern stand, nicht gerade zu den besten. In Wahrheit war er einer jener vielen dirigierenden Komponisten, die zwar ihr Handwerk verstehen, aber den eigenen Werken nicht wirklich qualitätvolle Aufführungen zukommen lassen. Überhastete Tempi, zu dicker

Klang, zu wenig differenzierte Bewegungen. Häufiges Wiederholen machte freilich hier doch wenigstens ein Zusammengehen möglich, und in der Aufführung muß ich mit besonderer Freude und Emphase gesungen haben, denn Hindemith äußerte, ehe wir das Podium verließen, halb kritisch, halb lobend:

»Sie sind ja gar kein Sänger, Sie sind 'n Barde.«

Übrigens nahm die Stadt diesen seinen Besuch offiziell erstaunlich wenig zur Kenntnis. Schließlich hatte Hindemith, bevor er Deutschland verlassen mußte, hier gelebt und an der Hochschule äußerst erfolgreich gewirkt. Daß ihm der Dr. h. c. der Freien Universität Berlin zuerkannt wurde, lag bereits einige Zeit zurück...

In Wien sah und hörte ich ihn seine »Mathis«-Oper dirigieren, und wieder herrschte der Eindruck von Hast und fehlender Nuancierung vor. Als wir in Berlin zu seinem Oratorium »Das Unaufhörliche« erneut zusammenkamen, hatte ich »Mathis der Maler« längst in der Oper gesungen, leider ohne Hindemith diese meine Lieblingspartie je selbst vorführen zu können. Teile daraus waren auch schon auf Platte erschienen. Wieder bewegte sich beim Dirigieren alles am Körper des energiegeladenen, kleinen Mannes und trieb Sänger und Instrumentalisten zu eher ungebührlicher Hetzjagd an. Er bezeichnete sich zu Recht als »eigentlich nur leidlich dressierten Podiumshengst«. So authentisch, wie manche Dirigenten die von Hindemith selbst dirigierten Aufführungen ansahen, daß sie schließlich darauf verzichteten, sie zu übernehmen, waren sie sicher nicht. Aber ich genoß Gottfried Benns großartige, der Freundschaft zu Hindemith Anfang der dreißiger Jahre entsprungene und speziell für dieses Werk geschriebene Lyrik und die gelegentlich, besonders in den Chorstellen, sehr eingebungsstarke Musik. Eine ausgedehnte Nachsitzung offenbarte so recht den Geschichtenerzähler Hindemith, der sich im großen Kreis sichtlich wohl fühlte. Als ich ihn darauf ansprach, ob er mir nicht irgendwann einen abendfüllenden Liedzyklus à la »Marienleben« schreiben würde, überlegte er einen Augenblick und meinte:

»Ja, wenn ich's noch erlebe. Vielleicht mache ich demnächst mal wieder eine längere Eisenbahnreise. Dann kann's schon sein, daß mir was einfällt.«

Aber diese seine zum Komponieren bevorzugte Situation scheint nicht eingetreten zu sein, denn nach Jahresfrist kam ein Päckchen mit Noten an, »Motetten« – zwischen 1940 und 1960 entstanden – auf lateinische Bibeltexte, die über das Leben Jesu bis hin zur Beruhigung des Sturmes berichten. Ich mußte Hindemith schreiben, daß die Stücke für meine Stimme leider zu hoch lägen, und schickte sie zurück. Ich glaube, er hat sie dann an Ernst Haefliger, den lieben Tenor-Kollegen, zur Uraufführung weitergegeben. Veröffentlicht wurden sie »für Sopran und Klavier«. Paul Hindemith starb 1963.

Es ist Rudolf Hartmann, dem Intendanten, und Joseph Keilberth, dem damaligen Chefdirigenten, hoch anzurechnen, daß sie als erste an der Bayerischen Staatsoper nach der braunen Pause 1965 den »Cardillac« in der Urfassung herausbrachten. Mir wurde die Titelpartie anvertraut. Gertrud Hindemith, die den Proben beiwohnte, war sehr enttäuscht, daß man nicht auf die spätere Umarbeitung und Erweiterung zurückgriff, die ich übrigens nie kennenlernte und also auch nicht beurteilen kann. Ich weiß nur, daß das noch als »op. 39« bezeichnete Werk in der viel strafferen Erstfassung sehr glücklich die kompositorischen Erfahrungen Hindemiths aus den zwanziger Jahren zusammenfaßt, indem es auf die reduzierten Satztypen seiner Instrumentalwerke Bezug nimmt: Unterhaltungsmusik, Nachtstücke, Concertino, Passacaglia, Basso continuo etc. Es ist dem Text des Expressionisten Ferdinand Lion anzumerken, daß er stellenweise – typisch für Hindemiths Haltung dem Wort gegenüber – erst nachträglich in die Musik eingepaßt wurde. Ich empfand dies nicht als Mangel, sondern eher als besonderen Reiz. Ganz im Sinne Bachs ist die innere Stimmung, und nicht so sehr der Sinn der einzelnen Worte komponiert, vor allem in den lyrischen Stellen. Die szenische Arbeit mit dem handwerklichen Könner Rudolf Hartmann, die sich schon bei vielen Gelegenheiten im gleichen Haus erprobt hatte, kam diesem Stück mit den stets latenten Spannungen, denen im Orchester der eindeutigere Ausdruck gegenübersteht, sehr zugute. Gertrud Hindemith hatte zwar am Duett Cardillacs mit seiner Tochter auszusetzen, ich behandele sie zu abweisend und böse – aber genau das erfordern Situation und Musik in diesem Falle.

Es den Komponistenwitwen recht zu machen, ist eine Schwierigkeit besonderer Art. (Frau Schönberg rief mich einmal aus Los Angeles in Tokio an, ich solle in Boston drei Tage später den »Moses« darstellen, den ich nie studiert hatte. Auch lagen natürlich japanische Verpflichtungen vor mir.

»Das ist doch nur zu sprechen«,
lautete die stereotype Antwort am anderen Ende der Leitung, und es gelang mir nicht, Frau Schönberg von der Unmöglichkeit dieses Ansinnens zu überzeugen...)

– Ich sollte noch anfügen, daß es mir die Freundlichkeit von Dieter Rexroth, dem Leiter der Frankfurter Hindemith-Gesellschaft, ermöglichte, eine Reihe von Gesängen Hindemiths zur Uraufführung zu bringen – zwischen 1930 und 1947 entstanden und bisher nicht veröffentlicht. Aribert Reimann und ich musizierten aus dem Manuskript. Eine Plattenaufnahme und die Drucklegung folgten. Novalis, Claudius, Brentano und Nietzsche gehören zu den vertonten Dichtern, und Hindemith offenbart in den Gesängen einen Einblick in die Fülle seiner Klanggesten und -farben.

*

Ich habe viel über die anziehende Gestalt Hermann Reutter nachgedacht, denn er gehörte zu jenen, die man als »Stille im Lande« bezeichnen könnte, so still, daß es eine Zeit brauchte, bis wir uns einander näherten. Es war darüber zu reflektieren, wie heute eine neue kompositorische Idee entstehen und sich entwickeln könne. Um ein musikalisches Konzept erfolgreich auszuformulieren, müssen viele Vorbedingungen erfüllt sein, die als literarische Bildung, konzertierende Praxis und unterrichtende Funktion auf eine ganz bestimmte Weise synchron wirken.

Schon als wir uns noch miteinander auf Konzertreise befanden, spürte ich, daß Hermann Reutter sich als der richtige Mann die richtigen Fragen vorlegte. Dieses Zusammentreffen von Vorbedingungen mag eher zufällig anmuten und geschieht häufiger als wir es uns vergegenwärtigen. Andererseits kommt es auch in der Musik vor, daß einer muß, aber nicht kann. Schon weniger dem Zufall überlassen ist, daß dieser Mann ein Publikum zu finden hat, d. h. er muß veröffentlichen und vor die Menschen treten. Das zumindest hat der junge Hermann Reutter mit seinen Storm-Liedern meisterlich verstanden. Nicht so sehr gelang es ihm, als er Irmel und mir die »Weihnachtskantilene« widmete und im Thema wie in seiner Behandlung etwas leichtgewichtig zu sein versuchte.

Die Zeit muß reif sein für die schöpferische Frage und ihre Beantwortung. Das erfaßte Reutter ganz besonders bei der Funkopernfassung von »Die Brücke von San Luis Rey« nach Thornton Wilder, die er mit exzellentem Ensemble im Frankfurter Sender uraufführen ließ. Dabei hatte ich – leider zum einzigen Mal – Gelegenheit, mit dem hochverehrten Martin Held zusammen vor dem Mikrophon zu stehen, denn er deklamierte den »Sprecher«. Es amüsierte und tröstete mich, daß sich auch ein Schauspieler von solchen Graden oft verspricht. Jedem Irrtum ließ Held einen lauten Fluch folgen. Aber auch diese Oper Reutters liefert ein Beispiel dafür, daß eine Zeit Werke eines Dichters wie Thornton Wilder in ihr Herz aufnimmt, um bereits mit ihm zu sterben. Vielleicht darf man sagen, daß es ein gutes Omen für ihren dauernden Wert ist, wenn Reutters Werke zu seinen langen Lebzeiten (bis zuletzt mit achtzig und fast blind reiste er durch die Welt als Lehrer und Begleiter) so wenig Widerhall fanden.

*

Die Musik des Zoltan Kodály begegnete mir zuerst in Proben Fricsays mit den »Tänzen aus Galanta«, und der »Harry-Janos-Suite«, in denen ich eine kuriose Mischung aus unterhaltenden Effekten und dem fanatischen Willen sehe, die ungarische Volksmusik mit der authentischen Eigenproduktion zu koppeln, eines vom anderen profitieren zu lassen. Ein freundlicher Journalist hatte mir in Wien (so etwas gibt es dort auch!) lebendig vom alten, bauernschlauen Meister Kodály erzählt, der eine ihm eingereichte Komposition nach geschlagener Jahresfrist mit dem Bemerken zurückgab:

»Schlecht.«

Er habe sich mir gegenüber außerordentlich menschlich gezeigt, wo er doch sonst meist abweisend sei. Daß er mich nach dem Budapester Debüt-Konzert im Hotel anrief, daß er mir auf die »Dichterliebe« hin noch geschrieben habe, stelle ein absolutes Novum dar. Budapest, die »Margareten-Insel« mit den sich ganz pariserisch ungeniert umarmenden Liebespaaren, der Saal mit dem temperamentplatzenden Publikum war jedesmal ein Labsal. Die Ungarn singen gern und besinnen sich auf die Fülle ihres Volksliedgutes, das lebendig zu halten sie nie müde werden.

Kodály und ich sahen uns wieder, als er in London sein letztes großes Symphoniekonzert dirigierte. Auf dem Programm standen natürlich eigene Werke, und ich sollte eine dreiviertel Stunde lang Balladen in ungarisch singen. Da ging es denn schon recht ungemütlich zu. Der alte Herr mit dem makellosen Deutsch saß zwei Tage neben mir, streckte seine zierlichen Schnürstiefel von sich und versuchte, mir die richtige ungarische Aussprache beizubringen. Mußte er mich gar zu lange mit Wiederholungen seccieren, bemerkte er leise, aber bestimmt:

»Wir wollen doch wenigstens so tun, als verstünden Sie, was Sie singen!«

Nun, diese Täuschung funktionierte dann in der Festival Hall vor übergroßem Besucherstrom in zureichendem Maße. Die fast Viertausend, zur Hälfte aus Exil-Ungarn bestehend, reagierten stürmisch und tränenvoll. Noch immer sehe ich den gewaltigen goldenen Lorbeerkranz vor mir, der Kodály am Ende um den Hals gelegt wurde. Ein glückliches Geschick gab mir später eine Ungarin zur Frau, die mich dieser Sprache ein wenig näherbrachte, in der kaum Gemeinsamkeiten mit der unseren zu finden sind.

Der achtzigjährige Kodály heiratete ein zweites Mal. Er hatte um seine noch sehr junge Assistentin und Schülerin mit den Worten angehalten:

»Wollen Sie bald meine Witwe werden?«

Das »junge« Paar besuchte die Biennale musicale für zeitgenössische Musik in Venedig und saß unter den Hörern, die das Teatro Fenice nur schütter besetzten. Die Mitwirkenden auf der Bühne, weit in der Überzahl, bemühten sich um Werke von Hans Werner Henze. Ich sang – mit Ettore Gracis am Pult – Ausschnitte aus der »Elegie für junge Liebende« und erntete so frenetischen Beifall, wie das von so wenigen Händen erwartet werden konnte. Kodály kam mit der schüchternen Gattin zum Künstlerzimmer und sagte nur freundlich lächelnd, aber spitz:

»So etwas singen Sie auch!?«

Sicher hatte ihm Henze zu mißtönend geklungen.

*

Oft und – wie ich meine – auch von seiten des Komponisten gerne haben Hans Werner Henze und ich Uraufführungen aus seiner Feder miteinander bestritten. Die lange Reihe von Daten des Zusammenwirkens endete mit einem Paukenschlag, den ich als ganz unnötig empfand. Das war 1969, zu der Zeit, als Henze selbstkritisch rief, die Musik gehöre auf die Straße. Was er bisher komponiert habe, sei konterrevolutionär, ästhetizistisch, nach dem Beifall des Establishments schielend. Er suche den Weg mit der musikalischen Sprache, und sei sie noch so kaputt und zerstört, hin zu den Menschen, die sie nötig haben, um wach zu werden. Henze ist heute weitgehend von solcher Art volksnaher Kunst abgerückt, will nicht mehr bloß politisch wachrütteln und ideologisch gleichrichten. Er machte im Fernsehen die Andeutung, daß zweckgerichtete Schöpferkraft sich dann nicht mehr als Kunst behaupten könne, wenn sie sich auf der Straße prostituiert. Wohin hat uns auch Partei-, Staats- und Gesellschaftskunst geführt? Sie forderte Nivellierungen heraus und billige Good-will-Schmeichelei, wie uns faschistische und kommunistische Diktaturen nachgewiesen haben.

Natürlich kommt ein solches Mißverständnis der Kunst nicht von ungefähr, es bezeugt allemal die Ratlosigkeit von Künstlern, die individualistisch auf Jahrzehnte die verständnislos starrenden Gesichter ihrer zahlenden Hörer verlachten. So wenig sich die Kunst im luftleeren Raum über den Köpfen derer, die sie angeht, etablieren darf, so wenig sollte sie sich ausschließlich in gegensätzlicher Spannung zur Gesellschaft befinden.

Zur Uraufführung des Oratoriums »Das Floß der Medusa« brachte Ernst Schnabel, der Textautor dieses, trotz seines Hoho-ho-tschimin skandierten Schlusses, eindrucksvollen und überzeugenden Stücks Musik von Henze, einen Trupp von Studenten der Berliner Freien Universität mit in Hamburgs »Planten un Blomen«-Halle, auf daß sie mit dem Aufpflanzen der roten Fahne neben dem Dirigenten und mit provokatorischen Rufen der Veranstaltung die ideologische Würze gäben. Ganz wohl war Schnabel dabei nicht, wie an seiner Nervosität zu sehen war. Auch Henze sah um ein weniges bleicher als gewohnt aus und meinte: »Heute wird es ein aufregender Abend.« Dabei hatte er aus den oben erwähnten selbstkritischen Äußerungen mit seinem neuen Stück keineswegs künstlerische Konsequenzen gezogen. Die Ansprüche an den Hörer waren überhaupt nicht heruntergeschraubt. Sie konnten aber auch gar nicht erst in Erscheinung treten, denn – einziger Fall in meiner Laufbahn – kein einziger Ton des Stückes erklang vor dem versammelten Publikum. Die Uraufführung scheiterte an – brimborischen Fragen. »Das Floß der Medusa«, »Che« Guevara gewidmet und für 80 000 DM dem Norddeutschen Rundfunk verkauft, kam nur bis zur Generalproben-Aufführung und dem Plattenmitschnitt, da sich Henze weigerte, ohne das Attribut einer roten Fahne zu dirigieren. Orchester und Chor waren wie ich aus Berlin-West eingefahren und staunten nicht schlecht, daß gerade sie, die ihre Freiheit gegen die rote Bedrohung den Alliierten verdankten, nun für den Kommunismus demonstrieren sollten. Nach etwa zwanzigminütigem Warten, während dem sich ein operettenhafter Aufzug von Polizisten vollzog, die sich feldmarschmäßig und lautstark vor dem Podium aufpflanzten, wurde es dem Chor zuviel. Er fing an, das Podium zu räumen. Meine Wenigkeit, deren Geduld ebenfalls strapaziert war, schloß sich dem an. Ein Teil des Publikums brach in Beifall aus, um so zum Ausdruck zu bringen, daß es sich die politische Demonstration verbäte.

Aber auch dieses Debakel und ein langer Brief von mir an den gekränkten Komponisten konnten kaum dazu beitragen, daß die Fanatiker davon abließen, die Gesellschaft umfunktionieren zu wollen. Wir alle sind hoffnungslos in materielle Zeitlichkeit verstrickt. Um so tiefer könnte der Gewinn sein, den wir aus dem Erlebnis von Überzeitlichkeit ziehen, wie sie im großen Kunstwerk offenbar wird.

*

Der Leiter des größten englischen Musikverlages, Erwin Stein, ließ sich 1952 in unserem Londoner Hotel melden und besuchte mich mit seiner bezaubernden, dem Königshaus verwandten Frau. Zunächst war nicht recht ersichtlich, was er auf dem Herzen hatte. Stein, der selbst viel komponierte und einst Schüler Arnold Schönbergs gewesen war, warb nicht etwa dafür, ich solle mich mehr für die Zweite Wiener Schule einsetzen. Vielmehr sprach er schließlich für seinen Schützling Benjamin Britten. In Berlin sollte schon bald dessen neue Oper »Billy Budd« aufgeführt werden, und mir sei die baritonale Hauptpartie zugedacht. Es schmerzte mich mehr als ich sagen kann, daß ich ein solch ehrenvolles Angebot ablehnen mußte. Was Tietjen und die Konzertagenten meinem Kalender und mir an Daten aufgebürdet hatten, war schon für sich genommen viel zu viel. Wie froh bin ich, daß diese Absage eines Tages ausgeglichen werden konnte! Erst neun Jahre später schrieb mir Britten einen Brief, in dem es hieß:

»Coventry Cathedral wurde, wie so viele andere wundervolle Bauwerke in Europa, im letzten Krieg zerstört. Jetzt ist sie wieder aufgebaut, in bemerkenswerter Weise, und für die Einweihung des neuen Gebäudes wird Ende Mai und Anfang Juni nächsten Jahres (1962) ein großes Festival abgehalten. Ich wurde gebeten, für dieses uns alle betreffende Ereignis ein neues Werk zu schreiben. Was ich schreibe, wird wohl eines meiner wichtigsten Stücke werden. Es handelt sich um ein großes Requiem für

Chor und Orchester (zum Gedenken an die Gefallenen aller Nationen aus dem letzten Krieg), und ich mische in den lateinischen Text viele Gedichte eines englischen Dichters, Wilfred Owen, der im Ersten Weltkrieg fiel. Diese großartige Lyrik, voller Haß auf die Zerstörungswut, bildet eine Art Kommentar zum Requiem. Natürlich erscheint sie in englischer Sprache. Die Gedichte werden für Tenor und Bariton gesetzt, zur Begleitung eines Kammerorchesters, das mitten unter den anderen Instrumentalisten sitzt. Sie erfordern einen Gesang von äußerster Schönheit, Intensität und Ernsthaftigkeit. Mit großer Scheu frage ich Sie, ob Sie den Bariton singen würden.«

Und am Ende nicht weniger als am Anfang des Briefes bat mich Britten für die Störung um Verzeihung.

Regen und Kälte empfingen uns im Mai 1962, als Irmel und ich in Coventry ankamen. Die Stunden bis zur ersten Probe und auch danach erschwerte wie so oft das Hotel, in dem Wind durch die winzigen Zimmer wehte, bestelltes Essen nicht eintreffen wollte und die sämtlich nicht funktionierenden Steckdosen erst nach endlosen Operationen durch schweißtriefende Handwerker wieder arbeiteten. Als wir in die gemäßigt modern ausschauende Cathedral traten, empfing uns durchdringende Kälte. Der Heizer, den ich um etwas mehr Dampf für das Wohlbefinden anging, lachte nur Hohn:

»Probt doch kräftig, dann wird euch schon warm!«

Aber dann ertönte Bens Musik, in der ich einen der beiden Soldaten zu singen habe. Deren Soli sind der Liturgie (Sopran und Chor) gegenübergestellt. Das Werk schien mir großen Ernst zu atmen und steckte voller Ideen melodischer Art. Es fielen diverse stilistische Einflüsse auf. Ich hörte den Photographen Auerbach, der in der Probe herumknipste, spotten:

»Die Uraufführung von Orffs ›Carmina‹ ist doch vorbei.«

Und bei den lautstarken Höhepunkten fühlte ich mich an William Waltons Exzesse dieser Art erinnert. Aber in der Zusammenschau erwies sich dann, wie das Ganze von Brittens persönlichstem Ausdruck durchdrungen war und wie er es fertigbrachte, zugleich zu bewegen und den Verstand zu beschäftigen. Der Dirigent Meredith Davies, der den größeren Apparat befehligte, sprang seine Aufgabe mit Elan an, schien mir aber doch etwas zu sportlich für gerade dieses Werk.

Die Proben dauerten lange. Die Briten sind zähe und manchmal übergeduldige Arbeiter. Zudem spottete die Kälte jeder Beschreibung. Mein Geburtstagsfestkaffee fand in einem gnädig aufwärmenden, verirrten Sonnenstrahl auf der Straße statt, wohin wir in der Pause flüchteten, so sehr machte uns die Eisschranktemperatur drinnen schlottern. Die erste Aufführung schuf so dichte Atmosphäre, daß ich zum Schluß innerlich völlig aufgelöst war und nicht wußte, wo mein Gesicht verstecken. Die gefallenen Freunde standen auf und die vergangenen Leiden; natürlich bewegte auch das Zusammensingen mit dem begnadeten Peter Pears. Die Sopranpartie sang nicht – wie vorgesehen – Galina Wischnewskaja. Sie wurde damals in der Sowjetunion zurückgehalten, obwohl es sich hier um ein sehr spezielles Ereignis handelte. Wie sie selbst in ihrem Buch erzählt, schwafelte die Kultusministerin Furzewa etwas von West-Berlin und den überall lauernden Feinden der Sowjetunion. Es ist also sehr wohl möglich, daß meine Mitwirkung dort in Moskau als eine »Provokation« interpretiert wurde, denn ich bin nun einmal West-Berliner. Anstelle von Galina sang die großartige englische Sopranistin Heather Harper, eine Benjamin Britten wohlvertraute, vielfach in seinen Werken bewährte Sängerin, deren sieghafter Silberklang mir noch im Ohr schwingt.

Am Mittag darauf aßen wir mit Britten Gegrilltes, und er forderte uns auf, ihn doch »Ben« zu nennen. Er erzählte viel von Schostakowitsch, vom etwas vereinsamten Paul Hindemith, der sich unbändig freute, als der »junge Kollege« Britten ihn um irgendeine Auskunft bat. Sehr bald wurde eine Platten-Aufnahme des Requiems geplant. Sie verzögerte sich. Schon kurz nach dem Coventry-Erlebnis schrieb mir Ben:

»Die Wahrheit ist, daß ich ziemlich krank war und eine Menge Zeit unter ärztlicher Betreuung bettlägerig zubringen mußte. Ein trauriger Stand der Dinge! Es bedeutet nämlich, daß ich für drei Monate alles absagen muß!«

Ich bedrängte daraufhin die konkurrierende Plattenfirma, eine bestimmte Periode, für die ich bereits verpflichtet war, zugunsten der verspäteten Britten-Aufnahme frei zu machen.

»Denn«,

so schrieb Ben,

»ich betrachte diese Aufnahme als ein Bekenntnis dessen, was so viele von uns aufrichtig fühlen, und niemand wird dies Bekenntnis so kristallklar machen können, wie Du, lieber Dieter.«

Nun, es gelang mir, die Verantwortlichen zu überzeugen, und Bens Freude war groß. Während dieser Aufnahmen litt jeder von uns an irgendeinem Wehwehchen, und mehrfach mußte ich den geplagten Dirigenten Ben trösten, ihn auch mit anderen Themen abzulenken suchen. So kam auch mein alter Traum von Shakespeares »König Lear« als Oper zur Sprache. Ben fing eigentlich gleich Feuer, wenn er auch seufzte, das würde Jahre und Jahre der Vorbereitung in Anspruch nehmen. Auch müsse er sich beeilen, denn genauso wie nur ich den «Lear» singen könne, käme zweifellos für den Narren nur Peter in Frage. Viel Zeit bliebe ihm nicht, bevor dieser zu singen aufhören würde. Damals spielte Peter sehr mit dem Gedanken, obwohl er danach noch gute zehn Jahre auftrat. Aber für den »Lear« reichte Bens Lebenszeit und Arbeitskraft nicht mehr aus. Ich bin dem Schicksal dafür dankbar, daß es mir durch Aribert Reimann die gültigste Vertonung dieses gigantischen Stoffes bescherte.

Während der Aufnahmen des »War-Requiems« erschienen Ben und Peter unerwartet zum Dinner in meinem Hotel. Nun lag ihnen der von mir vorgeschlagene »Lear« sehr im Sinn. Immer wieder drohte der Schatten Verdis, der tragisch an seinem »Lear«-Projekt gescheitert war.

Auch anderes kam zur Sprache. Für den »Dieskau-Consort«, wie Ben mein Ensemble für die alljährlichen Kammermusik-Abende betitelte, wolle er eine Kantate schreiben. Daraus wurde nicht das von mir Erwartete, sondern die von Ben revidierte Purcell-Kantate »When night her purple veil«. Wieder einmal bekundete Ben, daß er die traditionslosen Wüteriche in der Musik ablehne und dachte dabei an die nicht lange zurückliegende deutsche Erstaufführung der Kantate nach Giordano

Bruno von Henze. Peter hatte sich als Mit-Solist in dieser Musik nicht zurechtgefunden, so sehr ich auch schon damals klarzustellen versuchte, daß es sich dabei keineswegs um Traditionslosigkeit handelte. Ich übergab Ben meinen Übersetzungsversuch der Bariton-Teile des »Requiems«, die mir die schwierigen Gedichte Wilfred Owens von Rhythmus und Reim her besser zu fassen schien, als dies in den restlichen Partien bisher durch den Grafen von Hessen (Pseudonym Ludwig Landgraf) geschehen war.

Den Text für einen Liederzyklus, den mir Ben nach Irmels Tod – »To Dieter the past and future« – schrieb, bildeten Sinnsprüche und Gedichte des englischen Malerpoeten an der Schwelle zur Romantik, William Blake. Peter Pears ist die kohärente Textauswahl zu danken. In diesen dichten, sprachlich eigenwilligen Aussagen, die ich erst später zu würdigen wußte, als ich auch Blakes, des frühen Surrealisten magische Aquarelle in der Tate-Gallery betrachtet hatte, sprachen mich die Knappheit, das britische Understatement, die gedankliche Konzentration und das hintergründige Lächeln an.

»Ich bin froh, daß Du Dich mit der Idee der ›Blake-Songs‹ angefreundet hast. Ich mag sie nämlich und habe hart an ihnen gearbeitet. Peter hat mir ein wundervolles Schema aufgestellt – sechs oder sieben Lieder, dazwischen sehr dramatische und großartig zu deklamierende (gesungene – nicht gesprochene!) Sätze. Sehr ernsthaft! Es ist schwer, so gewichtige Worte in Musik zu fassen; bis jetzt bin ich nicht ganz unzufrieden damit. Es tut mir leid, daß die Noten so spät kommen, aber ich konnte lange nicht die zutreffende Idee dazu finden. Jetzt fühle ich, daß es die richtige für Dich ist!«

Nachdem wir die Lieder in der kleinen Stadthalle von Aldeburgh uraufgeführt hatten, folgte eine Schallplatten-Aufnahme in London, die uns zwei Tage in jene Kingsway Hall führte, wo es schon zu so vielen erinnernswerten Treffen bei Aufnahmen gekommen war. Dazwischen schob ich einen ganz für mich allein verbrachten Maltag im Hotelzimmer; draußen brauste ein pittoresker Sturm. Wie erwartet strafte die zügige Aufnahme Bens Befürchtung Lügen, ich könne mit vier Stunden zu wenig

Zeit dafür berechnet haben. Zwar brauchte ich dringend nach der großen Konzentration zwei Mittagsstunden Rast, aber dann wurden wir doch um eine Stunde zu früh fertig, was bei mir fast ein Normalfall ist. Gleich am nächsten Tag erfolgte die Londoner Erstaufführung der Lieder. Die Fairfield Hall in Croydon machte mich mit einem erstaunlichen Kulturzentrum an Londons Stadtrand bekannt. Eine Menge wichtiger Leute pilgerten die volle Autostunde dorthin, um dabeizusein. Leider war mein Befinden wetterbedingt recht schwach, vor allem nach dem Konzert. Ben entschuldigte sich rührend für sein schlechtes Spiel, und ich gab ihm Präzisionsfehler zu. Aber glücklich waren wir doch über das immerhin zu verantwortende Ergebnis und den rufenden Beifall.

Ben hatte es schwer, mit der Welt fertig zu werden, zeigte das aber beileibe niemandem. Um so häufiger herrscht in seiner Musik das Dunkel vor. Sie spricht von der verschatteten Seite des Lebens. Das Leiden an der eigenen Person trieb es Ben – vor allem in den Bühnenwerken – immer wieder auszudrücken. Dabei erschließt dieser moralische Aspekt zugleich das Verständnis der Musik. Unaufhörlich suchte er nach der Unschuld. Er haßte Streit, konnte sich aber widerstrebenden Einflüssen gegenüber sehr wohl durchsetzen.

Natürlich galt es bald, das »Requiem« unter anderen Dirigenten mit ganz unterschiedlichem Temperament zu singen. Und dann zeigte sich auch die Musik in anderem Licht. So konnte sich einmal etwas Betuliches, dann wieder eine gewisse Zählflüssigkeit bemerkbar machen. Aber auch das trug im Zusammenhang mit dem formalen Konzept unter Umständen zur Faszination bei. Komponisten sahen es schon seit der Frühromantik ein, daß Wiederholungen von Themen oder Thementeilen das Verständnis und die Erinnerungsfähigkeit erleichtern können. Das geht bei Wagners sächsischem Erzählungs- und Einprägungsdrang, der erinnernd Handlungselemente wiederaufgreift, aber auch in Liszts Frühwerken oder in den späteren symphonischen Dichtungen Dvořáks, wo an sich schon prägnante musikalische Phrasen durch Wiederholung herausgehoben werden, so weit, daß einen das verstehende

Gähnen ankommt. Sind es zusätzlich recht simple Einfälle, die da wiederholt werden, so kann das Ohr des Hörers sich beleidigt fühlen. Um derart ordinäre Simplizität handelte es sich bei Britten nie. Und da der Hörer denn auf diesem Gebiet verschont bleibt, gewinnt der Komponist immer wieder vollständige Zuneigung.

Bedenkenswert ist sicher: Für einen schöpferischen Musiker bedeutet es Außerordentliches, bereits zu Lebzeiten eine Hörerschaft von Millionen zu haben, und das ist Britten denn auch gehörig geneidet worden. Dabei fand ich wieder bestätigt, daß es für einen Komponisten paradoxerweise essentiell sein kann, von Tonfall und Nerv seiner Heimatlandschaft auszugehen, um die Anerkennung der Welt zu gewinnen.

Ein Trauernder – wie ich, als Irmel 1963 bei der Geburt Manuels einer Eklampsie zum Opfer fiel und mich mit den drei Söhnen zurückließ – ist dem emotionalen Ansturm solcher Musik einfach nicht gewachsen. Er ist zu vorübergehender Kleinbürgerlichkeit verdammt. Eine Zeit der Prüfungen begann. Es kam mich der Wunsch an, Irmel in altrömischer Sterbebereitschaft nachzugehen und so den Tod mitzuleisten und nicht bloß über mich ergehen zu lassen, als eine Lawine ergebnisloser Trauer. Bis dahin war mein Leben in innerer Zuversicht verlaufen, fast ohne Zweifel. Nun war der Zweifel da, der Zweifel an allem. Der Boden unter den Füßen hatte sich so heftig bewegt, daß nichts mehr an seinem Platze schien. Schwarze Niedergeschlagenheit nahm von mir Besitz. Ohne daß ich es noch kannte, war mir das Leben widerwärtig. Angstvoll und verschreckt sah ich auf den Weg, der jetzt vor mir lag. Innere Unordnung lähmte mich, und als ich aus der ersten Erstarrung aufwachte, wurde mir deutlich, welche Kraft Irmel innewohnte und wie sie wußte, das Wesen ihres Partners zu erhalten. Wenige Seiten nach der Stelle, an der sie ihre letzte Lektüre aus der Hand gelegt hatte, die »Elixiere des Teufels« von E. T. A. Hoffmann (sie las allein, als sei sie bei etwas Anrüchigem zu ertappen), stehen Worte, die mich zutiefst trafen und von denen ich bis heute nicht weiß, ob sie zufällig so aufgeschlagen waren:

»Als er erschrocken aufsprang und mit der Leuchte in der Hand nach seinem Weibe sah, hatte sie ihm ein Knäblein geboren. Er nahm das Kind von dem Schoße der Mutter, aber in demselben Augenblick stieß das Weib einen entsetzlichen, durchdringenden Schrei aus und krümmte sich, wie von gewaltigen Fäusten gepackt, zusammen. Die Wehmutter kam mit ihrer Dienerin, ihr folgte der Arzt; als sie nun aber dem Weibe Hilfe leisten wollten, schauderten sie entsetzt zurück, denn das Weib war zum Tode erstarrt.«

Lange beschäftigte mich der Roman Hoffmanns mit seiner halsbrecherischen Jagd durch das Ich der Hauptfigur des Medardus und das des Autors. Inhalt, Form und Sprache erschütterten mich derart, daß ich aus dem Schlaf schrecken konnte und weinte. In der Zeit der Ohnmacht, bevor das Gemüt erst wieder Fuß faßt, gibt es viele Tröstungsversuche aus unberufenem Munde, die vermuten lassen könnten, der zu Tröstende sei des Denkens nicht mehr fähig. Aber mit manchem geduldigen Freund, mit Hans Erich Riebensahm, mit Günther Weißenborn, mit Wolfgang Strich, gab es lange Gespräche. Besonders danke ich es Jörg Demus, daß er mich nicht nur mit seinem Spiel lehrte, Musik wieder zu ertragen. Er reiste auch eigens aus Wien an, mit dem festen Vorsatz, mir den Mund wieder zum Singen zu öffnen, ohne daß es mir die Kehle zuschnüren mußte. Er stellte am Klavier thematische Vergleiche an, etwa von Sonaten zu gewissen Liedstellen, und unversehens summte ich mit. Die Sachlichkeit des begleitenden Freundes befreite mich zum Tun.

Es galt auch, sich immer wieder Erinnerungsfilme von den Kindern vorführen zu lassen und anstelle der notwendigen Ruhe größte Beunruhigung zu ertragen. Als die Kinder von Irmels »letztem Weihnachtsbaum« gleich nach ihrem Tod Abschied nahmen, konnten mich allenfalls die rührenden Geschenke von Ben und Peter aus Aldeburgh an die Oberfläche des Sumpfes zurückholen.

Unser Lebensstil hatte es mit sich gebracht, daß Irmel zur fast ausschließlichen Bezugsperson für die Kinder geworden war, so oft sie auch mit mir reiste. Ich hatte nur sehr peripher ein Gespür dafür, was Kinder bedeuten oder brauchen. Die Reisenden unter den Berühmten sollten sich über die Kinderfrage ausgiebig Gedanken machen. Nichtsdestoweniger hatten wir dem Neuankömmling mit größter Freude und Spannung entgegengelebt. Aber das Crescendo des Lebensgefühls hatte sich unversehens im Dunkel verloren. Mich tröstet einzig, daß im Vorleben und durch die Musik auch viel Positives auf die drei Jungen kam.

Seit ich mit Mathias und Martin – unter jedem Arm einer – Irmels Sarg nachgegangen war, habe ich mich viel mit ihrem Fragen und Haltsuchen beschäftigt. Es stellte sich eine Nähe ein, die mir tröstlicher war als alles von außen Hereindringende.

Von der Ohnmacht des Vaters gegenüber Aggressionen bei den Söhnen blieb ich weitgehend verschont, bis auf Momente des noch nicht Erwachsenseins bei den Jungen und Krisenzuständen bei mir in den Jahren nach Irmels Tod. Natürlich beziehen wir auch aus der Erbschaft des Namens gewisse zusätzliche Bedrückungen, da sich alle drei Jungen zu künstlerischen Berufen entschlossen, die im Umfeld meiner Tätigkeit beheimatet sind. Sicher hätte der Name auch bei anderer Berufswahl für eine Zielsetzung gestanden, mit der die eigenen Ansprüche nur etwas gewaltsam zu vereinbaren wären. Mehr als vertrauensvolle Freundschaft kann sich ein Vater kaum erhoffen. Und ich bin froh, daß meine Söhne nicht wie die in der Familie Thomas Manns Gesprächskladden aufzusetzen haben, um den Redefluß nicht gar zu peinlich stocken zu lassen. An Themen fehlte es uns nie, vor allem dann nicht, wenn künstlerische Erfahrungen auszutauschen sind und der eine aus der Anschauung des anderen lernen kann. Und wenn man sich zur gemeinsamen Kammermusik niedersetzt, herrscht immer die intimste Gemeinsamkeit, wie sie von Nicht-Musikern nur erahnt werden kann. Ob Manuel Auffassungsfragen in der Cello-Literatur mit mir erwägt, ob mit dem Dirigenten Martin die Auffassung des einen oder anderen Kapellmeisters ins Kalkül gezogen wird, ob mit dem Bühnenbildner Mathias über Fragen des Bühnenraumes zu diskutieren ist, oder ob schließlich meine eigenen Erfahrungen auf dem Podium modellhaft abstoßen oder anziehen, immer gestaltet sich der Austausch lebhaft und fruchtbar. Des Erfolges der drei freue ich mich von Herzen.

Nicht lange nach Irmels Tod nahm das Reisen unerbittlich seinen Fortgang. Alles geschah plötzlich wie zum ersten Mal: auch allein an ihrem Grab zu sein nach all der trauernden Menge. Als Gerda und Hans Erich Riebensahm, wie so oft, aber diesmal besonders willkommen, meinen Geburtstag mit mir begingen, den ersten ohne Irmel, bescherten uns die Kinder etwas Besonderes. Auf Margits, des unentbehrlichen Kindermädchens, Anregung hin hatten sie mit einigen ihrer Freunde bezaubernde Sittenbilder eingeübt, unter denen besonders ein Rokoko-Menuett Hans Erich zu Tränen hinriß. Kostüme, Idee und Ausführung auf der weiten Dachterrasse bezauberten uns. Seltsam berührte mich die Anmut der Mädchen in griechischen Gewändern, in deren Haarspangen der Widerschein der Sonne vor dem Hintergrund des windbewegten Frühlingsgrüns im Garten funkelte. Es war ein Hinüberreichen zu Irmels Jauchzen und Freuen, seit dem Begräbnis einmal nicht im Zwang von ihr fort und in Richtung auf Haltloses. Gewöhnlich störte mich der Widerspruch zwischen den unveränderten vier Wänden und der darin eingenisteten Schar von weiblichen Verwandten schmerzlich, die verständnislos eine Zeitlang darin hausten. Luden sie gar ungebetene Logiergäste ein, so zog ich mich zurück.

Nach dem Maß meiner Fähigkeiten in Schwingung zu sein, wurde mir erst wieder mit Ruth geschenkt, kompliziert zwar, aber unvermutet, beglückend und bereichernd. Irmel und ich hatten die Menschen zu leichtsinnig über einen Kamm geschoren. Das Jetzt konfrontierte mich mit Differenzierungen, und staunend sah ich mich zu widerrufen gedrängt oder neu zu entdecken. Im duftenden Frühlingsgarten war mir zuerst klargeworden, daß die Kinder wieder eine Mutter brauchten, aber auch, wie schwierig Kinderbedürfnisse und Anspruch von Vater und fremder Frau miteinander zu verschmelzen sein würden. Solcherlei Grübeleien sollten sich nur zu bald als berechtigt erweisen. Mir war es nun aufgegeben, von einer Anspannung in die andere zu taumeln.

Beim Besuch ohne Irmel zeigte sich Amsterdam winddurchfegt und herbstkühl. Über mir im Hotel wohnte Svjatoslav Richter und übte bis in die Nacht hinein Strawinskys »Capriccio«.

Als ich Nina, seiner Frau, später davon sagte, gab es erschrok-
kene Gesichter, auch deshalb, weil er gerade erst anfing, sich mit
dem Stück zu beschäftigen. Tags darauf begleitete mich Gerald
Moore zu Brahms »Schöner Magelone« in dem wunderbaren,
großen Concertgebouw-Saal, der, sofern auf dem Podium alles
ausverkauft ist, über eine wahrhaft ideale Akustik verfügt und in
dem die Menschen den Sänger durch ihre Stille und Konzentration geradezu umschlingen. Die Presse-Echos gingen – vielleicht
gerade wegen der »standing ovation« am Schluß – weit auseinander.

Ovationen können sich sehr verschiedenartig äußern. Sie gleichen sich kaum je. Am bewegendsten war wohl für mich der
Moment, als sich 1971 nach dem Debüt-Recital in Israel, wo ich
als erster deutscher Solist mit Daniel Barenboim auftrat, die
Menschen spontan von den Sitzen erhoben, um mir zuzujubeln.
Die schwierigen, vorbereitenden Verhandlungen hatten sich
gelohnt. In den Vereinigten Staaten mußte ich erst allmählich
lernen, daß Pfiffe auch Zustimmung bedeuten. Als in San Francisco nach Hugo Wolf Pfeifen laut wurde, glaubte ich mich
schon abgelehnt, und es fiel mir nicht gleich ein, wie oft ich die
Amerikaner in Gefangenschaft oder im Nachkriegs-Berlin schon
in der gleichen derben Weise positiv hatte reagieren hören. –
Übrigens hatte sich Bravo-Rufen in der Nazi-Diktatur kaum je
vernehmen lassen. Ich machte die Beobachtung, daß die Lust an
lauter und lebensfroher Beifallsäußerung von totalitären Syste-
men zum Kapitalismus hin graduell anwächst. Als ich kürzlich
zum ersten Mal im Ost-Berliner Schauspielhaus einen Heine-
Abend gab, befand ich mich auch von der Art des Beifalls her auf
der Trennlinie zwischen Ost und West. Rufende Ovationen
haben in der Sowjetunion oder sonstigen Ostblock-Staaten Seltenheitswert. Allenfalls sind sie in Ungarn zu erleben. In dieser
westlich ausgerichteten, vergleichsweise freiheitlichen Enklave
tönt es fast wie in Paris...

Im Amsterdamer Publikum sah ich damals unter den mir
zustrahlenden Gesichtern Frank Martin mit seiner Frau. Er
trug mir nach dem Konzert die Hauptrolle des Prospero in seiner Oper »Der Sturm« nach Shakespeare an, einer vollständi-

gen Vertonung der Schlegel-Übersetzung. Der gerne fröhlich lachende Herr mit dem hageren Gesicht schrieb den Prospero für mich, aber es wurde nichts aus meiner Mitwirkung. Denn kurz vor der Premiere in der Wiener Staatsoper unter Leitung seines Freundes Ernest Ansermet zog ich mir in Brüssel eine Fischvergiftung zu, die mich fast das Leben gekostet hätte. Eine nicht ganz nüchterne Ärztin schrieb mitten in der Nacht die Einweisung in ein Krankenhaus und stellte dazu ermutigend in Aussicht:

»Sie können nicht damit rechnen, zu überleben.«

Nun, nach etwa drei Monaten war ich wieder so weit, daß ich reisen und singen durfte. Mutig sprang in Wien Eberhard Wächter für mich ein und hatte mit der Partie einen großen Erfolg. Frank Martin kam später nach Berlin, um wenigstens einmal die drei wichtigsten Szenen des Prospero mit mir und den Berliner Philharmonikern zu musizieren. Seine »Gesänge aus Jedermann« und der Christus in »Golgotha« gehören zu den schönsten Aufgaben, die sich ein Baritonist in der neueren Musik stellen kann. Sie sind von Frömmigkeit ohne Falsch getragen.

Eigentlich hatten Britten und Pears ebenso wie die beiden Martins ins nächste Amsterdamer Konzert kommen wollen, aber sie trafen erst anderntags ein. Wir machten eine Zusammenkunft aus. Im »American Hotel« – während des Nazi-Regimes für kurze Übergangzeit der Aufenthaltsort von Max Beckmann, wie ich gerade in seinen »Tagebüchern« gelesen hatte – sprachen wir über das Aldeburgh-Festival im nächsten Jahr. An der Küste Suffolks hatte sich Ben ein eigenes Fest geschaffen, unter anderem, um dort in jedem Jahr etwas aus seiner Feder zum ersten Mal aufzuführen. Ich sollte die neuen Lieder und einige der Melodramen Schumanns mitbringen (den Schumann machten wir leider nicht).

Zwei Jahre später erklang das »War-Requiem« in Amsterdam. Da Svjatoslav Richter und seine Frau ins Künstlerzimmer kamen, lud ich mich selbst dazu ein, sie in ihrem Hotel zu besuchen und traf dort auch Peter und Ben. In angeregtem Gespräch äußerte Ben die Absicht, Brahms »Magelone«-Romanzen in der Parish Church zu Aldeburgh Slava und mir anzuvertrauen. Britten mochte Brahms nicht allzu sehr, dennoch erschien er bereits zur Probe, neugierig, wie ich wohl mit dem russischen Klavier-Giganten auskommen würde ... Und dann wendete er im Konzert die Noten um.

An jenem Abend in Amsterdam entstand auch noch ein anderer Plan: Ben wollte Tschaikowskys Oper »Eugen Onegin« mit der Wischnewskaja, Peter und mir auf Platte dirigieren. Dazu kam es leider nicht, vielleicht der russischen Sprache wegen, die ich zur Not hätte ablesen und verstehen können, die aber Peter nicht beherrschte.

Im Herbst dann, nach den Festspielen in Edinburgh, freute ich mich darauf, in der Basilika von Ottobeuren das »War-Requiem« anläßlich eines groß angelegten deutsch-englischen Treffens zu singen. Zwar war ich morgens um sechs auf, aber Vorfreude hilft nichts gegen Nebel, der kein Flugzeug von Edinburgh nach London aufsteigen ließ. Ein Wagen brachte meinen Sekretär Diether Warneck und mich nach Glasgow, von wo aus wir nach London flogen, ohne dort eine Anschlußmaschine zu erreichen, die uns rechtzeitig – wenigstens zur Generalprobe mit Ben und Peter – nach Ottobeuren gebracht hätte. Drei Stunden lang bemühte sich eine Lufthansa-Blondine, in längst ausverkauften Linienflügen Platz für uns zu finden. Als diese nervenraubende Frist abgelaufen war, entschloß ich mich kühn, ein privates Kleinflugzeug zu mieten, dessen Pilot allerdings erst von seiner eigenen Hochzeit losgeeist werden mußte, was keine Kleinigkeit war, wie sich denken läßt. Nach zwei Stunden schließlich entschwebten wir in grandiosem Flug mit der Minimalmaschine, die non-stop in dreieinhalb Stunden irgendwo – möglichst nahe Ottobeuren – in Deutschland landen sollte. Der sympathische Mensch am Knüppel (international immer ähnlich der Piloten-Typ des Alleskönners und Unbeirrbaren) navigierte und rechnete unentwegt. Auch ließ er sich Memmingen buchstabieren, das ich als mögliche Landestation nannte. Nach langem Hin und Her per Funk setzte er bei der NATO in Frankfurt durch, daß uns die Erlaubnis gegeben wurde, auf dem Militärflugplatz Memmingen zu landen. Glücklich waren wir eingeschaukelt, da meldete der Sprechfunk, es fände gerade eine

Besichtigung durch den General statt, und wir könnten unmöglich stören. Auf dem Flugplätzchen herrschte, schon aus der Luft erkennbar, nervöses Gerenne. Als wir dann doch auf der Landepiste standen, fühlten sich die Herren Soldaten durch das Vorhandensein von Zivilisten verwirrt. Es erschienen rasch aus der Stadt herbeizitierte Zollbeamte, die es aber anscheinend unendlich schwierig fanden, uns abzufertigen. Die Zeit glitt davon. Im Gesicht des Piloten kam ob der Nervosität etwas Süffisanz auf. Der Tatsache bewußt, daß er ja in zehn Minuten zurückfliegen könne, lächelte er mich an:

»It's very exciting, mustn't it be?«

Die Polizei eskortierte den uns gestellten Wagen per Blaulicht nach Ottobeuren, nicht ohne vorher als letzten Hemmschuh noch zu konstatieren:

»Ihr Paß ist nicht verlängert.« Ich brachte, einer Ohnmacht nahe, hervor:

»Doch.« Nach flüchtigem Hinsehen der Beamte:

»Ach, entschuldigen's! Aber der von Ihrem Herrn Warneck nicht...«

Aber auch dort hatte er Pech und mußte noch einmal

»Entschuldigen's!!!«

murmeln. Als wir schließlich in der Dämmerung die Basilika vor uns sahen, den Ort meiner Ferienbesuche in Kindertagen, den Ort, an dem mir zuerst die Orgel zum Begriff wurde, weil der Herr Chorregent mir ganz allein am ältesten der drei Instrumente Mozarts f-Moll-Phantasie vorspielte zu übergroßem Entzücken, da – hatte die Generalprobe ihr Ende längst ohne mich gefunden. Das von Gästen überlaufene, geräuschvolle Ottobeuren konnte mich Übermüdeten nicht am tiefen Schlaf vor dem Konzert hindern. Eine kurze Verständigung mit dem Kammerorchester vor der Aufführung mußte genügen, und Ben führte uns sicher durch die Klippen. Erschüttert nach dem abschließenden »Let us sleep now«, hörte ich wie aus der Ferne den damaligen Bundespräsidenten Lübke zu mir sagen:

»Wir kennen uns doch aus Berlin.«

Zu einem Zeitpunkt, an dem es ihm äußerst unlieb war, sich öffentlich am Klavier zu produzieren – er hatte die erste schwere

Operation durchgemacht – sagte mir Ben wenigstens einen halben Liederabend für sein Festspiel zu. Zugleich tauchte der Plan auf, Schumanns »Szenen aus Goethes Faust« aufzuführen, eine Idee, die mich nach langem Warten auf diese Aufgabe geradezu entzückte. Gehörte doch diese Musik zu den Lieblingswerken meiner Vorbilder Julius Stockhausen und Johannes Messchaert. Ben schrieb:

»Je mehr ich das Stück studiere, desto schöner und interessanter finde ich es. Es gibt zwei oder drei schwache Stellen, aber Schumann hat ja selbst geäußert, es solle nicht vollständig an einem Abend aufgeführt werden. Ich arbeite an einigen Strichen und freue mich sehr darauf, dieses große Werk mit Dir zu machen.«

Und im P. S. heißt es dann:

»Hast Du Vorschläge für unseren Schubert im anderen Konzert? Hast Du ein paar neue Schönheiten entdeckt?«

Schubert mit Ben! Das sollte mich ein ganzes Stück weiter bringen, den größten Liederkomponisten richtig zu verstehen. Immer wieder, wenn sich Ben bei den Proben am alten Flügel im wunderschönen, großen Studio des »Red House« unterbrach, um über Tempo und Technik nachzudenken, brauchte ich nur die Ohren weit aufzumachen, um davon zu profitieren. Der Schumannsche »Faust« kostete ihn viele Kräfte. Aber als die beeindruckende, hingebungsvolle Aufführung zuende war, brauste der Beifall auf und wollte nicht mehr abebben. Ich sehe Ben vor mir, wie er während und nach der Aufführung leicht taumelte. Groß, leicht nach vorne geneigt, ging er auf das Podium. Es stand im Saal der »Maltings« zu Snape nahe Aldeburgh, den er sich selber gebaut hatte und der nach einem Brandunglück nun bereits zum zweiten Mal errichtet war. Wenn Bens leichtes Schwanken einsetzte, schien er wie ein hochgewachsener Baum, um den der Wind weht. Das »wonderful«, das er zum Schluß sagte, bevor er die Partitur selig erschöpft zu Ehren Schumanns dem Publikum entgegenstreckte, blieb ihm halb im Munde stecken. Er wirkte wie im Taumel bekennend.

Gleichsam initial zündete dieses Konzert, und viele Dirigenten führten das Stück in kurzer Folge danach auf. Ich nutzte die Einladungen, um mich weiter in den Faust hineinzuleben. Als ich wieder in Berlin war, steckten mir die Constable-Wolken aus Suffolk noch im Sinn, mit ihren wie zur Eile treibenden Wechseln von Farbe und Regenmöglichkeit. Ich erinnerte mich dankbar der Unterhaltung mit der Herzogin von Kent, die ich in Bens herrlicher Bibliothek bei dem Empfang nach dem Schumann-Oratorium kennenlernte.

Ben beim Sprechen zuzuhören, war eine Erfahrung eigener Art. Er hatte, im Unterschied zu so vielen Dirigenten, keinerlei Allüren. Um wie die meisten Pultlöwen an einen Darsteller seiner selbst zu erinnern, war er viel zu originell. Keiner hat ihn je bei einer »Rolle« ertappt. Er sprach ziemlich rasch, ohne sich zu überstürzen. Niemand merkte seiner Rede an, daß ihn oft mehrere Gedanken zugleich beschäftigten. In allem, was er sagte, offenbarte sich Ordnung, und für den Rausch des Zufalls, der die Avantgardisten von damals erfüllte, hatte er nur Verachtung. Inspiration war ihm viel zu kostbar, um sie zu irgendwelcher Exhibition zu mißbrauchen. Nichts schreckte ihn mehr ab als der Effekt um seiner selbst willen, so mächtig auch mit den jeweils angebrachten, kompromißfernen Mitteln von ihm immer wieder Wirkung erzielt wurde. In unerwarteten, erstaunlich neugehörten Klängen gab er ihr plötzlich Raum, grenzte sie aber sogleich wieder klärend ein. Er war ein Gegner von Überschwemmungen in der Musik und trieb die Vereinfachung bis zu den kargen Andeutungen seiner späten Kirchenopern. Es war andererseits für Ben nur folgerichtig, daß er sich scheute, bei der Reinigungswelle von außermusikalischen Elementen, wie sie die Neue Wiener Schule einleitete, mitzutun. Der Anlaß zu einer Komposition, die Empfindung als Reflexion, das Gedicht, der materiale Orchestrationseffekt, sie alle durften mitspielen. Es handelte sich also um eine im heutigen Sinne unabsolute Musik. Das brachte ihm häufig das mißverstehende und für ihn möglicherweise dennoch angenehme Urteil ein: Er macht noch Musik. Er wagt es, sie zu machen. Er ist ein Après-Gardist. Britten war sich auch nicht zu gut dafür, leicht ausführbare und direkt ausstrahlende Musik zu schreiben, wie etwa die »Cantata misericordium« zur Zentenarfeier des Roten Kreuzes in Genf. Die anderen mit Werken zum Fest beauftragten Komponisten Frank Martin und Witold Lutoslawski, der eine »modern« sein wollend und der andere unangemessen spielerisch verfahrend, hatten es neben Britten schwer. Mir machte die mühelose Probenarbeit viel Spaß, auch weil Ben mir so überaus herzlich und freimütig anerkennend entgegenkam und dem schon kranken, alten Maitre Ansermet beisprang.

Ben und Peter gibt es nun nicht mehr, und in vielen Lebensläufen dürfte das Dioskuren-Paar als ein Maß des menschlichen Anstands und der Hilfsbereitschaft, des künstlerischen Ernstes und der Herzenswärme vermißt werden. Geistvolle Sänger haben Seltenheitswert. Peter gehörte zu ihnen. Und er besaß so viel literarischen Überblick, daß er auf der Suche nach Opernstoffen und zu vertonenden Gedichten immer wieder fündig wurde und Ben den Weg zum Schöpferischen bereitete. Er tat dies auch in anderer Weise: Als Lehrer schulte er Stimmen für den besonderen Stil Bens. Als Organisator kümmerte er sich um mannigfache Details, wenn Künstler für Aldeburgh zu engagieren waren oder wenn sie Fragen hatten, die eventuelle Transpositionen oder den Vortrag von Bens Musik betrafen. Über allem aber stand seine Gesangskunst, die er sich bis ins Alter erhalten konnte und die wir zu bestaunen nicht müde wurden. Hilfreich war ihm dabei sein mimisches Talent und seine selbstverständliche Bühnenpräsenz, die ihn zum idealen Protagonisten der Opern seines Lebensgefährten machten. Sir Peter kann ein Musterbeispiel britischer Unaufdringlichkeit heißen, ein herzlicher, anregender Gastgeber, ein immer hilfsbereiter Mensch.

*

Die Schweiz zu besuchen, hieß für den Bundesdeutschen auch noch zu Beginn der fünfziger Jahre, bukolisches Land zu betreten, ein unangetastetes, sauberes, properes Gebiet. Erst bei näherem Hinsehen modifizierte sich dieser Eindruck. Von hier schrieb mir Herr Dr. Othmar Schoeck 1953 überraschend, ich solle sein »Lebendig begraben« nach Gottfried Keller in

Zürich singen. Ich drückte brieflich meine Freude darüber aus, auf diese Weise nun einen anderen, allgemein nicht bekannten Gottfried Keller zu entdecken, warnte aber, einige sehr tiefe Stellen müßten höher gelegt werden, woraufhin Schoeck mich beruhigte:

»Ihre Bedenken weiß ich durchaus zu schätzen, finde sie aber nicht so schwerwiegend. Wenn eine so herrliche Möglichkeit winkt, mit einer Aufführung durch Sie das Stück ›lebendig‹ zu machen und nicht ›begraben‹ sein zu lassen, wäre es geradezu ein Unrecht, dieser Möglichkeit nicht entgegenzukommen. Auch für die Tragfähigkeit der Stimme im Verhältnis zum Orchester wird sich die Punktierung (gemeint ist das Höherlegen der Noten) der wenigen rezitativischen Stellen nur vorteilhaft auswirken. Ich gebe als ›besorgter Vater‹ diese (auch für mich wenigstens) so wichtige Angelegenheit in Ihre, nach Ihrem so freundlichen Brief, liebevollen Hände und hoffe von ganzem Herzen, daß mein glühender Wunsch, das Stück von Ihnen zu hören, in Erfüllung gehen möge.«

Mit dem Zug gelangte ich von Freiburg nach Zürich, die Landschaft in Ruhe genießend. Es war sicher gut, daß mich am Vorabend der Aufführung der Tonhalle-Dirigent Erich Schmid bereits gründlich in die Zucht genommen hatte. Denn der Zyklus »Lebendig begraben« hat es rhythmisch und tonlich derart in sich, daß man leicht ins Stolpern gerät. Aber nun, in der Lettenholzstraße Zürichs, harrten in dem kleinen Haus unter Blütenbäumen der Meister, seine Frau und seine Tochter. Er begrüßte mich etwas irritiert, als er meine Jugend und das Kindergesicht sah. Dann ging er ans Klavier und fing an zu spielen. Wir musizierten die vierzig Minuten des Werks ohne anzuhalten. (Übrigens wird auch die Singstimme in diesem Stück selten in ihrem Fluß unterbrochen.) So gegen die Mitte hin bemerkte ich, wie sich die umwölkte Stirn klärte, wie die Konzentration auf das Notenbild von Entzücken verdrängt wurde, wie der Kopf sich gelegentlich abzudrehen versuchte, um Rührung im Gesicht zu verbergen. Ich bin sicher, daß Schoeck diesen Zyklus jahrzehntelang nicht mehr gehört hatte, seit dem Tode seines Freundes Felix Loeffel (vom Schweizer Maler Cuno Amiet so charaktervoll porträtiert), der ihn seit der Uraufführung in den zwanziger Jahren immer wieder sang. Nach den Aufschwüngen und dem verklärenden Entzücken, das der erwartete Tod dem lebendig Begrabenen – Symbol des an der schöpferischen Not leidenden Künstlers – bringt, sprang Othmar Schoeck auf, um mich zu umarmen. Und nun war die Freundschaft so selbstverständlich wie nur möglich.

Es gab die Erstaufführung der Fassung mit Streichorchester des Zyklus »Nocturno« unter der Leitung von Paul Sacher. Nicht lange darauf feierte Schoeck den 70. Geburtstag, und zu seinen Ehren wurde ein festlicher Liederabend im Kaisersaal zu Ottobeuren im Rahmen der deutsch-schweizerischen Tage gegeben. Zunächst überreichte man dem Meister das Bundesverdienstkreuz, und dann durfte ich eine ganze, von ihm selbst zusammengestellte Folge von Liedern singen. Die Schweizerin Margrit Weber begleitete mich und saß so am Flügel, daß sie den Jubilar im Blick hatte. Beide merkten wir fast gleichzeitig, wie sich während des Liedes »Jugendgedenken« nach Gottfried Keller Schoecks Gesicht verfärbte und er sich schwach an seine zarte Frau Hilde lehnte. Margrit griff ein paar falsche Noten, und ich mußte schlucken, um wieder einsetzen zu können. Alles ging aber glimpflich vorbei, und die beiden Schoecks ließen es sich nicht nehmen, später noch zu meinem bäuerlichen Zimmerchen hinaufzuklettern, um zu danken und zu plaudern.

Im großen Züricher Familienkreis von Margrit Weber sah ich Schoeck dann wieder und konnte nicht aufhören, seinen erschrockenen, tief depressiven Gesichtsausdruck zu studieren und mich zu verwundern, mit welcher Treffsicherheit er gelegentlich, aber nur selten – die Pfeife aus dem Mund nehmend – Bemerkungen in die lebhafte Unterhaltung warf. Als ich für kurze Zeit in Zollikon ansässig wurde, war er bereits nicht mehr unter den Lebenden.

Seine Lieder zu singen, wie 1986 zu seinem hundertsten Geburtstag den Zyklus »Unter Sternen«, ist mir noch immer ein Bedürfnis, wenn auch jegliche Aufführung außerhalb der Schweiz auf Mißverständnis oder hochmütige Fehleinschätzung (»Helvetismus«, »Provinzialismus«) stößt. Sicher, Schoeck ist kein Mozart, kein Schubert und nicht einmal ein Hugo Wolf, den er so sehr verehrte. Auch nahm er den Begriff des Zyklischen derart ernst, daß ganze Hefte in jeweils gleichförmigem, im Wolfschen Sinne zusammenbindendem und deshalb leicht eintönigem Charakter entstanden, nur weil der Komponist ganz in den Hintergrund treten und das Dichterwort allein regieren lassen wollte. Aber seine wortbetonte Komponierweise nimmt sensibel Rücksicht auf das Gedicht und entspricht häufig in den harmonischen Regungen frappant dem inneren Leben der Dichtung. Ich finde es höchst erfreulich, daß einige der zahlreichen Opern Schoecks zur Zeit eine Renaissance auf den Bühnen erleben. – So herb und trocken sich Schoecks Tonstrukturen geben können, es eignet ihnen doch ein Zug ins Schwärmerische und Verzückte. Dennoch muß der Sänger mehr in seine Aufgabe investieren als er äußerlich wirken kann.

*

Als ich Boris Blacher auf einer Treppe zur Berliner U-Bahn kennenlernte, hatte ich in seiner Funkoper »Die Flut« auf einen Text seines Schülers Heinz von Cramer bereits mit Genuß gesungen, im Hessischen Rundfunk unter der Leitung von Otto Matzerath. Blacher initiierte den gegenseitigen Austausch von Opernlibretti zwischen Schülern und Lehrer. So schrieb er selbst das großartige Szenarium für Gottfried von Einems »Dantons Tod«. Solange er Hochschuldirektor war, sprach mich Blacher immer wieder in seinem leicht russisch akzentuierten Plauderton an:

»Wollen Sie nicht bei uns unterrichten?«

Aber was er dieser Frage meist anfügte, schreckte mich eher ab:

»Sie brauchen nur ab und zu für Minuten hereinzuschauen. Den Rest besorgt ein Assistent.«

Er sah das Unterrichten ganz aus seiner, der Tonsetzer-Perspektive, und er konnte sich vielleicht nicht vorstellen, wieviel Zeit Stimmen dazu brauchen, um sich geborgen zu fühlen und wirklich auf die Eigenart des Lehrers eingestellt zu sein. Erst nach einem solchen Einpegeln ist ja an wirkliche Arbeit zu denken. Blacher wirkte nicht nur in seinen Ansichten grazil, ungewichtig, pathosfern und nicht zur Systematik neigend. Zwar mußte jener Teil seiner kompositorischen Arbeit, der sich auf die Oper bezog, notgedrungen, weil vom Text bedingt, längere musikalische Zeiträume umspannen. Im Oratorium »Der Großinquisitor« aber ist deutlich zu spüren, daß jeweils die knappste, auf kurzen Strecken noch überzeugende Lösung angestrebt wurde. Das Weglassen, Aussparen und – mitunter witzige – Zusammenraffen war Blachers besondere Stärke. Und jene »Drei Psalmen«, die noch im Kriege geschrieben und in den sechziger Jahren von mir uraufgeführt wurden, verdeutlichen dies in nuce. In sieben Minuten sind die langen Bibeltexte vorüber. Blacher schien von meiner Wiedergabe angetan, denn er schenkte mir das Autograph.

Der leutselige, trocken witzige Mann machte einmal den Ansager in einem Hochschulkonzert, er, der Herr Direktor. Er stotterte rechtschaffen und sagte im Grunde nur das, was ohnehin im Programmheft stand. Viele Runzeln und seine sarkastisch verbrämte Verlegenheit zeitigten unfreiwillig den Eindruck eines naiven Menschen. Es ging in seiner Ausstrahlung ähnlich wie in seinen Musikstücken zu: auch dort kabbeln sich naive Floskeln mit mathematischen Vertracktheiten herum. Themen werden vorgeführt und ebenso schnell wieder verlassen. Längere Kommentare zu den eigenen Einfällen zu geben, lag Blacher nicht. Er schien gut zu den weit über kniefreien Studentinnen jener Jahre und zu den bärtigen Alsob-Greisen von damals zu passen, die eine Kinderseele versteckten. Sehr taten seine Offenheit und der direkte Angriff wohl, wenn es sich für ihn wirklich verlohnte. Als einmal bei Gustav Rudolf und Ilse Sellner nach opulentem Gartenfest und Supper von den Politikern, Schauspielern und Sängern eine kleinere Runde übriggeblieben war und zu diskutieren anfing, ließ sich ein hoffnungsvoller Regisseur des längeren über Werte und Nachteile der Literaturoper aus. Als der etwas zu Gescheite schließlich schwieg, tönte es aus Blachers Mund in die Stille:

»Das ist ja alles vollendeter Blödsinn!«

Befreites Lachen!

Zu einer Zeit, als ihm seine angegriffene Gesundheit das Leben schon recht unerträglich machte und sich die Lehrtätigkeit des allgemein zuhöchst geschätzten Pädagogen auf das Gebiet der Forschung verlagerte, gab es einmal ein gemütliches Beisammensein dreier Hochschulprofessoren im Hause Hans Erich Riebensahms, bei dem auch Ruth und ich waren. Blacher krönte schnellzüngig und wie gewohnt brabbelnd den Abend mit dem Bemerken:

»Die Kunstwerke sind uns heute alle scheißegal. Aber die Messungen, die Messungen!«

Unter den verstörten Zuhörern war Ruth als einzige good sport und zeigte Verständnis, während die anderen die Selbstironie Blachers nicht wahrnahmen. Er beschäftigte sich gerade mit akustischen Messungen aller Art.

Der magere, nicht große Mann bewegte sich schlaksig, mit einer geflissentlichen Überentspanntheit. Auch im Westend diverse Male zu Gast mit seiner bezaubernden Frau, der Pianistin Gerty Herzog, liebte er es, in berlinischem Deutsch mit russischem Beiklang nüchtern über Musik, Kultur allgemein, Leben und Geld herzuziehen. Saß ihm einmal ein Ideologe der Würde gegenüber, so konnte er eine zynische Gleichgültigkeit für künstlerische Probleme zur Schau tragen. Aber: Hinter solcher Fassade steckte die Suche nach Strenge und Einfachheit, nach dem Wesentlichen. Und seine Schüler erzog er – wie mir Aribert Reimann oft genug erzählte – das jeweils Spezifische der eigenen Natur zu entwickeln, den eigenen Stil zu finden. Nur wer etwas zu sagen hat, kann auf seinem Weg als Komponist weitergehen.

Es ist hier nicht meine Aufgabe, Blachers Werk darzustellen. Aber von dem Oratorium »Der Großinquisitor« möchte ich kurz sprechen, dem ein Text zugrunde liegt, den der Dirigent Leo Borchard einem Kapitel aus Dostojewskys »Brüdern Karamasoff« entlehnt hat. Das Werk wurde in dem kleinen Haus vollendet, das Blacher in der Schützallee bezogen hatte, nicht weit von dem unseren. Es war in der Zeit nach Kriegsende, die sich – im damals noch ungeteilten Berlin – Blachers Arbeitskraft endlich in allen möglichen Funktionen bemächtigte. In beiden Rundfunksendern, dem amerikanisch wie dem russisch lizenzierten, in den Schauspieltheatern, in den Philharmoniker-Konzerten und in der Oper hörte man Blachers Musik. Die zweite Aufführung des »Großinquisitor« – die erste fand 1947 im Admiralspalast statt – besorgte Christoph von Dohnanyi im Sender Freies Berlin. Der Stoff mutet utopisch an im Sinne einer Weltuntergangsstimmung. Der auf die Erde zurückgekehrte Christus trifft mit dem höchsten Repräsentanten kirchlicher Macht, dem Kardinal-Großinquisitor zusammen und wird mit den Worten empfangen:

»Du bist gekommen, um zu stören.«

Der überdimensionale Vorwurf wird als Formproblem von Blacher schlagend einfach gelöst, indem er Bericht und Ausmalung dem Chor überläßt und die Rolle des Priesters dem Bariton zuerteilt. Natürlich soll die Hauptwirkung beim Chor liegen, der auch die längsten Strecken der einstündigen Musik für sich beansprucht. Der rezitativische Stil, in dem der Inquisitor singt, nähert sich barocken Vorbildern. Ich legte – wie ich glaube, mit Erfolg – meinen von Blacher in kleinen Tonschritten begrenzten Gesang so neutral wie möglich an. Und siehe da, die Wirkung entsprach einem Gewichtsausgleich zwischen Chor und Solist.

Stärkster Eindruck von den vielen Erfahrungen mit Blachers Musik blieb für mich »Hamlet«, aus einer symphonischen Dichtung von 1940 erwachsen und zehn Jahre später in der Deutschen Oper in Zusammenarbeit mit Tatjana Gsovsky zur abendfüllenden Ballett-Komposition umgestaltet. Hier ist das Gesetz der zeichnerischen Sparsamkeit, dem alle Musik Blachers folgt, auf die Spitze getrieben. Hart, klar, federnd und in gleichsam reinen Farben klingt das Orchester. Eine Stunde der Strawinsky-Nachfolge, aber ohne jeden Rausch.

*

Vor Jahrzehnten schon begegnete mir, bescheiden und zurückhaltend, Blachers hervorragender Schüler Aribert Reimann.

Damals ging es darum, die Premiere von Henzes Oper »Elegie für junge Liebende« für Schwetzingen vorzubereiten und mir am Berliner Flügel den Part des Mittenhofer einzurichten. Seither gab es unzählige Gelegenheiten, bei denen mir Aribert neue Werke erschloß – nicht nur aus seiner Feder – und durch sein Urteil auch meine Beurteilungs- und Hörweise zeitgenössischer Musik mitbestimmte. Zwar führte ich einige seiner Werke zum ersten Mal auf das Podium (»Totentanz«, »Zyklus«, »Wolkenloses Christfest«), aber es ist mir besondere Genugtuung, durch einen kleinen Hinweis und dessen Wiederholung den Anlaß für seinen bisher größten Opernwurf, den »Lear«, gegeben zu haben.

Dabei spielte sich die Zusammenarbeit nicht so ab, wie sie sich der Außenstehende gerne vorstellt. Es gab keine Anweisungen oder Ratschläge meinerseits, wie denn die Tessitura für die Stimme auszusehen hätte, ob von der Kraft her dies oder jenes anders einzuteilen sei und ähnliches mehr. Er wußte um die Gegebenheiten und handelte danach. Aribert, der sensible und sanft führende Begleiter am Klavier, dem bereits eine große Zahl von angehenden Sängern in seinen Hochschulklassen (jetzt parallel zu meinen Kursen an der Berliner Musikhochschule) oder arrivierten Podiumserfahrenen erste und nächste Schritte anvertrauten, spürt untrüglich, was in den Stimmen verborgen, was ihnen möglich ist, für die er schreibt. Das zeigte sehr deutlich seine jüngste Oper »Troades«, in der jede der agierenden Frauengestalten die ihr zugehörigen musikalischen Merkmale aus der je am besten entwickelten Stimmfähigkeit bezieht.

Die Stringenz, mit der sich Reimann entwickelte, ausgehend von der Zweiten Wiener Schule einerseits und seinem Mentor im Geiste Boris Blacher andererseits, hat gezeigt, welch einen verantwortungstreuen und an Inspiration reichen Künstler wir an ihm haben. Er ließ Moden und kurzlebige Experimente, die andere mitmachten, beiseite, um selbst den Weg zu immer direkterer und anrührenderer Ausdruckskunst zu finden, die die Impulse unserer Zeit und ihre Belastungen nicht ignoriert. Schließt man von seiner konzentrierten, zielsicheren Arbeitsweise auf den Weg, der vor ihm liegt, so wird er wie bisher eine Sprache finden, die nachvollzogen und weitergetragen werden kann.

*

Den größten Alten der aufbrechenden Moderne, Igor Strawinsky, erwähnte ich schon im Zusammenhang mit Busonis »Doktor Faust«. Die deutsche Erstaufführung seiner Kantate »Abram und Isaac« – in hebräisch zu singen – stand in Berlin bevor. Natürlich hatte ich von dieser Sprache so wenig Ahnung wie vom Ungarischen bei Kodály. Mir die rhythmisch recht vertrackte, in strengem Nach-Webern-Stil gesetzte Partitur in den Kopf zu hämmern, nahm viel Zeit in Anspruch. Der Meister ließ aus Amerika ganz aufrichtig verlauten, er könne das Stück nicht selbst dirigieren, es sei zu schwer für seine Schlagtechnik. Ich gestehe, daß ich darauf etwas erleichtert reagierte, weil ich über den Dirigenten Strawinsky keine allzu euphorischen Berichte vernommen hatte. Einige Male paukte ich mit einem sympathischen jungen Israeli die Phonetik.

Dann kam der Meister selbst, zusammen mit seinem »Eckermann«, dem Dirigenten Robert Craft. Seine weißen Wollstrümpfe unter den Überschuhen waren das erste, was ich von ihm sah, als er aus dem Senatswagen stieg. Dann mühte er sich, die sieben Stufen vor meinem Haus in Westend zu erklimmen, indem er sie laut zählte. Er machte den Eindruck eines kleinen, zierlichen Trümmerhaufens mit völlig ungebrochenen Ambitionen, auch denen des musikalischen Neuerers. Zur Probe saß man am Rauchtisch, ohne das Klavier im entferntesten zu strapazieren. Der Meister zeigte sich zufrieden mit meinen frisch erworbenen Kenntnissen, höchstens etwas mehr »ä-hà« sollte ich bei den hebräischen Sprachakzenten geben. Craft taktierte genau und korrigierte nachsichtig. Mischte sich aber dann der Meister ein, so rief er ungeduldig:

»Shut up!«

Beim Abschied witzelte Strawinsky:

»Ich liebe die Posaune – Sie wissen – trombone – so sehr, drum hatte ich jetzt eine Thrombose.«

Und mit bedeutungsvollem Ausdruck fügte er an:

»Ich danke Ihnen, daß Sie sich für diese Arbeit Zeit genommen haben. Es ist sehr wichtig für mich und für die Musik überhaupt!«

Er ging nicht, ohne ins Gästebuch

»Meinem liebsten Sänger«

geschrieben zu haben, was zweifellos unsäglich übertrieben war.

Strawinsky zeigte erstaunlichen Lebenswillen. Viele Proben absolvierte er mit den Berliner Philharmonikern für die übrigen Programmnummern des festlichen Konzertereignisses, das auf Anregung seines Freundes, des damaligen Festwochen-Chefs Nicolas Nabokov (Bruder des Schriftstellers) zustandegekommen war. Und die »Abram«-Kantate mit all ihren Taktwechseln und ungeraden Schlägen surrte problemlos ab, ohne irgendeinen »Unfall«, was Craft noch auf dem Podium zu dem Ausruf bewog:

»It's amazing, amazing, no mistake!«

Kurz vor dem Auftritt, schon bebenden Herzens, wurde ich zu Bundespräsident Lübke gerufen, um meine Aufwartung zu machen. Dieser sprach dann über die Kosten, die doch die große Zahl der Mitwirkenden bei der Britten-Aufführung in Ottobeuren verursacht haben müsse. Bevor ich mich bei ihm einfand, hatte er geschmackvollerweise den Baritonisten Heinz Rehfuß (im »Renard« beschäftigt) gefragt, warum ich denn nun auch noch käme. Das berichtete mir dieser Sänger natürlich umgehend mit gewisser Schadenfreude. Strawinsky, zu dessen Ehren sich die Menschen in der Philharmonie wiederholt von den Plätzen erhoben, strahlte vor Hochstimmung und beherrschte dieses in vielerlei Hinsicht ergreifende Konzert. Sein Kommentar zu meinem Beitrag, als er mich umarmte, war:

»Du bist ein Engel.«

*

Immer, wenn ein Heft der Münchener »Musica viva« bei der Post lag, staunte ich über die Qualität der Umschlagseiten und die interessanten Photos und Zeichnungen, die die informativen

Texte begleiteten. Das gab es nach dem Kriege sonst nirgendwo. Der Erfinder dieser Hefte und der Begründer der dazugehörigen Konzertreihe hieß Karl Amadeus Hartmann. Lange bevor ich ihn kennenlernte, haftete mir diese erste und ergiebigste Reihe mit neuer Musik im Bewußtsein – ausgerechnet in München stationiert – mit seiner doch eher traditionalistischen Haltung den Künsten gegenüber. Dabei fungierten Hartmanns eigene Kompositionen ganz sparsam in den Programmen.

Lange bevor ich als Solist seiner Reihe im Herkules-Saal auftrat, hatte Karl Amadeus seine Fühler nach mir ausgestreckt und sprach mit mir, wann immer sich die Gelegenheit bot. Nachdem uns die Praxis zusammengeführt hatte, gestand er mir dann, er wolle etwas für mich schreiben. Es handelte sich um jenes Werk, das heute als das gewichtigste in seinem Nachlaß angesehen wird: die »Gesangsszene« auf ein Fragment aus Giraudoux' Schauspiel »Sodom und Gomorrha«. Dies war im Spätherbst 1961. Aber 1963, im Februar, als ich Hartmann mitten in der Arbeit am Schlußteil vermutete, schockierte die Nachricht seines Todes. In der ersten Betroffenheit mußte man glauben, daß damit auch das Ende der »Musica viva« gekommen sei. Aber just in diesem Moment zeigte sich, auf welch festem Fundament die Konzertreihe ruhte. Ernst Thomas und Wolfgang Fortner übernahmen zunächst interimistisch und ab Sommer 1964 endgültig die Leitung, um im Sinne Hartmanns weiterzuarbeiten. Die Gesangsszene blieb unvollendet; nach einer enormen Orchestersteigerung muß den Schluß nun die Stimme des Sängers sprechen, was auch mit einer gewissen Berechtigung geschieht, denn Hartmann redete immer davon, daß der letzte Satz:

»Es ist ein Ende der Welt, das traurigste von allen!« rezitiert werden solle. Und doch – ich kann mir nicht helfen: trotz aller Wirkung des plötzlich eintretenden, nackten Wortes glaube ich an dieser Stelle immer einen gewaltigen, aufrührerischen Chorgesang zu hören, umgeben von scharfen, schneidenden Klängen, die alles vorher Gehörte in den Schatten stellen, eine einzige, unaufhaltsame Steigerung. Ich wünschte, das hätte der Komponist noch hinschreiben können.

Jean Giraudoux hatte Hartmann schon immer fasziniert in

seiner Mischung aus elegantem Obenhin und prophetischer Tiefsicht. Es war eine »Undine«-Oper geplant. Hartmanns eigenes Bekenntnis zu des Dichters Worten ist zuallererst musikalisch. Er gestikuliert nicht – wie andere Tonsetzer seiner Zeit – mit Aufschwüngen herum, mit dramatischen Erregungszuständen, er benutzt die Töne vielmehr als ein Material, das es ihm erlaubt, sich differenzierter auszudrücken, als dies mit Worten möglich ist. Die »Gesangsszene« offenbart es deutlich, denn sie folgt, der Bindung an den Text zum Trotz, ihrem eigenen musikalischen Entwicklungsgang. Ihr symphonischer Charakter macht sie eigentlich zu Hartmanns Neunter Symphonie. Gleich zu Beginn, lange ehe die Singstimme einsetzt, ist das Wesentliche über die Botschaft des Textes mit rein musikalischen Mitteln vollständig gesagt. Und auch unter der Singstimme hält sich das Orchester fern von dem wörtlichen Sinn des Textes. Den bezieht es höchstens dort ein, wo an seiner eigenen Ausdruckskraft kein Zweifel mehr möglich ist. So erfährt Giraudoux' Stoff eine künstlerische Überhöhung, auf die hin sein Text gar nicht angelegt war. Hartmann sah in ihn die Kraft alttestamentarischer Bilder hinein, alles, was ihn selbst leiden machte, Krieg, Zerwürfnis, Uneinsichtigkeit. Gegen sie wollte er die Schönheit des Lebens neu bewußt machen.

Es bedeutet für den Sänger eine gewisse technische Belastung, intervallbezogene und melismatische Linienbildung eng nebeneinander zu bewältigen, die beide doch von so verschiedener gesanglicher Voraussetzung ausgehen. Überdeklamation und Belcanto folgen einander ohne Übergang.

Der Dirigent der Uraufführung zu Frankfurt war der inzwischen auch verstorbene Dean Dixon, ein lauterer, idealistischer Musiker, der erste farbige Orchesterleiter im Nachkriegsdeutschland. Er verzehrte sich an seinen Aufgaben.

Karl Amadeus, der kontaktfreudige Gesprächspartner, konnte lange allein mit seinem Gegenüber in der Hotelhalle sitzen und etwa über die Malerei reden, impulsiv, engagiert. Er hatte selbst Maler werden wollen, der Familientradition folgend, die ihm Vater und Bruder als bildende Künstler vorzeichneten. Der untersetzte Mann sprach auch von München, als es noch ein

Trümmerhaufen war, als die Kultur verdorrt lag, und wie er in notdürftigen, unheizbaren Räumen mit Konzerten begonnen hatte, die die jeweils gerade erreichbaren Besetzungen berücksichtigen mußten. Er ließ jene zeitgenössischen Musiker aufführen, die wie er selbst unter der Naziherrschaft verfemt gewesen waren. Im Todesjahr seines Gründers stand die Unternehmung »Musica viva« in der achtzehnten Saison, und die Hauptstadt Bayerns hatte sich durch Hartmann zu einer international angesehenen Hochburg moderner Musik herausgeputzt. Mein Sohn Mathias machte mich mit der Oper »Simplicius Simplizissimus« bekannt, als er sie für eine Aufführung des Berliner JEM (Junges Ensemble für Musik) ausstattete. Das Szenarium hatte Hermann Scherchen 1935 dem berühmten Barockroman entnommen und seinem Freund und Schüler Hartmann eingerichtet. Darin sollte vorgeführt werden, wie eine reine, unverbildete Natur aus mörderischer Zeit herausfindet. Grundzüge von Hartmanns Naturell erkannte ich darin wieder: Mitleid, Empörung, Verletzlichkeit und Zorn.

Geschrieben haben wir uns nicht. Der Ungeduldige griff lieber zum Telefonhörer, er hörte gut zu, um temperamentvoll zu reagieren. Von seiner eigenen Musik sprach er nicht. Nur als er mir zum ersten Mal Skizzen aus der »Gesangsszene« zeigte, vom Hessischen Rundfunk in Auftrag gegeben, glühte er bei den Demonstrationen seiner Absicht. Sprach er über andere Komponisten, konnte Hartmann hinterm Berg halten, will sagen, seine Augäpfel mit dem Schleier der Abwesenheit überziehen. Hielt der Frager irritiert inne, redete er schon von ganz anderem. Eine Grundfarbe durchzog seine Ausstrahlung bei aller offensichtlichen Lebensbejahung und allem Humor, die Fähigkeit zur Trauer, nicht jammernd über die schlechte Welt, sondern zu Empörung und mächtiger Anklage gesteigert, wie in den Symphonien. So gern ordnet ihn die Rezensentenmeinung leichtfertig als »Expressionisten« ein und glaubt, ihn deshalb in die Après-garde schieben zu dürfen. Er wollte große Musik machen, unbeirrt von der weltweiten Meinung, es sei die zertrümmerte Form allein, die den neuen Anspruch der Freiheit ausdrücke. – All die Freunde von damals sind alt geworden. Karl Amadeus genießt den Vorzug, den die Toten vor den noch Lebenden haben, er ist immer klarer der, der er war.

*

Es war 1974 in Warschau. Die infernalische Zerstörung der ganzen Innenstadt durch die Nazis wirkte noch immer sehr spürbar nach, obwohl die Polen mit liebevollem Stolz und unerhörtem finanziellen Einsatz wiederaufgebaut hatten.

Ich gab, von Svjatoslav Richter begleitet, einen Liederabend in dem wunderschön holzausgeschlagenen Saal der Philharmonie. Nach dem Konzert lud der Botschafter der Bundesrepublik zu einem Empfang in seine Residenz. Unter den Eingeladenen aus Kultur und Politik befand sich auch Witold Lutoslawski, dessen charaktervolles, ein wenig an Paul Hindemith erinnerndes Gesicht mir gleich auffiel. Schnell kamen wir ins fachsimpelnde Gespräch über die Möglichkeiten heutigen Komponierens.

Meine Frage, ob Lutoslawski auch etwas für Bariton geschrieben habe, mußte der Komponist mit erschrockenem Gesicht verneinen – doch hatte meine Art der Gestaltung, meine Tendenz, tiefere seelische Bereiche aufzusuchen, ihn wohl doch so eingenommen, daß er bald alle anderen Arbeiten beiseite legte, um mir eine große, orchesterbegleitete Szene zu schreiben. Nicht lange hatte er nach Literatur zu suchen. Schon bald stieß er auf »Les espaces du sommeil« (»Die Räume des Schlafs«) von Robert Desnos – Verszeilen eines französischen Dichters, der einen Monat nach Beendigung des Zweiten Weltkriegs im KZ Theresienstadt im Alter von 45 Jahren an Erschöpfung gestorben war.

Fluidum und Diktion der Dichtung, die rondoartig als Motto die tröstende Zeile »Es gibt dich« wiederholt, boten Lutoslawski vielfältige Ansatzmöglichkeiten zu einer Musik, in der alle Techniken des Gesangs und Sprechgesangs experimentell genutzt werden. Die Singstimme ist in einen differenziert ausgearbeiteten Orchesterklang eingebettet. Die Musik weckt starke Bilder, Assoziationen und Empfindungen im

Hörer und ergibt eine Kommunikation zwischen Interpreten und Publikum, wie sie nicht bewußter angestrebt und mir nicht willkommener hätte sein können. Die Arbeit hielt Lutoslawski lange fest, etwa drei Jahre saß er über der Organisation des Klangmaterials, das Emotionales mit der Logik seriellen Denkens verbindet. Die Uraufführung am 12. April 1978 mit den Berliner Philharmonikern und Witold Lutoslawski am Pult hatte großen Erfolg und unterstrich den Rang des damals fünfundsechzigjährigen Meisters ebenso wie die Wiederholung in Amsterdam und die kürzlich erfolgte Plattenaufnahme des Werks.

»Deren Ton mir in die Seele hallte«

Der Name Johannes Messchaert spielte von Zeit zu Zeit als der eines Vorbildes in mein Leben hinein. Mein geliebter Lehrer Hermann Weißenborn erwähnte ihn immer wieder und stellte ihn jüngeren Sängern wie Heinrich Schlusnus gegenüber. In Düsseldorf kam häufig Franziska Martienssen-Lohmann ins Künstlerzimmer, früheren Generationen als Pädagogin (Elisabeth Grümmer und Kurt Widmer waren ihre Schüler) und Musik-Schriftstellerin bekannt. Sie schwärmte von Messchaert, wenn sie mir ein Kompliment machen wollte. Die feine alte Dame hörte mich zum ersten Mal 1948. Ich war gerade aus der Gefangenschaft entlassen und sang bei einem Austauschkonzert der Hochschulen im Saal der Weimarer Akademie Brahms vor begeistertem Studentenpublikum. Am Flügel saß Ludwig Hoffmann, der in seinen Solo-Nummern, so in Balakirews »Islamey«, mit Oktavendonner glänzte. Viel später schrieb mir Frau Martienssen:

»Es war sofort überwältigend klar, daß hier eine Inkarnation des Liedes vor uns stand, in der erschütternden Durchdringung gerade dieser Gesänge und gerade in jenen noch sehr bangen Tagen.«

In ihrem Nachschlagewerk »Der wissende Sänger«, zu dem ich ein einleitendes Wort beitrug, bezieht sich Franziska Martienssen-Lohmann immer wieder auf Messchaert. Durch sie erfuhr ich auch von einer Messchaert-Schülerin in Tokio, die den Wunsch des japanischen Publikums nach meinem Besuch überbracht hatte. Ihre Schilderung des erstaunlich aufblühenden Musiklebens dort, von Andacht und Ehrfurcht vor der westlichen Kultur bestimmt, trug wesentlich dazu bei, daß ich 1963 gern erstmals in Japan gastierte.

Als Wolf Rosenberg sein Buch »Verfall (oder Krise) der Gesangskunst« veröffentlichte, in dem er vorurteilsvoll über mich herzog, tröstete mich unaufgefordert das Wort der Meisterin in meinem depressiven Zustand:

»Wenn man sich in der Welt lange genug umsieht, so wird dem Blick immer deutlicher, wie alles Große stets vom kümmerlich kleinen Gesichtspunkte her gern in den Staub gezogen wird. (Man braucht nur die subalternen ›Zeitgenossen‹ über Goethe zu lesen.) Die Angriffe, denen Sie in Aufsätzen und Büchern ausgesetzt sind, tragen nur dazu bei, daß Ihre echten Bewunderer desto fester an Ihnen hängen. Für sie alle sind diese Anwürfe unbegreiflich. Wir müssen verstehen lernen, daß die Autoren etwas Bestimmtes suchen: Für die Werbetrompete des erfolgssicheren Buchtitels alles greifbare Material zusammenzubringen, und was wäre greifbarer als gerade der Sänger, der die größte Gemeinde hat und der in seinem Künstlertum der wahre Repräsentant einer deutschen Generation ist, deren Jugend von dem ungeheuren Kriegserlebnis und dem nur menschenmöglichen ›Und dennoch‹ gezeichnet war. Im letzten Jahr hörte ich wieder Ihre ›Winterreise‹. Es ist, als hätte jede Generation in der Wiedergabe dieses Werkes einen einmaligen Interpreten, der eben die Wahrhaftigkeit, die Wesenhaftigkeit gerade dieser ganzen Generation in solchem Werke spiegelt. Stockhausen muß in seiner Wiedergabe noch manches an Weichheit gehabt haben (er sang ja in seinen Programmen auch ›Frauenliebe und -leben‹), was bereits Messchaert absolut ferne lag, in dessen großartiger geigerisch-instrumentaler Klangqualität. Zwei Kriege lagen dazwischen. Dann kamen Sie. Und das bleibt und steht über dem, was heute ist.«

Noch ein weiteres Mal begegnete mir der Name Messchaert. In Wien führte Maria Litschauer eine noch sehr lebensvolle, uralte Dame zu mir, deren strahlende Augen mich faszinierten. Sie war langjährige Schülerin von Brahms gewesen. Aus ihrer Handtasche brachte sie mit zittrigen Händen eine Photographie zum Vorschein, auf der sie ihr Lehrer fröhlich in den Arm nimmt. Sie gehörte nämlich zu den gar nicht so wenigen späten Flirts des »alten« Brahms, die immer wieder hören konnten:

»Wenn Du Kummer hast, komme zu Johannes, und alles wird wieder gut!«

Bei Brahms verbrachte sie oft angeregte Zeit mit dem Liedersänger Messchaert. Es bestätigte mich, als sie mir sagte, was mehrere alte Leute an jenem Wiener Abend festgestellt hatten: Ich sänge in der Art Messchaerts.

*

Wer Elisabeth Grümmer nicht gekannt, vor allem aber ihre phänomenale Stimme nicht gehört hat, der weiß nicht vollständig, was es mit künstlerischer und menschlicher Lauterkeit auf sich hat. Als ich die »Vier letzten Lieder« von Richard Strauss in ihrem zugleich metallisch und samten timbrierten Stimmklang hörte, ging mir erst auf, daß es sich in diesen Gesängen um Abschiede von der Äußerlichkeit handelt. Elisabeth Grümmer konnte nur so unverstellt und herzerwärmend wirken, wie sie es mehr als andere tat, weil sie sich mit striktester Energie angeeignet hatte, was in dieser Vollkommenheit wohl keine ihrer Kolleginnen beherrschte: Stimmschönheit, gepaart mit Wortdeutlichkeit. Darin eiferte sie ihrer Fachkollegin aus der Generation zuvor, Lotte Lehmann nach. Und weil jedes Wort so unmißverständlich aus ihrem Munde kam, wußte sie ihre Hörer mit all den so verschiedenartigen Inhalten ihres Repertoires zu überzeugen und in den Bann zu schlagen. Dabei half ihr, was sie als Schauspielerin in den ersten acht Jahren ihrer Bühnenlaufbahn – außer der sicheren Präsenz auf der Szene – gelernt hatte: die Reinheit der Vokale. Es klingt heute bereits wie eine überlebte Weisheit aus grauer Vorzeit, daß verständliche Sprache neben den Konsonanten zumindest gleichwertig von der klaren Formung der Vokale abhängt. Denn dies und unumgehbar dies befördert unbehindert den Sinn komponierter Dichtung. Kein Wunder also, wenn jegliches Getue – als dieser wahrhaftigen Ausstrahlung im Wege – Elisabeth Grümmer empfindlich machte und allergisch reagieren ließ. Glockenhelles Lachen war, wo sie sich aufhielt, ebenso gegenwärtig wie plötzliche Tränen der Enttäuschung.

Als wir – ich glaube, es war 1952 – mit Carl Ebert den »Figaro« einstudierten, merkte ich erschrocken, daß sich meine Gräfin leise schluchzend in eine Ecke des Bühnenbildes zurückzog. Ich ging ihr nach, um mich nach dem Grund des Kummers zu erkundigen. Es stellte sich heraus, daß ich im Eifer des Redegefechts unsere deutsch gesungenen Secco-Rezitative vom Tempo her derart überzogen hatte (wohl auch, um dem italienischen Klang näherzukommen), daß Elisabeth kaum mehr wußte, wo ihr der Kopf stand und die allfälligen Einsätze nicht mehr präzise brachte. Aber weil sie es mir unumwunden sagte, konnte der Schaden leicht behoben werden. Ernsthaft und diszipliniert stand sie endlose Proben durch. Nur wenn sich vor einer Abendvorstellung nicht alles gleich am frühen Morgen stimmlich so abrufen ließ, wie sie es für richtig hielt, sagte sie unerbittlich ab.

Einmal jedoch tat sie es nicht. Die Eröffnung der Deutschen Oper Berlin sollte im Film festgehalten werden, und ihr Fernbleiben hätte all den anderen Mitwirkenden einen Strich durch die Rechnung der Dokumentation gemacht. Da sang sie denn die Donna Anna einer Indisposition zum Trotz, und es sei den heutigen Betrachtern dieses Streifens gesagt, daß sich an den folgenden, nicht gefilmten Abenden wahre Wunder an Wohlklang und Intensität ereigneten. Ihre Donna Anna war es auch, die Elisabeth Grümmer das besondere Wohlwollen des großen Wilhelm Furtwängler eintrug. In einigen Vorstellungen seines Salzburger »Giovanni«-Zyklus trat sie auf und wurde kurz darauf Furtwänglers Agathe in einer vielbestaunten, aber nicht unumstrittenen Salzburger Premiere. Diese Agathe: ein Wunder an Innigkeit und Stimmpracht. Beide Rollen sind uns in Schwarzpressungen erhalten, herausragende Dokumente unter ihren leider nur sehr spärlichen Schallplattenerzeugnissen. Fast bis zum Ende ihrer sängerischen Tätigkeit vertraute Elisabeth Grümmer sich der stimmüberwachenden Obhut von Franziska Martienssen-Lohmann an. Und hier erfuhr die Grümmer, was es bedeutet, sein Augenmerk nicht bloß auf die Oper zu richten, sondern auch das Lied nach Wert und Wirkung zu durchforschen. Acht Jahre lang sang sie – häufig mit Aribert Reimann am Flügel – Liederabende und machte Rundfunk-Aufnahmen, unter denen sich besonders kostbare Schumann- und Wolf-Einspielungen befinden, die hoffentlich bald einmal von einer Plattenfirma aus dem Archiv geholt werden. Sobald Franziska Martienssen ihre Tätigkeit als Lehrerin in den Meisterkursen zu Luzern nicht mehr wahrnehmen konnte, sprang Elisabeth Grümmer in die Bresche und hat dort – wie ich glaube – ihre pädagogische Aufgabe in mehr Ruhe und Gelöstheit erfüllen können als in Berlin oder Paris, wo sie noch zuletzt unter reichlich chaotischen Verhältnissen Opernnachwuchs heranzuziehen suchte. Ich sprach von »Figaros Hochzeit«, worin ich mit ihr dann auch in Paris, Wien und London den Grafen singen durfte. Sie war eine Gräfin, die wie keine den schmalen Grat zwischen Dümmlichkeit und Anmut zu gehen wußte, auf dem sich diese Partie bewegt, in immer neuen, faszinierenden Facetten. Frau Grümmer hat sich hier wie auch etwa im »Rosenkavalier« je nach dem Lebensalter durch alle Frauenrollen hindurchbewegt und jede in ihrer Art gültig dargestellt. So sah ich sie als sehr beeindruckend maskulin gedachten »Rosenkavalier« bei Ebert und kurz darauf als eine sich wehmütig dem Entweichen der Zeit hingebende Marschallin. Besonders in dieser Partie zeigte sie eine exorbitante Notentexttreue, und nicht nur darauf bezogen ist ihres Weggefährten Hugo Diez Erwähnung zu tun, der ihr am Klavier mit nie nachlassender Akribie die souveräne Beherrschung der Materie ermöglichen half. Der Moderne begegnete Elisabeth Grümmer zögernd. Jedoch versuchte sie sich auf Heinz Tietjens Geheiß an der unsäglichen Oper »Troilus und Cressida« von Winfried Zillig, der wir den unverdienten Erfolg auch nicht ersingen konnten. Sie sang in der legendären »Peter Grimes«-Vorstellung in der Deutschen Oper, die eine späte Rechtfertigung des Opernkomponisten Benjamin Britten in dieser Stadt darstellte. Sie wagte sich an einige Lieder von Othmar Schoeck und sogar an die Hölderlin-Fragmente von Aribert Reimann. Aber was von ihr im Gedächtnis derer leben wird, die sie gehört haben, birgt doch eher die Fiordiligi in Carl Eberts Muster-Inszenierung, die Gräfin in Straussens »Capriccio«, die Passionen Bachs, in denen ich immer wieder ihr Partner sein durfte (auch unter der extrem subjektiven Stabführung Furtwänglers in Wien, der sie mühelos zu folgen wußte), oder aber die Elisabeth im »Tannhäuser«, als deren Wolfram ich bestätige, die verzweifelt resignierenden Worte

»Er kehret nie zurück«

von keiner anderen Darstellerin dieser Rolle mit gleicher Intensität gehört zu haben. Die Elsa in Wagners »Lohengrin« könnte man vielleicht als ihre vollendetste Leistung bezeichnen, die auch einen umweghaften Bezug zu Bayreuth darstellte, das sie im übrigen zu wenig beschäftigte. In der Deutschen Oper sang sie unter Wieland Wagners Regie eine köstliche Elsa, ebenso wie bei der Plattenaufnahme in Wien. Rudolf Kempe war unser Dirigent, ein Mann, den sie – genau wie ich – seiner Lauterkeit wegen besonders schätzte. Kempe war es auch, mit dem sie das »Deutsche Requiem« von Brahms aufnahm. In diesem Werk hörte ich sie in der Kantstraße unter dem unvergessenen Artur Rother zum allerersten Mal und war gleich zutiefst berührt. »Eine kleine Zeit Mühe und Arbeit« – sie war für Elisabeth Grümmer zugleich jener »große Trost«, von dem Jesus Sirach in dem Bibelwort berichtet, das Brahms für sein Requiem auswählte.

*

Elisabeth Grümmers »Vorfahrin« im deutschen Fach, vielleicht die einzige, ist Lotte Lehmann gewesen, in meinen Augen und Ohren, schon in denen des blutjungen Plattensammlers, ein Monument unter den Stimmgrößen der zwanziger und dreißiger Jahre neben Lauritz Melchior, Alexander Kipnis oder Frida Leider. Sie hat den Löwenanteil der Gesangsaufnahmen bei der alten Odeon-Produktion für sich in Anspruch nehmen dürfen, darunter einige wenig gelungene Ausflüge ins falsche Fach, anderes ganz köstlich schön und wortdeutlich gesungen, auch Ausschnitte aus der »Arabella« von Strauss. Weil ich diese historischen Zeugnisse gut im Ohr und im Herzen hatte, freute es mich um so heftiger, nach einer Münchener Premiere dieser Oper ein Telegramm zu bekommen, in dem es hieß:

»Wundervoll herrlich. Mein einziges Bedauern ist, daß ich nicht Ihre Arabella sein konnte. Lotte Lehmann.«

Sie lud Irmel und mich, als wir Kalifornien durchreisten, in ihr Haus nach Santa Barbara ein, in großem Wundergarten am Meer gelegen und vollgestopft mit den Erinnerungsstücken einer Erfolgreichen. An Toscanini und Bruno Walter mußten wir denken, an die letzten Zufluchtsjahre der drei in Österreich, bevor die Nazis das Verbleiben auch dort unmöglich machten; wir mußten ihre zahllosen Aquarelle bewundern, darunter eine in allen Details illustrierte »Winterreise«, wir blätterten alte Programme durch und betrachteten Photos der Glanzrollen in Berlin und Wien. Die alte Dame hatte sich im sonnigen Westen Amerikas eine sichere Existenz als Gesanglehrerin aufgebaut und erfreute sich einer großen Schar von Schülerinnen, unter denen Grace Bumbry der Star war. Als ich mit dieser den »Macbeth« in Salzburg probte, saß Lotte Lehmann beharrlich im Zuschauerraum und hatte immer dann, wenn ich mich in kurzen Zwischenpausen zu ihr stahl, um Detailkritik aus dem Halbdunkel zu erhaschen, nur Bestätigendes zu sagen – und das leicht vorwurfsvoll, so als hätte ich gar nicht fragen dürfen. Bei einem zweiten Besuch in Kalifornien saßen wir gerade am draußen gedeckten Teetisch, als mich fast im Genick eine Stimme mit den Worten

»Oller Blödkopp«

schreckte. Lotte Lehmann und ihre Freundin Frances hatten sich eine Elster dazu dressiert, die Gäste aufzumuntern. Eines der Aquarelle der Gastgeberin bekamen wir mit auf den Weg, ein »Alptraum« von schön eigenwilliger Machart, sicher in aufgeregten Stunden vor einem abendlichen Auftritt entstanden. Leider hoffte Lotte Lehmann auch, ich könne ihr bei der Verbreitung einer Sprechplatte behilflich sein, die die nunmehr Stimmlose mit den alten Gedichten aus der Liederzeit mit Bruno Walter oder Paul Ulanowski gut zu rezitieren meinte.

In rührender Weise setzte sich Lotte Lehmann mit ihrer Vergangenheit auseinander, als sie einen Schubertabend von mir in der Londoner Festival Hall gehört hatte.

»Mit Beschämung denke ich an meine Jugend zurück, in der ich weder Ihre Art durchdringenden Verständnisses noch Ihre überlegene Technik besaß. Ich sang ›drauf los‹, immer von meinem künstlerischen Instinkt getrieben. (Das tat ich ja ursprünglich auch...) Das Verstehen kam für mich erst, nachdem der Reichtum der Stimme schon längst verschwendet war. Ich bin selten zufrieden, wenn ich meine alten Platten höre. Wie vieles würde ich heute anders machen! Aber nun ist es zu spät.«

In Santa Barbara sprachen wir darüber, daß es auf meinen Photos, die während des Konzerts aufgenommen wurden, so aussieht, als hingen meine Arme und Hände leblos und unbeteiligt am Körper. Dann aber – nach dem live-Erlebnis eines Abends in Pasadena, schrieb mir Lotte Lehmann:

»Ach, aber Sie redeten von Kopf bis Fuß, was mich mehr entzückte, als ich sagen kann. Sie waren frei, ohne Zurückhaltung, Sie sangen ganz und gar, und das war für mich die letzte Erfüllung, die volle Erschöpfung des Liedgesanges...«

*

Die aus der Ferne bewunderten Theodor Heuss und Konrad Adenauer (von dem ich wußte, daß er einige meiner Platten mochte) blieben mir, als ich ihnen nahekam, gleichwohl unbekannt. Ich staunte, als mich in Berlin ein Schreiben aus Bonn erreichte, noch mehr aber darüber, was ihm dann folgte. Die Einladung betraf eine Pflichtübung anläßlich Mozarts 200. Geburtstages. Ein Essen im Kölner »Hotel Excelsior Ernst« stellte die einzige offizielle Feierlichkeit des Bundes dar, das Treffen des Arbeitgeberverbandes und die Mozartfeier in einem Zuge erledigend. Anneliese Rothenberger und ich wurden dazu verpflichtet, den hohen Herren etwas Mozart zu singen. Die attraktive Sopranistin war mir schon des öfteren zur Seite gestanden, als Susanne im »Figaro« etwa oder bei konzertanten Gelegenheiten. Es hatte sich ein kameradschaftlich herzliches Verhältnis ergeben. Um so mehr freute es mich, nun mit ihr gemeinsam bei festlichem Anlaß singen zu sollen.

Es stellte sich heraus, daß die Umstände die Freude dämpfen sollten. Zur Probe erschien der bestellte Pianist nicht pünktlich. Als er sich schließlich zu kommen bequemte, wirbelten schon die ersten Bediensteten im Saal umher, um das Essen vorzubereiten. Mitten im Probieren zweier Duette aus »Figaro« und »Don Giovanni« unterbrach uns der Oberkellner:

»Entschuldigen Sie, wir müssen die Menü-Folge festlegen. Wollen Sie lieber nach der Suppe, also vor dem Fischgang, oder vor dem Dessert, also nach dem Hauptgang singen?«

Etwas entgeistert entschieden wir uns für:

»Vor dem Dessert«,

denn wir dachten, so der Darbietung etwas mehr Gewicht zu geben. Weit gefehlt. Als es schließlich so weit war, hatten alle Wein getrunken, und die beiden Hauptpersonen, direkt vor uns placiert, bereits hochrote Köpfe. Als wir beim zweiten Duett angelangt waren, entschlummerte Heuss selig an der Schulter seines Nachbarn, der angestrengt höflich die Augen offenhielt. Nach mattem Beifall verschwanden wir in den Küchenvorraum, um das Ende der Feiermahlzeit abzuwarten, denn dann sollten wir den beiden Herren die Hände schütteln. Anneliese flüsterte mir zu:

»Ich mache mich schnell auf dem Zimmer etwas frisch«,

und sprang davon. Ich hatte nun eine halbe Stunde Zeit, die hastenden Kellner zu beobachten, nicht ohne gelegentlich zu fragen, wie lange denn wohl noch getafelt werde.

»Dat kann noch lange jehn«,

oder ähnlich lautete die Antwort. Als meine Partnerin wieder erschien, zurechtgemacht wie ein eben der Schachtel entnommenes süßes Püppchen, setzten wir uns als brave Kinder geduldig auf ein Bänkchen und warteten. Mir drohte am nächsten Tag ein neu zu beherrschendes Stück und dessen Probe in einer anderen Stadt. Als eine weitere Stunde vorüber war, kam in mir die Wut hoch, und ich kündigte an:

»Jetzt reicht's! Ich gehe schlafen. Gute Nacht.«

Der entsetzten Anneliese, die unter keinen Umständen den Höhepunkt verpassen wollte, gab ich einen Wangenkuß und strebte dem Aufzug zu, weg aus der barocken Aufwarteatmosphäre. Den Sinn für das hochformelle, feierlich Zeremonielle konnte ich nie in mir heranzüchten.

*

Auf der Tournee mit dem »Lied von der Erde« war ich dem »Wundertenor« Fritz Wunderlich nicht zum ersten Mal begegnet, ihm, der so tragisch früh nach einem Sturz von hoher Treppe sein Leben lassen mußte. Aber hier fanden wir Gelegenheit, zusammen ein »Lippen-Horn-Duett« zu blasen. Bevor wir in Hannover aufs Podium der Stadthalle stiegen, hörte ich Fritz in seiner Garderobe den »Jägerchor« aus dem »Freischütz« summen. Gleich fügte ich, ein Horn imitierend, die zweite Stimme dazu, und es folgte ein Gang durch die entsprechende Hornliteratur, dem dann auch der aufmerksam gewordene Keilberth zuhörte, sich vor Lachen biegend. Wunderlich war in der Tat ein professioneller Hornist, bevor er es vorzog zu singen.

1956, bei der Ansbacher Bach-Woche, standen wir mit zwei weltlichen Kantaten des Thomas-Kantors zum ersten Mal nebeneinander. Nachdem Werner Egk den Eingangschor »Auf, schmetternde Töne« geprobt hatte, erhob sich Fritz Wunderlich und sang. Fast erschrak ich beim Hören, denn diese Stimme hatte einen berückenden Schmelz und dabei doch das notwendige Gran Metall im Klang, wie es so von deutschen Tenören schon seit langem nicht mehr zu vernehmen war. In der Probenpause fragte ich den still in einer Saalecke wartenden Mann, wo er denn herkomme und seit wann er sänge. Er hatte sich der Öffentlichkeit bisher nur in einigen Konzerten (meist mit dem Begleiter Hubert Giesen) präsentiert, das solle sich mit seinem Engagement an die Württembergische Staatsoper nun ändern. In Berlin versäumte ich es nicht, dem Schallplattenproduzenten der Electrola, Fritz Ganss, von diesem Phänomen vorzuschwärmen, und vielleicht haben meine immer wieder fallengelassenen Bemerkungen das Zögern vor der ersten wichtigen Plattenaufnahme mit Fritz Wunderlich verkürzt. Als ich mich am »Fliegenden Holländer« Wagners unter Franz Konwitschny versuchte, sang Wunderlich frisch und hochmusikalisch den Steuermann, nicht lange darauf den Walther von der Vogelweide im »Tannhäuser« in gleicher Umgebung. Dann aber folgte der Evangelist in der »Johannes-Passion« Bachs als erste große Aufnahme. Mir imponierte die

Gelassenheit, mit der der junge Mann mit dem Schalk in Auge und Nacken all die Proben- und Wiederholungsprozeduren über sich ergehen ließ. Der Dirigent Karl Forster (Abbé am Dirigentenpult und Leiter des Hedwigs-Chores, mit dem ich seit meinem ersten Berliner Orchesterkonzert verbunden war) hatte leichtes Spiel mit ihm. Ich war auch einmal Zaungast bei der Hauptprobe von Werner Egks »Verlobung von San Domingo« in der Bayerischen Staatsoper und sah in all der rennenden und gackernden Hühnerhof-Atmosphäre Wunderlich völlig gesammelt abwarten, was sich denn wohl sonst noch ereignen würde. Diese äußere Ruhe bereicherte zwar seine Bühnendarstellung nicht sonderlich, sicherte aber seinem Organ den Schutz für schlakkenlose Tonproduktion. Noten und Vortrag waren diesem Erzmusikanten rasch und zuverlässig verfügbar, und gelegentlich, wenn auch sehr selten, ließ er einen Verbesserungsvorschlag einem Kollegen gegenüber hören. In Bamberg nahmen wir Szenen aus Lortzings »Zar und Zimmermann« auf. Ihm gefiel mein sehr breites Tempo für das Zarenlied nicht. Ich ging auf seine Kritik ein und profitierte davon. Nach den Aufnahmen zu Szenen aus Tschaikowskys »Eugen Onegin«, zu denen er eine wundervoll mühelose Lenski-Arie beigetragen hatte, flogen wir in dem engen Backofen eines AUA-Flugzeugs zu den Wiener Festwochen 1964.

Josef Krips, den alle Welt dreist als »Froschkönig« zu bewitzeln liebte (seiner etwas hervorstehenden Augen wegen), probte nächsten Tags zweimal das ganze »Lied von der Erde« durch und begründete diese Ordnungsliebe damit, daß ich doch neu für ihn sei. Der Cello-Engel auf dem Dach des Musikvereins gegenüber dem Hotelzimmer im Imperial stand mir bei, in dem zum Umfallen heißen, golden glänzenden Saal überhaupt zu singen. Das wurde auch durch Krips' zurückhaltende Lautstärkengestaltung und das über sich hinauswachsende Orchester der Wiener Philharmoniker möglich (diese müssen es gewesen sein, denn ich sehe noch Willy Boskowsky, den damaligen Konzertmeister vor mir sitzen). Wunderlich fand sich noch besser mit der Hitze und den Orchesterfluten des Anfangsliedes zurecht. Selbst die von mir in der Probe als unbeachtet gerügten, aber von

Mahler doch notierten Kommata im letzten Satz des »Abschied« kamen nun mit besonderer Inbrunst. Krips konnte auf die selbstverständlichste Weise mit seinen Sängern atmen. Und so war es denn nicht verwunderlich, daß er mit Zustimmung ein Interview las, das ich irgendeiner Plattenzeitung gegeben und in dem ich mich insonderheit mit dem Atmen beim Musizieren beschäftigt hatte. Gleich rief er mir mit ein paar Zeilen brieflich zu:

»Wenn Sie es beim Dirigieren mit dem Atem halten, müssen Sie ein guter Dirigent sein. Ich möchte Sie baldmöglichst hören!«

Dazu kam es nicht mehr, vielleicht ist ihm eine Enttäuschung erspart geblieben...

*

Karajan hatte seinen Bernstein, Rubinstein seinen Horowitz, die Callas ihre Tebaldi, Toscanini seinen Furtwängler. Fast jeder Mensch hat seinen Widersacher, seinen »Pfahl im Fleisch«, seinen Rivalen. Ich hatte eigentlich deren mehrere, bekam aber von der Öffentlichkeit einen besonders aufgedrängt. Als Hermann Prey anfing zu singen, etwa vier Jahre nach meinem Beginn, da kam ich, seiner anders gearteten und anders klingenden Stimme wegen, gar nicht auf die Idee, daß es keinen Platz für uns zwei in der Musikwelt geben könne. Aber bis wir endlich einmal zusammen auf der Bühne standen, zur Wonne Günther Rennerts in seiner »Figaro«-Inszenierung, hatten sich so viele Ressentiments bei beiden angesammelt, daß wir eher zurückhaltend, sozusagen porzellanvorsichtig miteinander umgingen. Das änderte sich dann, und spätestens in Rennerts berühmter Salzburger »Così«-Inszenierung gab es völlige Harmonie. Einzig eine gewisse Automatik des Nachziehens in der Wahl des Programms, der Begleiter und der Liederabendzyklen störte mich immer. Prey wurde vier Jahre nach mir geboren, Schumanns opus 35 nach Kerner brachte ich runde vier Jahre vor ihm aufs Podium, realisierte vier Jahre vor ihm meinen ersten Zyklus von Liederabenden, hatte vier Jahre vor ihm Karl Engel zum Begleiter, wurde vier Jahre vor ihm Mitglied der Bayerischen Akademie der schönen Künste etc. Nun, auch an so etwas gewöhnt sich der Mensch. Wenn mich allerdings jemand dazu auffordert, doch wie Prey der leichten Muse zu huldigen, so muß ich bedauernd ablehnen. Denn zum einen gibt es für mich nicht lediglich gut oder schlecht gemachte Musik, sondern vor allem künstlerische Qualität und das Fehlen eben derselben. Zum andern habe ich nie erprobt, ob ich der Unterhaltung mit gleicher Virtuosität zu dienen in der Lage wäre wie Hermann Prey. Vielleicht wird er auch vier Jahre nach mir aufhören zu singen...

*

Gewöhnlich lauschen Julia und ich nicht an Hotelzimmerwänden. Einmal jedoch konnten wir uns nicht beherrschen. Bei einem New-York-Besuch wohnten wir gleich neben einer großen Suite mit Flügel. Maria Callas war dort abgestiegen, die von Julia (und mir) seit vielen Jahren als Vorbild glühend Verehrte. Für einen Duett-Abend mit Giuseppe di Stefano wollte sie proben, um damit die ganze Welt zu bereisen. Pünktlich vier Uhr nachmittags klopfte der Tenor an die Tür, um mit seiner Partnerin zu probieren. Zweimal hieß sie ihn wieder gehen, sie war noch nicht so weit. Endlich um sechs fingen die beiden an zu singen. Julia preßte ihr Ohr an die Wand, um ja keinen Ton zu verpassen. Die Stimme der Callas klang angestrengt und nicht mehr in allen Lagen schön. Doch wir bewunderten, wie konzis sie wiederholte, ausbesserte und di Stefano anleitete. Die künstlerische Kraft dieser Frau, ihre einsame Größe auf der Höhe ihrer Karriere, wird uns unvergeßlich bleiben. Der Griechin sei auch post mortem nicht übelgenommen, daß sie sich einmal sehr verächtlich über das deutsche Lied äußerte. Nicht jeder Südländer (und nicht jeder Deutsche) ist in der Lage, das Kunstlied in seiner Bedeutung zu erkennen.

*

Als Richard Kraus den Bariton Ernst Krukowski Ende der fünfziger Jahre an das Berliner Haus verpflichtete, mokierte sich Hertha Klust darüber, daß man diese leichtgewichtige Stimme für fähig hielt, den Mandryka zu singen. Noch bevor ich ihn dann mit dieser Partie in der Bayerischen Staatsoper hörte, hatten wir uns einige Male getroffen, und mir ist von diesen ersten Unterhaltungen seine bemerkenswerte Aufgeschlossenheit dem Fachrivalen gegenüber in Erinnerung, aber auch ein umwerfender Humor, mit dem Krukowski Sänger der ältesten Generation karikierte, die mit zahnloser Tongebung sich über die »jungen Leute« entrüsteten:

»Als ich noch in Eckernförde fürs erste Fach engagiert war, durften sich Anfänger so etwas nicht erlauben.«

Dieser Mann, der sich mit allen gut verstand, die neben ihm wirkten, wußte früh um seine Todeskrankheit und kämpfte gegen den Stimmverlust an, den diese unvermeidlich mit sich brachte. Um so mehr freute es mich, daß während der Proben zu den »Meistersingern«, als ich unter Peter Beauvais' Regie und zu den nicht ganz leicht zu lesenden Bewegungen des Dirigenten Eugen Jochum meinen ersten Sachs absolvieren wollte, sich eine prekäre Situation ergab. Der Sänger des Beckmesser hatte sich offenbar zu viel vorgenommen und die Partie weder musikalisch noch darstellerisch rechtzeitig in den Griff bekommen. Kurz vor Toresschluß mußte man sich nach einem Ersatz umsehen und hatte nicht weit zu suchen. Denn Ernst Krukowski, allgemein »Kruki« genannt, hatte als »understudy« gedient und sprang mit geradezu vehementem Eifer in eine Rolle, die er unzählige Male in der voraufgegangenen Inszenierung des Werkes von Wieland Wagner gesungen hatte. Eine gewisse Erleichterung malte sich in den schwermütigen Zügen Beauvais', der – wie immer in Fällen der Besorgnis – an seiner Krawatte nagte. Nun ging es rasch voran, und ich kann sagen, daß ich das Zusammenspiel mit dem Erzkomödianten Kruki genoß, der seine stimmlichen Schwächen geschickt für die Darstellung zu nutzen wußte. In der Schlußszene wuchs sein Beckmesser in seiner lähmenden Ohnmacht zu tragischer Größe.

*

Peter Beauvais hatte sich gleich vom Beginn der Proben an als ein musikalischer, dem Werk dienender Regisseur erwiesen, der durchaus in der Lage war, mir Frischstudiertem ohne einen Blick in den Klavierauszug Töne und Worte zu soufflieren. Einen in allen Partien ähnlich sicheren Inszenator habe ich nie erlebt. Und wenn es seiner etwas heiseren Stimme manchmal schwerfiel, sich gegen die Chormassen und ihr Pausengebrabbel durchzusetzen, so brachte er doch in diesen »Meistersingern« etwas zuwege, was heute kaum mehr ohne Peinlichkeit zu bewerkstelligen ist: ein ganz und gar Wagner gehorchendes Konzept zu finden (auch dank der bilderbogenhaften Dekorationen von Jan Schlubach). In der Schlußszene mit der arg genau vorgegebenen Apotheose Sachsens fiel mir während der Generalprobe die Lösung ein, mich zur Abwechslung einmal still und bescheiden durch die Volksmassen hindurch außer Sichtweite zu begeben. Beauvais stimmte dieser Lösung begeistert zu:

»Das war genial!«

Und es war ihm wohl durch Sachsens Geste der Bescheidenheit aus dem eigenen Herzen gesprochen worden. Peter ist zwar als Opernregisseur zu einem gewissen Ruf gelangt, aber bei weitem nicht nach Gebühr. Als wir in München zusammen die »Arabella« neu einstudierten, hingen viele Beurteiler dem alten, eher der Einrichtungsmode der sechziger Jahre verpflichteten Stil der voraufgegangenen Inszenierung an und übersahen all die köstlichen Wiener Fin-de-siècle-Details, die Peter nach gründlichen Recherchen den beiden letzten, schwächeren Bildern hatte zugute kommen lassen.

Peter rief mich auch zur Rolle des Kaisers in Kleists »Käthchen von Heilbronn«, als er das Stück fürs Fernsehen inszenierte. Die schneidende Kälte bei den Außenaufnahmen und mein erhebliches Lampenfieber vor einer ganz ungewohnten, mimisch minutiösen Aufgabe haben das Ergebnis nicht befriedigend ausfallen lassen. Dennoch: Ich lernte in diesen Wochen etwas über das Metier des Filmemachens und über die mögliche Geduld eines scharf definierenden Regisseurs. Wenn Textangst und Mangel an Selbstvertrauen am höchsten stiegen, flüsterte er mir zu:

»Lassen Sie sich nur nicht verrückt machen!«

Mit Beauvais ist, mitten in der Arbeit an seinem ersten Film auf ein eigenes Drehbuch, der einzige große deutsche Regisseur von Fernsehfilmen dahingegangen. Vielen schien er verschlossen, da er stets mit irgendwelchen Vorhaben innerlich umging, absorbiert durch Pläne, die oft in ferner Zukunft lagen. Er war ein leiser Mensch auch in der Arbeit, weil er das zurückgenommene Gefühl (auch im Sinne der hyper-sensiblen Kameralinse) liebte, weil er Übertreibung jeglicher Art haßte, weil er das Wahrhaftige suchte. Selbst wenn er lachte, klang es wie nach innen genommen, konnte komisch glucksen. Er arbeitete unerbittlich, bis das geforderte Gefühl, die erwartete Reaktion fast wie von selbst entstand. Noch nicht Vorhandenes verstand er hervorzuzaubern, Zutreffendes – auch in Farbe und Bildbewegung – aus den Mitarbeitern herauszukitzeln. Zu diesem Ziel konnte er auch Koketterie ins Spiel bringen, oder aber unerschöpfliche Geduld. Einmal allerdings zeitigten auch zwei Stunden der Probenunterbrechung im dritten Akt der »Meistersinger« nicht den gewünschten Erfolg. Unser Stolzing beharrte gegen alle Überredungskunst auf seinem Untergehaktsein mit Eva, während Sachs ausbricht: »Immer nur Schustern, das ist mein Los!« Peters Vorhaltung, Stolzing müsse sich für einen Augenblick, Sachsens Eifersucht erkennend und staunend, von seiner Partnerin lösen, wollte der Tenor nicht akzeptieren. »Ich bin glücklich!« konterte er jeden Annäherungsversuch des Regisseurs und blieb – Sieger. Beauvais arbeitete ganz anders als der mehr von außen nach innen verlagernde Jean-Pierre Ponnelle, der das Echo der Musik im Spiel mehr von der Peripherie her sucht.

»Hingeschmiedet zum Gesang«

Es wird Zeit, daß ich des geliebten Gerald Moore gedenke, den mich ein freundliches Geschick 1952 kennenlernen ließ. In Wien – das wurde wohl schon deutlich – gab es gedrängter als anderswo Gelegenheit, entscheidende Leute zu treffen (was leider nicht immer zu Freundschaften führte). Walter Legge leitete schon lange die Klassikabteilung in Londons wichtigster Plattenfirma, er hatte auch, wie erwähnt, das Philharmonia Orchestra gegründet, und nun lud er mich nach einem Furtwängler-Konzert in Wien dazu ein, den berühmtesten aller Begleiter, Gerald Moore, in London zu treffen und erste Aufnahmen mit ihm zu versuchen. Nicht nur, daß Legges Wort auf den Anfänger magnetisch wirkte, es glich auch einem Befehl.

Beim Anflug auf London schauten Irmel und ich begeistert in den Sonnenuntergang über dem Meer. In Heathrow stand ein fast ebenso berauschender Abholwagen bereit, vor ihm Mr. Legge, der ausnahmsweise persönlich gekommen war. Am nächsten Morgen spürten wir in unserem Altweiber-Hotel, das uns der Ruhe wegen empfohlen worden war, den »rauhen Odem der Wirklichkeit«. Es kam trotz wiederholten Bestellens keinerlei Frühstück. Zum Schimpfen reichten unsere Vokabeln noch nicht aus. Ganz gegen die Gewohnheit pilgerten wir – viel zu spät – im Hotel nach unten. Auf die Frage nach dem Verbleib des sehnlich Erwarteten kam die kühle Erkundigung:

»You want breakfast?«

Also bestellten wir von neuem; was man uns vorsetzte, stellte sich als versalzener Schinken und fehlendes Ei heraus.

Abbey-Road-Studio sah mich also gleich am ersten der fünf Aufnahmetage um eine halbe Stunde verspätet. Aber niemand nahm irgend etwas übel. Für einen jungen Menschen, der Platten sammelt, sind diese Räume geweiht. Ich hatte gelesen, daß hier Gigli, Schnabel, Gieseking, Edwin Fischer oder der Tenor McCormack sich samt unzähligen anderen gequält und die Stätte als ihre »Folterkammer« bezeichnet hätten. Die gleichen Wände und die gleichen würdigen Aufnahmegentlemen vorgerückten Alters sollten nun auch meine Gesangstöne in den Rillen festhalten, in süßen Mono-Klängen auf Schellack, 78mal in der Minute rotierend. Für die gesamte Zeit stellte sich mir ein breitgebauter, jovialer Herr namens Gerald Moore zur Verfügung, dessen Namen ich auf so ziemlich jeder Seite aller erreichbaren Plattenkataloge erspäht hatte. Mit Haut und Haar schien er anzunehmen, was ich ihm leichtherzig zu tun vorschlug, willigte fröhlich ein und setzte es in die Praxis um. Walter Legge wollte als Aufnahmeleiter – wie er es gewohnt war – mitgestaltend in meine unreife Auffassung (einiger Wolf-Lieder und der »Schönen Müllerin« Schuberts) eingreifen. In subjektiver Einschätzung der Sachlage meinte ich, bei meinen Vorstellungen bleiben zu sollen, was ihn bald verstummen ließ. Er vergaß es mir nicht. Noch post mortem heftete er mir in »Erinnerungen« an, ich sei »schwierig« gewesen und hätte keine Freundschaft zugelassen. Immerhin besuchte ich ihn bei jedem Konzert in London, hörte begeistert mit ihm zusammen Schallplatten, und wir schmiedeten mit seiner bezaubernden, uns köstlich bewirtenden Gattin Elisabeth Schwarzkopf die schönsten Pläne für neue Programme.

Mit Elisabeth bestritt ich den ersten Liederabend in der neu erbauten Royal Festival Hall. Auch das »Italienische Liederbuch« beim Debüt-Konzert in der New Yorker Carnegie Hall genoß ich mit ihr. Sie sprach eine bewegende Eloge, als sie mich bei der Berufung in den Orden »Pour le mérite« zu begrüßen hatte. Und sie fehlt in keinem meiner Liederabende, die von Zürich aus zu erreichen sind. Ich meine, daß Elisabeth und ich unser Teil dazu beigetragen haben, dem Lied auch nach 1945 seine Weltgeltung zu erhalten. Nun, ich bin ihrem Mann, dem Herrn mit der Unterlippe, die sich gefährlich kräuselte, wenn er über Dritte herzog, für immer dankbar, daß er mich mit Gerald Moore zusammenführte.

Jedes gute Wort aus Geralds Mund hielt meinen Mut aufrecht und kräftigte mich. So ruhig und makellos wie er unsere Aufnahmen stets durchstand, liebte ich die Sessions. Sie geben mir die rechte Seelenverfassung zum Singen. Gerald und seine gleich ihm humorvolle Frau Enid luden uns zu sich, noch als sie in einer ehemaligen Wohnung der Kathleen Ferrier wohnten, ruhig und stilschön mit dem Blick auf viel Grün mitten in London. Von der Stadt sahen wir während der ersten Besuche wenig. Einmal allerdings sagte Gerald:

»Let's go to the cinema.«

Und just an einem Samstagabend zwängten wir uns zu viert in eines der Riesenkinos im Zentrum. Schon zuvor flimmerten in den Straßen die im Nachkriegsdeutschland unbekannten Lichtreklamen die Augen wund. Zwei Tage später traten die sporadisch wiederkehrenden Sparmaßnahmen für Strom in Kraft und löschten sie aus. Ungewohnt muteten uns auch die Stehplätze im Kino an, die wir nur noch ergattern konnten. In stetem Platzwechsel, als der Film bereits lief, wurden wir mit der Menschenmenge an der Wand entlanggeschoben. Für lange Zeit konnten wir nur die Füße der Agierenden oder ihre Hemdbrüste auf der Leinwand sehen. Endlich ganz vorn angekommen, hieß es wieder umkehren und sich an das Ende der Schlange stellen. Ein jeder sprach, rauchte oder aß, der Boden war mit Asche und Papier bedeckt. Der Kriminalreißer auf der Leinwand wirkte eher wie eine Zugabe.

Gerald war kaum der Mann, sich leicht verunsichern zu lassen. Einmal zwar, als ich in Berlin – frisch studiert – das Schubert-Lied »Auf der Bruck« sang und mir um keinen Preis der Beginn der dritten Strophe einfallen wollte, wandte ich mich hilfesuchend zu ihm um, erhielt aber zwischen Schuberts trabenden Rhythmen nur die schnaufend geflüsterte Antwort:

»I'm too busy riding.« – »Ich bin zu sehr mit Reiten beschäftigt.«

Als wir im Londoner Abbey-Road-Studio Wolf-Lieder aus dem »Spanischen Liederbuch« aufnahmen, hatten wir einen Gast. Walter Legge plante eine gemeinsame Platte der »Dichterliebe« Schumanns mit mir und Edwin Fischer am Flügel. So schickte er den Großen – psychologisch nicht gerade rücksichts-voll – zur Aufnahme ins Zentrum angestrengter Konzentration, auf daß er sich selbst ein Urteil bilde. Dies sollte sich bald als fatal erweisen, denn Fischer placierte sich mir gegenüber hart auf der anderen Seite meines Mikrophons, dessen Ständer seine spitzen Knie fast berührte, und starrte mir unaufhörlich ins Gesicht. Der erste, der unruhig wurde, war Gerald. Es war an den falschen Noten zu merken. Ich unterbrach den Take. Das machte Gerald nicht gerade sicherer. Dann fing ich meinerseits damit an, erfundene Worte zu singen und Entschuldigungen zu lallen. Immer noch ruhten die hellen, wie hypnotischen Augen Fischers auf meinem Gesicht, immer noch schnitt die weiß-blonde Locke über der Stirn in den Raum. Meine Hemmungen verschlimmerten sich, als Fischer bemerkte:

»Alle Worte habe ich verstanden – bis auf...«
oder
»Das vorige Lied ging doch wunderbar.«
Vor Enttäuschung sank meine Laune auf den absoluten Null-punkt, als er sich höflich verabschiedete, denn ich wußte, daß aus Legges Plan, der mir kurz angedeutet worden war, nun sicher nichts werden würde. Eine Weile hatte ich damit zu tun, den mit Recht empörten Gerald zu beruhigen, bevor die Auf-nahme fortgeführt werden konnte.

Gerald half mir, die erste große Amerika-Tournee und dann viele weitere zu bestehen. Das Land der Freiheit empfing uns durch einen barschen Zollbeamten und mit langer Wartezeit, bevor wir in das Auto des Mr. William Stein steigen konnten. In Washington setzte dieser seinen ganzen Ehrgeiz darein, uns das Lincoln Memorial gleich am ersten Tag vorzuführen. Nach unserem Aufbruch im Auto verging eine Stunde, bis wir entmu-tigt und ohne das gewünschte Ziel erreicht zu haben, ins Hotel zurückkehrten. Gerald steuerte sogleich auf den Portier zu und fragte, wo denn das Lincoln Memorial zu finden sei. Der Mann antwortete etwas beleidigt:

»Na, gleich hier um die Ecke, drei Minuten Fußweg...«
Da schmunzelte Gerald:
»See Washington the STEIN WAY.«

Das New Yorker Lichtgewimmel flimmerte uns etwas vor. Als wir mit Gerald und unserem Guide, einem Dr. Hammer, dem Taxi entstiegen, streifte der Blick den Mond, der die anderen Lichter überstrahlte. Mr. Hammer kannten wir als einen der US-Kulturoffiziere in Berlin, wo er prachtvoll in einer Dahlemer Villa residiert und Hof gehalten hatte. Das war längst vorüber, und nun fristete er in einer finsteren Hinterhof-Wohnung sein kärgliches Dasein als Aushilfssänger im Chor der Metropolitan-Opera. Seine hübsche und kesse Berliner Braut, ihm mit großem Bahnhof aller möglichen Prominenten West-Berlins angetraut, hatte ihn längst verlassen.

Hammer lenkte uns ins Rockefeller-Center, in die Radio City Music Hall, einen immensen Kino-Saal. Auf der Riesenleinwand beugte sich eben ein überdimensionales Aschenputtel über einen ebensolchen Prinzen. Nach »Cinderella« gab es eine kurze Pause, in der aus allen Ecken und Enden die Wurlitzer Orgel tönte. Der virtuose Spieler saß für alle unsichtbar. Bald rauschte ein Vorhang vor ihm nieder, und ein bis dahin verdecktes Orchester von hundert Mann spielte – wir trauten unseren Ohren nicht – das unbearbeitete Vorspiel zum »Parsifal«. Was mochte das bedeuten? Der Vorhang hob sich über schreitenden Chordamen und -herren in Nonnen- und Priestergewändern. Damit nicht genug: weitere näherten sich – Parsifal-Weisen singend – rechts und links auf Längspodien dem Publikum. Uns wurde zugeflüstert:

»Die Ostershow!«

Die Musik besann sich bald vom »Parsifal« auf Zuckerklänge, immer mehr Nonnen und Engel (beide Gruppen als Ballett identifiziert) schritten mit Palmzweigen in der Hand einher, zu wabbelndem Chorgesang und dicken Orchesterklängen. Es füllten sich die Seiten-Podien, dekoriert mit enormem Glorienschein. Ein staksig gehender Tänzer entzündete als Priester mit langer Stange ein rot leuchtendes »Ewiges Licht«, und unter rasantem Halleluja endete die Schau.

Kaum hatten sich unsere Augen von all dem Glanz wieder erholt, füllte ein bedrohlich riesiger Osterhase mitsamt Eiern und Küken die Bühne aus. Der Bühnenboden hob sich, um eine

Hundedressur sehen zu lassen. Glitzernd bekleidete Pudel hüpften zur Musik des Orchesters, das eben noch »Parsifal« gespielt hatte. Aus den Nonnen, Engeln und Priestern hatten sich mondäne, neckisch singende Strandgäste geschält. Unversehens fuhr das Orchester empor, auf halber Bühnenhöhe nahm es Kurs nach hinten, um dem Chor Platz zu machen, der – als Blumen drapiert – einen enormen Blütenwagen schob. Dann aber entschwebte es gänzlich nach oben. Die hundert Mann spielten in dreißig Metern Höhe munter weiter. Aber schon rauschte es wieder von unten herauf: Auf neuem, fahrendem Podium stiegen die im Programm angekündigten Rockefeller-Girls auf. An etwa zweihundert genau gleich langen Beinen klapperten die Step-Schuhe; dahinter noch immer der Blütenchor, darüber noch immer das Orchester. Da wir nah saßen, mußten wir in die gelangweilten, auch traurigen Gesichter der einzelnen Girls schauen, von denen einige sicher weit über vierzig waren und elend aussahen. Eine der sich im Hintergrund haltenden »Damen« hinkte. Sicher schmerzten sie die Schuhe, dreimal täglich anzuziehen, und das vielleicht schon monatelang. Der Bühnenfrühling mit mindestens vierhundert Menschen ging zu Ende. Kaum eine beifällige Hand rührte sich. Und schon rollte der Film mit dem hübschen, plastischen, im Raumton sprechenden Aschenputtel wieder an. Gerald und ich dachten dasselbe: Morgen sollen ein einziger Sänger und ein einziger Pianist einfach und konzentriert Schubert-Lieder wiedergeben, ohne Bühnenglanz, von innen her.

Der Saal meines Debüts, die Town Hall, war mehr als ausverkauft, das Podium und alle Stehplätze besetzt, viele Wartende wurden wieder fortgeschickt. Die erwartungsvoll brodelnde Unruhe war nur allmählich zu bändigen. Darauf atemlose Stille, zum Schluß Ergriffenheit. Als sich viele Menschen im Künstlerzimmer drängten, fielen mir wunderbar ernsthafte und begeisterte Schwarze besonders auf.

Bei Ann Colbert, der gleich nach meinem ersten Agenten, dem unglücklichen Mr. Stein (er hatte Pleite gemacht) meine amerikanischen Geschicke in die tüchtigen Hände gelegt wurden, lernten wir John Coveney kennen. Der Leiter der EMI-Section in den USA, Angel Records, wurde zu einem fixen Schutzengel, einem stets hilfsbereiten New Yorker »Begleiter«. Nach jedem Konzert, gleichgültig ob Orchester- oder Liederabend, gab er sich inbrünstig dem Genuß von Anns Hühnerbrühe hin und streckte später seine langen Beine unter ihren großen, runden Tisch, um tief in seine Erinnerungskiste zu greifen. Darin fanden sich vor allem Sänger. Mit der Callas war er befreundet gewesen, mit Lotte Lehmann pflegte er regelmäßigen Kontakt, schrieb auch gelegentlich kleine Aufsätze über diverse alte Freunde für das Opernmagazin der Met. Zu Lotte Lehmanns Begräbnis in Santa Barbara sprach Coveney die Gedenkrede. Die internen Negativa der Metropolitan bekamen wir als erstes genüßlich erzählt, wenn wir uns sahen. Keine Ankunft im stets neu auszuprobierenden Hotelzimmer (das dann meist wieder getauscht wurde), ohne daß Blumen von John grüßten. Und vor der letzten Fahrt zum Flugplatz, wenn es wieder nach Europa ging, lag entweder ein ansehnliches Paket mit Schallplatten oder sonst irgendeine Aufmerksamkeit neben den Koffern bereit. Julia versorgte er mit Ratschlägen für allfällige Einkäufe. Der hoch aufgeschossene, hagere Herr mit leicht gekräuseltem, grauschwarzem Haar, stets im untadeligen Outfit mit Nelke im Knopfloch und dezent nach Eau de Toilette duftend, begleitete Julia in die Läden und machte in seinem breiten, langsamen, deutlichen Amerikanisch klar, was man bedenkenlos kaufen könne und was besser nicht. Der Sängerfetischist, der in Amerika keine wichtige Opernpremiere ausließ, hat es in seinem ganzen Leben nicht zuwege gebracht, nach Bayreuth oder Salzburg zu reisen. Seit er 1937 einen Ansatz zu einem Besuch der Salzburger Festspiele gewagt hatte und die Landschaft ihm bereits zu sehr nach Nationalsozialismus roch, scheiterten alle weiteren Versuche. Die Prospekte hob er auf und wunderte sich immer wieder von neuem darüber, wie billig man damals doch reisen konnte. Gab es einen »Grammy«, also den amerikanischen Schallplattenpreis für mich, so war er der erste, mir die Neuigkeit mitzuteilen. Immer wieder hielt Coveney mir vor, die Lehmann habe in den sechzehn Nachkriegsjahren ihres Singens fünfzig Recitals gegeben, und ich sei doch der einzige, der so etwas auch wagen könne. Aber zu einer derart expansiven Präsenz auf den New

Yorker Podien konnte ich mich – über die erwähnten Zyklen hinaus – nicht bequemen. Eine einzige Plattenproduktion konnte Coveney mit mir in New York durchführen: Barock-Arien mit Jean-Pierre Rampal, dem großen französischen Flötisten, und seinem Begleiter Veyron-Lacroix.

Den »Großstadt-Vergnügungen« wie Barbesuch, Tanz und ähnlichem um ihrer selbst willen konnte ich nie viel abgewinnen. Als aber John das Ehepaar Moore und uns zum Besuch des Musicals »Cabaret« einlud, als ein Geist, der zu der ewig ausverkauften Sensationsschau Karten zauberte, war das Entzücken groß, besonders auch über die Zimmervermieterin der Lotte Lenya-Weill. Weshalb das Nachspielen in Europa nie ganz die Qualität der Original-Produktionen am Broadway erreicht, ist mir eigentlich ein Rätsel. Denn frech tanzen, exakt die Pointen setzen, hübsche Stimmen aufbringen, das kann man hier wie dort. Aber diese Vorstellung, übrigens lange vor dem Film, zeigte wieder: die originale Elastizität, die angestammte Laszivität und der ursprünglich gemeinte musikalische Schwung sind aus unerklärlichen Gründen nicht imitierbar.

Mit Gerald flogen wir auch nach Europa zurück, nicht ohne vorher das damals übliche Ausreise-Zeremoniell bei der Steuerbehörde im Wortsinn durchzustehen. Dorthin mußte auch der Berühmteste, um seine Einnahmen vorzuweisen. Die Höhe der Abgaben resultierte aus Person und Laune des Beamten. Wir erwischten einen gemütlichen Menschen, der uns ohne einen Cent weniger ziehen ließ, während Gerald bei seinem zynischen Zerberus eine Menge Geld los wurde, was er die ganze Reise über verfluchte.

Noch oft kehrten wir nach Amerika zurück. Die geliebte New Yorker Carnegie Hall bildete jedesmal den Höhepunkt sowohl an Publikumsqualität als auch an Bewährungsangst. Nur zweimal sah ich Gerald solo auf dem Podium. In Toronto war das Konzert um zwei Uhr mittags angesetzt, damals eine typische Anfangszeit bei den Women's Clubs, zu der naturgemäß keine Männer anwesend sein konnten. Das Auto der Freundin, bei der wir wohnten, hielt vor einem Kaufhaus-Block. Als sie unsere verdutzten Gesichter bemerkte, hieß sie uns doch einfach hinein und zu den Elevators zu gehen. Wir sollten zum siebenten Stockwerk fahren, dort würden wir den Ort des Konzerts schon finden. Also, hinein ins Mittagsgetümmel, um die »Dichterliebe« irgendwann irgendwo zu zelebrieren. Im angezeigten Stockwerk verkündete der Lautsprecher:

»Kinderwäsche«,

wir stiegen aber trotzdem aus. Ein schweigender Herr in Livree wartete schon und führte uns in ein Künstlerzimmer, dessen Tür zum Podium offenstand. Siehe da, ein hübscher Saal, circa achthundert Leute, gute Akustik. Bevor wir mit dem Schumann begannen, eilte Gerald allein auf die Szene. Ich machte Miene, ihm zu folgen, doch er winkte ab. Die britische Hymne ließ er in fabelhaftem Satz erklingen, anscheinend oft erprobt und längst daran gewöhnt.

Beim anderen Mal, als ich ihn allein auf dem Podium spielen sah, handelte es sich um eine Bearbeitung des Schubert-Liedes »An die Musik«, das Gerald vor Jahren für seine Sendereihe der BBC zum Erkennungsthema erkoren hatte. Er spielte sie zum Abschluß seines Farewell-Konzerts in der Royal Festival Hall vor annähernd 5000 Zuhörern, die auf diese Weise von ihrem geliebten Gerald Moore Abschied nahmen. Elisabeth Schwarzkopf, Victoria de los Angeles und ich gaben ihm an diesem Abend das sängerische Geleit. Es flossen unzählige Tränen. Nach der standing ovation forderte Gerald die Zuhörer auf, sich wieder hinzusetzen:

»Please be seated!«

Lachtränen vergoß Gerald bei folgender Gelegenheit: Ich sollte im SFB-Fernsehstudio, damals noch im Berliner NAAFI-Haus am Theodor-Heuss-Platz untergebracht, einen kleinen Vortrag Geralds mit Musikbeispielen illustrieren. Es gab eine unmenschlich lang andauernde Stehprobe fürs Licht. Draußen wehte Dezemberwind, und das Studio barst deshalb vor fürsorglicher Hitze. Hinzu kam noch eine merkliche Nervosität nicht recht eingearbeiteter Techniker. Als schließlich mein endgültiger Eintritt vor laufender Filmkamera über ein kleines Holztreppchen erfolgen sollte, brach eine der Stufen durch. Ich fiel mit Krachen der Länge nach hin, tat mir aber nichts und versuchte, amüsiert auszusehen. Gerald japste vor Lachen und mußte seinen bereits begonnenen Speech unterbrechen. Leider war er der einzige Lachende im Raum. Die Technik hatte finsteren Gesichts alles noch einmal »auf die Beine zu stellen«.

Als wir 1962 zusammen im Pariser Ritz wohnten, bebte Paris im Salan-Prozeß unter den Auswirkungen in Algerien und denen auf die Europa-Politik Amerikas. In nationalistischem Dusel sangen die Massen die Marseillaise, als die »Begnadigung« des Generals zu »lebenslänglich« bekannt wurde. Vor dem Justizpalast randalierten die Anhänger des französischen Algerien, und als wir spät, aus München kommend, im Hotel eintrafen, das gleich nebenan auf die Place Vendôme schaut, prüfte der Empfang ängstlich auf der Liste nach, ob wir auch lange genug vorbestellt hätten, wir verdächtiges Gesindel. (Inzwischen haben wir zur Frage der Sicherheit eine wesentlich sorgenvollere Einstellung gewinnen müssen.) Das neu auszuprobierende Hotel quälte uns mit den bekannten Bohrgeräuschen, den Stöckelabsätzen auf teppichlosem Boden über unseren Köpfen, mit Ehekrach und Ehefreuden hinter dünner Nachbartüre und allgemeinem Türschlagen durch hellhörige Wände, in Paris als normal empfundene Dreingaben. Irmel, durch mein Leidensgesicht betrübt, wurde stündlich nervöser, und Gerald, den wir wieder einmal zum Essen aufs Zimmer einluden, weil im Restaurant unten Fischgestank, Zugwind und Gedränge abstießen, rächte sich für eine kleine Meinungsverschiedenheit mit Irmel in München jetzt damit, daß er unaufhörlich ihre »Schnelligkeit« bespöttelte, mit der sie alles herrichtete. Heulender Wind draußen, jagende Wolken und sporadischer Gußregen mit Hagelmischung entsprachen unserer Stimmung. Die gerade vergangene Hoch-Zeit mußte wie viele zuvor mit dem »Zu Tode betrübt« bezahlt werden. Aber nach tagsüber völliger Kampfunfähigkeit durch Hotellärm und Wetter hatte dann ein Schubert-Abend in der so zuverlässigen Salle Pleyel geradezu magische Kräfte, und die Begeisterung des champagnerhaft quirlenden Publikums kannte keine Grenzen.

Nur in Island gefiel es Gerald eigentlich nicht, denn ihn störten dort die Schwefeldämpfe, die allerorten aus dem Boden stie-

gen. Auch aßen ihm die Menschen zu oft und ausgiebig Schoko-
lade und fielen beim Konzert in süßen Schlummer. Einzig die im
Hotel servierte Suppe fand vor seiner schlechten Laune Gnade.
Gerald war ein begeisterter Spaziergänger. In Berlin, das ich
auch seiner unendlichen Wanderwege in drei Forstgebieten
wegen liebe, gelang es mir kaum, ihm die Schönheiten zu zeigen.
Manövrierendes Militär der Besatzungsmächte guckte an jenem
Tag überall aus den Büschen oder stand an den Wegbiegungen
Wache. Geralds entgeisterte Blicke werde ich nie vergessen. Wir
Berliner waren ja immer froh, beschützt zu werden, aber auf
Besucher wirkten die Manöver natürlich störend.

Inzwischen geschah der unheimliche Mauerbau mit den verspäteten Protestregungen der unentschiedenen Westmächte.
Aus war es mit dem »Schaufenster« Berlin-West. Eine Solidari-
tät des Status quo wurde uns aufgezwungen. Im Juli 1962 ver-
blutete der flüchtende Peter Fechter vor den Augen der Polizei.
Eruptiv brachen Emotionen in der Bevölkerung aus. Es stellte
sich der absurde Zustand ein, daß die West-Polizei die Mauer
schützen mußte. Immerhin: Im Dezember 1963 gab es die histo-
rische Stunde des Passierscheinabkommens. Die Menschen brachen auf, ihre Mitmenschen drüben zu besuchen. Stundenlange
Wartezeiten im frühesten Morgengrauen nahmen sie auf sich.
Und resignativ, aber in – nicht gewollter – Sicherheit ging das
Leben innerhalb der 120 Kilometer Mauer weiter.

Krähen in solchen Massen, wie sie über West-Berlin zu beobachten sind, hatte Gerald noch nie gesehen. Er staunte sprachlos,
wie sie als dichte Wolke herankamen und sich auf ihren Schlaf-
bäumen niederließen. Sie schrien und krächzten und hackten
aufeinander ein. Dann plötzlich, wie auf ein Kommando, trat
völlige Ruhe ein.

»Ich wünschte, ich könnte auch so in Schlaf fallen!«
sagte Gerald ganz betroffen.

Das »Cinema« behielt seine Anziehungskraft. Als wir uns das
gar nicht unsympathische Kolossal-Gemälde »Ben Hur« zu
Gemüte führten, offenbarte sich die von uns längst geahnte, von
ihm aber nie so gezeigte rührende Einfalt seiner Empfindung.
Seine tiefe Ergriffenheit konnte uns fast anstecken.

Mit Gerald habe ich in Berlin eines der ersten, wahrscheinlich das erste Langspielplatten-Album überhaupt produziert, die Mörike-Lieder von Hugo Wolf bei Electrola. Der knorrige Hesse Fritz Ganss leitete damals die Geschicke der Firma, ein mit allen Wassern der Menschenkenntnis gewaschener Kämpe für die Musik, der aber immer hinter der Szene blieb. Er hatte zuvor in der Ost-Berliner Komischen Oper als Chefdramaturg gewirkt und mich dazu überredet, Walter Felsenstein in seinem Intendanzbüro aufzusuchen. Als dieser mir herrischen Blickes zurief:

»Kommen Sie an unser Haus. Nur bei mir können Sie den ›Don Giovanni‹ zutreffend einstudieren«,

zog ich frisch von Tietjen Engagierter meine Fühler schleunigst wieder ein. Jetzt kümmerte sich Ganss darum, daß eine Handvoll Sänger, Namen, die von ihm selbst lanciert wurden, dem Label »Electrola« treu blieben und adäquaten Aufnahmestoff erhielten. Eine Unzahl von Platten habe ich im Zehlendorfer evangelischen Gemeindehaus mit ihm aufgenommen, dem in seinem Chef-Techniker Lindner und seinem Aufnahmeleiter Bickenbach hervorragende Helfer zur Seite standen. Hier traf ich Rudolf Schock, noch in seiner »seriösen« Phase als Opern- und Konzertsänger, einen Tenor, dessen Ottavio in »Don Giovanni« mich schon im Admirals-Palast restlos begeistert hatte. Gemeinsam ließen wir uns von der gerade in München entdeckten Erika Köth als Musette in »Bohème«-Ausschnitten bezaubern. Erna Berger, die unverändert stimmschöne, mit einem kindlichen Timbre gesegnete Sopranistin aus alten Lindenoper-Tagen, sang die Mimi und dann die Madame Butterfly. Hermann Prey und später Fritz Wunderlich fingen an, mit von der Partie zu sein, beide von Fritz Ganss geholt.

Rund zehn Jahre nach der ersten Wolf-Kassette betraute mich die Deutsche Grammophon mit der Aufnahme aller Lieder für Männerstimme von Franz Schubert. Dieses Riesenunternehmen führte Gerald und mich in sporadischer Wiederkehr, aber dann jeweils für längere Zeit, in den Tempelhofer ehemaligen Filmstudios zusammen. Während solcher andauernden Konzentration auf eigene Genauigkeit und Schlackenfreiheit der Stimme darf man nicht »aufwachen« und Gesellschaft haben wollen. Dabei fallen den sonst vielleicht Sozialisierbaren seltsame Empfindungen der Einsamkeit an. Vielleicht trug auch die gerade aufbrandende Studentenbewegung ihr Teil dazu bei. Denn gleichgültig, in welchem Ton ihr Echo ans Ohr drang, sie löste tiefe Depression aus, weil nicht abzusehen war, wohin die anscheinende Willkür führen sollte. Und jeder Mensch über vierzig ging, ob er wollte oder nicht, in sich und forschte, was er wohl falsch zu machen geholfen hatte. Es fehlte dem befangenen Betrachter jegliches konstruktive Element in den Aussagen der jungen Menschen. Allenfalls steuerten sie ferne, nicht realisierbare Ideale an, sofern ihr revolutionäres Chinesisch überhaupt zu dechiffrieren war. Heute wissen wir sicherer als damals, daß ihr kritischer Tropfen so manchen Stein festgefahrener Konvention höhlte. Sie veränderten etwas in Richtung auf die Beendigung des Vietnam-Krieges. Sie richteten etwas aus gegen die Verfilzung im Universitätsbereich. Sie nahmen keine Rücksicht auf die so notwendige innere Ruhe in der Festung Berlin. Vor allem hinterließen sie die Erkenntnis: es muß nicht immer alles mit Polizeigewalt gelöst werden. Die Wirklichkeit und das, was in den Rathäusern theoretisch entschieden wird, darf nicht zu weit auseinanderscheren. Hier über die tief liegenden Wurzeln der Unzufriedenheit weg immer weiter nur hoffen zu wollen, müßte in die Irre führen. Heute sollte dennoch den jungen Menschen bereits wieder Mut gemacht werden, gegen ihre Resignation anzugehen. Aber was immer damals von der »Revolution« gesprochen wurde, goß Wasser auf die Mühlen der ungerichtet Unzufriedenen.

Von diesen und anderen Verwirrtheiten führten die Schubert-Sessions immer sehr schnell wieder zum Wesentlichen, den inhaltlich meist entrückten Texten zum Trotz – eine unaufhörlich beglückende Materie, eine Geschichte ohne Ende für den Liedersänger, dieses Lebenswerk aus nur fünfzehn Schaffensjahren. Auch in den unzähligen mir neuen Liedern fühlte ich mich sogleich daheim. Immer wieder bewunderte ich Schuberts Ausdrucksradius und sein künstlerisches Feingefühl. Mochte er sich italienisch, vorwagnerisch oder im Stile Bachs bewegen, immer entsprachen sich Form und Stil. Auch wenn ich, bevor ich zu Schubert zurückkehrte, meine Stimme – wie manchmal – dünn und verbraucht fand, so bekam sie hier rasch wieder ihren Klang.

Gelegentlich tendierte Gerald dazu, mit langdauernder Arbeit etwas trocken und phantasielos zu werden. Dann richtete ich unsere Proben schön auf größere Freiheiten beim Interpretieren ein und besprach die Details genau vor. Wieder kam ich auf die urgesunde Maxime von Karl Jaspers zurück:

»Was Du als richtig erkannt hast, muß Richtschnur für Dein Handeln sein, auch wenn es zu einsamen, unkonventionellen Entschlüssen führt.«

Ganz plötzlich mußte ich, der ich während der Aufnahmen unentwegt gestanden hatte, die Schubert-Sitzungen für eine Weile lassen. Schwindelgefühl und leichte Übelkeit hatten sich eingestellt. Die betuliche Hausärztin fand nichts Rechtes zu sagen, auch nicht dazu, daß der Blutdruck im Laufe des Tages viel zu rapide nach unten ging. Bis ich endlich auf die Idee kam, mir eine Lesebrille auf die Nase zu setzen, verging eine Woche. Es war die naheliegende, aber spät gefundene Lösung meines Problems.

Ein letztes, prüfendes Abhören der Bänder nahm neun Stunden in Anspruch. Aber während der beiden abschließenden fühlte ich Fieber. Auch die Mitstreiter, das in drei Jahren fest zusammengewachsene Team, der Produzent Rainer Brock und der Techniker Hans Schweigmann, klagte über Gliederschmerzen und kommende Grippe. Also ins Bett gefallen und das Thermometer mit seinen 39 Grad angestarrt. Als das Herzklopfen nicht wich, rief ich den Engel in Starnberg, Dr. Rudolf Zimmermann an, der schon immer, und nun auch in diesem Fall Rat wußte. Eine Spritze brachte mich in einer Stunde wieder auf den Normalstand. Fast immer erfüllte mich Freude oder gar Euphorie, wenn ich aus Zimmermanns Klinik in Starnberg nach München zurückfuhr. Er tat immer das Richtige, und folglich gaben sich die Sänger des Kontinents bei ihm die Klinke in die Hand.

»Ein Zimmermann im Lande erspart die Axt für den Rest der Ärzte«,

so ging ein Saying, das Fritz Wunderlich in die Welt gesetzt haben soll. Mit den Schubert-Aufnahmen gingen auch die ärgsten Studentenunruhen zu Ende. Was blieb, waren die langen Haare. Gerald schienen sie Einfallslosigkeit und Gleichmacherei zu versinnbildlichen. Bald fingen die Pinselköpfe auch an, den Bildschirm zu bevölkern. Die Kulturmagazine kokettierten ohne rechtes Einsehen damit, das Prinzip Leere, Häßlichkeit und Unproduktivität anzuerkennen. Nichtstun wurde ganz groß geschrieben, alle Arten von Konzentration verbannt. Die internationale Profillosigkeit solle leben, hieß es bei den Moderatoren. Eine moderne Pest breitete sich aus, ansteckender als alles an Verführung bisher Dagewesene. Daß Gerald mich nach seinem offiziellen Abschied noch für einige Zeit im Plattenstudio begleitete, und keinen anderen Sänger mehr, macht mich heute noch ganz glücklich.

Gerald Moore, der »Unashamed Accompanist«, witziger Kommentator seiner selbst in einigen Büchern und beliebter Reisender in lectures, räumte mit dem übermäßig bescheidenen, möglichst unauffälligen »Herrn am Klavier« auch die oft recht unzureichenden pianistischen Fähigkeiten des Begleiters beiseite. Das hatte einen legendären Ruf zur Folge, dem ich schon als Kind nachforschte, wenn ich in allen Plattenkatalogen den Namen Gerald Moore reichlich vertreten sah, lange bevor ich dem Pianisten gegenüberstand. Erst recht prangte nach dem Krieg, als die ersten Enzyklopädien der Schellackplatte erschienen, Moore auf fast jeder Seite dieser »Nostalgiespender«.

Zu diversen Gelegenheiten hat Gerald mündlich und schriftlich mein Loblied gesungen. Beim Abschied kann ich nur versuchen, ihm von alledem etwas zurückzugeben. Gerade der Rhythmus, den er so besonders an mir hervorhob, war eine seiner Haupttugenden, ein Mitgehen mit dem Partner, bei dem das Rückgrat des Metrums und Atems nicht eingebüßt wurde, das sich nicht in Details verlor, sondern die große, vom Komponisten eingeschlagene Bahn bis ans Ende verfolgte. Dazu trug sein vollendetes legato-Spiel bei, ebenso die vielen Anschlagsnuancen, die sich jedoch nie zum Schaden der Einheit eines Stückes verselbständigten.

*

Beim Gedanken an die vielen Pianisten, mit denen ich auf dem Podium stand, wurden mir einige Vorbedingungen klar, die kurz erwähnt sein sollen. Natürlich hängt die Qualität eines Begleiters weitgehend vom Sänger ab. Weiß der, was er will, und kann er gute Gründe dafür anführen, so darf er ruhig die Initiative übernehmen. Leider verläßt sich so mancher Lied-Begleiter darauf, die Texte und ihren Sinn erst vom Partner vorgekaut zu bekommen, sollte er die Stücke nicht bereits früher einmal gespielt haben. Damit geht dann meistens auch eine gewisse Unfähigkeit einher, die Farben des Klavierparts der Stimme gehörig zuzuordnen. Ich denke an den sonst so zuverlässigen Leo Taubman in Amerika, dem mitunter erst nach dem zweiten Abend ein Licht darüber aufging, was er darzustellen hatte. Das kann auch bei reinen Instrumentalisten passieren, wie es bei Fritz Neumeyer vorkam, der zwar viel von seinem Cembalo oder dem Klavier und der dazugehörigen Literatur verstand, aber vom Lied eine eher periphere Vorstellung mitbrachte. Hier geht es also um eine notwendige Selbständigkeit des »Begleiters«, der Duo-Partner und nicht servierender Mohren-Sklave sein soll. Liedpianistik kann auch nicht Zuflucht für solche Spieler sein, die technisch auf keinen grünen Zweig gekommen sind. So verehrungsvoll ich an den Musiker Michael Raucheisen denke mit seiner hundertfältigen Erfahrung auf dem Konzertpodium und seiner Findigkeit beim Suchen unbekannter oder selten gespielter Lieder, so sehr schaudere ich auch bei dem Gedanken an seine klavieristische Nonchalance bei der Aufnahme der Volkslieder von Beethoven, ganz zu schweigen von der Manie, so manches Nachspiel schnellstmöglich zu beenden, um nur ja die Aufmerksamkeit nicht vom Solisten wegzulenken. Denn beim Begleiten handelt es sich nicht etwa um Klaviertechnik für die Großform, die nach allen gemachten Erfahrungen eine Spezies für sich bildet. Es geht um das Feingefühl im Detail, das auf längeren Strecken bei Solowerken der klassischen Form nur zu oft unter den Tisch fällt. Das will heißen, daß ein einfaches Stück aus schlichten Akkorden wie etwa Schumanns »Lotosblume« eben auch seine Zeit braucht, um erarbeitet zu werden. Manche nur mit Sololiteratur vertrauten Studenten, die in meine Lied-

Klasse kommen, geben mir den Eindruck, als hätten sie gerade damit große Schwierigkeiten. Überdies spüren sie nicht, wie stark auch in diesen Kleinformaten der Einfluß des Atems ist. Wie oft wird da ein Atemholen als überflüssig empfunden, das zwar dem Spieler der Sonaten selten so ausdrücklich begegnet, das aber der Natur des Gesangs entspricht und der Komposition inhärent ist. Der Weg vom Lied zur kammermusikalischen Betätigung sollte für viele der gegebene sein. Manche hängen der irrigen Meinung an, Strenge sei ausschließlich in den großräumigen Instrumentalstücken zu Hause und nicht in den zarten Liedgebilden. Die Tatsachen und viele kleinformatige Klavierstücke sprechen dagegen. Manche »normierten« Begleiter versehen heute diesen, morgen jenen Sänger mit routiniertem Klavierspiel. Dieses Umherspringen hat dem Ruf des Mannes am Klavier geschadet. Denn auch im besten Fall kann er nur so tun, als sei diese Form blitzartiger Umstellung überhaupt möglich. Sie ist es de facto nicht. Durch neue Partner Anregung und Erneuerung in die Interpretation einzubringen, dagegen habe gerade ich, der ich den Wechsel liebe, nichts einzuwenden. Aber eine solche Umstellung braucht eine Mindestzeit, ganz ähnlich wie große Tennisspieler ihre Frist brauchen, um sich auf die Besonderheiten des Gegenübers einzustellen. Denn auf dem Podium und im Aufnahmestudio zusammenzuwirken, ähnelt in vielem einem Ballspiel zweier Gleichberechtigter. Nach meinem Dafürhalten strahlt es auf die Hörer aus, wenn Sänger und Pianist aufeinander abgestimmt sind. Der Liedinterpret sieht sich immer neuen Forderungen, neuen Situationen gegenüber. Er muß, ohne gestisch zu unterstreichen, den psychologischen Verlauf, aus dem das Gedicht einen Ausschnitt darstellt, nachvollziehen. Er kann nicht, wie auf der Opernbühne, eine Figur in Aussehen, Gebärde und innerer Entwicklung zu Ende zeichnen. Nur Haltung, Blick oder der Grad der Anspannung des Sängers dürfen – meist unbewußt – sichtbar mit dem gesungenen Stück zusammenstimmen. Hier sollte der Pianist nicht – mit den vielleicht für ihn gewohnten Grimassen – das Bild stören. Das darf er allerdings nicht mit Unbeteiligtsein verwechseln. So hielt sich der sonst bewundernswerte Paul Ulanowsky, ein menschlich geradezu idealer Mitreisender, derart aus dem Geschehen heraus, wenn ich mit ihm in den USA auftrat, daß man dies trotz aller Durchsichtigkeit als ein nicht mehr zur Mischung fähiges Grau empfinden konnte. Nur wenn es der Pianist fertigbringt, in sich zu ruhen und gerade dadurch zum Ausdruck frei zu sein, die Stimmung des Werkes angemessen mitzuempfinden, ist er bereit, in den Dialog mit dem Sänger einzutreten, ohne sich zurückzunehmen. Seine Körperspannung hat mit dem Spiel aus der Lied-Situation heraus zu korrespondieren. Denn von hier werden die Valeurs der Wiedergabe gewonnen.

*

Auch als ich das einzige Mal beim Casals-Festspiel im heißen südfranzösischen Prades Gast war, begleitete mich Gerald, einem vergangenen Streit mit Casals zum Trotz. Der große Alte wohnte im weißen, ehemaligen Pförtnerhaus eines Schlößchens, das aus riesigem Park hinter schmiedeeisernen Toren durch die Bäume schaute. Wir stiegen die enge Holztreppe zu seinen Wohnräumen hinauf und fanden ihn im Lehnstuhl, die unvermeidliche Pfeife rauchend. Er grüßte uns mit etwas müder Geste, die ahnen ließ, wie viele lästige Besucher er täglich abzufertigen hatte. Auffallend viele Frauen und Mädchen aus aller Herren Länder gingen aus und ein, Nichten, Tanten, Schülerinnen und eingeschlichene Festspiel-Fans. Einige führten den Haushalt, andere – die hübscheren, soweit ich das übersehen konnte – verweilten ganzjährig als Jüngerinnen in Prades. Auch noch die kleinste Handreichung belohnte der Meister mit Umarmung und Kuß auf beide Wangen, wohl nicht nur aus spanischer Höflichkeit. Wir störten nicht lange, denn abends fand bereits das erste Konzert statt.

In der sehr schönen Kirche aus dem 13. Jahrhundert wurden Brahms »Vier ernste Gesänge« mit Klavier musiziert. Auf den ersten Blick etwas befremdend, dominierte dort ein prächtiger, frühbarocker Altar von ausladender Pracht. Auch kam mir der Klang eigenartig trocken vor. Irmel, die Cellistin, hatte sich im Publikum aufzuhalten und konnte – sehr zu ihrem Leidwesen –

Casals nicht wie ich beim Einspielen beobachten. In Ermangelung sonstiger Aufenthaltsräume saß er inmitten all der anderen Solisten in der Sakristei. Während Geige, Bratsche und Klarinette zum Einspielen Skalen schnurrten, spielte er unbeirrt eine Bach-Suite nach der anderen, wie in sich hinein. Meine Brahms-Gesänge hörte er sich im offenen Türchen sitzend an. Der anschließende Versuch, mich auf beide Wangen zu küssen, blieb des Größenunterschiedes wegen im Ansatz stecken. Klarinettenquintett und Streichsextett wurden wunderbar musiziert, aber die zweite Cellistin verließ wütend und jedes Lob mit ungeduldiger Handbewegung abwehrend die Kirche. Niemand der hereindrängenden Hörer kümmerte sich um sie. Am letzten Tag des Aufenthalts lernten wir sie kennen. Madeleine Folley lebte in Amerika, als Casals-Schülerin organisierte sie seit Jahren mit einigen anderen Amerikanern das Festival für ihn. Auch mit uns führte sie die Korrespondenz, alles ohne jedes noch so kleine Entgelt aus den Festspieleinnahmen. Sie gestand, daß sie vom Prades-Kult ein wenig verbittert sei, Spiel und innere Kraft verbrauchten sich. Die Organisationsarbeit werde hier als völlig unwichtig negiert. Zudem mache Casals' große, das Festspiel mitorganisierende Verwandtschaft alles doppelt schwer mit einem sehr spezifischen Geiz, den Engagierten nicht das geringste zukommen zu lassen (auch wir hatten es schwer, wenigstens einen Teil des Reisegeldes zurückzubekommen). Honorare wurden in Prades ungern gezahlt.

Casals hatte kräftige Hände mit kurzen Fingern, die seinen achtzig Jahren zum Trotz exakt auf den Saiten saßen. Immer summte er. Man spürte, daß er sich selten Fingersätze oder Bogenstriche zuvor festlegte (im krassen Gegensatz etwa zu Mainardi). Er schien im Augenblick des Spiels alles nachzukomponieren. Seine Artikulation konnte immer noch unglaublich kraftvoll und leidenschaftlich sein, dabei nie schmachtend oder brünstig, wie es das Instrument ja nahelegt, sondern schlank und ausdrucksecht. Gelegentlich kamen glissandi oder portamenti vor, freilich mehr aus Kraftmangel, als einzige Zeichen seines Alters. Meist wußte er sie zu vermeiden.

Am nächsten Abend sang ich – wieder in der Kirche – die

»Winterreise«. Mit Hilfe eines zur Abblendung willigen Elektrikers versuchte ich, die Wirkung des erdrückenden Barock-Altars hinter mir etwas abzuschwächen – ohne Erfolg! Jedoch fiel am Beginn des »Lindenbaums« der Strom aus. Vollkommene Finsternis beherrschte den Raum. Aber ohne im geringsten irritiert zu sein, spielte Gerald weiter, stockte auch nicht bei der schwierigen Überleitung zur letzten Strophe. So genoß ich, endlich ganz der Musik hingegeben, dieses Lied. Beim letzten Akkord taten die Scheinwerfer leider wieder ihren Dienst. Übrigens fuhr ich jedes Mal zusammen, wenn aus der ersten Reihe stereotyp an allen Liedschlüssen aus dem Mund des Meisters ein

»Lovely!«

im Baßton kam. Er »flüsterte« es der neben ihm sitzenden Reine Elisabeth aus Brüssel zu.

*

Lange war Pablo Casals durch neuartige Technik und mit seiner ungewohnten Auffassung des Rubato ein Einzelfall der »Perfektion«. Danach verging eine Zeit, in der sich die Cellisten erst zu sammeln schienen, um etwas zu leisten, was dem Spiel des Spaniers technisch und geistig einigermaßen gewachsen war. Rasant evolutionierte das Technische, eine Vervollkommnung folgte der anderen, und es schien nun eine Virtuosität möglich, für die anscheinend die Zeit erst jetzt reif war. Eine Begabung vor allem bestach durch Spontaneität und den Willen, das innere Leben der Musik hörbar zu machen: Jacqueline du Pré.

Manche werden fortgenommen, lange bevor sie zu atmen aufhören. Als ich Daniel und Jackie Barenboim – während des Sechstagekrieges in Israel eben erst vermählt – in Rom zusammen erlebte, ging von den beiden genialischen Musikern Feuer und Anregung aus. Jacqueline als überragende Interpretin zu erkennen, fiel nicht schwer. Ich hörte die beiden vor eigentlich unwürdigem, will sagen unkonzentriertem Publikum im Saal der Accademia Santa Cecilia Beethoven-Sonaten spielen. Ein wirklich begeisterter Zuhörer, dem man auch im Rücken sein

Mitgehen anmerkte, war der weit vor mir sitzende Carlo Maria Giulini. Ich war mir bewußt, in der bald träumerisch, bald stürmisch wirkenden Frau auf dem Podium etwas künstlerisch Unbegrenztes vor mir zu haben. Sie bewegte sich gern und viel, warf die langen blonden Haare und hieb, wenn es ein sforzato zu erfordern schien, mit dem Bogen auf die Saiten. Sie erlaubte sich freizügige Temposchwankungen – aber immer waren sie dem Sinn des Stücks zugeordnet und wirkten deshalb völlig natürlich. Am nächsten Tag, beim gemeinsamen Lunch auf der Freiterrasse, sprach sie davon, daß sie nicht vorhabe, eine der »Reisenden in Musik« zu werden, die jeden Tag Konzerte geben müssen. Sie wollte viel Zeit mit Dany verbringen, für ihn dasein und das Menschsein genießen. Immer, wenn ich die beiden wiedersah, beglückte mich ihre Harmonie in Charakter, Disziplin der Arbeit, Willensstärke und Konzentrationsfähigkeit. Mit alledem ging Temperament und Witz eine köstliche Verbindung ein.

Ein wirklich befriedigendes Instrument fand Jackie erst kurz bevor sie aufhören mußte zu spielen. Immer beklagte sie, wie wenig Farben ihr das Cello im Grund erlaube, und äußerte ihren Neid auf die menschliche Stimme, bei der das Wort allein so viel mehr Ausdrucksnuancen herbeizaubern kann. Als dann endlich in Philadelphia ein Cello gefunden war, das ihren Ansprüchen genügte, schien sich auch das Repertoire ungeahnt an Farben zu erweitern. Um die Zeit war ich in New York, und im gemeinsamen Hotel spielten mir Jackie und Dany noch in derselben Woche die Sonate von César Franck in der Fassung für Cello als »Generalprobe« für kommende Konzerte vor, und ich konnte meine Tränen angesichts der unbedingten Übereinstimmung der beiden nicht zurückhalten. Als ich mit Dany in Paris Hugo Wolf aufnahm, wendete Jackie hochroten Gesichts die Noten um, was mich beflügelte.

Diese Frau, an der alles Bewegung war, wurde ein Opfer der multiplen Sklerose, dieser noch unbegriffenen und auch schwer zu diagnostizierenden, lähmenden Krankheit. Wir nahmen in einer Londoner Kirche das Requiem von Mozart auf, als sich Dany der Tragödie, die ihn traf, voll bewußt zu werden schien. Er schickte das Orchester vorzeitig in die Pause. Mehr als alle so vielfach bewährte künstlerische Gemeinsamkeit, wenn er mich begleitete, verband es mich mit ihm, daß er mir danach schluchzend in die Arme fiel.

*

Daniel Barenboim hat Züge eines musikalischen Vielfachgenies. Und ginge es darum, heute noch mit Mozartscher Selbstverständlichkeit zu komponieren, so wäre ihm auch in dieser Beziehung ein Platz an der Spitze sicher. Als sein Vater, ein – zunächst in Südamerika, dann in Israel – hoch angesehener Klavierpädagoge, mir den neunjährigen Dany im Wiener Künstlerzimmer zuführte, konnte ich noch nichts von dem Glück ahnen, das mir später in freundschaftlicher Zusammenarbeit wurde. Ein Schubert-Abend in der Royal Festival Hall und Mahler-Zyklen mit dem Philharmonia Orchestra ließen mich seine Vielseitigkeit bewundern. Und es folgte Werk auf Werk, deren jedes unter seinen dirigierenden oder spielenden Händen zu völlig neuem Leben erwachte. Ein phänomenales Gedächtnis half ihm, fast die gesamte Klavierliteratur im Kopf – und in den Fingern zu haben. Davon machte ich – seiner sich gerne verströmenden Natur gewiß – ausgiebigen Gebrauch, wenn wir selten genug arbeitsfreie Stunden für uns hatten. Jedem geäußerten Wunsch folgte sogleich die Wiedergabe. Meistens jedoch ist Dany mit Feuereifer an drei Aufgaben zugleich.

Die Mörike-Lieder von Hugo Wolf zu spielen, bedeutet für ihn immer ein spezielles Vergnügen. Als wir in New York zum ersten Mal ein Liederprogramm daraus für die Carnegie Hall probierten, geschah folgendes: Mitten im Oktavendonner des dahinjagenden »Feuerreiter«, den er prima vista spielte, sprang er auf: »Excuse me, one moment please.« Er rannte zum Schreibtisch, auf dem sich die Partitur von Furtwänglers riesigem Klavierkonzert breitete, dessen Aufführung mit Zubin Mehta in Los Angeles bevorstand. Leise summend starrte er einige Sekunden lang in die Noten, um blitzschnell wieder am Flügel zu sitzen und weiter zu spielen. Da hatte er sich also

– gleichzeitig mit dem nicht gerade kinderleichten Hugo Wolf –
ein völlig anderes Werk durch den Kopf gehen lassen.

Auch als Operndirigent habe ich Barenboim zu bewundern
gelernt. Er hat dem Grafen im »Figaro« und dem Amonasro in
der »Aida« die schönstmögliche Folie und subtilstes Mitgehen
gegönnt. Von Robert Schumanns sehr besonderem Rubato
behauptete er, es nicht zu verstehen, es falsch anzugehen. Und
spielte es doch so viel schöner als die vielen anderen, gerade weil
ihm ein romantisches Schweifen in der Art Wilhelm Furtwänglers sehr liegt. So kann ich mir auch keinen idiomatischeren
Interpreten der Symphonien von Edward Elgar denken. Eine
Probe der Zweiten mit den Berliner Philharmonikern blieb mir
deshalb gegenwärtig, weil sich im Verlauf der Arbeit aus einem
gelangweilten, der Musik gegenüber voreingenommenen Orchester bis zur Pause ein freudig diskutierendes und hingerissen
musizierendes Team entwickelte.

Daß Dany mich auf das Podium des Mann-Auditoriums in
Tel-Aviv begleitete, um dort die ersten Konzerte eines deutschen
Künstlers, noch dazu in deutscher Sprache gesungen, mit mir zu
musizieren, bedeutete Rückhalt und Erleichterung. »Wiedergut-
gemacht« werden kann das in der Nazizeit Geschehene nicht,
aber es konnte vielleicht ein schmaler Spalt zu jenem Geist
deutschsprachiger Kultur wieder geöffnet werden, der mit den
Nazis nichts gemein hat. Die langen Verhandlungen mit den
Herren Lewy und Cohen vom Israel Philharmonic Orchestra hatten sich gelohnt, der Zeitpunkt war gut gewählt, und so trat ich
denn zitternden Herzens vor ein Publikum, das, aus allen Alters-
stufen und aus aller Herren Länder stammend, gespannt wartete. Die Reaktionen auf den Rängen und auf den von jungen
Menschen dicht besetzten Stufen waren ganz verschieden und
reichten von nostalgisch bis fasziniert. Die Zustimmung jedenfalls war einhellig und konnte nicht herzlicher sein. Dany spielte
mir ein gemischtes Schubert-Programm, voller Raritäten und
mit wenig »Lieblingen«, ein Beethoven-Programm, ein Orche-
ster-Konzert mit Werken von Mahler und schließlich Schuberts
»Winterreise«.

Klaus Geitel, der uns nach Israel begleitete, schrieb in der

»Welt«, die heutige Generation von Israelis habe – wie das Orchester – keine Ader für Mahler. Das konnte man eigentlich nach der so regelmäßigen und intensiven Pflege Mahlerscher Musik in Israel nicht behaupten. Wenn auch seither durch Bernstein, Kletzki oder Mehta ein enormer Anstieg des Repertoire-Anteils von Mahler festzustellen ist.

Das Land, in dem »Milch und Honig« fließt, beeindruckte mich zutiefst, nicht nur durch die heiligen Stätten in Jerusalem, in denen sich die verschiedenen Religionen hautnah sind und doch nebeneinander behaupten. So sehr die Israeli mit wirtschaftlichen Schwierigkeiten zu ringen haben, sie schufen sich eine Insel der Fruchtbarkeit und Kultur, deren Ufer an den arabischen Grenzen nur zu deutlich von der umgebenden Wüste abstechen und Neid erregen.

Die Wirkung des Landes, durch das uns das Faktotum des Israel Philharmonic Orchestra, Joseph, immer wieder fuhr, es kundig erläuterte und jeden Dank mit den Worten »You are mostly welcome« abwehrte, die Wirkung entsprach eigentlich nicht dem, was man in diversen Veröffentlichungen hatte lesen können. In der sie umgebenden Schönheit von Land und Meer, von Stadtfülle, Acker und Ufer lebt ein Volk, das sich wieder entdeckt hat, neu geformt zu einem Geschlecht, das sich zu verteidigen weiß, jung, schön und zukunftswillig. Daß es kein höheres Ziel kennt, als mit seinen Nachbarn in Frieden zu leben, Handel und Wandel zu treiben, sollte niemand übersehen, der sich – aus der Ferne – an der kriegerischen Außenseite stößt... Und ich werde Dany immer dankbar sein, daß ich diesen Boden mit ihm als Gefährten betreten konnte.

*

Es war in meiner Hochschulzeit, also mitten im Krieg, als ich durch den Pianisten Wilhelm Kempff drei der Klavierkonzerte von Mozart kennenlernte. Er spielte sie im Beethoven-Saal mit einem Kammerorchester unter Leitung meines damaligen Hochschuldirektors Fritz Stein. Nichts kann die Erschütterung beschreiben, mit der mich das Erlebnis eines gewichtigen Werkes Mozarts beim Kennenlernen überfällt. Ich saß auf dem Podium hinter dem Orchester und genoß einen ekstatischen Rausch, als diese Kostbarkeiten zum ersten Mal in mich eindrangen. Es fesselte mich dabei besonders, wie beseelt und zugleich unirdisch Kempff im d-Moll-Konzert formulierte, dramatisch und dabei ziseliert. Auf unbestimmte Art entsprach dem sein Äußeres: Blonde, wie winddurchwehte Haare über charaktervoller Nase, hoch aufgeschossene, schlanke Gestalt... Fast kam er mir wie ein Himmelsbote an jenem Abend vor. Im B-Dur-Konzert von Brahms unter Eugen Jochum verstärkte sich der Eindruck. Erst nach dem Kriege sah ich Kempff wieder, als er sich mit Frau und Töchtern in einem Schlößchen unweit Bayreuth etabliert hatte, der vom Glück Begünstigte. Der Meister hatte mein Festspieldebüt verfolgt und genoß es nun, den Wolfram samt dessen flirtfreudiger Frau bei sich zu haben.

1964 kam ich auf die etwas ausgefallene Idee, eine ganze Platte mit Liedern berühmter Interpreten zu füllen. Vier Goethe-Lieder von Ferruccio Busoni hatten den Anstoß dazu gegeben, die ich während der »Doktor-Faust«-Aufführungen geschickt bekam. Gerade zu jener Zeit ließ mir Kempff ein kleines Konvolut seiner Klaviergesänge zukommen. Und nun folgte er meiner Einladung, mich in einigen Liedern nach Conrad Ferdinand Meyer selbst zu begleiten. Die restlichen Lieder, darunter auch solche von Fritz Busch mit Bratsche (die Rudolf Nel spielte), Bruno Walter und Enrico Mainardi betreute Jörg Demus. Kempff betrat das Studio in betont meisterlicher Würde, wie um eine besondere Aufregung loszuwerden, die ihm die eigenen Werke bescherten. Er versuchte die beiden bereitgestellten Flügel mit erstaunlich festem, ja dröhnendem Ton, um sich dann mit um so größerer Detailfreude seinen Geisteskindern zu widmen. Die Aufnahme der durchaus in konventionellem Rahmen bleibenden Stücke ging problemlos vor sich. Noch im Studio erzählte Kempff viel von den Opern, Oratorien und Kammermusikwerken, die er einst geschrieben. Seine Hochstimmung steigerte sich rauschhaft. Was Wunder, wenn er auf den Widmungsexemplaren, die er in seiner schönen Handschrift für mich kopierte, den 18. Mai 1964 »einen der beglückendsten Tage«

nannte. Er strebte mit nach Westend, es war ihm nach einer Dankeskundgebung zumute, und so spielte er vor winzigem, aber mit Herzpochen lauschendem Publikum bis tief in die Nacht. Meine Mutter, die in jungen Potsdamer Tagen einmal in den Wunderknaben an der Orgel verliebt gewesen sein muß, saß mit hochroten Wangen ganz nah beim Klavier und kannte in ihren Wünschen keine Hemmungen. Und Kempff übertraf sich selbst, wenn er improvisiert Schubert-Sonaten, Liszt-Sonette, Schumann-Zyklen oder Debussy-Préludes vor uns hinstreute. Das langgestreckte, mit Büchern und Noten vollgestopfte Musikzimmer schien ihm zu gefallen, die aufgebliebenen Kinder nicht minder, weil sie so regungslos verharrten. Mir fiel auf, wieviel souveräner und auch werkgetreuer er nun mit der Musik umging, die er interpretierte. Da kamen die detaillierten Drücker, die Mittelstimmen-Fingerzeige nicht mehr vor, die mich früher eher störten.

Beim letzten Treffen in Tokio konnte sich Kempff nur noch in kleinen Schrittchen dem Flügel zubewegen. Er liebte Japan ganz besonders und hatte die Strapazen auf sich genommen, weil er unendliche Verehrung dort genoß und – wie überall auf der Welt – unglaublichen Zulauf. Ich staunte, wie seine zitternden Hände mit den Tücken der »Kreisleriana« Schumanns fertigwurden. Im zweiten Konzert gab es ein reines Beethoven-Programm. In der Pause ging ich zu ihm und sah in ein erschrockenes Gesicht:

»Jetzt kommt die Waldstein-Sonate! Das kann ich eigentlich gar nicht mehr spielen. Hören Sie weg...«

Der schwer Leidende wartet nun in seinem geliebten Positano, das ihm Erholung und Freude des Lehrens bescherte, auf den großen Ruf.

*

Daß ich besonders daran Freude hatte, mich in die Konzeptionen Svjatoslav Richters einzuschmiegen, erzählte ich schon. Dieser auf dem Podium mitunter löwenhaft anmutende, intensive Russe hatte durch seine in Süddeutschland lebende Mutter lange Zeit engeren Kontakt zum Westen als andere sowjetische Künstler. Seit ihm sein »eigenes« Festspiel in Tours (Touraine) von den

Franzosen organisiert wurde, ist er mehr in Frankreich zu hören. Er schätzt dieses Land schon deshalb so sehr, weil dort die »jungen Männer so schön schreien«, was auch mir als ein akustisch verstärkter und deshalb wahrgenommener Erfolg lieb gewesen ist.

Als wir nach längerem »Kuhhandel« mit den sowjetischen Behörden endlich einmal zusammen in der Sowjetunion musizieren durften, lernte ich in ihm einen äußerst verwundbaren, empfindsamen Menschen kennen, dem es wie seiner einstmals als Liedsängerin berühmten Frau Nina Dorliac schwerer als anderen fällt, durch die Unbill des Lebens ziehen zu müssen. In einem unscheinbaren Wohnturm hat er sich zwei nebeneinanderliegende Wohnungen gesichert und Wände herausnehmen lassen, so daß eine gewisse Großzügigkeit den wohltuenden Eindruck sichert. Dort veranstaltet Richter regelmäßig kleine Ausstellungen von Gemälden und Zeichnungen. Ich kam gerade zu einer von ihnen, die Darstellungen seiner Person und die näherer Freunde und Familienangehöriger vereinte, darunter besonders kostbare Zeichnungen von Repin und Kokoschka. Dort begegnete ich der Witwe des gerade erst verstorbenen Dimitri Schostakowitsch und dem Geiger Gidon Kremer, mit dem ich vor den riesigen Fenstern mit dem großartigen Ausblick auf Moskau über die Nöte der Abkapselung des sowjetischen Musiklebens damals sprach. Als ich Richter bei der nächsten Probe angesichts des gleichen Panoramas nach der Geschichte einiger der zu sehenden Häuser befragte, meinte er in geradezu traurigem Tonfall:

»Das ist alles so wenig erforscht.«

Der Wechsel von Verzagen und Zugreifen, diese russischen Spezialmerkmale, kennzeichnet auch ihn. Als ich mit ihm und Nina im gleichen Wagen dem Konzertsaal zustrebte und wir der Menschenmassen ansichtig wurden, die ohne Karte Straße und Anfahrt wartend versperrten, zog er sich ängstlich zusammen. Damals renovierten sie den herrlichen Konservatoriumssaal gerade, so daß wir in ein akustisch sehr ungünstiges Lokal aus der Stalinzeit umsteigen mußten. Slava brachte das aber keineswegs aus dem Konzept, er spielte wie immer makellos. Wirklich wie immer, denn ich habe ihn noch nie bei einer falschen, kaum einer ausgelassenen Note ertappt. Sein Spiel ist von einer gleichsam unberührbaren, geradlinigen Schönheit, dem es ganz besonders frappant gelingt, die Ebenen der Lautstärke gegeneinander abzusetzen. Und das in Akustiken vom Schwierigkeitsgrad der mittelalterlichen, riesigen Scheune in Tours, deren Sandboden jeden Nachhall im Keim erstickt! Slavas Freude über gelungene Konzerte nimmt unbändige Formen an, seine Enttäuschung über weniger erfolgreiche hat tragischen Akzent. So traf es ihn zutiefst, daß das konventionellere Publikum in Leningrad unseren Wolf-Abend als zu schwierig und »modern« empfand.

Die Konzerte selbst waren natürlich bei weitem nicht die wichtigste Angelegenheit dieses Rußland-Besuchs. Ganz mutterseelenallein über den Moskauer Roten Platz zu wandeln und die »Pilger« aus allen Gegenden der Welt zu beobachten, wie sie beängstigt, ehrfürchtig oder neugierig die Wachablösung am Lenin-Mausoleum, die hie und da ein- oder ausfahrenden schwarzen Limousinen mit Politikern oder die Gruppen malerisch gekleideter Menschen aus dem Landesinneren betrachteten, bot genügend Stoff zum Staunen. Einmal im Bolschoi-Theater zu sitzen, das bäuerliche Publikum von der Loge aus zu sehen, das so gar nichts mit dem gebotenen »Steinernen Gast« von Dargomyschsky anzufangen wußte, die ängstliche Scheu vor der Kulturbeauftragten zu konstatieren, die mit mir in der Loge saß, die gelangweilte Routine des Dirigenten Ermler zu sehen, der sicherlich gar keine Lust hatte, die hundertste Vorstellung vor immer neuem, unwissendem Publikum zu leiten, die Stimme Vladimir Atlantows auf sich wirken zu lassen, der den Tenorpart des Don Juan verkörperte, umgeben von äußerstem Mittelmaß und altmodischster »Moderne« aus den fünfziger Jahren. All das stach natürlich bei weitem der Besuch in den Museen aus, besonders in der Leningrader »Eremitage«, wo mir die kunstgeschichtliche Referentin – gegen meinen Protest – das sonntägliche Publikum aus dem Rembrandt-Trakt entfernen ließ, auf daß ich ganz allein in Kunstgenuß schwelgen könne. So ganz leichten Gewissens konnte ich vor den Herrlichkeiten des »Verlorenen Sohnes« oder der »Danae« nicht stehen. Die lichtgelben Palastfassaden und die immer unterschiedlich geformten Brücken Leningrads entzückten mich, obwohl es allezeit in den Straßen von Menschen nur so wimmelte. Das Gesehene entschädigte auch für die eiskalte Zugluft im »Luxushotel«, für die dunkelbraune Brühe in der Badewanne, die nicht gerade zu einer Säuberung angetan schien, für die einsame Kartoffel auf dem Teller, die sich Abendessen nannte...

*

Mit großen Solisten zu musizieren, erfüllt nur dann seinen höheren Zweck, wenn ich mich als Partner offen für jederlei Anregung und Korrektur fühle. Dies war naturgemäß besonders in Israel der Fall, als mir bevorstand, Alfred Brendel in einem seiner Leib- und Magenstücke, dem Klavierkonzert C-Dur KV 503 von Mozart, als Dirigent zu begleiten. Wir hatten nur von seiner Ankunft spät abends im Gästehaus des Israel Philharmonic vernommen, als wir längst in den Betten lagen. Zwar konnten wir nicht schlafen, teils meiner Aufregung der kommenden Ereignisse wegen, teils durch den lautstarken Sturm, der an den Fensterläden rüttelte. Unser Hauptnahrungsmittel während der ungewohnten israelischen Kälte war köstliche Suppe in einer Riesenthermosflasche, fürsorglich nachgefüllt von dem Ehepaar Redlich, das seine Funktion als gute Geister des Hauses prächtig erfüllte. Die enorme Küche durften wir gleich nach der Ankunft besichtigen und bekamen die Erlaubnis, im Falle irgendeines Darbens selbst, auch nächtens, zuzugreifen. Julia fühlte sich in der besagten Nacht von dem Rieseneisschrank besonders angezogen, wo Joghurt und Getränke in Menge warteten. Zu ihrer Verwunderung steckte bereits ein langer Mensch etwa bis zum Gürtel in der Schranköffnung und drehte sich um, verschlafen, zerzaust und durch die Brille blinzelnd. Es war Alfred Brendel. Nachdem beide ganz unnötigerweise konstatiert hatten »Ich hol' mir hier etwas«, machten sie sich miteinander bekannt. Als wir am nächsten Morgen aufwachten, hörten wir auf dem Gang, daß Brendel bereits übte. Ich klopfte, aufgeregt und gespannt vor dieser Bewährung, um mir von dem freundlichen, aber mit entschiedenem Konzept gesegneten Herrn mit österreichischem Zungenschlag erste Einweisungen geben zu lassen. Auf der Probe (der einzigen) ging es erleichternd friedlich zu, alle meine Befürchtungen, es mit diesem scharf umreißenden Definierer vielleicht schwer zu haben, verflogen. Er, der so fanatisch bis verträumt auf dem Podium am Flügel wirkt, kann lachen wie selten einer. In der Pause, nachdem Schumanns Dritte probiert worden war, meinte er gar:

»Was Sie mit dieser Musik machen, ist erstaunlich ...«

Im Schlußsatz des Mozart-Klavierkonzerts gab es eine Stelle der ursprünglich nicht gänzlich vorhandenen Harmonie zwischen uns. Im dritten der Konzerte spielte er es plötzlich so, wie ich es mir gedacht hatte, nicht ohne die Noten d-f-d deutlich lauter als den Rest zu spielen. Beim gemeinsamen Mittagstisch entpuppte sich Brendel als Sammler von unfreiwilligen Bonmots und Stilblüten auf Zeitungsausschnitten, die er immer neu aus der Brieftasche hervorzauberte. – Direkt nach Israel war Amerika unser Reiseziel, und zugleich trafen wir Brendel und seine schöne (damals noch verlobte) Reni wieder, als er eine Matinee in der Carnegie Hall spielte. Besonders die »Kreisleriana« sind mir als unerhört durchanalysiert und doch von Leidenschaft durchpulst in Erinnerung. Meine ganze Bewunderung galt auch einem reinen Beethoven-Programm (als Teil eines seiner über den Winter verstreuten Zyklen) in der Berliner Philharmonie, das er souverän wie immer spielte und nach welchem er doch, als ich die Tür zum Künstlerzimmer öffnete, ganz nervös abwinkte, ich solle nicht näher kommen, denn er habe 40 Grad Fieber.

Nicht jeder zeigt so viel Einsicht. Oft ernte ich lebhaft freundschaftliche Umarmung von erkälteten Leuten wie jene in Chicago, nach der ich binnen vierundzwanzig Stunden schwerste Grippe hatte. Im fremden Land setzte ich mich daraufhin der Akupunktur-Behandlung durch einen weihevollen Chinesen aus, der unter Assistenz eines riesigen, athletischen Schwarzen ebenso geheimnisvolle wie stinkende Rauchopfer auf meinem Salontisch veranstaltete, die doch ohne jeden Erfolg blieben.

Nachdem wir die »Winterreise« in der Carnegie Hall vorgetragen hatten, »konsolidierte« sich die Freundschaft in der

Weise, daß wir uns gegenseitig dazu einluden, eine kleinere Surrealisten-Ausstellung in der 5th Avenue anzusehen. Alfred fand dies Erlebnis ganz nach seinem Geschmack. Denn er pflegt eine schöne Vorliebe für bizarre, ausgefallene Dinge, die er uns in der oberen Etage seines Hauses im Londoner Hampstead vorführte. Da dominiert eine köstliche »Statuette« auf dem Regal: ein dreibeiniges Tier in Gestalt eines Flügels, dessen Kopf die Züge Alfred Brendels trägt.

Bei einer ganzen Serie von Fernsehaufnahmen mit dem Regisseur Klaus Lindemann fühlten wir uns durch ruhige Kameraführung und unauffälliges Aufnahmeteam angenehm berührt. Einzig, daß schon zur Probe an gesondertem Tag eine Menge Gesichter in der Ferne sich auf die Technik einstellten und gar aufnahmen, war weder in Alfreds noch in meinem Sinne. Das Ergebnis freilich, das uns Lindemann stolz vorführte, zeitigte so viel Aufschlußreiches und Interessantes, daß wir unser placet zur Veröffentlichung gaben.

Ich danke Alfred dafür, daß er mich als einen Musiker estimierte, so daß wir in fruchtbarem Austausch uns gegenseitig sagen konnten, was uns am Herzen lag. Und ich glaube, das hat man den gemeinsamen Konzerten und Aufnahmen angemerkt. In London glich unser Auftritt im Opernhaus einem Staatsempfang, so viele Gala-Garderobe und Prominenz war zu beobachten. Es war so still und wie verzaubert im Riesenraum, daß wir wie für uns allein musizierten. Nach dem »Leiermann« zogen viele geräuschvoll den Atem ein, wie um einen Schluchzer zu verhindern, bevor der Sturm des Beifalls losbrach. – Noch machten wir unseren Plan nicht wahr, einmal irgendwo am Meer gemeinsam Ferien zu verbringen und uns nur zu stören, wenn uns danach ist. Aber einen schönen Wunschtraum soll man pflegen.

»Habe gelernt und geschrieben«

In italienischen Opern mag sich Gesang aus deutschen Kehlen etwas seltsam ausnehmen, sei es sprachlich auch noch so geschliffen. Um so mehr beflügelte es mich, gleich beim ersten Besuch der Märchenstadt Neapel (vor gemischtestem Publikum, in dem stillende Mütter ebenso auszumachen waren wie halbwüchsige Kinder) überzeugt zu haben. Dies war 1955, und ich sollte mit dem Orchestra Scarlatti unter seinem Dirigenten Franco Caracciolo Mahler singen. Als wir zum Konzert vor dem San Carlo-Theater ausstiegen, liefen uns Hans Werner Henze und Ingeborg Bachmann entgegen, freudig Hand in Hand. Sie waren eben in ein neues Haus auf den Höhen über der Stadt zusammengezogen und wirkten wie selige Geschwister. Frucht dieses ersten Hörens waren im darauffolgenden Jahr Henzes »Neapolitanische Lieder« auf alte Texte in lokalem Dialekt, die ich – in hoffnungsvollem Nachvollzug einer sich ankündigenden neuen Melodik – uraufführte, mit Otto Matzerath und dem Hessischen Rundfunk-Symphonie-Orchester. Hans Werner zeigte sich mit dem Ergebnis mehr als zufrieden. Ich zögerte nicht, meinen Einfluß bei Frau Schiller und der Deutschen Grammophon spielen zu lassen, und bald hatte ich die Einwilligung, die »Neapolitanischen Lieder« auf Platte zu nehmen. Die Aufnahme fand in jener Siemens-Villa in Berlin-Lankwitz statt, die seit damals unzählige meiner Liedaufnahmen beherbergte. Der Firmengründer hatte sich den schön proportionierten, in Gold und Weiß gehaltenen Saal bauen lassen, um seinem Steckenpferd, dem Dirigieren mit jeweils dazu engagiertem Orchester, frönen zu können. Dort die elektrischen Geräte auf- und abzubauen, ist vergleichsweise einfach, und die Akustik wirkt zwar gerade im

Mikrophon äußerst penibel, aber um so deutlicher und plastischer. Hans Werner saß während der Aufnahme seiner Lieder stumm und schüchtern auf seitlichem Stuhl und wagte noch kaum, in das orchestrale Geschehen einzugreifen, obwohl es ihm nicht in allen Details zuzusagen schien. Dies war also das erste Stück Musik von Henze, das auf Platte erschien. Damals dirigierte es der schon erwähnte Richard Kraus.

Als Jahre später die Proben zur Berliner Aufführung der »Elegie für junge Liebende« von Henze in Regie und Bühnenbild des Komponisten liefen, kam die von ihren Freunden liebevoll »k. u. k. Nachtigall« genannte Ingeborg Bachmann nach Westend. Sie wirkte unsicher, und an ihrer Haustür schien jener »Alarm für die Freude«, der sie durchfuhr, wenn Henze kam, nicht mehr zu läuten. Sie hatte ihn und – wie sie meinte – die Welt verloren. Sie machte den Eindruck eines Menschen, der sich alles erschwert, von »einer Art Gravitation nach dem Unglücke« regiert, wie es Lenau ausgedrückt hat. Wie um das äußerlich zu unterstreichen, trug sie ihr Haar allzu gebleicht. Etwas überzogene Lockblicke zwischen glasigen Abwesenheitsmomenten erschreckten mich eher. In der kleineren Gesprächsrunde fing die exzeptionelle Lyrikerin unverhohlen für – Klaus Kinski zu schwärmen an. Fast im gleichen Atemzug gab es ein gutes Für und Wider über das Wesen und Unwesen der Literaturoper am Beispiel des »Don Giovanni« und der »Lulu«. Sie kannte sich aus, denn sie hatte lange am Libretto zu Henzes »Prinz von Homburg« gearbeitet und sich zu der Auffassung hingequält, allzu viel Wörtlichkeit könne bei solchem Vorhaben nur schaden. Zwangsläufig kamen wir auf das Verhältnis Musik–Sprache, und Ingeborg Bachmann meinte, die Sprache sei heute den geistigen Ansprüchen der Musik mit all deren aufgespeicherten Techniken des Gleichzeitigen nicht mehr gewachsen. Darum hätten die beiden Künste zum ersten Mal in der neuzeitlichen Entwicklung einen Grund, auseinanderzustreben. Aber gleich schloß sich die Frage daran: Muß der Gesang zu Ende sein? Mit aller Emphase, deren ihre schüchterne, leise Stimme fähig war, sagte sie:

»Auf diesem Stern, der sich immer weiter verfinstert, weil

Gefühle verabschiedet werden und viele Gedanken keinen Halt mehr finden, werden die Menschen immer wieder inne, was das ist: eine menschliche Stimme...«

Da vergaß ich, was ich als Diskrepanz empfunden hatte, die sie innerlich und äußerlich zu hemmen schien: Ihre Augen kamen mir nicht mehr kalt vor, widersprachen dem schüchtern sensiblen Wesen nicht mehr, wie die schöne Figur der unschönen Frisur. Von dem ungewissen politischen Fahrwasser, in das Ingeborg Bachmann dann geriet, nahm ich via Television Kenntnis. Aber wenn sich auch jeder mündige Mensch engagieren kann, wo er mag, so spürte ich doch: Es kam ihr nicht von Herzen. Es klang wie aufgesagt, nicht echt, ein automatisches Engagement für jeden, der »gegen das System« war. Das Trauma der NS-Zeit in früher Jugend hatte wohl eine Rolle gespielt. Ingeborg Bachmann richtete sich selbst zugrunde, sie suchte den Tod, bis sie ihn in Agonie zu Rom fand. Mit Ehrfurcht vor einer Sprachkunst, der nichts ganz Gleichwertiges mehr nachfolgte, lese ich Ingeborg Bachmanns Lyrik, viel lieber als ihre Prosa. Denn in ihren Gedichtzeilen gibt es eine Flucht nach vorn, die das ganze Leben der Dichterin ausmachte.

*

Ingeborg Bachmann war mit Paul Celan, dem anderen großen Lyriker in deutscher Sprache aus jener Zeit, in Kontakt gekommen, als er kurz nach dem Kriege aus seiner östlichen Heimat nach Wien herüberwechselte. Seine Gedichte lösten ein Aufsehen aus, das rückblickend kaum erklärlich scheint. Aber schließlich: sie bedeuteten auch für mich ein erstes Begegnen mit dem, was in der Lyrik in unserem Staatskäfig der NS-Jahre als nicht mehr möglich deklariert worden war. Ich fing erst an, Celans Zeilen ästhetisch auszukundschaften, als Aribert Reimann seinen ersten Liederzyklus auf dessen Worte komponierte. Der Eindruck auf die Hörer war intensiv, aber zwiespältig. Man skandierte beim Verlassen des Saales höhnisch vor sich hin:

»Wir schöpften die Finsternis leer« ...

In Paris, wohin Celan 1948 gegangen war, gab es wenig

Bewährungsmöglichkeit für den Dichter. Dort lebte Claire Goll, die mir von seiner Unverschämtheit vorsprudelte, mit der er Gedichte aus ihrer Feder und der ihres verstorbenen Mannes Ivan Goll plagiiert hätte. Ich glaubte ihr kein Wort, schon deshalb nicht, weil mir Claire gerade eben ein Gedicht zugeeignet hatte – auf meine Person gemünzt – das in seiner schwachen Qualität eher an den umgekehrten Vorgang denken ließ. Die Achtzigjährige mit der knallroten Perücke, die sich im letzten Augenblick »ein Bänkchen ganz an der Seite« in meinem Liederabend wünschte, hatte vor Celan schon vielen Dichterkollegen – auf unterschiedliche Weise – das Leben schwergemacht, und sicher auch ihrem viel bedeutenderen Mann. Nun, sie rächte sich für mancherlei Unbill, die das Leben von Kind an für sie bereitgehalten hatte.

Ich habe Celan viel und überzeugt gesungen. Die Hand geben konnte ich dem scheuen, Kontakt meidenden Mann nur einmal. Nach einem Wolf-Abend in Paris, in dem Mörikes »Weylas Gesang« auf dem Programm stand, drängte sich der kleine Herr mit den strahlenden Augen ins Zimmer, schien unter einem schockähnlichen Eindruck zu stehen, er schob Francis Poulenc und seinen Freund Pierre Bernac, die gerade mit mir sprachen, etwas beiseite, und stieß eilig hervor:

»Das ist ja ein unfaßliches Gedicht, das da mit dem Land Orplid, so etwas habe ich noch nicht gehört, das kann niemand beschreiben und das ist unvergänglich, der Gesang Weylas.«

Nur dies wollte er sagen und stahl sich schon verschämt durch die gratulierenden Massen davon. Als Paul Celan im Frühjahr 1970 ins Wasser ging, hatte er da wohl darauf verzichtet, dies Land Orplid je zu sehen? Die Hauptursache seines Todes: Das Exil.

*

1965 lockte mich Heinz Friedrich aus der vertrauten Sphäre des Nur-Musikmachens heraus. In Ruths elegantem Salon schlug mir der universal gebildete Verleger vor, ich solle ihm ein Buch mit den meistgesungenen Texten zu deutschen Klavierliedern zusammenstellen und es einleiten. Aus dieser Unterredung entstand ein stetiger Austausch, der auch durch längere Pausen in der Kommunikation nicht zu beeinträchtigen war. Und daß wir uns in manchen musikalischen Fragen gestritten haben, machte uns nur zu intensiveren Gesprächspartnern. Ein umfangreicher Briefwechsel zwischen uns liest sich ganz spannend, da er sich nunmehr über zwei Dekaden erstreckt. (Persönliche Briefe beantworte ich selbst und umgehend.) Ich sehe es als einen ganz gravierenden Verlust an, daß die schöne Gewohnheit des Briefeschreibens, durch Telefon und Telex verdrängt, immer mehr dahinstirbt.

Fast nur am Rande ist den Blättern zu entnehmen, wie zielsicher und alleingängerisch Heinz Friedrich sich den dtv aus dem Nichts zu einem der respektabelsten Taschenbuch-Verlage auf der Welt aufbaute. In der Brust dieses Verlegers streiten sich der Hang zum Gelehrtentum, zur Beschaulichkeit und zum Umgang mit Freunden mit dem Bedürfnis, etwas Anschaubares hinzustellen, Ungeordnetes zum Geformten umzuorganisieren. Kennzeichnend dafür sein Arbeitshaus im Chiemgau, das von weit her in seinem ursprünglichen, bauernhäuslichen Zustand transportiert wurde, um in neuer Ansehnlichkeit Friedrichs enorme Bibliothek (möglicherweise die größte private in Deutschland) und seine mannigfaltigen Sammelstücke aufzunehmen. Eine herkulische Anstrengung also, um sich die Environs für das stille Schreiben und Denken zu sichern. (Gottfried Kraus tat in Österreich das gleiche.) Die Kunst der Freundschaft, den anderen nicht zu vergessen und sich doch zurückzuhalten, beherrscht Heinz wie kein Zweiter. Und so kritisch er der kulturellen Situation, dem krampfhaften oder leichtsinnigen Fortschritt gegenübersteht, so lebensbejahend und optimistisch verhält er sich im Grunde. Wahrscheinlich tendieren Menschen mit seinem Überblick dazu, gewaltige Gegensätze in sich zu vereinen.

Übrigens: speziell im Falle Heinz Friedrich spüre ich das unselige Auseinandergezogensein der Münchener Intelligenz in einem Stadtgebiet, das in Wahrheit von Fürstenfeldbruck bis Prien reicht und in dem man sich der Entfernungen wegen so selten sieht, daß es Kräfte kostet, eine kontinuierliche Freund-schaft am Leben zu erhalten.

Auch mit Maria Friedrich, der unermüdlichen Betreuerin und geistigen Mitte des dtv-Kinder- und Jugendbuchverlags »junior«, stellte sich ein schönes Einverständnis in mancherlei Lebensaspekten her. 1985 kulminierte Heinz Friedrichs Wohl-wollen, als der inzwischen zum Präsidenten der Bayerischen Akademie der Schönen Künste Avancierte mir die geheiligten Räume in der Münchener Residenz zu einer umfangreichen Bil-derausstellung überließ und ein splendides Fest zu meinen Geburtstagsehren ausrichtete. Mit Julias kräftiger Hilfe ent-stand da ein Wiedersehen mit Freunden und eine familiäre, lie-bevolle Atmosphäre, die mich aufnahm und rührte, weit mehr als in dem diesbezüglich viel spartanischeren Berlin.

Beide Feierlichkeiten wurden von Ausstellungen meiner Bil-der begleitet. In Berlin öffnete mir Dr. Ulrich Eckhardt die Tore der Festspiel-Galerie in der Budapester Straße. Zur Vernissage drängten sich Presse und Publikum derart, daß nicht viel Ruhe blieb, die Bilder zu betrachten. Mein Kollege und Freund, Elmar Budde, an der gleichen Hochschule lehrend, der mit mir eine neue Schubert-Edition im Verlag Peters herausgibt, stimmte die Besucher auf meine Malerei ein, indem er sehr treffend auf die strukturell beherrschende Rolle des Strichs, der Linie bei mir hinwies.

In München sprach zur Eröffnung Werner Spies, langjähriger Adlatus und Freund von Max Ernst, intimer Kenner der Kunst Picassos und international hochgeschätzter Schöpfer großer Ausstellungen in aller Welt. Er beurteilte mich sicherlich zu posi-tiv aus einer Freundschaft heraus, die sich seit langem beim all-jährlichen Treffen in Paris gebildet hatte, wo er lebt.

*

Der Maßstab für Qualität ist bei der Fülle von Möglichkeiten, sich heute malerisch auszudrücken, einerseits sehr komplex, andererseits ungeheuer simpel. Ich meine, die Intensität, die ein Künstler in sein Werk steckt, hat, wenn sie sich auf den Betrachter überträgt, sicherlich etwas mit Qualität zu tun. Ich habe mich – mitunter bei gemeinsamer Arbeit – mit Malpartnern, so auch mit Ursula Fischer-Fabian, der Frau des gutnachbarlich befreundeten Siegfried, viel über den Sinn von Kunst unterhalten. Wir leben in einer Zeit, in der sich das Analphabetentum der Kunstbetrachtung ausbreitet und in der sich sprachliche Mittel der Verständigung und begriffliche Formulierungen nicht zum Vorteil wandeln, eigentlich immer wesenloser werden. Aber die sinnliche Kraft der Malerei wird belangvoller. Sie behauptet sich bis heute, trotz der Medienflut, die uns alle überspült. Das Zeitalter der Reproduktion hat es bislang nicht fertiggebracht, die Originalität des Kunstwerks außer Kurs zu setzen. Es steckt ein tiefes und nicht wegzudenkendes Bedürfnis in uns, in der Kunst ein vis-à-vis zu sehen, als Herausforderung, aber auch als Bestätigung, die durch keine andere Wirklichkeit nachgemacht oder ersetzt wird. Ich glaube, die Malerei ist totaler im Anspruch und umfassender in dem, was sie hergeben kann, als der bürgerliche Bildungsbegriff von ihr.

Was mich seit meiner Kindheit an Zeichen-, Farb- und Kompositionsstudien beschäftigte, reicherte mein Dasein um entscheidende Impulse an. Meine besondere Liebe gehörte seit je den Franzosen des vorigen Jahrhunderts, aber den Anstoß, das Malen ernsthaft anzufangen, gab Klee mit seinen späten Bildern. Daß es mutige Leute gibt, die mich von Zeit zu Zeit ausstellen lassen, hat mich gelehrt, wie es aufregt, Bilder richtig zu hängen, wie es gleichgültig läßt, wenn sich Neidhammel päpstlich über den malenden Sänger mokieren, wie es beglückt, wenn Verständnis aus einer Besprechung herauszulesen ist.

*

Es war einzusehen, daß das von Heinz Friedrich geplante Handbuch mit Liedertexten einem wirklichen Bedürfnis von Hörern und Lesern entgegenkam. Das verhielt sich bei dem zwei Jahre später inaugurierten nächsten anspruchsvollen Vorhaben ganz anders. Er kam von einer Wiesbadener Dame aus hochehrwürdiger Familie. Susanne Brockhaus, in direkter Linie von Richard

Wagners hochmögender Leipziger Verwandtschaft abstammend, leitete das weltberühmte Verlagshaus. Noch ohne sie persönlich zu kennen, hatte ich ihr ein Vorwort zu dem Buch von Jörg Demus »Vom Abenteuer der Interpretation« verfaßt und zum Dank die abgewandelten Worte aus den »Meistersingern« geerntet:

»Ein Wort von Sachs, das will was bedeuten.«

Nun aber erfolgte die Einladung, etwas intensiver hinter die Lieder von Franz Schubert zu leuchten, denen ich mich gerade in der »Gesamtaufnahme« hingegeben und für die ich eine Menge Material gesammelt hatte. Nun, es wurde eine Arbeit, die nicht nur einen respektablen Erfolg zeitigte, sondern vor allem mir selbst unermeßliche Freude machte. Wenn ich einmal von einem fürchterlichen Mißgeschick absehe: Wir hielten uns im Savoy-Hotel London auf, sonst ein befriedigendes und arbeitsfreundliches Domizil. Aber eines schönen Tages ließ ich mein dickes Typoskript, das auf Reisen wie die kleine Schreibmaschine stets mit von der Partie war, arglos auf dem Schreibtisch zurück. Verhängnisvollerweise lag das sonst wie mein Augapfel Gehütete auf einem Stapel ausgelesener Zeitungen. Das Mädchen dachte sich nichts Böses dabei, als es den Haufen Papiere insgesamt zum Abfall warf. Der rutschte mit unbarmherziger Schnelle in den Keller, in die Papier-Mahlmaschine. Nur anderthalb Stunden später war ich wieder zur Stelle, aber meine Niederschrift fehlte. Alles panisch suchende Hotelvolk konnte sie nicht wieder in Sichtweite bringen.

»Too late«

lautete das schließliche Todesurteil. Nach einer Frist psychischen Übelbefindens, schlaflosen Nächten, die durch Alpdruck jeglicher Art abgelöst wurden, war ich gerade dabei, mich wiederzufinden, als Susanne Brockhaus brieflich ihrer Hoffnung Ausdruck gab, meine Jugend möchte es mir ermöglichen, von neuem mit der Niederschrift zu beginnen. Sie wollte mir nicht abnehmen, wie bejahrt ich 1969 schon war –

» ›geboren 1925‹ erscheint mir völlig unglaubhaft«

– und war schon dabei, eine entsprechende Meldung im Konversationslexikon als eine Ente ausbessern zu lassen. Natürlich hoffte Frau Brockhaus, daß, großer Beanspruchung zum Trotz, mein Buch bald wieder Gestalt annehmen würde.

»Eine Arbeit von eineinhalb Jahren in der Papiermühle – es fällt mir nichts Tröstliches ein. Vielmehr erfüllt mich eine ungeheure Bewunderung, daß Sie sofort und unverdrossen wieder an die Arbeit gegangen sind. Das finde ich ganz und gar groß. Wollte ich zu zitieren beginnen, so müßte ich mit Goethe anfangen: ›Allen Gewalten‹ (die Maid) ›zum Trotz sich erhalten‹ und ›die Arme der Götter herbeirufen‹, aber sie waren schon da! Auch Ihren Verlagskollegen Schopenhauer muß ich zitieren: ›... denn nur aus der Überzeugung von der Wahrheit und Wichtigkeit unserer Gedanken entspringt die Begeisterung, welche erforderlich ist, um mit unermüdlicher Ausdauer überall auf den deutlichsten, schönsten und kräftigsten Ausdruck derselben bedacht zu seyn.‹ Wie finden Sie meinen als Pessimisten geschmähten weisen Philosophen?«

Aus den wenigen noch vorhandenen Skizzen und Exzerpten fing ich an, neu zu konzipieren. Bald, im April 1970, schrieb Frau Brockhaus:

»Ich muß Ihnen sagen, daß ich mit größter Freude an die Arbeit gehe, denn ich finde den Anfang schön und verheißungsvoll.«

Im Schloßhotel Kronberg saß ich der aristokratischen, aber sich natürlich gebenden Dame gegenüber und genoß ihre herzliche Offenheit. Uns umgab eine kaiserliche Foliantenbibliothek, und der Riesenkamin schickte Feuerschein herüber. Sie machte mir klar, daß meine Absicht, die in den Schubertbuch-Text einzufügenden Strichzeichnungen selbst anzufertigen, vielleicht nicht ganz den zeitgemäßen Forderungen nach Halbton-Reproduktionen gerecht würde und als veraltet empfunden werden könnte. So ließen wir es denn bei den Nachdrucken alter Vorlagen für die Abbildungen. Als dann Korrekturen über Korrekturen von mir an den Verlag gingen, bekam ich das schriftliche Geständnis:

»Sie haben alle Stellen berührt, bei denen mir selbst nicht ganz wohl war. Sie haben sanft gewendet und formuliert, wie und was mir nicht gelungen war. Seit des Großen Wilhelm (gemeint ist

Furtwängler) Zeiten, der auch mit Nuancen meine Vorschläge veredelte, habe ich das nicht wieder erlebt. Wie schön – herzlichen Dank!«

Als sich die große Arbeit dem Ende zuneigte, 1971, atmete Susanne Brockhaus erleichtert mit mir auf, denn große Aufgaben sängerischer Natur standen mir bevor. Bei einem Besuch auf dem Wiesbadener Leberberg war die Dresdener Bibliothek Wagners anzustaunen (inzwischen der Stiftung in Bayreuth übergeben). Das mit den meisten Randbemerkungen Wagners versehene Buch war – die Bibel.

Noch als die letzte Korrespondenz über das Schubert-Buch mit Bildvorschlägen, Satzkorrekturen etc. längst abgeebbt war, kümmerte sich Susanne Brockhaus um Kristinas schlechten Gesundheitszustand. Sie schlug vor, sie für längere Zeit bei sich zu beherbergen, um dem Urteil nur eines Arztes zu folgen, an das wir uns halten könnten, die wir uns sorgten und Rat brauchten. Inzwischen hatte sich freilich eine Verlegung nach New York als notwendig und auch deshalb nützlich erwiesen, da sich dort ein geeigneter Arzt als Bezugsperson fand.

In der FAZ erschien 1974 ein Vorabdruck des nächsten Buches, »Wagner und Nietzsche«, wozu Frau Brockhaus mir, als dem zur DVA Übergewechselten, mit schon vertrauter Großzügigkeit schrieb:

»Es gibt eine Flut von Wagner-Literatur durch mehr als ein Jahrhundert. Von Gutem wenig und sehr viel Mittelmäßigkeit oder Nicht-Gutes. Was dieses Ihr Buch für mich auszeichnet, sind die Noblesse und die Gerechtigkeit, womit die entscheidenden Personen gezeichnet sind, was gerade bei diesem von Emotionen geladenen Stoff so ungeheuer schwer und deshalb wohl selten ist.«

Dieser Brief gab mir Kraft, als mich die ersten Schmähschreiben erreichten. Dann durfte ich mich der Tatsache erinnern, daß Frau Brockhaus schließlich aus Richard Wagners Verwandtschaft stammte. (Zustimmung wurde mir von so verschiedenen Seiten bekundet wie von der Nietzsche-Gesellschaft Sils-Maria, von dem Pianisten Richter-Haaser oder von Manès Sperber.) Zwischen begeisterten Echos auf meine in ihrer Nähe gegebenen

Liederabende erfuhr ich dann von einem Unfall, einem Brand des Hauses und schließlich von einer Lungenembolie, die ihr das Ende ankündigte und mich um eine viel zu wenig gelebte Freundschaft bangen ließ. Zu einem Buch über Enrico Mainardi konnte ich noch Erinnertes beisteuern, eine Biographie von George Szell war geplant, an der ich einen gewissen Anteil gehabt hätte. Mein erster »Sachs« in Berlin stand bevor, und Frau Brockhaus wollte unbedingt dabeisein. Aber der Arzt strich ihr »kalt und herzlos« diesen Plan. Die letzte Nachricht von ihr betraf die gerade erfolgte japanische Ausgabe des Schubert-Buchs, auf die sie besonders stolz war. (Übersetzungen ins Englische, Französische, Italienische und Ungarische folgten. Auch meine anderen Bücher wurden in diverse Sprachen übertragen.) Ich hätte mir häufigere Begegnungen und länger andauernden Gedankenaustausch mit dieser »Grande Dame« des Verlagswesens gewünscht.

*

Als ich eben vierzig geworden war, schrieb mir Felix Berner. Er war die Seele und der gute Geist der Deutschen Verlags-Anstalt zu Stuttgart. Berner wünschte sich damals – noch bevor ich an mein Schubert-Buch dachte – Memoiren von mir, die ich ihm aber in der von ihm gedachten Form nicht schreiben wollte, noch nicht, eigentlich überhaupt nicht. Somit trat er aber als erster mit dem Ansinnen an mich heran, ich solle ein ganz eigenes Buch konzipieren. Nun, geduldig wartete Berner, bis die Zeit für einen anderen Buchplan reif war. Das dazu notwendige Hinüberwechseln zur DVA ließ Susanne Brockhaus wohlwollend geschehen, wußte sie doch, daß meine beabsichtigte Arbeit weder ganz in den Bereich ihrer Musikbuch-Reihe paßte, noch völlig in dem mehr lexikalisch ausgerichteten Brockhaus-Verlag aufgehoben war. Der ungleichen Freunde Wagner und Nietzsche zu gedenken, hatte mich in Gedanken schon immer gereizt, seit ich mit siebzehn die seltsamen Auslassungen von Nietzsches Schwester Elisabeth Förster-Nietzsche zu diesem Thema gelesen hatte. Vier Jahre vor dem Erscheinen des Nietzsche-Buches fragte ich bei Berner an, ob er denn interessiert sei, und siehe da, er war es. Ohne mir vertragliche Fesseln anzulegen, unterhielt sich der wortgewandte, aber zurückhaltende Schwabe mit mir in Westend über das Projekt. Als Berner mir zum Fünfzigsten gratulierte, lagen die Mühen und kleinen Nöte dieser Produktion hinter mir. Zwei kleinere Quotationen aus einem Wagner-Lexikon, Hermann Levi betreffend, waren versehentlich ohne Quellenangabe in den Druck gelangt. Berner stand mir auf eine noble Weise bei, ermöglichte späte Einschübe im Druck und beschwichtigte den Verlag des »geschädigten« Autors sowie diesen selbst. Im Juli 1974 war es dann soweit, daß ich das allererste Exemplar »Wagner und Nietzsche« empfing. Berner schrieb dazu:

»Es ist mir eine ganz besondere Freude, Ihnen anbei das wirklich erste Exemplar unseres Buches zusenden zu dürfen. Ich habe es eben frisch von der Buchbinderei bekommen. Falls es noch zu frisch gewesen sein sollte und sich darum etwas wirft, bitte ich dies zu entschuldigen. Ich bin sicher, daß das Buch seinen Weg machen wird. Der Vorabdruck in der ›Frankfurter Allgemeinen Zeitung‹ [durch die Fürsprache von Joachim C. Fest geschehen] ist ein sehr positives Zeichen und wird seinerseits dazu beitragen, dem Buch noch mehr Leser zu verschaffen.«

Bei diesem Thema war mit Verunglimpfungen und Seitenhieben zu rechnen. Sie traten auch prompt auf den Plan, konnten aber nicht verhindern, daß dann noch eine wesentlich erweiterte Taschenbuch-Ausgabe beim dtv erschien. Felix Berner hat auch das große Verdienst, mich damals zur schreibtechnischen und lektoralen Arbeit mit Frau Ulla Küster zusammengeführt zu haben, die seither die Übersetzung eines Werkes über mich und die Betreuung weiterer Bücher (wie das über Robert Schumann oder »Töne sprechen, Worte klingen«) durchführte. Die ständige Verbindung zu ihr, der Tochter eines der angesehensten Sortimenter der Buchhandelsgeschichte, ist unschätzbar wertvoll für mich.

Felix Berner, ein Verleger der alten, persönlichkeitsgeformten Prägung, ein menschlich interessierter und den Kontakt suchender Partner, machte sich Gedanken über den Aufbau eines noch nicht beendeten Buches, gab Ratschläge und ermahnte mich, etwa bei dem Schumann-Buch, immer wieder, ich möchte doch auf den durchschnittlichen Musikliebhaber Rücksicht nehmen, dem sicherlich biographische und geschichtliche Hintergründe, deren Kenntnis mein Text zu sehr voraussetzte, nicht immer geläufig sind. Das Ergebnis faßte Berner dann so zusammen:

»Ich finde, daß man sich damit sehen lassen kann, meine sogar, es sei das *Allerschönste* unserer bisherigen Musikbände geworden.«

Nun, es berührt mich nach diesem unserem letzten gemeinsamen Buch seltsam und mit Trauer, daß ich ihm diese Memorabilien nicht mehr offerieren und zur Kritik vorlegen kann.

*

Als wir unseren »schönen Abhang« in der Nähe des Starnberger Sees erobert hatten, schrieb mir bald ein freundlicher Herr aus der Nachbarschaft und regte näheren Kontakt an. Sein Doppelname ähnelte dem meinen so, daß die Post mitunter Mühe hatte, sich an die richtige Adresse zu wenden: Siegfried Fischer-Fabian. Er ist mit der Malerin Ursula verheiratet; aber damals bezeichnete sie sich nicht so, denn sie hatte – den Söhnen und dem Haus zuliebe – die Pinsel beiseite gelegt. Der Hausherr pflegt nicht nur die Kunst einer vielseitigen Schriftstellerei, deren historischer Anteil ihm einen langjährigen Dauerort in der Liste deutscher Bestseller sicherte. Nein, für mich noch wichtiger und folgenreicher wirkt sein Geschick, Menschen zusammenzubringen und anregende Gespräche zustandekommen zu lassen. Ob es sich um den Autor Herbert Reinecker, den Schauspieler Axel von Ambesser oder den ARD-Programm-Direktor Dietrich Schwarzkopf handelt, immer schlägt – durch die dazugehörigen Frauen intensiviert – aus den angesprochenen Themen Feuer und regt für Wochen zum Weiterdenken an. Der scheue Heinz Rühmann gehörte mit seiner Frau ebenso dazu wie der einstige erste deutsche Botschafter in Israel, Pauls. So manches Mal fühlte ich mich um hundert Jahre zurückversetzt, in Zeiten, als Gespräch und Zuhörenkönnen noch selbstverständlich waren. Fischer-Fabian hat als ehemaliger Journalist gelernt, so zu fragen, daß sich dem Gegenüber der Mund bereitwillig öffnet. Leider kenne ich die unzähligen, seiner Leidenschaft für das Theater entsprechenden Schauspieler-Interviews nur unzureichend. Aber ein einstündiges Fernsehgespräch mit ihm erfüllte mich mit Dankbarkeit, da es sich so leichtgewichtig und unkompliziert wie möglich gestaltete.

Der Umgang mit Menschen, denen Musik nicht annähernd so viel bedeutet wie Julia und mir, schien zunächst kompliziert zu werden, denn so ganz kann man ja sein ureigenstes Interessengebiet nicht ausklammern wollen. Aber siehe da, der Neffe des einstigen Orchestervorstands der Berliner Philharmoniker, Ernst Fischer, ist auch auf diesem Gebiet zu Fragen bereit, die nicht so sehr ihn, als einen selbst zum Nachdenken zwingen. Ursula und Siegfried nutzen jede Gelegenheit, dem »Selbstmordklima« der Voralpen in südlichere Gefilde zu entfliehen, eine Art des »Erfahrens«, die uns Dauerreisenden nicht in gleicher Weise erreichbar ist. Da lauschen wir denn den Berichten und betrachten die stimmungsvollen Skizzen Uschis.

Die historisch klärenden und informativen Bücher ihres Mannes haben – wie ich finde – mit den Jahren immer geschlossenere und überzeugendere Form gewonnen. Wie weltweit auch die heiter-besinnlichen bis humorigen Veröffentlichungen Fischer-Fabians in die Ferne drangen, bestaunte ich in Montreal. In der Hotelhalle lachte mir – wenn auch in tiefer gelegenem Regal – der Titel »Das goldene Bett« entgegen.

*

Die meisten Maler wissen nicht, wie gut es ihrer Arbeit tut, nicht monatelang in der Abgeschiedenheit zu hocken. So bereute ich es nie, Uschi in mein Souterrain-Studio mit direktem Zugang zum Garten gelockt zu haben. Denn sie entwickelte sich in den vergangenen zehn Jahren weg von der bloß schwarz-weißen Linie, dem Punkt, den Flächen zu einer phantasievollen Koloristin. Es geht nichts über das lange Schweigen während der Arbeit, wenn zwei über verschiedenen Arbeiten brüten, nur hin und wieder einen Stoßseufzer oder eine monologisierende technische Bemerkung laut werden lassen. Der Hilferuf:

»Ach, schau doch mal her!«

kann aus eigener Verfahrenheit aufschrecken und lösend wirken.

Als Uschi vor nicht langem ihre erste eigene Vernissage erlebte, war ich gebeten, ein paar einführende Worte zu sagen. Auf einem Spickzettel stand alles dafür Wichtige. Aber – der Platz meines Vorredners auf einem Treppenabsatz ohne jedes Licht zum Lesen brachte mich in Verlegenheit. Komplizierte Sachverhalte sollte man nicht vor prominentem Publikum frei formulieren müssen, sofern man nicht an professorale Kollegs gewöhnt ist. Aber all mein Stottern brachte Uschi nicht um den verdienten Erfolg. Haben wir kühle Entscheidungen zu treffen, so ist Ursulas gütige Phantasie allemal ein guter Ratgeber. Von mir kann sie – zumal in der Malerei – einen kleinen Schuß Spontaneität gewinnen, einen kleinen Antrieb zum »Zerstören« einmal gefaßter, vorkonzipierter Verfahrensweisen. Was ist Freundschaft? Nehmen und Geben, ohne Umschweife, mit einem Herzen ohne Mördergrube.

Postludium

An die letzten Jahrzehnte meines Lebens denke ich lieber und unbeschwerter als an die Zeit davor, wie stürmisch und unvorhersehbar auch immer sie sich gestaltete. Wenn ich, indem ich dies hinschreibe, die Jahre seit Irmels Tod in den Blick zu bekommen versuche, stellen sie sich mir als ein erstaunlich kurzer Zeitraum dar, all ihrer bestürzenden Fülle zum Trotz; so lang etwa wie ein einziges Jahr der Schule oder der ersten Opernpraxis. Mit anderen Worten: es ist mehr Erinnerung an den 21jährigen in mir als an den 45jährigen. Die innere Sicherheit, das Lebensrückgrat zeigte sich seitdem immer wieder bedroht. Zu viel Gravierendes geschah, das zugleich beängstigte und vorwärtstrieb. Zunächst belastete verzweifeltes Leistenmüssen bei gleichzeitig scharf bedrohter innerer Existenz. Weder mit der literarischen Bildung noch mit der gepflegten Eleganz von Ruth Leuwerik konnte ich ganz mithalten, und doch brachte sie mich – zu unserem Erstaunen – wieder zu mir selbst. Daß diese Gemeinsamkeit verrauschte, lag wohl in der nach Selbständigkeit strebenden Natur beider Partner. Und auch das Zusammenleben mit der schönen, jungen Kristina aus New York konnte nicht andauern, denn alle Mühen um die Befreiung von einer Abhängigkeit, deren Wurzeln in der Kindheit nicht offengelegt werden konnten, endeten ohne Ergebnis. Erst ein Jahrzehnt nach Irmels Tod begegnete ich Julia, der Frau, der ich mein Verständnis und die größte Achtung zu Füßen legen konnte, um beides zurückzubekommen. Wie wir uns trafen, wie wir zusammenkamen, habe ich erzählt. Heute teilt Julia meine Ängste und Freuden.

Personenregister